高等院校法律主干课程系列教材

云南省高校教材审定委员会审定

刑事诉讼法学

主　编　孙仲玲　李云昭

副主编　罗双材

云南大学出版社

编 写 说 明

进入21世纪，我国的法治进程加快，社会主义市场经济法制体系逐步完善。云南省建设国际大通道和参与大湄公河流域合作开发，亟需大量的法律人才。云南省经济发展的同时，促进了云南省的法学教育也得到空前的发展，设置和开办法学专业的高校比20世纪时增加了数倍，办学规模、教师队伍、学生人数得以大幅度增长。

教材是教学的基础，教材建设是学科建设的重要内容。为了适应云南省法学教育迅速发展对教材的需要，为了培养一批合格的法律专业人才，为了保障法治建设所需的人才质量，云南大学出版社决定规划和出版一套体现云南法学教学和教材编写水平的高质量法学教材，以供法学教育使用。于是，我们组织了云南大学、昆明理工大学、云南民族大学、云南师范大学、云南省委党校、云南警官学院、云南财贸学院等高校具有丰富教学经验的法学教师编写法学系列教材。参与编写本套法学系列教材的教师，均从事法学教学或研究多年并有一定理论积淀；每部教材均由各学校的教授担任主编，并由其组成权威的编写队伍编写；编写体系完整，包括法学专业14门主干课程，以及各学科选修课程；编写内容既注重学科体系完整，基本概念、基本原理和基础知识清晰、正确，同时也注意吸收和采用近年的研究成果；编写风格体现出体系完整、简明扼要、深入浅出的特点。本套法学系列教材的服务对象主要为本科学生，也可作为专科学生的教材和研究生的参考书。

我们相信，云南大学出版社编辑出版的这套法学教材，对于提高云南省的法学教育水平，培养更多的合格法律人才具有积极的作用和深远的意义。同时，我们也衷心地希望本套法学教材能够满足学生的需要，夯实学生的基础理论，提高学生的专业知识水平，增强学生分析和解决问题的能力，使其最终成为合格的法律人才。

法学教材编委会

2004年5月

目录

第一编　绪　　论

第一章　概　述 …… 3

第一节　刑事诉讼法的概念 …… 3

第二节　刑事诉讼法的制定宗旨、根据和任务 …… 7

第三节　刑事诉讼法与相邻部门法的关系 …… 11

第四节　刑事诉讼法学的研究对象和方法 …… 13

第五节　刑事诉讼法学的若干原理 …… 15

第二章　刑事诉讼法的历史沿革 …… 19

第一节　外国刑事诉讼法的历史沿革 …… 19

第二节　中国刑事诉讼法的历史沿革 …… 28

第二编　总　　论

第三章　刑事诉讼的基本原则 …… 41

第一节　侦查权、检察权和审判权由专门机关行使 …… 41

第二节　人民法院、人民检察院依法独立行使职权 …… 45

第三节　依靠群众 …… 48

第四节　以事实为根据，以法律为准绳 …… 50

第五节　对于一切公民在适用法律上一律平等 …… 52

第六节　分工负责，互相配合、互相制约 …… 54

第七节　人民检察院依法对刑事诉讼实行法律监督 …… 58

第八节　使用本民族语言文字进行诉讼 …… 61

第九节　犯罪嫌疑人和被告人有权获得辩护 …… 63

第十节　未经人民法院依法判决，不得确定有罪 …… 64
第十一节　保障诉讼参与人的诉讼权利 …………………… 66
第十二节　依照法定情形不予追究刑事责任 ………… 68
第十三节　审判公开 …………………………………………… 70
第十四节　追究外国人刑事责任适用我国刑事
诉讼法 ……………………………………………… 72
第四章　管　辖 …………………………………………………… 74
第一节　管辖概述 ………………………………………………… 74
第二节　立案管辖 ………………………………………………… 75
第三节　审判管辖 ………………………………………………… 79
第五章　回　避 …………………………………………………… 85
第一节　回避的概念和意义 …………………………………… 85
第二节　回避的种类、理由和适用人员 ………………… 86
第三节　回避的程序 ……………………………………………… 88
第六章　辩护与代理 …………………………………………… 91
第一节　辩护制度概述 ………………………………………… 91
第二节　我国刑事辩护制度 …………………………………… 94
第三节　刑事代理 ……………………………………………… 100
第七章　刑事证据概述 ………………………………………… 104
第一节　刑事证据的概念、特征和意义 ………………… 104
第二节　刑事诉讼证明 ……………………………………… 108
第三节　刑事证据的收集、审查和判断 ………………… 117
第四节　刑事证据的分类 …………………………………… 121
第八章　刑事证据的种类 ……………………………………… 126
第一节　物证、书证 …………………………………………… 126
第二节　证人证言 ……………………………………………… 129
第三节　被害人陈述 …………………………………………… 133
第四节　犯罪嫌疑人、被告人的供述和辩解 ………… 134
第五节　鉴定结论 ……………………………………………… 137
第六节　勘验、检查笔录 …………………………………… 140
第七节　视听资料 ……………………………………………… 142
第九章　强制措施 ……………………………………………… 144
第一节　强制措施概述 ……………………………………… 144
第二节　拘　传 ………………………………………………… 147

第三节　取保候审 ………………………………………… 149
第四节　监视居住 ………………………………………… 152
第五节　拘　留 …………………………………………… 154
第六节　逮　捕 …………………………………………… 158
第十章　附带民事诉讼 ………………………………… 163
第一节　附带民事诉讼的概念、意义和条件 ……… 163
第二节　附带民事诉讼的当事人 ………………………… 165
第三节　附带民事诉讼的程序 ………………………… 168
第十一章　期间、送达 ………………………………… 173
第一节　期　间 …………………………………………… 173
第二节　送　达 …………………………………………… 178
第十二章　刑事诉讼的中止和终止 ………………… 181
第一节　刑事诉讼的中止 ………………………………… 181
第二节　刑事诉讼的终止 ………………………………… 183

第三编　分　论

第十三章　立　案 ……………………………………… 187
第一节　立案的概念和意义 ……………………………… 187
第二节　立案的材料来源和立案条件 ………………… 188
第三节　立案的程序 ……………………………………… 191
第十四章　侦　查 ……………………………………… 196
第一节　侦查的概念、任务和意义 …………………… 196
第二节　侦查行为 ………………………………………… 198
第三节　侦查终结 ………………………………………… 207
第四节　人民检察院对直接受理案件的侦查 ……… 209
第五节　补充侦查 ………………………………………… 210
第十五章　起　诉 ……………………………………… 212
第一节　公诉的一般理论 ………………………………… 212
第二节　提起公诉的程序 ………………………………… 215
第三节　提起自诉的程序 ………………………………… 224
第十六章　第一审程序 ………………………………… 228
第一节　刑事审判的一般理论 ………………………… 228
第二节　第一审程序的概念、任务和意义 ………… 230

第三节　对公诉案件的审查 …………………………… 232
第四节　开庭审判前的准备 …………………………… 234
第五节　法庭审判 ……………………………………… 235
第六节　简易程序 ……………………………………… 244
第七节　自诉案件的第一审程序 ……………………… 246
第八节　判决、裁定和决定 …………………………… 248
第十七章　第二审程序 ……………………………… 252
第一节　第二审程序的概念、任务和意义 …………… 252
第二节　提起上诉、抗诉的程序 ……………………… 254
第三节　第二审案件的审判 …………………………… 258
第四节　上诉不加刑 …………………………………… 264
第十八章　死刑复核程序 …………………………… 267
第一节　死刑复核程序的概念和意义 ………………… 267
第二节　判处死刑立即执行案件的复核程序 ………… 269
第三节　判处死刑缓期二年执行案件的复核
程序 ……………………………………………… 273
第十九章　审判监督程序 …………………………… 277
第一节　审判监督程序的概念、意义和
特点 ……………………………………………… 277
第二节　审判监督程序的材料来源与审查处理 ……… 279
第三节　审判监督程序的提起 ………………………… 281
第四节　依照审判监督程序对案件的重新审判 ……… 285
第二十章　执　行 …………………………………… 289
第一节　执行程序概述 ………………………………… 289
第二节　各类判决、裁定的执行程序 ………………… 291
第三节　变更执行程序 ………………………………… 295
第二十一章　未成年人案件诉讼程序 ……………… 303
第一节　未成年人案件诉讼程序概述 ………………… 303
第二节　未成年人案件的诉讼原则 …………………… 305
第三节　未成年人案件的诉讼程序 …………………… 309
**第二十二章　涉外刑事诉讼程序与司法
协助制度** ………………………………………… 314
第一节　涉外刑事诉讼程序概述 ……………………… 314
第二节　涉外刑事诉讼程序的特有原则 ……………… 316

第三节　涉外刑事诉讼程序 …………………………… 320
第四节　刑事司法协助制度 …………………………… 325
主要参考文献 …………………………………………… 330
后　　记 …………………………………………………… 332

第　一　编

绪　　论

第一章　概　　述

第一节　　刑事诉讼法的概念

一、刑事诉讼的概念

诉讼，俗称“打官司”。从词义上说，“诉，告也”，即告诉、控告；“讼，争也”，争议或争辩之意。[①]诉讼就是原告向司法机关提出告诉，由司法机关解决与被告的争议。在中国，元代刑律《大元通制》中首次以“诉讼”作为篇名，其内容规定的是控告犯罪的相关问题，与现代意义上的诉讼不完全相同。现代意义上的诉讼，可分为刑事诉讼、民事诉讼和行政诉讼三种。

与其他诉讼相比，刑事诉讼有以下特征：

1. 刑事诉讼是由国家专门机关主持进行的司法活动。当代法治国家，刑事诉讼通常是由警察机关、检察机关和法院分工进行的。它们在刑事诉讼中分别行使一定的专门职权。在我国，人民法院行使审判权，人民检察院行使公诉权、审查批准逮捕权、部分案件侦查权以及法律监督权，公安机关行使侦查权。公安机关、人民检察院、人民法院可以简称为公安司法机关。

2. 刑事诉讼是国家专门机关行使国家刑罚权的活动。国家刑罚权就是国家对犯罪行为人加以刑事处罚的权力。刑事诉讼的中心内容就是依法解决犯罪嫌疑人、被告人的刑事责任问题。包括查明犯罪事实发生了没有，犯罪的具体情节怎样，是否是被追诉者实施的，是否应该对其处以刑罚及处以何种刑罚等问题。这一特点使刑事诉讼明显区别于民事诉讼和行政诉讼。

3. 刑事诉讼是在当事人和其他诉讼参与人的参加下进行的活动。刑事诉讼的中心内容是解决犯罪嫌疑人、被告人的刑事责任问题，因此，任何刑事诉讼首先必须有犯罪嫌疑人、被告人参加。为了在诉讼中证明案件事实或者

---

① 〔东汉〕许慎：《说文解字》。

维护犯罪嫌疑人、被告人和被害人的合法权益，也需要有被害人，附带民事诉讼原告、被告，辩护人，诉讼代理人和证人，鉴定人等参加诉讼。是否有当事人和其他诉讼参与人参加，以及他们参加的深度、广度和透明度，是衡量诉讼民主、公正程度的重要标志。

4. 刑事诉讼是严格依照法律规定的程序进行的活动。刑事诉讼的结果事关公民的生命、人身自由和财产权利的予夺，同时诉讼过程也与公民的人身自由和财产权利密切相关。因此，国家专门机关在追诉犯罪的时候，应当由法律规定的程序和规则严格加以规范和制约，以防止其滥用权力，侵犯人权。当事人和其他诉讼参与人也只有严格遵循程序的要求进行诉讼活动，才能有效地维护自己的诉讼权利，更好地发挥自己在诉讼中的作用，确保刑事诉讼的顺利进行。刑事诉讼的严格程序化，体现正当程序的要求，这是诉讼民主的基本要求。

我国的刑事诉讼是指国家公安机关（含国家安全机关，下同）、司法机关在当事人及其他诉讼参与人的参加下，依照法律规定的程序，追诉犯罪，解决被追诉人刑事责任问题的活动。

二、刑事诉讼法的概念、性质

刑事诉讼法是国家制定的规范刑事诉讼活动的法律。我国的刑事诉讼法是指国家制定的调整公安机关（含国家安全机关，下同）、司法机关在当事人及其他诉讼参与人的参加下，追诉犯罪，解决被追诉人刑事责任问题的活动的法律规范。刑事诉讼法的具体内容主要包括：（1）刑事诉讼中的专门机关及其权力和义务；（2）刑事诉讼中的当事人、其他诉讼参与人及其权利和义务；（3）刑事诉讼的原则、规则和制度；（4）刑事诉讼中收集和运用证据的规则和制度；（5）刑事诉讼的程序。

刑事诉讼法有狭义和广义之分。狭义的刑事诉讼法仅指刑事诉讼法典，广义的刑事诉讼法指一切有关刑事诉讼的法律规范。刑事诉讼法的概念通常是从广义上加以理解的。

刑事诉讼法和其他法一样，按其赖以存在的社会经济基础和国家性质的不同，其历史发展曾先后出现了奴隶制、封建制、资本主义和社会主义四种不同性质的类型。我国的刑事诉讼法与我国其他法一样，属于社会主义类型的法。按照法从不同角度的分类，刑事诉讼法属于：

1. 程序法。法按其内容、作用可分为实体法与程序法。实体法是规定实质内容（如权利、义务、罪与刑等）的法律；程序法是规定司法机关司法和行政机关执法的程序的法律。刑事诉讼法规定了国家行使刑罚权的程序，是与刑事实体法——刑法相对应的程序法。现代法治国家越来越重视程序法的价值，认为程序法与实体法应当并重。

2. 公法。法按其涉及国家和个人的关系，可分为公法和私法，这是罗马法的传统分类。公法是调整国家与个人之间关系的法律，私法是调整个人与个人之间关系的法律。刑事诉讼法调整的是刑事诉讼中的国家专门机关与当事人及其他诉讼参与人的关系，特别是与犯罪嫌疑人、被告人和被害人的关系，因而它属于公法。制定和实施刑事诉讼法，应当充分注意到它属于公法的特点，处理好刑事诉讼中国家权力与公民权利的冲突和平衡问题。

3. 基本法。我国的法律按其层次分为根本法、基本法和一般法律。根本法指国家的根本大法——宪法；基本法是必须由全国人民代表大会通过的重要法律；一般法律则由全国人民代表大会常务委员会通过。我国刑事诉讼法的制定和修改都必须经全国人民代表大会通过，是在我国法律体系中占重要地位的基本法。

三、刑事诉讼法的渊源

刑事诉讼法的渊源是指刑事诉讼法律规范的存在形式。我国刑事诉讼法的渊源有以下几种：

1. 宪法。宪法规定了我国的社会制度、经济制度、政治制度、国家机构及其活动原则、公民的基本权利和义务等重要内容，是国家的根本大法，具有最高的法律效力，也是制定一切法律的根据。刑事诉讼法是根据宪法制定的，宪法还规定了一些与刑事诉讼直接有关的原则和制度，如“公民在法律面前一律平等”，“任何公民，非经人民检察院批准或者决定或者人民法院决定，并由公安机关执行，不受逮捕”，“被告人有权获得辩护”，“人民法院、人民检察院依法独立行使职权”等规定，成为刑事诉讼法的基本原则和重要内容。

2. 刑事诉讼法典。我国现行的刑事诉讼法典是《中华人民共和国刑事诉讼法》，它于1979年7月1日由第五届全国人民代表大会第二次会议通过，1980年1月1日施行，并经1996年3月17日第八届全国人民代表大会第四次会议修正，1997年1月1日施行。它是我国刑事诉讼法的主要法律渊源。

3. 有关法律。指全国人民代表大会及其常务委员会制定的有关刑事诉讼的法律规定。分两类：一类是全国人民代表大会及其常务委员会制定的法律中涉及刑事诉讼的规定。如《中华人民共和国刑法》《中华人民共和国人民法院组织法》《中华人民共和国人民检察院组织法》《中华人民共和国国家安全法》《中华人民共和国监狱法》《中华人民共和国法官法》《中华人民共和国检察官法》《中华人民共和国律师法》《中华人民共和国未成年人保护法》《中华人民共和国预防未成年人犯罪法》等。另一类是全国人民代表大会及其常务委员会就刑事诉讼有关问题所作的专门规定，如 1983 年 9 月 2 日第六届全国人民代表大会常务委员会通过的《关于国家安全机关行使公安机关的侦查、拘留、预审和执行逮捕的职权的决定》等。

4. 司法解释。指全国人大常委会及其授权单位所作的有关刑事诉讼的司法解释。如最高人民法院、最高人民检察院就审判工作和检察工作中如何具体运用刑事诉讼法所作的解释、通知、批复等。其中最重要的有：1998 年 1 月 19 日公布的最高人民法院、最高人民检察院会同公安部、国家安全部、司法部、全国人民代表大会常务委员会法制工作委员会《关于刑事诉讼法实施中若干问题的规定》（以下简称六机关《规定》），于 1998 年 6 月 29 日制定的《最高人民法院关于〈中华人民共和国刑事诉讼法〉若干问题的解释》（以下简称最高人民法院《解释》），最高人民检察院于 1999 年 1 月 27 日制定的《人民检察院刑事诉讼规则》（以下简称最高人民检察院《规则》）等。

5. 行政法规。指国务院及其主管部门颁布的行政法规中有关刑事诉讼程序的规定，如公安部于 1998 年 4 月 20 日制定的《公安机关办理刑事案件程序规定》（以下简称公安部《规定》）等。

6. 地方性法规。指地方人民代表大会及其常务委员会颁布的地方性法规中关于刑事诉讼程序的规定。

7. 国际条约。条约是国际法的最主要渊源，缔约国忠实履行条约所确定的义务，是国际社会法律秩序得以维护的基本条件。我国加入国际公约后，当然也不例外。在我国，国际条约被承认是我国法律的渊源之一。到目前为止，中国已陆续加入了 18 项国际人权公约。1998 年 10 月 5 日，我国政府签署了《公民权利和政治权利国际公约》，该公约中有不少刑事诉讼标准的规定，包括权利平等，司法补救，生命权的程序保障，禁止酷刑或施以其他残忍的、不人道的或侮辱性的待遇或刑罚，人身自由和安全的程序保障，独立、公正审判，无罪推定，反对强迫自证其罪，禁止双重危险，辩护权的保障和对未成年人的特别保障等，构成了刑事诉讼的国际标准，其中我国声明保留的条款应当是我国刑事诉讼法的重要渊源。

第二节 刑事诉讼法的制定宗旨、根据和任务

一、刑事诉讼法的制定宗旨

国家制定任何一项法律，都是为了达到一定的预期目标，取得某种预期的结果，这种目标或结果被称为制定该项法律的目的或宗旨。有的国家在刑事诉讼法中明确宣示了制定该法的宗旨，如《日本刑事诉讼法》第1条规定："为就刑事案件维护公共福利和基本人权，同时明确案件的事实真相，准确而迅速地适用刑罚法令，特制定本法。"有的虽然没有在法律中明确表达立法宗旨，但实际上都有着明确的立法目的，这种目的性可以从立法内容上清楚地体现出来。

我国《刑事诉讼法》在第1条中开宗明义地规定了立法的宗旨，即："为了保证刑法的正确实施，惩罚犯罪，保护人民，保障国家安全和社会公共安全，维护社会主义社会秩序。"这一由法律明确表明的目的，可以从三个方面进行理解：其一，保障刑法的正确实施；其二，惩罚犯罪，保护人民；其三，保障国家安全和社会公共安全，维护社会主义社会秩序。这三个方面互相联系，形成了统一的刑事诉讼法的制定宗旨。

1. 保证刑法的正确实施。刑法规定的是犯罪和刑罚的问题，刑事诉讼法规定的是如何追究和惩罚犯罪的问题。如果只有刑法而不制定刑事诉讼法，则刑法的实施就没有规范可以遵循，刑法的正确实施就难以得到保障，甚至使刑法变成一纸空文。

刑事诉讼法保证刑法正确实施主要表现在以下几个方面：第一，明确了实施刑法的专门机关及其职责，从而为刑法的正确实施提供了组织保障；第二，规定了一系列基本原则、制度和规则，保障专门机关权力行使与权力制约的统一，为刑法的正确实施提供了制度保障；第三，规定了运用证据的科学规则，保障查明案件事实，为应用刑法、正确处理案件提供了前提条件；第四，规定了刑事诉讼由一系列前后衔接的阶段和具体程序构成，使案件的错误、缺陷能够及时纠正、弥补；第五，规定了一定的制度、程序（如期限制度）以保障刑法的高效率实施。

刑事诉讼法不仅保证刑法的正确实施，而且对涉讼人个人的基本权利提供有效的保障，体现国家民主、法治和文明的程度，在保障个人权利方面发挥着重要作用，这使刑事诉讼法摆脱了仅服务于刑事实体法的单纯工具地位，而在对人及其生存的尊严予以尊重、保障和增进等方面发挥着重要作用。

2. 惩罚犯罪，保护人民。犯罪是对国家和社会危害最大的违法行为，它侵犯公民的人身权利、财产权利和其他权利，危害国家安全，破坏社会秩序，严重损害国家和人民的根本利益。为了有效地追究犯罪、惩罚犯罪，国家不仅要制定刑法，对罪与罚作出明确规定；还要制定刑事程序法，以保证准确有效地惩治犯罪。

国家通过惩罚犯罪来保护人民的人身权利、财产权利和其他合法权利不受犯罪侵害，并且使之在受到侵害后取得相应的救济手段。

需要指出，公民的生命、财产等权利不仅可能受到犯罪行为的侵害，也可能因为国家权力的滥用而遭受损害，因此刑事诉讼中“保护人民”的内涵还包括：保障包括犯罪嫌疑人、被告人、被害人在内的所有诉讼参与人的诉讼权利得到充分行使；保障有罪的人受到公正的惩罚。现代法治社会中，在国家权力与个人权益的关系上，要求国家对个人权益的任何剥夺均需具备正当的法律根据和法律程序，这就是“法律的正当程序”的理念。体现在刑事诉讼中，就要求通过程序设置，赋予被追诉者与国家追诉机构相抗衡的能力和机会，使其有效抵御国家权力的非法侵害。因此，刑事诉讼法不仅是赋予国家机关一定权力的法律，也是限制国家权力以防止公民个人权利受到侵害的法律。刑事诉讼法应当把惩罚犯罪和保障人权这双重目的有机地统一起来，并贯穿在各个制度和程序之中。片面地注重任何一面而忽略另一面，都与刑事诉讼法的根本宗旨相违背。

3. 保障国家安全和社会公共安全，维护社会主义社会秩序。各种犯罪行为都会对社会构成一定的危害。有的直接危害国家安全，有的直接危害公共安全，有的则直接侵犯公民人身权利、民主权利和财产权利，还有的破坏了社会主义社会经济秩序，妨碍了社会管理秩序，等等。因此，刑事诉讼法通过保障刑法的正确实施，有效地惩罚犯罪和遏制犯罪，从而保障国家安全和社会公共安全，保护公民合法权益不受侵犯，维护社会主义社会秩序，保持社会稳定，并为国家的经济建设提供良好的外部环境。

二、刑事诉讼法的制定根据

我国《刑事诉讼法》第1条规定：“根据宪法，制定本法。”这清楚地表明我国刑事诉讼法的制定根据是《中华人民共和国宪法》。

宪法是国家的根本大法，具有最高的法律地位和效力。宪法就国家的经济制度、政治制度、公民权利等方面作出的规定，是国家法律中最基本、最重要的内容。其他各种法律，制定时必须以宪法为依据，不能违背宪法的基本精神，更不能与宪法规定的内容相抵触。刑事诉讼法当然也不例外。

刑事诉讼法的许多重要内容、制度和原则直接来源于宪法的具体规定。如我国《宪法》关于“公民在法律面前一律平等”（第33条）；“公民的人身自由不受侵犯；任何公民，非经人民检察院批准或者决定或者人民法院决定，并由公安机关执行，不受逮捕；禁止非法拘禁和以其他方法非法剥夺或者限制公民的人身自由，禁止非法搜查公民的身体”（第37条）；“公民的人格尊严不受侵犯。禁止用任何方法对公民进行侮辱、诽谤和诬告陷害”（第38条）；“公民的住宅不受侵犯。禁止非法搜查或者非法侵入公民的住宅”（第39条）；“公民的通信自由和通信秘密受法律的保护。除因国家安全或者追查刑事犯罪的需要，由公安机关或者检察机关依照法律规定的程序对通信进行检查外，任何组织或者个人不得以任何理由侵犯公民的通信自由和通信秘密”（第40条）；“人民法院审理案件，除法律规定的特别情况外，一律公开进行”（第125条）；“被告人有权获得辩护”（第125条）；“人民法院依照法律规定独立行使审判权，不受行政机关、社会团体和个人的干涉。”（第126条）等等，都在刑事诉讼法中加以重申和贯彻。

并且，由于宪法在国家法律体系中具有最高的法律效力，对于宪法所确立的司法制度和诉讼原则，即使刑事诉讼法典没有重申，也是刑事诉讼法的重要原则和制度，在刑事诉讼活动中必须加以贯彻。刑事诉讼法还应当随着宪法的修改而作出相应的修改，宪法已经作出修改的内容，刑事诉讼法如来不及进行修改而与之存在冲突的，应当执行宪法修改的有关规定。

三、刑事诉讼法的任务

刑事诉讼法的任务，是指刑事诉讼法所要承担的实际职责和所要达到的具体要求。我国《刑事诉讼法》第2条规定：“中华人民共和国刑事诉讼法的任务，是保证准确、及时地查明犯罪事实，正确应用法律，惩罚犯罪分子，保障无罪的人不受刑事追究，教育公民自觉遵守法律，积极同犯罪行为作斗争，以维护社会主义法制，保护公民的人身权利、财产权利、民主权利和其他权利，保障社会主义建设事业的顺利进行。”对于我国刑事诉讼法的任务，可以从以下三个方面加以理解。

1. 保证准确、及时地查明犯罪事实，正确应用法律，惩罚犯罪分子，保障无罪的人不受刑事追究。刑事诉讼法规定的一系列原则、制度和程序，首先就是为了查明犯罪事实。即查明犯罪事实发生了没有，谁实施了犯罪，实施犯罪的经过以及其他与定罪量刑有关的情节。这是刑事诉讼法的直接任务。所谓“准确”，是指在刑事诉讼中，司法工作人员必须依法客观全面地收集证据，科学地审查判断证据，从而准确地认定案情，同时准确地使用法律，分清罪与非罪、此罪与彼罪的界限，准确把握罪行轻重与量刑轻重的尺度，公正地惩罚犯罪分子。所谓“及时”，即尽量在较短的时间内完成收集证据，查明案情，认定犯罪事实，公正惩罚犯罪分子的任务。只有及时查明犯罪事实，才能及时落实国家刑罚权，使犯罪人心目中有罪必罚的观念得到强化，进而起到遏制犯罪冲动的作用；反之，罪与罚间隔的时间越长，有罪必罚的观念就越淡化，遏制犯罪冲动的机制就会受到削弱。这对于有效打击犯罪、预防犯罪具有重要的意义。

《刑事诉讼法》在保证惩罚犯罪的同时，还必须着力保证无罪的人不受刑事追究，这是社会主义法治国家的必然要求。准确惩罚犯罪和保障无罪的人不受刑事追究，是刑事诉讼任务中对立统一的两个方面。公安司法机关如果准确地惩罚了犯罪分子，就不可能发生使无罪者受到刑事追究的错误。应当看到，有罪不罚、放纵犯罪固然会给国家、社会和人民带来严重危害，但错罚无罪，冤枉无辜，不仅侵犯了人权，破坏了法制，还会使受罚的无罪者及社会公众感到司法不公正，对国家、对社会产生失望、不满和对立情绪，由此造成的后果比放纵一个罪犯要严重得多。

2. 教育公民自觉遵守法律，积极同犯罪行为作斗争。刑事诉讼法要求我国公安司法机关在刑事诉讼活动中，通过揭露犯罪、证实犯罪、惩罚犯罪与保障无辜的诉讼活动，主动参与法制宣传活动，自觉地对公民进行法制教育，使其了解法律的内容，培养守法的意识，从而起到预防犯罪的作用；培养人们与犯罪作斗争的责任感和勇气，提高他们识别犯罪的能力，使他们敢于和善于与犯罪进行斗争。这是刑事诉讼法的重要任务。同时，对社会上潜在的违法犯罪人员起到警戒作用，使他们震慑于刑罚的威力，不敢铤而走险，以身试法。这种教育行为，能够在一定程度上实现社会治安的综合治理，维护社会的长治久安，为法治社会的形成打下坚实的群众基础。

发挥刑事诉讼法的教育作用不能离开刑事诉讼的具体活动，在法律的实际运作中，公安司法机关及其人员的职务活动，对于树立法律的威信和培养人们的守法意识有着潜移默化的影响。公安司法机关及其人员在诉讼活动中严格依法办事，可以发挥遵守法律的示范作用。反之，如果执法者都不能严格依法办事，公众就会养成轻视法律、蔑视国家司法权威的社会习惯。所以，发挥法律教育功能的最佳方式之一，是公安司法机关及其人员在严格遵守法律方面发挥示范作用。

3. 维护社会主义法制，保护公民人身权利、财产权利、民主权利和其他权利，保障社会主义建设事业的顺利进行。社会主义法制的基本出发点之一，是保护公民的人身权利、财产权利、民主权利和其他权利，保障社会主义建设事业的顺利进行。这是刑事诉讼法的根本任务。刑事诉讼法通过保障国家刑罚权的有效行使，惩罚侵犯公民各种权利的犯罪行为，直接对公民人身权利、财产权利、民主权利和其他权利提供保护。同时，刑事诉讼法还通过规范国家权力约束司法工作人员的行为，使之不致滥用和失控，从而保护公民人身权利、财产权利、民主权利和其他权利，不受来自国家的侵犯。刑事诉讼法通过打击和惩罚犯罪，为我国社会主义政治、经济、文化建设事业的顺利进行提供良好的环境保障。只有刑事诉讼法本身不断完善并能够切实发挥自身的功能，才能有效地完成这一根本任务。

第三节　刑事诉讼法与相邻部门法的关系

一、刑事诉讼法与刑法

刑事诉讼法与刑法是两部关系十分密切的相辅相成的法律。刑法是规定犯罪和刑罚的实体法律，刑事诉讼法是规定追究犯罪和惩罚犯罪的步骤、方法和顺序的程序法律。实体是程序的实体，程序是实体的程序，谁也离不开谁。马克思曾经形象地指出："审判程序和法两者的关系如此密切，就像植物的外形和植物的联系，动物的外形和血肉的联系一样。审判程序和法律应该具有同样的精神，因为审判程序只是法律的生命形式，因而也是法律内部生命的表现。"① 刑事诉讼是刑法和刑事诉讼法的载体，刑事诉讼过程是刑法和刑事诉讼法共同运行的过程。离开了刑法，诉讼毫无意义；离开了刑事诉讼法，刑法也不可能正确实施。因此，两者相互依存，相辅相成，密不可分。

当然，由于客观上存在着两法的划分，两者之间也存在着一定的区别。

二、刑事诉讼法与民事诉讼法、行政诉讼法

刑事诉讼法与民事诉讼法、行政诉讼法既有共性也有各自的特殊性。其共性表现为三者都是程序法，都是为正确实施实体法而制定的，它们有着许多共同的原则、制度和程序，如司法机关依法独立行使职权，以事实为根据，以法律为准绳，审判公开，合议制，在程序上实行二审终审制等等。

但是由于这三种诉讼法所要解决的实体问题不同，它们在诉讼主体、原则、制度、举证责任、证明标准和具体程序上均具有自身的特点。体现出以下区别：

① 《马克思恩格斯全集》第1卷，第178页。

1. 解决的实体问题不同。刑事诉讼法保证刑法的正确实施，所要解决的实体问题是追诉犯罪嫌疑人、被告人的刑事责任问题；民事诉讼法保证民商法、经济法的正确实施，所要解决的问题是双方当事人之间的权利、义务的争议问题；行政诉讼法保证行政法的正确实施，所要解决的问题是公民、法人和其他组织与行政机关之间因具体行政行为而引发的纠纷问题。

2. 诉讼主体不同。刑事诉讼法规定的国家专门机关为人民法院、人民检察院和公安机关，而民事诉讼法、行政诉讼法为人民法院。当事人在刑事诉讼中为被害人和犯罪嫌疑人、被告人以及附带民事诉讼的原告、被告；在民事诉讼和行政诉讼中为原告、被告以及第三人。

3. 诉讼原则不同。刑事诉讼法特有的原则为：未经人民法院依法判决，对任何人都不得确定有罪，犯罪嫌疑人、被告人有权获得辩护；民事诉讼法特有原则为：当事人平等，辩论原则，调解原则，处分原则；行政诉讼法特有原则为：对具体行政行为进行合法性审查原则，不适用调解原则。

4. 举证责任不同。刑事诉讼法由控诉方负举证责任，被告方不负举证责任；民事诉讼法实行谁主张谁举证，原告、被告都负有举证责任；行政诉讼法由被告负举证责任。

5. 强制措施不同。刑事诉讼法规定对犯罪嫌疑人、被告人采取的强制措施有：拘传、取保候审、监视居住、拘留和逮捕五种；民事诉讼和行政诉讼，对诉讼参与人和其他人可采取训诫、罚款、拘留等强制措施，行政诉讼还有责令具结悔过的措施。

6. 诉讼程序不同。民事诉讼、行政诉讼的程序分为第一审、第二审、审判监督程序和执行程序；而刑事诉讼则复杂得多，有立案、侦查、起诉、第一审、第二审、审判监督程序、死刑复核程序和执行程序。

三、刑事诉讼法与法院组织法、检察院组织法

人民法院组织法和人民检察院组织法是规定人民法院、人民检察院的性质、职权、活动原则、组织体系、机构设置和人员组成的法律。它所涉及的职权和活动原则与刑事诉讼法的规定形成互相补充、协调的关系，内容上有交叉和重合。

但是，从法律性质上来说，刑事诉讼法属于程序法，人民法院组织法、人民检察院组织法属于组织法，两者也存在着差别。刑事诉讼法侧重于规定具体的审判程序和制度，人民法院组织法、人民检察院组织法侧重于规定人民法院和人民检察院的组织原则和活动原则。刑事诉讼法主要调整诉讼主体的诉讼权利和诉讼义务，人民法院组织法、人民检察院组织法主要调整各级

人民法院和各级人民检察院的机构设置、权限和职责。

第四节 刑事诉讼法学的研究对象和方法

一、刑事诉讼法学的研究对象

任何独立学科都有自己特定的研究对象。刑事诉讼法学作为一门法学体系的重要分支科学，也有着自己的研究对象和理论体系。概括地说，其研究对象包括刑事诉讼法律规范、刑事诉讼实践和刑事诉讼理论三个方面的内容。它不限于中国当代的刑事诉讼法律、实践和理论，而是包括古今中外的刑事诉讼法律、实践和理论。

1. 刑事诉讼法律规范。刑事诉讼法学理所当然要将广义的刑事诉讼法作为自己的研究对象，其中《中华人民共和国刑事诉讼法》是刑事诉讼法学的首要研究对象。其他法律、法规中有关刑事诉讼的制度、程序的规定，最高人民法院、最高人民检察院就审判、检察业务中具体应用刑事诉讼法所作的司法解释，我国签署加入的国际公约中有关刑事司法准则的规定，都属于刑事诉讼法学的研究对象。

研究刑事诉讼法律规范，首先要准确解读刑事诉讼法的条文的字义、词义及其内容含义，研究刑事诉讼法律规范的结构，把握刑事诉讼法典各个部分之间的关系、条文之间的关系以及法典与其他有关刑事诉讼法律规范之间的关系，这是对刑事诉讼法本身进行研究的基础。其次要准确了解刑事诉讼法法律规范，还必须研究制定这些法律规范的立法背景、立法的指导思想、理论基础及其所反映的法律价值选择，只有这样，才能深刻掌握刑事法律规范的精神实质。

此外，外国的刑事诉讼法，对我国刑事诉讼的影响在逐渐增加，我们应当有所研究以便加以比较和借鉴吸取。

2. 刑事诉讼实践。刑事诉讼法学是一门实践性很强的应用型学科，除了研究刑事诉讼法律规范，还必须将刑事诉讼实践作为自己的研究对象。只有深入研究刑事诉讼法律规范在司法实践中的适用和实施情况，才能从中总结经验，发现和解决具体贯彻实施刑事诉讼法过程中存在的问题，制定出科学的符合实践需要的刑事诉讼法律规范。同时，司法实践会不断提出新的研究课题，促使刑事诉讼法学针对司法实践的需要，探索进一步健全刑事诉讼法律制度的措施和途径。刑事诉讼法学离开了实践，便成为无本之木，无源之水。刑事诉讼法学只有植根于司法实践，不断总结实践、服务实践、促进实践，才能使自己获得新的繁荣和发展。

3. 刑事诉讼法理论。严谨、完整、科学的理论，对立法和司法实践具有重要的指导意义，它能够为刑事诉讼立法的进一步发展提供科学的根据，推进司法的文明化和科学化进程，并且，在司法实践中，刑事诉讼理论能够在一定程度上弥补法律的不足。诉讼历史经验表明，没有深厚的理论积累就没有高水平的刑事诉讼法学，没有科学的理论指导也就没有文明、科学的立法和司法实践。因此，必须不断地加强刑事诉讼理论研究，为刑事诉讼的立法和实践指明发展方向，使刑事诉讼法学走向新的繁荣。

二、刑事诉讼法学的研究方法

一门学科的研究方法，是进行学科研究的基本指导思想。研究方法是否正确、科学，往往是研究活动成败和研究成果价值大小的关键因素。

研究刑事诉讼法学必须坚持以马克思主义、毛泽东思想为指导，坚持以辩证唯物主义和历史唯物主义为理论基础。邓小平理论和“三个代表”的重要思想是马克思主义与当代中国社会主义建设实际相结合的产物，其精髓在于“以人为本、改革开放、实事求是”，这对于我们研究刑事诉讼法学具有重要指导意义。具体说来，刑事诉讼法学的研究方法必须掌握以下几点：

1. 辩证思维的方法。任何事物都是按照对立统一的规律辩证地存在和运动的，这就决定了我们必须以辩证的思维方法去研究、认识和掌握事物的内在规律。刑事诉讼是一项充满着矛盾的复杂运动过程，存在着惩治犯罪与保障人权、实体与程序、公正与效率、控诉与辩护、合作与制约、证据排除规则与发现客观真实等一系列对立统一的范畴。辩证地研究刑事诉讼，就是要全面地看到上述矛盾着的两个方面，防止只看到这一面而忽视另一面，在解决矛盾时要注意平衡性、协调性，防止顾此而失彼。一定问题在一定情况下要有所侧重，如控诉与辩护这两种对立的诉讼职能在诉讼中应当同等重视。但由于控诉大多由国家专门机关行使，辩护职能由被追诉者及其委托的辩护人行使，后者明显处于弱势，因而立法上、司法上应当给辩护权以特殊的保障，这样才可能保证控辩双方在诉讼中的平衡。

2. 理论联系实际的方法。刑事诉讼法学作为一门实践性很强的学科，更应当深入调查刑事诉讼立法和司法的现状，研究有哪些成就和经验需要加以肯定和总结，有哪些错误和不足需要加以纠正和弥补，存在哪些问题需要加以解决。不断联系实际、服务实际，才能把理论学活，也才能促进学科的发展。

3. 比较与借鉴的方法。比较无非是纵和横的比较，纵的比较就是古今比较，继承其精华，摒弃其糟粕，做到古为今用。横的比较可以是三种诉讼法之间的比较，但最重要的是进行中外刑事诉讼法之间的比较研究。时至今日，西方的刑事诉讼法，从理念到制度，仍有不少东西值得我国借鉴和吸收，例如司法独立、正当程序、陪审制度、无罪推定和证据排除规则等等。当然，借鉴外国、主要学习外国法中符合一般规律的科学的东西，而且必须立足于中国实际，坚持从中国国情出发，形成具有中国特色的刑事诉讼法制和法学，而不能一概照抄照搬外国的法制和法学。

第五节 刑事诉讼法学的若干原理

一、惩罚犯罪与保障人权相结合

追究犯罪、惩罚犯罪是刑事诉讼的一个直接目的。为了保证及时有效地追究犯罪、惩罚犯罪，我国《刑事诉讼法》赋予公安司法机关相应的职权，通过法定的程序，及时地揭露犯罪，全面地证实犯罪，准确地惩罚犯罪。刑事诉讼法在惩罚犯罪方面的功能主要体现为保障国家刑罚权的实现，通过程序自身的有效运作，准确、公正、及时地给犯罪分子以刑罚惩罚，并对潜在的犯罪分子发挥警戒和震慑作用。

但是，惩罚犯罪只是刑事诉讼法目的的一个方面，刑事诉讼目的的另一个方面则是保障人权。刑事诉讼中的人权保障，除了通过打击犯罪、保护人民的合法权利以外，还包括：（1）保证犯罪嫌疑人、被告人和被害人等当事人以及其他诉讼参与人的诉讼权利得到充分的尊重和行使；（2）保证无罪的人不受到刑事追究和惩罚；（3）保证有罪的人受到公正的惩罚，即做到程序合法、事实准确、量刑适当。

惩罚犯罪和人权保障的统一，既反映了维护国家、社会利益的要求，又反映了保障公民个人权利的利益要求。从根本上说，惩罚犯罪，也是为了保护人民，保障人权。惩罚犯罪和人权保障构成了刑事诉讼法目的的两个方面的对立统一，不可片面强调一面而忽视另一面。过分强调国家和社会利益，强调惩罚犯罪，忽视对被告人权益的保护，势必导致蔑视法制、违反程序、滥捕滥判，造成较多的冤假错案，最终既不能保障人权，也不能准确地惩罚犯罪；或者过分强调犯罪嫌疑人、被告人个人权利的保护，忽视社会的整体利益，忽视追究犯罪，势必放纵犯罪，使社会秩序的稳定得不到保障，社会成员的人权也因此受到犯罪的侵害。两者都不利于刑事诉讼目的的实现。刑事诉讼法应当把惩罚犯罪和保障人权两者妥善地加以协调，有机地结合在一起。

二、程序正当与实体真实并重

程序正当与实体真实并重，表现为二者既相互对立又相互依存。一方面，追求实体真实的诉讼活动要受到程序正当的种种限制；另一方面，程序正当又保证实体真实的实现。程序正当，其具体要求主要是：

1. 严格遵守刑事诉讼法的规定。

2. 认真保障当事人和其他诉讼参与人、特别是犯罪嫌疑人、被告人和被害人的诉讼权利。

3. 严禁刑讯逼供和以其他非法手段取证。

4. 真正实现司法机关独立行使职权。

5. 审判程序的尽量透明，审判公开和中立。

6. 按法定期限办案、结案。

实体真实，其具体要求主要是：

1. 据以定罪量刑的犯罪事实必须准确无误地认定，做到证据确实充分。

2. 正确适用刑法，准确认定犯罪嫌疑人、被告人是否有罪及其罪名。

3. 按照罪刑相适应原则，依法适度判定刑罚。

4. 对于错误处理的案件，采取救济方法及时纠正、及时补偿。由此可见，程序正当和实体真实各自有其独立的内涵和标准，不能互相代替。

程序正当的价值首先在于保证实体真实的实现。在此基础上，程序正当还有它的独立价值，即程序正当本身直接体现出来的民主、法治、人权和文明的精神，它不依附于实现实体真实而存在，只有坚持正当程序，使程序为人们普遍遵守，才能真正实现法治。因此，程序公正既是手段，又是目的。程序正当和实体真实如车之两轮，鸟之两翼，互相依存，互相联系，不能有先后轻重之分。但是，我国长期存在着“重实体、轻程序”的理念和做法，应当着重予以纠正。

三、控审分离、控辩对抗和审判中立

刑事诉讼的基本职能分为控诉、辩护和审判三种。在现代民主法治国家的刑事诉讼中，这三种基本职能的互相关系可概括为：控审分离、控辩平等对抗和审判中立的原则。

控诉是指向法院控告被告人的罪行并要求法院通过审判确定被告人有罪并加以处罚。控诉职能主要由国家的公诉机关承担，被害人或其他单位、个人也可以行使。在我国，公诉案件由人民检察院向人民法院提起公诉，自诉案件由被害人及其代理人向人民法院起诉。控审分离就是指控诉职能和审判职能必须分别由专门行使控诉权的机关或个人以及专门行使审判权的机关来承担，而不能把两种职能集中由一个机关或一个人来承担，如果没有法定控诉机关或个人的起诉，法院就不能主动审判任何刑事案件，这也就是所谓不告不理原则。控审分离的意义不仅在于使国家司法机关内部有明确具体的分工，有利于强化国家追诉犯罪的能力，提高公诉的质量，更主要的在于使审判机关中立化，从而保证审判机关客观公正地审理和裁判案件。

辩护是指针对控诉，提出有利于犯罪嫌疑人、被告人的事实和理由以维护其合法权利。辩护职能由犯罪嫌疑人、被人及其所委托的辩护人来行使。在现代刑事诉讼中，不仅要设置辩护职能与控诉职能相对抗，而且双方应当诉讼地位平等地相对抗，这是辩护职能能否充分发挥作用的关键。因为行使控诉权的国家专门机关不论在权力、手段和物质条件上都明显地超过被追诉人，从实际力量对比来说，双方是难以对抗的，正因为如此，国家制定刑事诉讼法时，必须刻意构建控辩双方诉讼地位平等的程序，以保证辩护权的有效行使。

审判中立是对审判的基本要求，也是审判职能的基本特征。刑事审判中立是指审判者不仅不能由控辩双方的主体或与案件有直接、间接利害关系的人来担任，而且审判者应当对控辩双方不偏不倚，保持等距离的地位。审判只有中立才能公正，无中立就无公正可言。为了保证审判中立，控审必须分离，而且控辩双方主体在审判中的诉讼地位必须平等。

综上可见，控审分离、控辩平等对抗和审判中立互相联系，构成控、辩、审三者之间最科学、最合理的关系。这是现代刑事诉讼的基本理念和要求，是实现司法公正的基本保证。

四、司法公正与诉讼效率

公正（正义）是人类社会所追求的首要价值目标。在各种社会公正中，司法公正则占有十分重要的地位，它是维护社会正义的最后一道屏障。司法公正，又称诉讼公正，分程序公正和实体公正两个方面。程序公正，即过程公正，指诉讼程序方面体现的公正；实体公正，即结果公正，指案件实体的结局处理所体现的公正。

诉讼效率指诉讼中所投入的司法资源（包括人力、财力、设备等）与所取得的成果的比例。讲求诉讼效率要求投入的司法资源取得尽可能多的诉讼成果，即降低诉讼成本，提高工作效率，加速诉讼运作，减少案件拖延和积压的现象。提高诉讼效率不仅为了节约司法成本，更重要的是为了使犯罪分子及时受到惩罚，无罪的人早日免受刑事追究，被害人也可及时得到精神上和物质上的补偿，从而更有效地实现刑事诉讼法的任务。如果办案拖拉，超期羁押，即便案件最后得到正确处理，司法公正也必然受到严重影响。贝卡利亚在谈到刑罚的及时性时指出：“惩罚犯罪的刑罚越是迅速和及时，就越是公正和有益。”“诉讼本身应该在尽可能短的时间内结束。法官懒懒散散，而犯人却凄苦不堪；这里，行若无事的司法官员享受着安逸和快乐，那里，伤心落泪的囚徒忍受着痛苦，还有比这更残酷的对比吗?”他还说：“我说刑罚的及时性是有益的，是因为：犯罪与刑罚之间的时间间隔得越短，在人们的心中，犯罪与刑罚这两个概念的联系就越突出、越持续，因而，人们就很自然地把犯罪看做起因，把刑罚看做不可缺少的必然结果。”[①]

在刑事诉讼中，公正与效率的关系，应当是公正第一、效率第二。换言之，是在保证司法公正的前提下追求效率，而不能因为图快求多，草率办案而损害程序公正和实体公正，甚至发生错案现象。如果发生错案，事后加以纠正和赔偿，反而损害了效率。当然，公正的优先地位不是绝对的，在一定情况下，为了效率，不得不对公正的价值做出适当的牺牲，例如简易程序等。但是这种牺牲不能过分，否则就违反司法的基本要求了。

以上刑事诉讼的基本理念，反映了在现代刑事诉讼运行机制中，人们的价值取向日趋多元化，刑事诉讼正从单一目的向多层次目的转化，由只注重惩罚犯罪、实体真实、诉讼效率向关注保障人权、正当程序和司法公正转化，力求在各种利益的交汇点上找到平衡，追求一种可以兼顾各方面利益的形式。当然，要做到这一点很难，在多种利益并存的情况下，应该按照兼顾、抑制、权衡、优先等原则标准去进行选择，其完善的方法仍在探索中。

① 贝卡利亚著，黄风译：《论犯罪与刑罚》，中国大百科全书出版社，1993年版，第70~71页。

第二章　刑事诉讼法的历史沿革

第一节　外国刑事诉讼法的历史沿革

一、外国古代刑事诉讼立法、弹劾式诉讼制度和神示证据制度

（一）外国古代刑事诉讼的立法概况

在原始社会，不存在现代意义的法，调整氏族成员行为的规范是风俗习惯。法律是随着人类文明进程的推进，随着国家的产生而产生的。公元前18世纪，古巴比伦汉穆拉比在任时期制定的《汉穆拉比法典》以及公元前449年古罗马的成文法典《十二铜表法》，都有关于刑事诉讼程序的规定。尤其在古罗马的昌盛时期，帕皮尼安、保罗和乌尔比安主持的法庭还为人类文明确立了一系列法律原则、制度和规则，诸如："已决事件被视为真理"的既判力原则，"任何人不得在自己的案件中担任法官"的法官中立原则，"举证责任在于确认之人而不在否认之人"的举证原则，"兼听"的调查原则，"任何人都没有使自己牵连进刑事案件的义务"的反对自证其罪原则，"任何人不应受两次磨难"的禁止重复追究原则，"一切行为都被推定是正确地和严肃地作出的"的理智推定原则等。罗马法为现代法律制度构造了框架，其确立的诉讼原则、制度、规则成为现代诉讼原则、制度和规则的主要来源之一。继罗马法之后，公元5世纪~9世纪的欧洲在日耳曼部族原有习惯的基础上又形成了日耳曼法。日耳曼法确立了神明裁判的制度和公开审判的原则，这对后世影响久远，至今审判公开原则已成为现代诉讼的一项重要原则。

（二）外国古代的弹劾式诉讼制度

在诉讼结构类型上，古巴比伦、古希腊、古罗马共和时期及日耳曼法前期时代，大体上都实行弹劾式诉讼制度。弹劾式诉讼的特征是：

1.控诉与审判职能分离，遵行"无原告即法官"的不告不理原则。没有专门的追诉犯罪的机关，控告由公民个人提起，传唤证人到庭的义务也由原

告承担，当事人有完全的举证责任。

2. 当事人双方诉讼地位平等，审判以言词辩论的方式进行，诉讼中注重发挥争讼双方的作用，他们在法庭上地位平等、权利对等，可以相互对质和辩论。当事人可以请懂法律的人为自己在法庭上进行辩论。

3. 法官处于消极仲裁者的地位，不主动进行调查和收集证据，只负责听取双方当事人提供的情况，根据他们提供的证据，认定案件事实并作出裁决。

4. 在弹劾式诉讼中，利害相对的诉讼双方各执一词，互不相让，是非曲直难以判断，法官遂求助于神，期望神灵给予一定的启示来甄别某些争议事实的真伪和双方主张的曲直。因此，神示证据制度是早期弹劾式诉讼的特征之一。

（三）外国古代的神示证据制度

神示证据制度是指法官根据神的启示来判断诉讼中的是非曲直，并以此作为断案依据的方法。神示证据制度是在生产力低下的发展状况的制约下产生的，由于人们对于自然界的各种现象和人世间的悲欢离合缺乏科学的认识方法和手段，所以将这些现象和事件归结为神意。奉神为万物的创造者、宇宙的主宰，认为神无所不在，无所不知，神是公正、正义的化身，违背神的意志、欺骗神灵必遭天谴。在这一认识支配下，人们相信可以凭借神的启示发现是非善恶并进而惩恶扬善，判断是非，进而解决纠纷。

神示证明制度的证明方式形形色色。诅誓、水审、火审、决斗、卜筮等是神示证据制度中常用的一些证明方法。诅誓是以向神发誓，保证陈述内容真实的证明方法。《汉穆拉比法典》《萨利克法典》都有类似规定。水审是用水来检验当事人的陈述是否真实或者被控告的人是否有罪的神示证明方法，又分为冷水审和热水审两种方法。冷水审是将被控告的人投人河水中来检验其是否有罪的方法，如果淹死，则证明有罪，反之则无罪。沸水审是以在沸水中放置物件令被控告的人用手取出来验证其是否有罪的方法。检验标准通常是，烫伤后并经向神祷告或发咒语，在一定时间内如果烫伤痊愈或者有即将痊愈的迹象，则认定无罪；脓肿溃烂，则认定有罪。火审是用火或者烧热的铁器检验被控告的人是否有罪的方法。欧洲 9 世纪法兰克人《麦玛威法》规定：“凡犯盗窃罪，必须交付审判。如在神判中为火所灼伤，即被认为不能经受火审的考验，处以死刑。反之，如不为火所灼伤，则可允许其主人代付罚金，免处死刑。”决斗是由当事人双方使用武器对打以决胜负的神示证明方式。凡在决斗中获胜的一方便被认为是无罪的，失败的一方则被认为是有罪的。卜筮是就当事人双方争议的事实向神祷告，然后进行占卜，法官根据卦象式签牌的内容判断何者胜诉的神示证明方式。这些不同的证明方式，与不同国家、不同地区的宗教信仰和图腾崇拜有关。

二、外国中世纪的刑事诉讼立法、纠问式诉讼制度和法定证据制度

（一）外国中世纪的刑事诉讼立法概况

公元4世纪至15世纪是欧洲的封建时代，史称“中世纪”。教会法与罗马法、日耳曼法成为欧洲中世纪法律的重要组成部分。教会法以《圣经》、宗教会议的决议、法令与法律集、教皇教令集等为法律渊源。教会法采用书面审理程序和代理制度，证据必须经过宣誓提出，法官依据“理性和良心原则”进行审判活动，必须发自内心地确信他所作出的判决。教会法在诉讼中确立了纠问式诉讼程序，例如英诺森三世的教会法则规定，根据公众告发或私人控告，法院可以对案件进行调查，从调查证据到刑罚执行都由官方负责。纠问式诉讼程序对大陆法系各国刑事诉讼法的影响很大。1220年德国编成了《萨克森法典》，1532年颁布了《加洛林纳法典》，确立了纠问式诉讼制度。实行“有罪推定”和刑讯制度，审理不公开，判决分为有罪判决、无罪判决和存疑判决。俄国1649年制定的《会典》采用了纠问式诉讼制度。1833年，俄国编纂了《俄罗斯帝国法律全书》，对法定证据制度作出了详细的规定。

（二）外国中世纪的刑事诉讼制度

中世纪欧洲大陆多数国家的诉讼制度均采用纠问式诉讼制度。纠问式诉讼制度的本质特征是法官主动依职权追究犯罪。在纠问式诉讼中，控诉职能与审判职能不分，集于法官一身。不实行不告不理原则，刑事诉讼的开始和推进，不取决于被害人的告诉，即使没有被害人的告诉，国家官吏也可以主动发现和追究犯罪。在诉讼中，原告人和被告人都没有诉讼主体地位，被告人更是只承担诉讼义务的被追究的客体。审判一般秘密进行，不但庭审前的调查活动是秘密的，法庭审判一般也不公开。纠问式诉讼与野蛮的刑讯紧密地结合在一起，被告人成为被刑讯的对象。纠问式诉讼是适应王权的加强与镇压农民反抗的需要而产生的，与原始弹劾式诉讼相比，在诉讼的民主性方面无疑是倒退了，但它确立的由国家承担追究犯罪职责的原则，则是诉讼历史发展的必然。

中世纪英国的法律制度独立发展，形成了不同于欧洲大陆的显著特色。1066年，诺曼人在威廉公爵的率领下侵入不列颠全岛，在英国建立起王权统治。国王向各地派出巡回法官并以巡回法官的判决为判例，在遵循先例的原则下通过这些判例使各地存在的习惯法逐渐统一，形成适用于全国的普通法，其后又陆续制定了一些成文法，但大多是习惯法或判例汇集而成。12至13世纪，英国统治内部权力斗争加剧，诸侯为摆脱王权的控制而开始了反对国王

的战争，迫使国王约翰在1215年6月15日签署了旨在限制国王权力的《自由大宪章》，其第38项规定："任何自由人，如未经其同级贵族之依法裁判，或经国法判决，皆不得被逮捕、监禁、没收财产、剥夺法律保护权、流放，或加以任何其他损害。"由此确立了"正当程序"的原则，这给英美法系各国的刑事诉讼法带来了深远的影响。在英国，实行对抗制诉讼程序和陪审团制度。这种法律制度延续至今。

（三）外国中世纪盛行的法定证据制度

欧洲大陆封建国家在实行纠问式诉讼制度时，证据方面采用法定证据制度，又称形式证据制度。其主要内容是，一切证据的证明力的大小，以及对它们的取舍和运用，都由法律预先加以规定。法官在审理案件过程中不得自由评断和取舍，法官在审理案件中运用证据查证案件情况需要符合法律规定的形式性的规则。

法定证据制度的内容突出体现在法律对各种证据进行分类，不同类型证据的证明力以及收集和判断的规则都预先由法律规定。主要表现在以下几个方面：

1. 关于证据分类。根据欧洲中世纪后期各国法典的有关规定，证据可以分为完善的和不完善的，或完全的和不完全的。不完全的证据又区分为不太完全的、多一半完全的和少一半完全的。例如，在1857年《俄罗斯帝国法规全书》里，受审人的自白、书面证据、具有专门知识的人的证明、与案件无关的人的证明（即证人证言）等证据被列为完善的证据。受审人相互间的攀供、询问四邻所得知的关于犯罪嫌疑人的个人情况和行为、实施犯罪行为的要件、表白自己的宣誓被列为不完善或不完全的证据。按照证据规则，几个不完全的证据可以合成为一个完全的证据。例如，一个证人的陈述被视为半个证据，两个证人完全相同的陈述构成一个完全的证据。

2. 关于收集和判断证据的规则。在所有证据中，被告人的自白被认为是最有价值和最完善的证据，即"证据之王"，它对案件的判决和被告人的命运起决定性的作用。导致刑讯在各国刑事诉讼中普遍采用。在日耳曼和法兰西，刑讯成为刑事诉讼"整个大厦的中心"。一些国家的诉讼法典对于刑讯规则作了详细规定。对于证人证言，法律规定也很详细。两个典型的证人的证言，应当被认为是完全的和完善的证据。一个可靠证人的证言，算做半个证据，只能提供高度的盖然性。当几个可靠证人的证言相互矛盾的时候，按多数证人的证言判断案情。如果提供不同情况的证人彼此人数相等，则按以下规则评定：男子的证言优于女子的证言；学者的证言优于非学者的证言；显要者的证言优于普通人的证言；僧侣、牧师的证言优于世俗人的证言。

3. 关于运用证据定案的标准。按照法律规定，在办理刑事案件过程中，一经收集到完善的证据，法官必须形成确信，认定被告人罪行属实；而收集到不完善的证据，这些证据虽有几分可信但不足以证实被告人有罪的，则可以认定被告人有犯罪嫌疑而对他进行刑讯。如果经过刑讯仍然收集不到完善的证据，德、法等国法律规定，法院可以据此作出“存疑判决”。

法定证据制度及其理论是随着封建集权制国家的建立而逐步发展起来的。它用法律的形式，具体规定各种诉讼制度的证明力和运用的规则，有利于消除各地在诉讼中运用证据的混乱状态，在证据制度的发展史上，法定证据制度较之神示证据制度是一大进步。法定证据制度的另一个重要的功能是在一定程度上限制了法官个人的专横武断。不过，尽管法定证据制度的各项规则相当详尽、具体，但法官在审理案件时仍有回旋余地，可以利用对法定规则的解释，上下其手，使审判的结果有所偏颇。而且，法定证据制度将被告人的自白视为最佳证据，将刑讯作为合法的取证手段，必然导致诉讼中刑讯现象盛行，诉讼中很难保持客观公正。

三、外国近现代的刑事诉讼立法、诉讼制度和自由心证制度

（一）外国近现代刑事诉讼立法的发展

在17、18世纪，卢梭、孟德斯鸠等启蒙思想家提出了“天赋人权”、“人民主权”、“三权分立”等理论，奠定了西方政治法律制度的理论基础。与此同时，意大利的贝卡利亚在1764年7月16日出版了《论犯罪与刑罚》一书，系统地提出了现代刑事法律的基本原则，即：罪刑法定原则、罪刑相适应原则、刑罚人道化原则、无罪推定原则，并主张废除刑讯。新兴的资产阶级倡导的“自由”、“平等”、“理性”和“良心”等思想，直接影响到政治和法律制度的各个方面。资产阶级宣扬人道主义，尊重个人人格和保护个人人身权利，并宣布按照这些原则来改革政治、法律制度。各国资产阶级革命胜利后所颁布的法律确认了这些刑事法律的原则。如英国的《人身保护律》（1676年）、《权利法案》（1689年），美国的《美利坚合众国宪法》（1787），法国的《人权和公民权宣言》（1789年）等。

近现代大陆法系国家刑事诉讼的代表性法典是1804年12月16日公布的《法国刑事诉讼法典》。该法典采取职权主义的诉讼程序，建立了预审、起诉、审判职权分立的原则和依重罪、轻罪、违警罪分设法院的司法体系，并确立了“内心确信”的证据制度和其他一系列具有现代精神的诉讼原则、制度和规则。《法国刑事诉讼法典》对欧洲大陆诸国产生深远的影响，而且影响远及亚洲、非洲和美洲的许多国家，成为大陆法系国家刑事诉讼制度的奠基之作。

追随法国之后，意大利、德国、日本等大陆法系国家也纷纷制定本国的刑事诉讼法典。

20世纪后半期，强化刑事诉讼中的人权保障成为刑事诉讼制度改革的主要趋向。另外，两大法系国家相互借鉴吸收，使许多具体原则、程序和规则进一步趋同。

美国联邦法院自1945年起便酝酿、制定了《联邦刑事诉讼规则》，以后又进行了多次修改。1975年1月2日，国会批准颁布了《联邦证据规则》，后经多次修订，该规则对有关证据的原则和制度作出了详细的规定。20世纪五六十年代美国联邦最高法院在首席法官厄尔·沃伦的主持下，扩展了人权法案保障权利的实体内容，并使这些权利对各州产生约束力。在马普诉俄亥俄案件（1961年）、吉迪温诉温赖特案件（1963年）、米兰达诉亚利桑那州案件（1966年）等著名判例中，美国联邦最高法院强化了对被告人获得律师辩护、沉默权的保护和对非法获取证据的排除，掀起了美国法制史上的“正当程序革命”。英国以判例法为主，但是近年来，也制定了一系列用来规范刑事诉讼活动的单行法律。包括1984年《警察与刑事证据法》、1985年《犯罪起诉法》、1994年《刑事审判与公共秩序法》、1997年《治安法官法》等。其中1985年5月英国议会通过的《犯罪起诉法》对英国的起诉制度进行了重大改革，改变了警察包揽大部分案件的起诉的做法。1994年的《刑事审判与公共秩序法》对起源于英国并得到广泛应用的沉默权规则作出较大改革。

1988年，意大利对本国的刑事诉讼制度进行了大幅度改革，制定了新的《刑事诉讼法》，这部法典对意大利传统的职权主义诉讼结构进行了根本的改革，强化了对嫌疑人、被告人诉讼权利的保障，移植了对抗制的诉讼制度，在庭审活动中实行交叉询问制度，同时保留了法官依职权进行调查的权利。另外，为了提高诉讼效率，还增设了多种简易、速决程序。俄罗斯对本国的司法体制和诉讼制度也进行了西方化改革，引人注目地重新设立了陪审制度。

鉴于第二次世界大战法西斯主义肆虐时代对人权的极大侵犯，1948年12月10日，联合国大会通过了人权委员会起草的《世界人权宣言》，1966年12月16日第21届联大通过了《公民权利和政治权利国际公约》以及《公民权利和政治权利国际公约任意议定书》等国际人权公约，确认了一系列刑事诉讼的基本的国际准则，主要包括：（1）权利平等原则；（2）司法救济；（3）生命权的程序保障；（4）禁止酷刑或施以残忍的、不人道的或侮辱性的待遇或刑罚；（5）人身自由和安全的程序保障；（6）对所有被剥夺自由的人应给予人道或尊重人格尊严的待遇。（7）独立、公正审判；（8）受刑事指控的人有辩护的权利；（9）对未成年人给予特别保障；（10）无罪推定；（11）反对强迫自证其罪；(12) 刑事赔偿。这些刑事司法国际准则总的精神是在国家追究犯罪者刑事责任的过程中，防止国家滥用权力，保障人权，实现司法公正。

(二) 外国近现代的诉讼制度

国外近现代刑事诉讼中存在三大诉讼模式：职权主义诉讼、对抗制诉讼和混合式诉讼。

1. 职权主义诉讼模式。职权主义诉讼模式继承了纠问式诉讼的某些特征，主要为德国、法国等大陆法系国家所实行。纯粹职权主义诉讼模式的特征是：(1) 法官推进诉讼进程；(2) 法官主动依职权调查证据，可以主动询问被告人、证人、鉴定人并采取一切必要的证明方法；(3) 采取不变更原则，案件一旦起诉到法院，控诉方不能撤回起诉，诉讼的终止以法院的判决作为标志。在大陆法系国家，纯粹职权主义的诉讼模式已经被打破，诉讼中一般均实行变更原则，允许控诉方撤回起诉。德国还吸收了当事人主义诉讼中的交叉询问制度，将两种调查制度同时规定在本国的刑事诉讼法中。

职权主义诉讼是资产阶级将公正、理性、人权等观念融入纠问式制度，同时摈弃其野蛮、落后的诉讼因素并在此基础上加以改造的结果。职权主义诉讼中，控诉、辩护、审判职能分立，互相制约，以保障实现诉讼过程的公正性和诉讼结果的公正性。

2. 对抗制诉讼模式。对抗制诉讼，又称“当事人主义”诉讼、“辩论主义”诉讼、“竞争主义”诉讼。英美法系国家采用对抗制诉讼，其主要特征是：(1) 法官不主动依职权调查证据，自我克制是法官在案件调查活动中的惯例，不过，美国也吸收了大陆法系国家法官主动依职权进行调查的内容，如美国《联邦证据规则》第614条规定：“法庭可以自己询问证人，不管该证人是法庭传唤的，还是当事人传唤的”；(2) 案件事实的发现取决于控诉方和辩护方的举证和辩论，在法庭调查中实行交叉询问制度；(3) 实行变更原则，允许控诉方变更、追加、撤回诉讼，允许控诉方与辩护方进行辩诉交易；(4) 实行起诉认否程序，在刑事诉讼中如果被告人自愿而不是被强迫作出有罪的供述，则对案件事实无须进行举证和辩论，法官可以径行作出有罪的判决，被告人这种供述的效果与民事诉讼中的承认并无不同；(5) 实行陪审团制度，由一定数量的非专业人士（通常为12人）组成陪审团，在没有法官出席的情况下负责对事实的有无进行裁决。陪审团制度对对抗制诉讼程序的设置和诉讼规则的形成具有决定性作用。

对抗制诉讼模式和职权主义诉讼模式的关键区别在于控诉、辩护、审判三大诉讼主体发挥各自功能的方式不同，当事人主义诉讼模式的机理是通过控辩双方作用与反作用，达到制约政府权力、揭示案件事实真相的目的。当事人诉讼模式体现了证据调查活动中的竞争机制，这种带有强烈对抗色彩的制度建立在这样的认识之上，即控辩双方的对抗被认为是发现案件真实的理想方式。职权主义的拥护者则认为，发挥法官的主观能动性，有利于防止诉讼受控辩双方法庭技巧甚至伎俩的影响而难以发现案件的客观真实，法官主动依职权调查才是发现案件真实情况的法宝。

从实际功效上看，当事人主义诉讼模式和职权主义诉讼模式都是发现案件事实的有效方式，二者各有所长，也各有所短。总的看来，在体现于程序的公正性方面，当事人主义诉讼模式优于职权主义诉讼模式；在诉讼效率方面，职权主义诉讼模式优于当事人主义诉讼模式。因此，它们各有优点，又各有不足，很难断定孰优孰劣。

3. 混合式诉讼模式。混合式诉讼，又称“折衷主义”诉讼。这一诉讼模式兼采当事人主义诉讼模式和职权主义诉讼模式的因素而形成，主要代表国家是日本和意大利。混合式诉讼的特征是：（1）保留了法官主动依职权进行调查证据的权力，注重发挥法官在调查案件事实方面的能动性，表现了对职权主义诉讼模式的优势的客观态度；（2）大力借鉴对抗制诉讼的因素，在诉讼中注重发挥控辩双方的积极性，注重控诉辩护双方平等对抗。在法庭调查中，实行英美式的交叉询问等制度，以期取两大诉讼模式之长而摈弃其短。

混合式诉讼是在原有的职权主义诉讼模式的基础上大力吸收对抗制诉讼的积极因素的结果，它以折衷模式试图结合职权主义诉讼和对抗制诉讼之长而避免其短，即强化对人权的保障，又注重发现案件真实和提高效率。这种结合为许多国家刑事诉讼的发展提供了新的可供借鉴的典范。

（三）自由心证证据制度

自由心证证据制度，又称“内心确信证据制度”，是指法律对证据的证明力不作预先规定而由法官在审理案件中加以自由判断的证据制度。

最早提出在立法中废除法定证据制度的是法国的杜波耳。1790 年 12 月 26 日，杜波耳向法国宪法会议提出革新草案，建议废除书面程序及其形式证据，用自由心证制度取代法定证据制度。会议经过辩论，于 1791 年 1 月 18 日通过了杜波耳提出的草案。1808 年制定的《法国刑事诉讼法典》率先较详细地规定了自由心证制度，第 342 条规定：“法律对于陪审员通过何种方法而认定事实，并不计较；法律也不为陪审员规定任何规则，使他们判断证据是否齐备及是否充分；法律仅要求陪审员深思细察，并本着良心，诚实推求已经提出的对于被告不利和有利的证据在他们的理智上产生了何种印象。法律未曾对陪审员说：‘经若干名证人证明的事实即为真实的事实’；法律也未说：‘未经某种记录、某种证件、若干证人、若干凭证证明的事实，即不得视为已有充分证明'；法律仅对陪审员提出这样的问题：'你们已经形成内心的确信否?'此即陪审员职责之所在。"现行《法国刑事诉讼法》第353条对自由心证的文字表述作了简化，但其基本内容是一致的。继法国之后，欧洲各国立法也相继规定了自由心证制度，日本于明治九年实行自由心证制度。

在英美法系国家，同样要求法官、陪审员应根据从全部法庭审理中所获得的内心信念来确定案情事实，对刑事案件的认定要达到"排除合理怀疑"的程度。虽然英美国家同样实行内心确认的证据制度，但是对于证据的来源、形式和证据的可采性问题仍然由法律规定一系列的证据规则。它主要是由排除规则构成的。排除规则通常适用于两种情况，一是排除那些与争议事实无关的材料；二是排除那些虽然具有相关性，但与案件事实只有微弱的联系，不值得花费时间去核实的证据，或者与案件事实相关，甚至也很重要，但由于其自身的特点，往往会使一般人误以为其对事实的证明力比其实际具有的更大的证据以及违反正当程序、损害公民受法律保障的权利而取得的证据。在英美法系国家，证据规则主要有：诱导性询问规则、意见证据规则、证据的相关性规则、最佳证据规则、传闻证据规则、自白和沉默权规则、非法证据排除规则等。这些证据规则通常由相应的判例所确立，这些证据规则内容繁琐、复杂，而且至今仍在不断地丰富和发展，如美国刑事诉讼中通过判例对排除规则附加了诸如"必然发现"的例外、"善意"的例外、"稀释"的例外、"独立来源"的例外等，它们在诉讼中都发挥着举足轻重的作用。英美法系国家通过一系列判例确立的证据规则，极大地丰富了诉讼证据法和诉讼证据法学，并对英美法系以外的国家的立法和司法实践产生了积极的影响。英美法系国家的一整套证据规则通常是在解决具体问题中确立起来的，其宗旨是保障发现案件的真实，防止冤枉无辜。英美法系国家的证据规则具有严格性，而且常常有利于确保被刑事追诉者的权益，这被认为具有极大的法制价值。一些证据规则，如米兰达规则，体现了当实质真实与正当程序存在矛盾时将正当程序置于实质真实之上的价值取向，反映出英美国家诉讼中对人权保障的重视。另外，证据规则与诉讼机制的设置存在密切关系，在英美国家，由于陪审团成员的非专业化，使法庭不得不建立起许多规则，以排除某些看来容易使他们受到错误引导的证据。

诉讼的过程既是一个发现、收集、运用证据的客观活动过程，也是一个判断证据、认识与案件有关的事实的主观活动过程，在这一主观活动过程中，对于法官如何判断证据的证明力以及在作出判决时应处于何种认识状态，都是不应回避的问题。自由心证证据则把法官从法定证据制度的束缚下解放出来，使他们能够根据自己的理智和信念来判断证据和认定事实，从而为发现案件的客观真实创造了条件。但是，对于自由心证理解和运用不当，势必造成司法专横和主观擅断。因此，许多国家在赋予法官自由判断证据证明力的权力的同时，为防止法官利用这一权力主观擅断，对自由心证的形成规定了若干条件的限制。

第二节 中国刑事诉讼法的历史沿革

一、中国古代刑事诉讼法制

中国古代是指约公元前 2600 年中国出现奴隶制国家时起，到 1840 年清王朝走向崩溃时止的漫长历史时期。其法制历史悠久，影响深远，形成世界五大法系之一的中华法系。

（一）中国古代刑事诉讼法的沿革

中国的古代法典诸法合体，没有独立的刑事诉讼法典。据《尚书》记载，舜、禹时期有“皋陶”作为刑官，可见当时已有刑事诉讼。关于诉讼法规，周代有明确记载，《周礼·大司寇》记载，周代实行两造、五听等诉讼制度，并规定了人证、书证等证据种类。至于编纂成文法典，则始于公元前 536 年郑国的子产将刑法铸在铁鼎上，史称“铸刑书”。战国时魏国的李悝编纂了《法经》，这是我国古代第一部比较系统的刑事法典，该法分为 6 篇，其中的囚法、捕法两篇属于刑事诉讼法的规定。商鞅对李悝的《法经》加以完善形成《秦律》，《秦律》中有相当严密的起诉、庭审、上诉、再审、现场勘查刑事诉讼制度的规定。

汉《九章律》中，囚律、捕律两篇有与刑事诉讼法有关的内容。魏时定魏法，共计 18 篇。晋更增为 20 篇，均含捕律、告劾律、系讯律、断狱律。南北朝删定律书，《梁律》改“捕”为“讨捕”，《齐律》设斗讼、捕亡两篇，北周改“告劾”为“告言”。隋《大业律》分告劾、捕亡、断狱诸篇，将“斗讼”改为“斗”。均是关于刑事诉讼的规定。

唐朝制定的《唐律》为中华法系的代表作，现存《永徽律》是我国现存最早、最完整的封建刑律，产生在我国封建社会的鼎盛时期。它总结了封建法律制定和司法实践的经验，分 12 篇，共 502 条，其斗讼律规定如何控告犯罪，捕亡律规定追捕罪人之事，断狱律则集中规定审讯和决断案件。唐朝除“律”以外，还包括“令”、“格”、“式”三种，其中捕亡令等也含有刑事诉讼法的内容。唐代律令为后代法律树立了典范，影响远及日本、越南等东亚、东南亚诸国。

五代、宋、金律令都在唐律的基础上进行增减，与唐律大同小异。元代纂定新律，与唐宋有了一定的差异，称《至元新格》，共20篇，其第13篇为诉讼（与前代告劾律相同），第18篇为捕亡，第20篇为平反（与前代断狱律相同），并改“斗讼”为“斗殴”，后又修订为《大元通制》。诉讼篇着重规定如何控诉犯罪，但其篇名“诉讼”后来演变为近现代的诉讼法典的名称。

明律、清律集中国古代法律之大成，也设诉讼、捕亡、断狱诸篇，都是由唐律发展而来的。

综观历代法律，刑事诉讼法的规定包含在早期法律的囚法、捕法当中，隋唐以下至于明清，主要在“斗讼”、“捕亡”、“断狱”等篇中规定有刑事诉讼的制度和程序，在“名例”、“职制”、“职官”中也规定有刑事诉讼的内容。

（二）中国古代的司法机构

中国古代司法与行政不分，司法机构一般同时为行政机构。秦朝中央集权制度确立起来以后，最高司法权皆由皇帝执掌，成为维护皇权至上的基本保证。

中央司法机构，先秦时期为“士”或者“司寇”。周代为大司寇，之下有小司寇、士师。秦汉代设廷尉执掌司法权。北齐改廷尉为大理寺。隋唐时期设刑部、大理寺、御史台。宋代中央审判机关具有多样化的特征，除刑部、大理寺外，又设曾审刑院，后审刑院为宋神宗并入刑部；宋代的中央行政机构如中书门下、枢密院、三司（盐铁、度支、户部）都有权干预司法。元代撤销大理寺，将其职权并入刑部，又将管理贵族事务的宗正府当做重要的审判机构，此外还出现了宗教与世俗的审判机构并立的现象。明代设刑部、都察院和大理寺，号称“三法司”，其中刑部主持审判，大理寺成为复核机关，刑部的组织机构也相应扩大；明代宦官干预政事和司法，东厂、西厂、锦衣卫等特务机构也有司法权。清朝司法机构设置与明代相似，但刑部权力扩大，为保障清贵族的法律地位，三法司外又设宗人府，与刑部会审清贵族犯罪的案件；中央还设有理藩院负责对少数民族犯罪案件的审判。

地方司法机构，周代有乡士、遂士、县士、方士、讶士，分管各自辖区内的司法事务。秦汉地方政权为郡、县两级，以郡守（汉景帝时改为太守）、县令（长）为长官，郡设有决曹吏、县设县丞作为司法佐吏，基层还有啬夫、游徼负责司法事务。三国两晋南北朝时期，地方设州、郡、县三级，州郡长官为刺史或州牧、郡守或太守，不仅管理行政和司法，还兼领兵权。隋朝将州、郡、县三级改为州、县两级，唐代加以沿袭，州的长吏为刺史，有法曹及司法参军辅佐司法；县的长吏为县令，有司法、司户辅佐司法。宋代州一级的长官为知州，并增设通判，重要的行政与司法事务必须由知州和通判联合签署才能生效。元代地方政权分为行省、路、府（州）、县四级，府（州）、县的长官称为府尹、州尹和县尹。明朝的地方政权为省、府（州）、县三级，清为省、道、府、县四级，一般均有各级行政长官行使司法权，由其幕僚加以辅佐。

（三）中国古代的起诉制度

中国古代的司法没有设立专门的控诉机关，在起诉方式上以被害人告诉为主，还包括被害人或其亲属以外的一般人告诉、官吏举发、审判机关纠问、犯罪人自首等方式。

古代对控告一般采取鼓励甚至奖励的政策，对于知情不举要给予相应的惩罚，但为了维护家族关系和等级制度，除对于谋叛等特别严重的犯罪、亲属互相侵害的犯罪案件以外，允许因亲属关系而相互容隐，称“亲亲相隐”，允许亲属之间互相隐瞒犯罪事实而不进行告发和作证；限制奴婢控告主人，卑亲属控告尊亲属等；此外，对控告不实和诬告予以惩处。严禁以匿名文书告发他人。

中国古代的司法机构存在一定的审级，告诉必须依审级逐级进行，禁止越诉。但为使民间的冤情能够为君主及时获知，古代还建立了直诉制度，允许直接向皇帝诉冤。

（四）中国古代的审判制度

古代断案一般采用独任制，由行政长官一人坐堂问案；对少数重大或者特殊案件实行会审制度。会审制度始于唐朝的三司推事，在唐朝，遇有重大疑难案件，皇帝诏令大理寺卿、刑部侍郎、御史中丞会同审理。到明、清时期，发展成正式的会审制度。遇特别重大案件，明代厂卫和其他官员也参加；清代由九卿（六部加都察院、大理寺、通政使司的官员）共同审理，称“九卿会审”。

古代诉讼实行两造审理原则，两造审理是指审判在原告、被告都到场时进行的制度。《周礼·吕刑》有云：“明清于两辞。”又云：“两造具备，师听五辞。”这是关于两造审理原则的表述。在案件调查活动中还行五听制度。五听是古代调查审核证据过程中，审判官吏观察当事人心理活动的五种方法，《周礼·秋官·小司寇》云：“以五声听讼求民情，一曰辞听（观其出言，不直则烦），二曰色听（观其颜色，不直则报），三曰气听（观其气息，不直则喘），四曰耳听（观其听聆，不直则惑），五曰目听（观其眸子视，不直则惘然）。”

古代诉讼中还设有八议制度，对于八种具有特殊身份的人，犯罪后须经特别审议并享受减免刑罚的特权的制度。这一制度源于周代，原称“八辟”，后改称“八议”。具体内容包括：（1）议亲，“亲”指王室的宗族；（2）议故，

“故”指王室的故旧；(3) 议贤，“贤”指贤能有德；(4) 议能，“能”指有大才业；(5) 议功，“功”指有大功勋；(6) 议贵，“贵”指有爵位者；(7) 议勤，“勤”指勤于国事；(8) 议宾，“宾”指承先代之后为贵宾者。唐律规定，除犯十恶罪者以外，凡属八议的人犯死罪，必须将所犯罪状以及应议的情况，先奏请议，议定后奏请皇帝裁可。这一制度与法律的平等适用的精神相违背，它所维护的是封建的特权等级。古代诉讼中的等级制度的另一表现是代理制度。《周礼·秋官》记载：“凡命夫命妇，不躬坐狱讼。”命夫命妇可以不出席审判而由其属下或者子弟代为诉讼，以防止治狱官吏的威严与命夫命妇的尊严相冲突而冒犯了命夫命妇的尊严。

古代诉讼中为平反冤错案件和解决久押不决的案件而实行录囚制度。录囚制度始于东汉。由皇帝亲自进行或者由官员进行，录囚的结果多所原宥。史册中光武帝、汉明帝、晋武帝、隋文帝录囚皆在立国之初，属于偶一行之；唐高祖之后成为惯常的制度，皇帝录囚的事迹史不绝书。官员录囚始于西汉，在平反冤滞方面发挥了重要作用。

在中国古代，对于死刑案件设立了特别程序加以复核。对于死刑案件，实行由中央司法机关和皇帝核准的制度，隋唐时期还实行死刑执行前向皇帝报奏，皇帝作最后定夺的死刑复奏制度。明、清时期在秋天定期录囚。对于判处死刑、加以监禁以待秋天处决的案件实行复核的特别程序称为“秋审”和“朝审”。秋审和朝审是朝廷派员会审死刑案件的制度。

（五）中国古代的证据制度

中国古代的神判制度，在有历史记载的周代已经衰落，从现有的史料看，中国古代的神判制度并不发达。在中国古代的诉讼活动中，对于证据，一般交由法官自由判断，虽然存在根据“众证定罪”（即有三人以上明证其事才能定罪）和“罪从供定”等机械的规定，但还构不成法定证据制度。

在中国古代，证据种类主要有被告人口供、证人证言、物证、书证和检验结果等。刑讯是法定的调查取证的方法。刑讯始于何时，已难考定。根据《礼记》的有关记载可以看出，在周朝的诉讼活动中已经存在刑讯。到了秦代以后，刑讯进一步制度化和合法化了，法律中不但明确确认了这种方法，而且明确规定了刑讯的对象、条件、工具、规则等。拷问的对象通常为被告人，但对原告人、证人也允许拷问。刑讯是一种野蛮、落后的审判方式，无论合法还是非法的刑讯，都会造成严重的后果，古代刑讯是大量冤错案件的来源，再加上法外用刑，造成了无数人间惨剧。

由上文的介绍不难看出，中国古代刑事诉讼法有着鲜明的特点。这些特点主要是：(1) 以儒家思想为刑事诉讼法制的思想基础；(2) 君主掌握最高司法权；（3）司法与行政不分，行政官兼理司法；（4）维护封建特权和伦理纲常；（5）实体法与程序法不分，刑事诉讼法与民事诉讼法基本不分；（6）实行纠问式诉讼，刑讯具有法定性；（7）具有慎刑狱的司法精神。总之，中国古代的刑事诉讼制度，从夏商至明清，内容丰富，精华与糟粕并存，反映了以儒家为主导的古代思想的影响，也体现了古代司法活动长期积累的经验，并反映了在司法活动中的专制集权制度的本质和特征。

二、中国近现代刑事诉讼法制

（一）清末的刑事诉讼法制

1840年鸦片战争以后，中国古代法律近乎封闭式地发展的局面被彻底打破。外国资本主义的入侵使中国的经济结构和阶级结构发生了显著变化，侵略者们确立的领事裁判权攫取了清帝国的一部分司法权。在这种情势下，清朝在进入20世纪以后为顺应新的形势和收回治外法权，模仿西方资本主义国家的法制开始了中国法制的改革和发展。1902年，清政府下诏宣布立法的宗旨云："参酌各国法例"，"务期中外通行"，并派沈家本、伍廷芳为修律大臣，负责修订现行法律。为贯彻立法宗旨，沈家本主持的修订法律馆，积极翻译西方国家的法典、法规，译成日、德、美等国诉讼法，还请了西方法学家参与法律的草拟工作并担任法律学堂的主讲。1906年，在沈家本的主持下，编成《大清刑事、民事诉讼法草案》及相辅而行的《法院编制法草案》。《大清刑事、民事诉讼法草案》实行公开审判制度、陪审制度和律师制度，是中国第一部具有近代精神的诉讼法典草案。1906年，清廷将该法草案下发到各省，要求各省体察情形、悉心研究、提出意见，由于当时各省保守力量占有优势，各省先后覆奏请求暂缓施行，这部法律草案遂被搁置而未予颁行。1909年，沈家本在修订法律馆开始主持重新编纂《刑事诉讼律》，1910年完成，未及颁行，清朝灭亡。这些法典结束了历代沿袭的"诸法合体"的立法形式。

清政府颁布的新型法律，民国成立初期均予以暂行援用。《刑事诉讼律》中关于事务管辖、土地管辖、管辖指定与移转等规定得以在民国各审判衙门暂行实施。

（二）中华民国的刑事诉讼法

中华民国分为三个时期：南京临时政府时期（1912年1月—1912年3月）、北洋政府时期（1912年—1928年）、国民党政府时期（1927年—1949年）。

1. 南京临时政府时期的刑事诉讼法。1911年10月10日，辛亥革命爆发，推翻了满清政府，结束了长达2000年的封建君主专制统治，成立了孙中山领导的南京临时政府。1911年12月，各省都督的代表制定了《临时政府组织大纲》，以美国国家制度为蓝本，确立了三权分立原则，规定临时中央审判所行使司法权。1912 年 2 月 7 日，孙中山在南京公布《中华民国临时约法》，确认了三权分立的制度，规定法院是行使司法权的机关，实行司法独立和审判公开的原则，并规定了人民的诉讼权利。南京临时政府提倡人权，实行法律面前人人平等的原则。南京临时政府还颁布大总统令废除了刑讯制度，规定："不论行政司法官署，及何种案件，一概不准刑讯，鞫狱当视证据之充实与否，不当偏废口供。"① 同时命令各级官府焚毁不法刑具。

此外，南京临时政府还草拟了《中央裁判所官职令草案》《律师法草案》，规定慎选法官，建立律师制度、陪审制度和辩护制度，要求诉讼采取文明办法、尊重法律并公开进行。

南京临时政府虽然只存续了 3 个月，却在司法领域进行了多项重大改革。这些改革，借鉴了欧美资产阶级国家的法律制度，否定了封建的苛政酷刑，将近代的法律思想和人道主义精神融入刑事诉讼制度中，尽管存在着一定的局限性并且未能完全付诸实施，但其历史功绩是不能抹煞的。

2. 北洋政府时期的刑事诉讼法。北洋政府时期，军阀专权，局势动荡。1912 年，袁世凯就任民国大总统之职，因民国法律还没有制定颁布，于是下令准许暂时援用清朝施行的法律。1921 年，北洋政府将前清的《刑事诉讼律》修改为《刑事诉讼条例》，颁布后于 1922 年 1 月全面施行。

北洋政府时期，近现代的司法体系逐步建立：法院系统设大理院、高等审判厅、地方审判厅和初级审判厅，除普通法院外，还设有军事法院；检察机构设置在各级审判衙门内，分为总检察厅、高等检察厅、初级检察厅，负责侦查、公诉并监督判决的执行。1923 年的《中华民国宪法》确立了审判公开原则和司法独立原则，规定："法官独立审判，无论何人，不得干涉之。"并规定了法官职务保障。

1914 年 4 月，袁世凯撤销约占全国三分之二的地方审检厅和全部初级审检厅，恢复县知事兼理民事、刑事案件的制度，《县知事审理诉讼暂行章程》规定："审判方法由县知事或承审员相机为之，但不得非法凌辱。"这实际上为任意逮捕、拘押、刑讯等司法专横行为开了绿灯。保留了旧法曾经有过的"职官为原告时"可以不到庭，"得委诸他人代诉"。司法实践中，法官大量使用判例和解释例，作为处理案件的根据。1912 年到 1927 年，大理院汇编的判例多达二千多件。

3. 国民党政府的刑事诉讼法。国民党政府执政期间，立法院于 1931 年 10

① 《辛亥革命资料》，中华书局，1961 年版，第 215 页。

月28日颁布了《法院组织法》，该法分15章共91条。1928年7月，立法院颁布了《中华民国刑事诉讼法》和《中华民国刑事诉讼法施行法》，1934年，这两部法律得到修正并于次年颁布施行。此外，还制定了一系列单行法规，如《惩治盗匪暂行条例》（1927年11月18日颁布施行）、《危害民国紧急治罪法》（1931年1月31日颁布）、《特种刑事法庭审判条例》（1948年4月2日颁布）等。

国民党政府的《刑事诉讼法》是在继承北洋政府《刑事诉讼条例》基础上，进一步取法德国、日本等大陆法系的刑事诉讼制度基础上制定的，该法采行职权主义的诉讼模式，确立了如下原则：（1）弹劾原则。即承认当事人为诉讼主体，实行“不告不理”，控诉与审判职能分立，有控诉方才能启动审判程序，控诉方与被告方地位平等；（2）以公诉为主、公诉与自诉相结合的原则。国民党政府沿用将检察厅配置于法院的制度，检察官属于司法行政官，拥有搜查、提起公诉和实行公诉等独立职权；（3）职权进行原则。法院对于诉讼的进行或者终结，依据职权而进行必要的诉讼行为，不受当事人意思的约束，也不必等待当事人的申请，务求发现实质的真实；（4）不变更原则。对于刑罚权及其适用，当事人无权请求撤销或者变更，即当事人无处分权；（5）起诉便宜原则。检察官对于符合起诉条件的犯罪行为一般应当起诉，但在一定条件下可以不起诉；（6）直接审理原则。法官应当亲自接触当事人和收集证据，但如有例外，也允许委托受命推事进行若干诉讼行为；（7）言词审理原则。举证、辩论等行为以言词为之，例外是第三审案件不经过言词辩论，等等；（8）实质真实原则。关于事实和证据，不受当事人意思所拘束；（9）自由心证原则。对于证据的证明力，法律不预先作出规定而由法官自由判断；（10）审判公开原则。在辩护制度中，确认被告人或其法定代理人、保佐人、配偶均有权为被告人选任辩护人，《刑事诉讼法》规定最轻量刑为5年以上有期徒刑的案件及高等法院管辖的第一审案件，如果被告人或其法定代理人、保佐人、配偶于起诉后没有选任辩护人的，审判长应当依职权为其指定，否则审判违反法定程序。刑事诉讼中实行四级三审制的审级制度，第三审为法律审，审理以违背法令为理由的上诉。被告人、被告人的法定代理人、保佐人或配偶为了被告人的利益，辩护人和代理人在不和被告人明示的意思相反的情况下为了被告人的利益，检察官为了被告人的利益，自诉人，均可上诉，等等。

1949年以后，国民党政府的《刑事诉讼法》只在台湾地区得以继续实施，该法经过多次修改沿用至今。

三、中华人民共和国的刑事诉讼法

新民主主义革命时期人民民主政权所从事的立法和司法活动为中华人民共和国刑事诉讼的立法和实践提供了一定经验。早在1931年以前，工农民主政权便在各根据地建立起革命法庭或裁判部，在中央实行审判权与司法行政权分开的“分立制”，在地方采取“合一制”，审判机关的组织体系分为四级，实行两审终审制。检察机关附设在审判机关内，实行“审检合一制”。工农民主政权通过颁布《裁判条例》和有关《司法程序》的训令确立了一系列诉讼原则和审判制度，其中重要的包括：审判权统一由司法机关行使原则、公开审判原则、禁止肉刑逼供的原则、合议和陪审制度、死刑复核制度。抗日战争时期，冀鲁豫边区、陕甘宁边区等地的抗日民主政权颁布了单行保障人权的条例，如陕甘宁边区政府颁布了《陕甘宁边区保障人权财权条例》，规定了在司法活动中保障公民人身自由的程序要求。解放战争时期，人民民主政权确立了合法的传讯、拘捕和搜查程序，以及审判权统一由司法机关行使、禁止使用肉刑和乱打乱杀、案件复核、平反已决案件、便利群众的原则、制度。

中华人民共和国成立前夕，中共中央发布了《关于废除国民党的六法全书与确定解放区的司法原则的指示》（1949年2月），随之，华北人民政府也颁布了《废除国民党的六法全书及一切发布的法律的训令》（1949年4月1日），宣布废除国民党的《六法全书》及其一切反动法律，各级人民政府的司法审判不得再援引其条文，并确定解放区的人民司法工作必须以人民政府新的法律为依据以及教育和改造司法干部的指导原则。

1949年10月1日，中华人民共和国成立，标志着我国的法制建设和刑事诉讼立法进入了一个新的历史发展时期。刑事诉讼法的发展经历了以下阶段：

（一）中华人民共和国建立初期颁布的有关单行法规

中华人民共和国建立初期到1979年的30年间，我国没有制定刑事诉讼法典，只是在《宪法》和颁布的若干单行法律法规中规定了司法机关体系及若干刑事诉讼原则和程序。

1951年，中央人民政府委员会颁布了《中华人民共和国人民法院暂行组织条例》《中央人民政府最高人民检察署组织通则》和《各级地方人民检察署组织通则》。这些法规规定了人民法院、人民检察署的组织原则和组织形式，规定人民检察署是国家法律监督机关，还确立了审判公开、以民族语言文字进行诉讼等诉讼原则以及就地调查、就地审判、巡回审判、陪审等诉讼制度。

1954年9月，第一届全国人民代表大会第一次会议在制定颁布宪法的同时制定颁布了《中华人民共和国人民法院组织法》和《中华人民共和国人民检察院组织法》。同年12月，颁布了《中华人民共和国拘留逮捕条例》。这些法律明确规定：人民法院、人民检察院和公安机关分别行使审判权、检察权、侦查权；人民法院独立进行审判，只服从法律；对于一切公民在适用法律上一律平等；公开审判；被告人有权获得辩护；各民族公民都有权使用本民族的语言文字进行诉讼。这些法律还就回避、陪审、合议、两审终审和死刑复核等诉讼制度和拘留、逮捕程序作出了规定，成为指导当时的司法改革和建设以及刑事诉讼活动的重要依据。

与此同时，刑事诉讼法的起草工作也在进行，1954年，中央人民政府法制委员会草拟了《中华人民共和国刑事诉讼条例》草案，1955年，最高人民法院下发了《审理刑、民案件程序总结》，1957年，又在进一步调查研究、总结司法实践经验和借鉴外国立法例（主要是苏联）的基础上拟出《中华人民共和国刑事诉讼法草案（草稿）》，分7篇，共325条。1962年，中央主管部门在1957年草稿的基础上，广泛征求意见，反复修改，又于1963年4月形成《中华人民共和国刑事诉讼法草案（初稿）》，条文由325条减为200条。不过，这一法律起草活动随着极左思潮的日益加剧而又被迫停止，及至十年动乱期间，社会主义法制被破坏殆尽，现有的法律尚且受到恣意践踏，制定刑事诉讼法更是无从谈起。

（二）《中华人民共和国刑事诉讼法》的制定

1976年10月，“四人帮”垮台以后，中国由十年动乱走向改革开放，刑事诉讼法的制定重获契机，1979年2月成立的全国人大常委会法制工作委员会在1963年初稿的基础上起草了新的《刑事诉讼法草案》（修正一稿、修正二稿），该草案继承了此前法律起草已经取得的成果，又在进一步总结了正反两方面经验的基础上加以完善。1979年6月，《刑事诉讼法草案》（修正二稿）提请第五届全国人民代表大会第二次会议审议，于1979年7月1日正式通过，同年7月7日公布，1980年1月1日起施行。

《中华人民共和国刑事诉讼法》分4编，共164条，是我国第一部社会主义类型的刑事诉讼法典。《刑事诉讼法》的制定，是健全社会主义法制的重要一步，结束了新中国建国以后长期没有刑事诉讼法典作为刑事诉讼活动的依据的局面。该法实施以来，对于保障准确及时地查明犯罪事实，正确适用法律，惩治犯罪行为，保障无罪的人不受刑事追究，维护社会治安，保障改革开放和社会主义现代化建设的顺利进行，发挥了重要作用。

《刑事诉讼法》制定后，全国人民代表大会常务委员会对刑事诉讼法进行了若干修改、补充，形成的主要法律法规有：《全国人民代表大会常务委员会关于迅速审判严重危害社会治安的犯罪分子的程序的决定》《全国人民代表大会常务委员会关于国家安全机关行使公安机关的侦查、拘留、预审和执行逮捕职权的决定》《全国人民代表大会常务委员会关于刑事案件办案期限的补充规定》《全国人民代表大会常务委员会关于修改（中华人民共和国人民法院组织法）的决定》和《全国人民代表大会常务委员会关于修改（中华人民共和国人民检察院组织法）的决定》等，其中一些法律在1996年修正刑事诉讼法的决定中被废止。

（三）《中华人民共和国刑事诉讼法》的修正

改革开放以来，随着我国社会主义市场经济的建立和社会主义民主和法制建设的不断发展，以及社会情况特别是犯罪和与犯罪作斗争的形势发生的变化，需要对刑事诉讼法进行补充修改。

根据第八届全国人民代表大会常务委员会的立法规划，全国人民代表大会常务委员会法制工作委员会从1993年起，开始对《刑事诉讼法》的实施情况和存在的问题展开调查研究，广泛征求意见，并委托专家提出《刑事诉讼法修改建议稿》供立法部门参考。1995年12月，全国人民代表大会常务委员会法制工作委员会拟订了《中华人民共和国刑事诉讼法修正案（草案)》，提交全国人民代表大会常务委员会第十七次会议进行了初步审议。1996年2月，全国人民代表大会法律委员会召开会议对再度修改的修正案草案进行了审议，并提交第八届全国人民代表大会常务委员会第八次会议进行了第二次审议。1996年3月5日召开的第八届全国人民代表大会第四次会议审议了《中华人民共和国刑事诉讼法修正案（草案)》，1996年3月17日，修正案以《全国人民代表大会关于修改（中华人民共和国刑事诉讼法）的决定》的名称获得通过。修正后的条文共225条，比修正前增加了61条。

这次修正，涉及刑事诉讼的各个环节，主要内容包括：对职能管辖进行了修改，特别是调整了检察机关自侦案件的范围；完善强制措施，取消收容审查；强化对犯罪嫌疑人、被告人以及被害人权利的保障，确立了未经人民法院依法判决不得定罪的原则，将律师参加诉讼活动的时间提前到侦查阶段；扩大了不起诉的范围，决定不再使用免予起诉；对庭审方式作出重大改革，强化控辩双方的作用，发挥合议庭在审判中的决定性作用；增设简易程序；增设人民检察院依法对刑事诉讼实行法律监督的原则，加强对刑事诉讼各个环节的监督，等等。

《刑事诉讼法》的修改是我国刑事诉讼制度和司法制度的重大改革，反映了我国改革开放以来立法、司法领域发生的观念变化，它不仅为实现司法公正提供了重要的立法保障，同时也促进了程序公正的意识和保障人权的观念在司法人员中的普及和提高。当然，我国的刑事诉讼法制并非十全十美，与一些国际标准和保障实体公正和程序公正的实际需要相比，仍然存在一定的距离，需要通过有关部门进一步努力，对我国刑事诉讼制度和司法制度作进一步的改革，使我国的刑事诉讼制度更加民主、文明、科学，从而更好地实现刑事诉讼法的目的。

为了较好地贯彻修改后的《刑事诉讼法》，1998 年，最高人民法院、最高人民检察院、公安部、国家安全部、司法部、全国人民代表大会常务委员会法制工作委员会联合制定、下发了《关于刑事诉讼法实施中若干问题的规定》，最高人民法院、最高人民检察院、公安部也分别制定、下发了关于执行《中华人民共和国刑事诉讼法》的解释、规则、规定等，这些规范性文件对于协调公安、司法机关的执法活动起到了积极作用。

第　二　编

总　　论

第三章　刑事诉讼的基本原则

刑事诉讼的基本原则是刑事诉讼法规定的一个重要内容。我国刑事诉讼的基本原则是指稳定地反映我国刑事诉讼的本质和特点，指导我国刑事诉讼的立法和司法实践，为立法机关、司法机关或诉讼参与人在进行刑事诉讼立法和刑事诉讼过程中所必须遵循的基本行为准则。

刑事诉讼的基本原则是立法对刑事诉讼活动规律的总结，它既继承和发扬了我国各族人民司法工作的优良传统，又是对刑事诉讼活动的性质、特点及其规律全面、综合的反映，其所蕴涵的科学、民主理念对于指导司法实践，完善刑事法制，实现刑事诉讼法的任务都具有举足轻重的作用。

第一节　侦查权、检察权、审判权由专门机关行使

我国《刑事诉讼法》第3条明确规定："对刑事案件的侦查、拘留、执行逮捕、预审，由公安机关负责。检察、批准逮捕、检察机关直接受理的案件的侦查、提起公诉，由人民检察院负责。审判由人民法院负责。除法律特别规定的以外，其他任何机关、团体和个人都无权行使这些权力。人民法院、人民检察院和公安机关进行刑事诉讼，必须严格遵守本法和其他法律的有关规定。"这一规定，是在我国刑事诉讼中确立并实行"侦查权、检察权、审判权由专门机关行使"原则的法律依据。

一、侦查权、检察权、审判权由专门机关行使原则的基本内容

侦查权、检察权、审判权由专门机关行使原则的基本内容包括：

1. 侦查权、检察权、审判权只能由法定的专门机关行使。侦查权、检察权和审判权是国家权力的重要组成部分，由谁来代表国家行使这些权利，不仅关系到正确适用国家刑罚权，准确地惩罚犯罪，保障公民的名誉、财产和人身权利等合法权益不受侵犯，而且是关系到国家政权的巩固，社会秩序的稳定，国家和人民根本利益的保护以及社会主义现代化建设事业能否顺利进

行的大问题。因此，国家把侦查权、检察权和审判权分别交给公安机关、人民检察院和人民法院来行使，并且规定了他们在刑事诉讼中的职权范围，使他们各自行使自己的权力，共同完成刑事诉讼的任务。其他任何机关、团体和个人都无权行使这些权利，无权擅自对公民进行拘捕、关押、搜查、审讯等行为。否则任何公民都有权抵制这些行为，并提出控告，构成犯罪的应当追究刑事责任。所谓“法律特别规定的以外”，是指在本条规定公安机关、人民检察院、人民法院的职权以外，由法律规定的特定机关行使上述权力，如国家安全机关办理危害国家安全的刑事案件，行使与公安机关相同的职权，军队保卫部门对军队内部的刑事案件行使侦查权，监狱对罪犯在监狱内的犯罪进行侦查，走私犯罪由海关走私犯罪侦查部门负责侦查，并适用刑事诉讼法的有关规定。这是法律所作的特别规定，由这些机关行使侦查权并不违反职权原则。

侦查权是指收集证据，揭露和证实犯罪，查获犯罪嫌疑人，实施必要的强制性措施的权力。侦查活动的内容极为广泛，侦查、拘留、执行逮捕和预审，是侦查工作的最主要和最集中的体现。根据我国《刑事诉讼法》第 3 条和第 4 条的规定，侦查权主要由公安机关、人民检察院和国家安全机关行使。三机关在行使侦查权时又是有分工的。人民检察院只对贪污贿赂犯罪，国家工作人员的渎职犯罪，国家机关工作人员利用职权实施的非法拘禁、刑讯逼供、报复陷害、非法搜查的侵犯公民人身权利的犯罪以及侵犯公民民主权利的犯罪案件行使侦查权；国家安全机关只对危害国家安全的刑事案件行使侦查权。除此之外的其他案件，则由公安机关行使侦查权。检察权是指对法律的执行与遵守进行专门监督的权力。从理论上讲，检察权的内容极为广泛，它包括对刑事法律、民事法律、行政法律的执行与遵守实行监督。我国宪法、法律对检察权规定得最多、最详细的部分，是对刑事法律的执行与遵守进行专门的法律监督。因而，在刑事诉讼活动中，人民检察院的活动范围也是很广泛的，但最主要的活动表现为批准逮捕，对直接受理的案件进行侦查，提起公诉以及对公安机关、法院和刑罚执行机关的诉讼活动实行法律监督。根据《刑事诉讼法》第 3 条第 1 款的规定，检察权只能由人民检察院行使。审判权是指对案件进行审理并作出裁决的权力。审判权是一种最主要的司法权力，它决定着诉讼当事人的命运和诉讼的结局。根据《刑事诉讼法》第 3 条第 1 款的规定，审判权只能由人民法院行使。

2. 公安机关、人民检察院和人民法院依法根据刑事诉讼法独立行使职权，其他任何机关、团体和个人都无权行使侦查权、检察权和审判权。办理刑事案件，追究犯罪嫌疑人、被告人的刑事责任，既是一项十分重要的工作，又是一项科学的工作。说其重要，是因为它关系着人民民主政权的巩固，社会秩序的稳定，关系着公民的人身权利、财产权利、民主权利和其他权利有无保障，关系着社会主义现代化建设事业能否顺利进行。说其科学，是因为刑事诉讼中的侦查、起诉和审判需要运用辩证唯物主义的基本原理去认识案件事实，运用严密的逻辑思维和丰富的法律知识及其他社会知识去处理刑事纠纷。这样的工作只能让专门的司法机关去履行，这样的权力只能交给公、检、法机关去行使。否则，就会造成司法上的混乱，公民的合法权益就不能得到应有的保障。

除了公安机关、人民检察院和人民法院及法律特别规定的以外，其他任何机关都无权行使这些权力。这里讲的“其他任何机关”，是指法律赋予其司法权以外的各级各类国家机关，包括中央和地方的权力机关、行政机关等。这里讲的“团体”，包括各政党、群众组织和社会团体。这里讲的“个人”，是指一切公民，包括党和国家领导人和普通公民。某些国家机关、社会团体及公民，虽然在国家政治生活中具有重要的地位，享有一定的权力，但由于法律没有赋予其司法权，故不能擅自拘留人、逮捕人、搜查、扣押，更不能对刑事案件定罪量刑。如果“其他任何机关、团体和个人”行使了上述权力，则属于违法甚至犯罪行为，应当依法追究他们的法律责任。在司法实践中，县直属以上的机关、团体、企事业单位的保卫部门对于本单位内部发生的刑事案件，可以在公安机关指导下，协助进行现场勘查、询问证人、追缴赃款赃物等工作。但是，我们必须明确这些工作是在公安机关指导下进行的，这些“保卫部门”本身并无独立的侦查权。

3. 公安机关、人民检察院和人民法院行使侦查权、检察权和审判权必须遵守法定程序。所谓法定程序，是指法律规定的有关诉讼的工作方式、方法和步骤的总称。刑事诉讼程序是由刑事诉讼法和其他相关法律规定的。这里讲的其他法律包括我国的《宪法》《人民法院组织法》和《人民检察院组织法》中有关刑事诉讼的法律条文，以及全国人民代表大会常务委员关于刑事诉讼程序的有关规定。公安机关、人民检察院和人民法院在刑事诉讼中行使任何权力，都必须遵守法律的规定。例如，刑事诉讼法规定逮捕人犯必须由人民检察院批准或者决定，或者由人民法院决定，由公安机关执行。没有人民法院的决定、没有人民检察院的批准或者决定，公安机关就不能行使逮捕人犯的权力。又如，刑事诉讼法规定，第一审公诉案件的法庭审判程序由五个阶段构成，它们依次是宣布开庭、法庭调查、法庭辩论、被告人最后陈述、评议和宣判。人民法院在行使审判权，对具体案件进行审理时，必须依次进行上述五个方面的工作，不能减少或者省略等等。公安机关、人民检察院和人民法院在刑事诉讼中享有广泛的权力，它们的活动决定着诉讼的进程，也决定着当事人的命运。因此，公安机关、人民检察院和人民法院在刑事诉讼中必须遵守刑事诉讼法的规定，只有这样，才能准确、及时地惩罚犯罪分子，保护公民的合法权益。

我国《刑事诉讼法》规定的法定程序是司法实践工作经验的总结，是对刑事活动科学分析后得出的结论。因此，公安机关、人民检察院和人民法院在办理刑事案件时遵守法定程序，就等于按照科学的操作规程工作，就能保证准确、及时地查获犯罪嫌疑人，惩罚犯罪分子，保障无罪的人不受刑事追究。公安机关、人民检察院和人民法院在追究犯罪嫌疑人、被告人刑事责任的同时，自身也要遵守法律的规定，受法律的约束，这充分体现了我国刑事诉讼法的民主性和先进性。我国刑事诉讼法要求公安机关、人民检察院和人民法院依法办案，把公安机关、人民检察院和人民法院的刑事诉讼活动纳入法制轨道，这样就能实现对公安机关、人民检察院和人民法院的有效监督，最大限度地防止冤、假、错案的发生，做到严格、公正和文明执法。

二、确立并实行侦查权、检察权、审判权由专门机关行使原则的意义

确立并实行侦查权、检察权、审判权由专门机关行使这一原则，对于维护国家法制的统一，保证刑事诉讼活动的顺利进行，具有十分重要的意义。

1. 公安机关、人民检察院和人民法院依法行使各自的职权，是保证办案质量，实现刑事诉讼任务的需要。刑事案件错综复杂，千差万别，为了有组织、有效地同各类犯罪作斗争，正确地处理刑事案件，做到不枉不纵，不错不漏，实现刑事诉讼法的任务，除了坚持党的领导和群众路线以外，还必须有掌握侦查权、检察权和审判权的专门机关进行这项专门工作。公安机关、人民检察院和人民法院是代表国家行使这些权利的专门机关。在全国有系统的专门组织机构，有庞大的、训练有素的专业队伍，有法学等专门科学知识，有同犯罪作斗争的丰富经验，有专门的设备和相应的现代化科学技术手段，具备完成这一专门职责的必备条件。因此，公安机关、人民检察院和人民法院不同于其他国家机关，可以胜任这一任务。如果没有专门机关而由其他国家机关共同负担，或者由团体、企事业单位和公民个人负担，其后果是不堪设想的。

2. 公安机关、人民检察院和人民法院依法行使各自的职权，是维护社会主义法制统一性的需要。我国是一个幅员辽阔、人口众多的多民族国家，要把我国建设成为具有高度民主和高度文明的社会主义现代化强国，没有统一的法律不行；有了统一的法律，没有统一的专门执行法律的机关也不行。马

克思曾经指出："要运用法律就需要法官。如果法律可以自动运用，那么法官也就是多余的了。"由公安机关、人民检察院和人民法院来行使侦查权、检察权和审判权，就能够保证我国法律的统一及正确的实施。

3. 公安机关、人民检察院和人民法院依法行使各自的职权，是捍卫国家司法权的需要。国家司法权是保护人民，打击敌人，惩罚犯罪的有力武器，必须由国家授权的专门机关统一、正确地行使。实践证明，公安机关、人民检察院和人民法院依法行使侦查权、检察权和审判权，既可以防止某些别有用心的人巧立名目，用别的什么组织来取代司法机关，破坏和践踏国家的司法，又可以使广大人民群众同司法工作人员能够更加明确地、坚定地捍卫国家的司法权的统一性。只有这样，司法权才能真正起到打击犯罪、保护人民的作用。

第二节　人民法院、人民检察院依法独立行使职权

我国《刑事诉讼法》第5条规定："人民法院依照法律规定独立行使审判权，人民检察院依照法律规定独立行使检察权，不受行政机关、社会团体和个人的干涉。"这一规定，是在我国刑事诉讼中确立并实行"人民法院、人民检察院依法独立行使职权"原则的法律依据。

一、人民法院、人民检察院依法独立行使职权原则的基本内容

司法机关独立行使职权原则，是指人民法院、人民检察院依照法律的规定，独立行使审判权、检察权，不受行政机关、社会团体和个人的干涉。这一原则主要包括以下内容：

1. 审判权由人民法院行使，检察权由人民检察院行使。审判权是指对人民检察院提起公诉的案件和自诉人提起自诉的案件进行审理和裁判的权力，审判权是最主要的司法权力，它最终决定着被告人的命运和诉讼结局。因此，对审判权的行使必须严格加以限制，不得滥用。检察权是指对法律的遵守进行专门监督的权力，它既包括对刑事法律的执行与遵守进行的监督，也包括对民事法律、行政法律等执行与遵守进行的监督，在这里仅指检察机关在刑事诉讼活动中对刑事法律的执行与遵守的监督。在刑事诉讼中，检察活动主要体现在批准逮捕、提起公诉以及对公安机关、人民法院在刑事诉讼活动中是否合法实行监督等方面。

审判权、检察权只能由人民法院、人民检察院行使，人民法院、人民检察院行使审判权、检察权具有独立性。所谓独立性，是指人民法院和人民检

察院在法定权限内办理案件，除了服从法律以外，不服从任何行政机关、社会团体或个人有关处理具体案件的指示或命令，任何行政机关、社会团体和个人不得干涉人民法院、人民检察院的审判工作和检察工作。人民法院、人民检察院在行使审判权、检察权的时候，有关机关、团体和个人都不得拒绝。人民法院、人民检察院以外的其他任何行政机关、团体和个人都无权行使这些权力，如果擅自行使，就是私设公堂、非法搜查、非法拘禁、非法审判等违法犯罪行为，就应当受到法律的追究。对于非法的侦查和审判活动，任何机关、团体和个人都有权拒绝和向有关机关提出控告。

在这里需要特别指出的是，独立行使审判权、检察权，是指人民法院和人民检察院作为一个组织整体，独立行使审判权、检察权，而不是"审判员"、"检察员"独立行使审判权、检察权。这与西方国家的"法官独立"、"检察官独立"具有本质的区别。所以，人民法院院长和审判委员会，人民检察院检察长和检察委员会对具体案件的审判、检察工作提出意见或做出决定，不是干涉独立行使审判权、检察权，而是贯彻民主集中制原则的具体体现，是保证独立行使审判权、检察权正确行使的必要条件。根据我国《人民法院组织法》《法官法》《人民检察院组织法》和《检察官法》的有关规定，人民法院和人民检察院实行民主集中制，人民检察院和人民法院通过设立检察委员会、审判委员会，实行民主集中制的统一领导。由于人民法院与人民检察院的领导体制不同，独立行使审判权和独立行使检察权的内部机制也略有不同，人民法院的上下级关系是审判监督关系，人民检察院的上下级关系是领导与被领导关系。上级人民法院对下级人民法院就具体案件的审判，不能直接干预，不能指令下级法院如何判决，只能通过第二审程序和审判监督程序监督下级法院的工作。法院是以审级独立的方式依法独立行使职权。而上级人民检察院可以直接领导下级人民检察院的业务。例如，撤销下级人民检察院向同级法院提出的抗诉等等。也就是说，检察院是以系统独立的方式，检察一体化地独立行使职权的。

2. 人民法院行使审判权，人民检察院行使检察权必须依照法律规定独立行使。国家赋予人民法院审判权、人民检察院检察权，并不意味着人民法院、人民检察院及其工作人员就可以随心所欲地蛮干，而是必须严格依照法律的规定进行办案活动。人民法院和人民检察院只能在法律规定的范围内，行使自己的职权，不得越权行事；必须依照法律规定的程序和其他有关法律规定行使职权，不得任意行事；通过行使职权所作出的各项决定，都必须忠于案件的事实真相并符合法律的规定。人民法院、人民检察院及其司法人员都不得借口"独立"而滥用审判权、检察权。这里所讲的依照法律，意味着既要严格依照实体法，也要严格依照程序法。一方面，行使审判权、检察权要严格依照实体法，检察院行使检察权时要对司法机关及其工作人员在办案活动中是否符合实体法的规定进行监督，人民法院行使审判权时要依据实体法的规定进行定罪量刑，而不能徇私舞弊，枉法裁判；另一方面，行使审判权、检察权又要严格依据程序法，严格按照程序法规定的各种原则、制度、条件、时限、程序进行。否则，其所进行的活动就是非法的，就是无效的，当事人和其他诉讼参与人就可以拒绝司法机关的诉讼行为和诉讼请求，并有权提出控告，要求追究有关责任者的法律责任。

3. 人民法院行使审判权，人民检察院行使检察权，不受任何行政机关、社会团体和个人的干涉。人民法院、人民检察院进行刑事诉讼活动时，依照法律规定独立自主地处理案件，其他任何机关、社会团体和个人，都不得干涉、阻挠或者指令、强迫人民法院、人民检察院对具体案件的处理。人民法院、人民检察院依法独立行使审判权和检察权，排除各种干扰，贯彻有法可依、有法必依、执法必严、违法必究、法律面前人人平等的社会主义法治原则。我国法律规定的独立行使审判权、检察权，与西方国家的“司法独立”不仅阶级本质不同，而且法律机制和内容也有显著区别。西方国家的“司法独立”，是资产阶级三权分立原则的组成部分，它是相对于立法权、行政权而言的，旨在让立法、行政和司法互相制衡。我国的司法和行政机关都对权力机关负责，并受权力机关监督。所以，我国独立行使审判权、检察权，不是说审判权、检察权与立法权相鼎立，而是指人民法院、人民检察院行使审判权、检察权不受非法干涉。

同样，贯彻人民法院和人民检察院独立行使审判权、检察权这一原则，也不是不要或否定党的领导。相反的是，人民法院依法独立行使审判权，人民检察院依法独立行使检察权正是在党的领导下进行的，而不能独立于党的领导之外，党的领导是依法独立行使审判权、检察权的根本保证。在我国，要坚持司法工作的人民民主专政的性质和社会主义方向，就必须坚持中国共产党的领导。但在这里必须明确的是在刑事诉讼活动中，党的领导不是审批具体案件，不是对具体案件定框框、下命令，不是“以党代法”、“党法不分”。党的领导主要是思想领导、政治领导和组织领导，为审判工作、检察工作制定正确的路线、方针和政策，用马列主义、毛泽东思想、邓小平理论和“三个代表”重要思想教育和指导审判人员、检察人员，提高他们的政治素质和业务素质。当然，人民法院、人民检察院在刑事诉讼活动中应当接受群众监督，虚心听取其他机关、团体和个人提出的批评、意见和建议，对于正确意见应当采纳。这与依法独立行使职权不但没有矛盾，而且对人民法院、人民检察院改进工作，更好地行使自己的职权是十分有利的。

二、确立并实行人民法院、人民检察院依法独立行使职权原则的意义

1. 确立并实行这一原则，有利于保障国家审判权、检察权的正确实施，维护国家法治的统一。行使审判权、检察权是一项严肃的国家活动，必须依照法律由专门的国家机关行使，否则势必造成混乱。刑事诉讼法以立法的形式确定了人民法院依法独立行使审判权，人民检察院依法独立行使检察权，为正确行使审判权、检察权提供了法律保障。审判权、检察权由专门机关实施，其他任何行政机关、社会团体和个人都无权行使，这就维护了国家法治的统一。

2. 确立并实行这一原则，有利于保证一切公民在适用法律上一律平等，严格、公正、客观地处理案件。人民法院依法独立行使审判权，人民检察院依法独立行使检察权就排除了其他行政机关、社会团体和个人的干涉，从而防止以权代法、以言代法和以钱代法等非法行为和不良现象的发生，使得司法机关在处理案件时不受权力、金钱等因素的左右，严格、公正、客观地处理案件，保证司法行为的纯洁性、权威性和公正性，从而为准确地惩罚犯罪，保护公民的合法权益，维护社会的稳定奠定坚实的基础。

第三节　依靠群众

我国《刑事诉讼法》第 6 条规定："人民法院、人民检察院和公安机关进行刑事诉讼，必须依靠群众。"这一规定，是在我国刑事诉讼中确立并实行"依靠群众"原则的法律依据。我国《宪法》《人民法院组织法》《人民检察院组织法》中也对这一原则加以确立并规定了与之相适应的诉讼程序制度和方法。

一、依靠群众原则的基本内容

依靠群众原则是指公安机关、人民检察院和人民法院在进行刑事诉讼时，必须坚持一切为了群众，一切依靠群众，从群众中来，到群众中去的群众路线，坚持我们党历来所倡导的群众观点，注意借助群众的智慧和力量，深入群众，向群众进行调查研究，听取群众的意见和建议，接受群众的监督，并取得人民群众的支持和帮助。我国是人民当家做主的社会主义国家，群众是社会主义事业取得胜利的力量源泉和基本保证。因此，依靠群众、坚持群众路线和群众观点是包括刑事诉讼在内的各项工作都应当实行的根本工作路线

和根本工作方法。

实行依靠群众原则既是刑事诉讼活动本身的要求，同时也是由我们国家的社会主义性质决定的。我国《宪法》第27条第2款明确规定："一切国家机关和国家工作人员必须依靠人民的支持，经常保持同人民的密切关系，倾听人民的意见和建议，接受人民的监督，努力为人民服务。"司法机关所进行的刑事诉讼活动是紧紧围绕对犯罪的揭露、证实和惩罚而展开的。由于犯罪嫌疑人混迹于社会之中，犯罪活动大多具有秘密进行和不可能重现的特点，司法机关要将他们从广大群众中分辨出来，的确是一件不容易的事情，这就给侦查破案和证实案件事实带来一定的困难。但是，任何案件都是在一定的时间和空间发生的，都会留下一定的痕迹或者在人们的头脑里留下一定的印象，何况犯罪嫌疑人也生活在群众之中，其从事的犯罪行为及犯罪前后的可疑举动，必然难逃群众的耳目。犯罪行为危害国家利益，侵犯公民的合法权益，破坏社会安定和正常的社会秩序，人民群众对此是深恶痛绝的。司法机关进行刑事诉讼，打击犯罪，完全符合人民群众的利益和要求，必然能够得到人民群众的支持和拥护。因此，只要我们坚持群众路线和群众观点，深入群众作调查研究，广泛听取群众的意见和建议，取得群众的支持和帮助，就有利于发现犯罪线索，就有可能收集到各种可靠的犯罪证据，尽快查清案件事实，使案件得到正确及时的处理。同时，在刑事诉讼中依靠群众，取得群众的支持和协助，还可以把刑事诉讼活动置于广大群众的监督之下，从而增强办案人员的责任心，有利于正确适用法律，保证定罪准确，量刑适当。

二、坚持依靠群众原则应注意的问题

在刑事诉讼活动中，坚持和贯彻执行依靠群众原则，必须注意以下两个问题：

1. 司法机关及其司法人员必须牢固树立相信群众和依靠群众的观点，学会做群众工作的方法。同犯罪分子作斗争，不仅是司法机关的职责，也与人民群众的切身利益紧密相关。司法机关必须相信群众协助司法机关查获犯罪分子的积极性。司法人员深入群众搞调查研究，要根据被调查者的具体情况，采取与之相适应的方法和策略。对于有思想顾虑的证人或者其他知情人，要做耐心细致的思想工作；如果调查事关被调查者的隐私，应当注意保密；对于群众提供的情况，应当采取分析的态度，善于去粗取精、去伪存真，既不能完全不信，也不能盲目相信。对群众中不正确的意见要进行说服教育，需要进行科学鉴定和技术检验的证据材料必须依法进行鉴定和检验。与此同时，还要注意防止司法人员强迫群众提供符合自己主观想象的材料，这种做法本

身是同群众路线的要求相悖的。因此，司法机关及其司法人员只有牢固树立相信群众和依靠群众的观点，严格依法办事，才能取信于民，得到人民群众的支持和拥护。

2. 依靠群众并不等于可以削弱司法机关的工作，更不允许以群众办案来代替司法机关的工作。司法机关是我国刑事诉讼活动的主体，享有广泛的职权，如立案、侦查、提起公诉、审判、执行以及在诉讼活动中采取的一系列强制措施等都是司法机关依法进行的一系列专门工作。在刑事诉讼中依靠群众，决不意味着让群众代替司法机关去进行这些活动，也不意味着把司法机关的职权交给群众行使。群众不能行使公安机关、人民检察院和人民法院的职权，而是要把司法机关的专门性工作与依靠群众巧妙地结合起来，既要保证侦查权、检察权、审判权由公安机关、人民检察院、人民法院行使，又要发挥群众参与、监督刑事诉讼活动的主动性和积极性，以保证司法机关少犯错误，提高办案质量。

第四节　以事实为根据，以法律为准绳

我国《刑事诉讼法》第 3 条规定："人民法院、人民检察院和公安机关进行刑事诉讼……必须以事实为根据，以法律为准绳。"这一规定，是在我国刑事诉讼中确立并实行"以事实为根据，以法律为准绳"原则的法律依据。

一、以事实为根据，以法律为准绳原则的基本内容

以事实为根据，是指司法机关对案件实体性问题和程序性问题作出决定时，必须以查证属实的证据和凭借这些证据认定的案件事实为基础，而不能以主观想象、推测或者毫无根据的设想、议论为根据。

以法律为准绳，是指司法机关办案人员必须忠于法律，服从于法律，以刑法和其他法律的有关规定作为定罪量刑处理案件的标准。这一基本原则既是我国刑事诉讼实践经验的科学总结，也是我国刑事诉讼的一个重要特点。

司法机关在办理案件过程中，要坚持以事实为根据，就只能以客观存在的案件事实作为依据和基础，而不能以与案件事实无关的其他事实作为依据，更不能以主观臆测、推断或怀疑出来的所谓事实作基础。案件事实是通过证据证明的，要查明案件事实就必须坚持重证据、重调查研究，不轻信口供。司法机关一方面要努力收集与案件事实有关的一切证据材料，另一方面又要对收集到的证据材料进行认真细致的分析研究，只有经过查证核实准确无误时，才能作为定案的依据。要坚持以法律为准绳，就不能离开法律另立标准。

为了在刑事诉讼中做到以法律为准绳，公安机关、人民检察院和人民法院在实际工作中必须依法独立行使职权，不受其他行政机关、社会团体和个人的干涉。司法机关的工作如果受到各方面的左右或干扰，便很难做到严格地依法办案。因此，切实保证司法机关依法独立行使职权，乃是做到"以法律为准绳"的前提条件。同时，定罪量刑必须以刑法为根据，不得自立标准。公安机关、人民检察院、人民法院办理刑事案件，只能根据查证属实的案件事实，依照刑法的有关规定，判定某个公民是否构成犯罪及所犯何罪，不能将有罪定为无罪，无罪定为有罪，重罪定为轻罪，轻罪定为重罪，法律的具体规定是处理案件的惟一标准和尺度。还必须严格依照法定的诉讼程序办理案件。不仅要求司法机关按照实体法的规定办理案件，而且要求其在程序方面以刑事诉讼法规定的诉讼程序办事，不能越权办案、违法办案，以避免因诉讼程序上的错误给案件实体处理上带来不利的法律后果。

以事实为根据，以法律为准绳是紧密联系，缺一不可的。查明案件事实是正确处理案件的前提，如果不是以事实为根据，不查明案件的事实情况，就根本不可能正确适用法律，以法律为准绳就会失去意义；如果不以法律为准绳，就不能正确处理案件，因而以事实为根据也就会没有存在的必要。所以，以事实为根据与以法律为准绳互为条件，相辅相成。它是正确处理案件的两项关键性要求，必须在刑事诉讼中全面贯彻执行，不能偏执于任何一方面。

二、确立并实行以事实为根据，以法律为准绳原则的意义

以事实为根据，以法律为准绳，是我国刑事诉讼中最重要的一项基本原则，它在刑事诉讼基本原则中居于核心的地位，其他的各项基本原则都是围绕和服从、服务于这一原则的。确立并实行这一原则，对于保证办案质量，具有决定性的意义。

1. 以事实为根据，以法律为准绳，体现了辩证唯物主义的基本原理。实事求是是辩证唯物主义的一个基本原理。在刑事诉讼中，坚持以事实为依据，也就是坚持实事求是，按照事物的本来面目客观全面地分析案情，处理案件，这是我们坚持人民民主专政，坚持马列主义、毛泽东思想、邓小平理论和"三个代表"重要思想，坚持辩证唯物主义思想路线的具体体现。只有以事实为根据，以法律为准绳去衡量、判断行为人的行为是否犯罪并给予相应的惩罚，这样解决和处理的案件才能经得起时间和历史的考验。

2. 坚持以事实为根据，以法律为准绳，是整个刑事诉讼活动赖以存在的基础。查明案件事实真相，正确适用法律，既是司法机关进行刑事诉讼的两

个基本任务，也是对司法机关和诉讼参与人进行刑事诉讼的基本要求，它贯穿于刑事诉讼活动的全部过程，是检查和评判办案质量高低的标准。在刑事诉讼活动中，公安机关要在犯罪事实发生的基础上立案，其侦查又必须在法律规定的范围内进行。同样，人民检察院的侦查、批捕、提起公诉、检察以及人民法院的审判，都是在查清犯罪事实的基础上，依据实体法和程序法进行的。对错综复杂的各类案件，办案人员必须抓住事物的本质，分清真伪，正确地适用法律，对案件作出正确的处理。

3. 坚持以事实为根据，以法律为准绳，是正确贯彻其他诉讼原则和制度的前提。我国刑事诉讼的基本原则和制度，都是正确适用刑法，使刑事诉讼活动得以顺利进行的重要保障。在刑事诉讼的各项原则、制度中，以事实为根据，以法律为准绳原则处于核心的地位。

首先，以事实为根据，以法律为准绳原则贯穿于我国刑事诉讼的各个阶段和各个方面。其次，以事实为根据，以法律为准绳原则是贯穿执行其他诉讼原则和制度的前提。贯彻其他诉讼原则，必须忠实于事实真相，忠实于国家法律，否则，就失去了贯彻其他诉讼原则和制度的积极意义。

4. 只有坚持以事实为根据，以法律为准绳原则，才能真正做到随时随地坚持真理，修正错误。各种犯罪行为错综复杂，同刑事犯罪作斗争的任务也十分艰巨。由于受主客观因素的影响，我们的工作有时难免出现偏差。但是，只要认真贯彻以事实为根据，以法律为准绳原则，就可以及时地纠正办案过程中出现的错误。在司法实践中，出现“枉”或“纵”的原因不外有两个：或是没有查明案情，或是没有正确适用法律。坚持以事实为根据，以法律为准绳的原则，就可以杜绝“枉”或“纵”的发生，提高司法机关办理刑事案件的质量。

第五节　对于一切公民在适用法律上一律平等

我国《宪法》第33条第2款规定：“中华人民共和国公民在法律面前一律平等。”《宪法》第5条第4款规定：“任何组织或个人都不得有超越宪法和法律的特权。”我国《刑事诉讼法》第6条规定：“对于一切公民，在适用法律上一律平等，在法律面前，不允许有任何特权。”

以上法律的明确规定，都是在我国刑事诉讼中确立并实行“对于一切公民在适用法律上一律平等”原则的法律依据。

一、对于一切公民在适用法律上一律平等原则的基本内容

平等原则，也称对于一切公民在适用法律上一律平等原则。它是在批判地吸收资产阶级提出的“法律面前一律平等”原则的基础上，结合我国司法实践经验，根据人民的意志确定的。对于一切公民在适用法律上一律平等原则是指在我们国家的一切公民，不分民族、种族、性别、职业、社会出身、宗教信仰、教育程度、财产状况、居住期限、职务高低、功劳大小，在适用法律上一律平等，绝不允许任何人有超越于法律之外，凌驾于法律之上的特权。在司法实践中，实施犯罪行为的人是多种多样的，有党和国家的高级干部，也有平民百姓。不论行为人是谁，只要其行为构成犯罪，都应依法追究其刑事责任。不能因为他地位高、功劳大而不予追究或重罚轻判，也不能因为他是平民百姓而重判严惩；不能因为他地位高、功劳大而享有更多的诉讼权利，也不能因为他地位低而限制他依法享有的诉讼权利。同样，受犯罪行为侵害的公民也是多种多样的，有国家的高级干部，也有平民百姓。不论被害人是谁，法律都应当对侵害他的犯罪分子予以惩办。不能因为被害人地位高而对犯罪案件重惩快办，也不能因为被害人地位低而对犯罪者轻惩慢办。任何公民都必须毫无例外地遵守国家的法律，只要违法犯罪，触犯刑律，都要受到法律的制裁。

在这里还应当正确理解对于一切公民在适用法律上一律平等与在法律规定的范围内区别对待这两者之间的关系。应该明确在法律规定的范围内区别对待，是根据犯罪事实等情况，依照法律进行的，如把主犯与从犯、胁从犯区别对待，把自首或认罪态度好地犯罪嫌疑人、被告人同态度恶劣、顽固不化、拒不交待罪行的犯罪嫌疑人、被告人区别对待。这种区别对待所依据的事实一般是犯罪的情况以及犯罪前后的表现，它们都属于影响定罪量刑的因素，区别对待的标准是法律。区别对待的目的是为了更好地实现刑罚的目的，分化、瓦解犯罪分子，促使犯罪分子认罪伏法，尽快改造成为对社会有用的新人。可见，在法律规定的范围内区别对待，乃是为了更好地体现对于一切公民在适用法律上的一律平等的原则，它与等级、特权、地位的不同而表现出来的区别对待是有原则区别的。

二、确立并实行对于一切公民在适用法律上一律平等原则的意义

对于一切公民在适用法律上一律平等的原则，符合我国法律的社会主义性质，它对于司法机关正确进行刑事诉讼有极其重要的意义。

1. 平等原则是法的固有属性，从法这种社会现象出现开始就已经存在。

古今中外的“法”本身就有公平、正直的含义，马克思主义法理学关于法的定义从本质上揭示了法的正义性和平等性。我们要用法来管理社会、治理国家，打击犯罪，在刑事诉讼中确立并实行平等原则，正是实现法的固有属性的必然要求。

2. 实行平等原则，有利于在刑事诉讼中防止和反对特权。平等原则，是作为特权的对立面而产生和出现的，它意味着对特权的否定，尽管等级、特权作为一种制度已经不复存在，但由于我国是一个有着几千年封建历史的国家，封建思想的残余在一些人的头脑中仍然根深蒂固，特权主义仍然十分严重。因此，坚持平等原则，实际上就是同特权现象作斗争，它是我们同特权现象作斗争的法律武器。

3. 实行平等原则，有利于调动广大人民群众建设社会主义民主和法制的积极性。在刑事诉讼中认真贯彻平等原则，一方面可以提高司法机关的威信，维护我国社会主义法制的尊严，增强广大人民群众的守法意识和同犯罪行为作斗争的积极性；另一方面还可以密切党和群众的关系，使党内、政府内的特权思想和特权行为大为减少，从而提高党和政府在人们心目中的威望，激发广大人民群众建设社会主义民主和法制的积极性。

第六节　分工负责，互相配合、互相制约

我国《宪法》第135条规定：“人民法院、人民检察院和公安机关办理刑事案件，应当分工负责，互相配合、互相制约，以保证准确有效地执行法律。”我国《刑事诉讼法》第7条也作了同样的规定。以上法律的明确规定，是在我国刑事诉讼中确立并实行“分工负责，互相配合、互相制约”原则的法律依据。

一、分工负责，互相配合、互相制约原则的基本内容

分工负责，互相配合、互相制约，是我国刑事诉讼中正确处理公安机关、人民检察院、人民法院关系的一条原则。

1. 分工负责，是指公安机关、人民检察院、人民法院根据法律规定的职权，各负其责，严格依照分工进行诉讼活动，不允许互相代替和超越职责权限。我国刑事诉讼法明确规定，公安机关的职权是侦查、拘留、执行逮捕、预审；人民检察院的职权是检察、批准逮捕、检察院直接受理的案件的侦查、提起公诉；人民法院的职权是审判。这是分工的法律依据，它说明公安机关不能代替人民法院行使审判权，也不能代替人民检察院行使检察权；人民法

院不能代替公安机关行使侦查权，也不能代替人民检察院行使检察权；人民检察院对于不属于自己侦查的案件，不能代替公安机关行使侦查权，也不能代替人民法院行使审判权。同时也要求公安机关、人民检察院、人民法院对属于自己分工范围内的活动也不能推诿。

2. 互相配合。是指公安机关、人民检察院、人民法院在分工负责的前提下，为了实现查明案件事实、惩罚犯罪分子、保护人民的共同任务，通力协作、互相支持，而不能互相扯皮，人为设置障碍，抵消力量。侦查、起诉和审判三道工序，犹如一个工厂的三个车间和一架机器的流水线，前一道工序要为后一道工序做好符合质量要求的准备，后一道工序要在前一道工序的基础上进行。公安机关、人民检察院、人民法院的互相配合，广泛体现在刑事诉讼法律和司法实践中。

根据刑事诉讼法的规定，在侦查程序中，为了逮捕犯罪嫌疑人，以防止其逃避或妨碍侦查、起诉和审判，保证刑事诉讼活动的顺利进行，公安机关应与人民检察院互相配合。公安机关要求逮捕犯罪嫌疑人的时候，应当写出提请批准逮捕书，连同案卷材料、证据，一并移送同级人民检察院审查批准。必要的时候，人民检察院可以派人参加公安机关对重大案件的讨论。人民检察院对于公安机关提请批准逮捕的案件进行审查后，应当根据情况分别作出批准逮捕或者不批准逮捕的决定。对于批准逮捕的决定，公安机关应当立即执行，并且将执行情况及时通知人民检察院。对于不批准逮捕的，人民检察院应当说明理由，需要补充侦查的，应当同时通知公安机关。人民检察院应当自接到公安机关提请批捕书后 7 日以内，作出批准逮捕或不批准逮捕的决定。在起诉程序中，为了保证侦查机关侦查终结的案件得到正确、及时的处理，公安机关和人民检察院应互相配合。公安机关应写出起诉意见书，连同案卷材料、证据一并移送同级人民检察院审查，人民检察院应在法定期限内作出起诉或不起诉的决定。人民检察院审查案件，可以要求公安机关提供法庭审判所必需的证据材料。在审判程序中，人民检察院和人民法院的互相配合主要体现在：人民检察院决定起诉后，应当写好起诉书，并将案件移送人民法院；人民法院在对公诉案件进行审查后，对于起诉书中有明确指控的犯罪事实并且附有证据目录、证人名单和主要证据复印件或者照片的，应当决定开庭审判，并将开庭的时间、地点在开庭 3 日以前通知人民检察院；人民检察院接到开庭通知后除依法适用简易程序的以外应派员出庭支持公诉。此外，人民法院或人民检察院在刑事诉讼中，认为需要逮捕被告人的，要作出逮捕决定，公安机关在接到人民法院或人民检察院的逮捕决定书后，应及时将有关人犯抓获归案，这也是对人民检察院或人民法院工作的配合。

3. 互相制约，是指公安机关、人民检察院、人民法院的工作互为条件，彼此监督，并且依照法律规定的职权和程序，对其他机关的有关决定提出异议，或者要求其纠正错误，或者重新作出决定，以互相防止和纠正在诉讼过程中可能出现和已经出现的错误。在侦查程序中，人民检察院决定不批准逮捕本身就是人民检察院对公安机关的一种制约。人民检察院在审查批捕时，如果发现公安机关的侦查活动有违法情况，应当通知公安机关予以纠正，公安机关则应将纠正情况通知人民检察院。而公安机关认为不批准逮捕决定有错误时，可以要求复议。如意见不被接受，可向上级人民检察院提请复核，上级人民检察院应当立即复核，做出是否变更的决定，并通知下级人民检察院和公安机关执行。在起诉过程中，人民检察院对于公安机关请求起诉的案件不作起诉的处理，就是对公安机关的制约。同时，人民检察院在审查起诉时应审查侦查活动是否合法，如发现侦查中有违法现象，应及时提出纠正意见。人民检察院对于公安机关移送起诉的案件，决定不起诉的，应将决定书送公安机关。公安机关认为不起诉决定有错误时，可要求复议。如意见不被接受，可以向上级人民检察院提请复核。另外，人民检察院决定将案件退回公安机关补充侦查，也可视为对公安机关的制约。在审判程序中，公诉人在法庭上应接受审判长对庭审的指挥，同时，在发现审判活动有违法情况时，有权向法庭提出纠正意见。人民法院应将判决书送达提起公诉的人民检察院，人民检察院认为判决和裁定确有错误时，应向上一级人民法院提出抗诉。

二、正确理解分工负责，互相配合、互相制约的相互关系

正确理解公安机关、人民检察院、人民法院之间的关系，应该从整个刑事诉讼活动的中心任务和目的出发。在我国刑事诉讼中，就是揭露犯罪，证实犯罪，保证准确有效地执行法律，保证案件的质量，不错不漏，不枉不纵，对事实和法律负责，对人民的利益负责。在分工负责，互相配合、互相制约这一正确处理公安机关、人民检察院、人民法院之间相互关系的原则中，分工负责是最基本的前提，互相制约是分工负责的表现形式，互相配合则是分工负责和互相制约的客观结果。

在人类法律制度的发展史上，侦查权、检察权从审判权中分立出来，成为国家司法机关的专门职能，是人类诉讼活动的一大飞跃，具有重大的历史进步意义，它彻底摧毁了封建时代法院集侦查权、检察权和审判权于一身的专横的司法体制，推动了刑事司法的现代化、正规化进程。也正是基于这一点，各国在建立自己的司法体制时，都批判地借鉴了这种侦查权、检察权和审判权分立的模式。我国的刑事诉讼法也将这种模式固定下来。在这样一种

司法体制中，处理公安机关、人民检察院、人民法院相互关系的基本前提当然必须是分工负责。只有公安机关、人民检察院、人民法院根据法律所赋予的诉讼职能，各司其职，各尽其责，才能保证刑事诉讼活动的顺利进行，完成刑事诉讼法所规定的任务。任何机关的渎职行为，任何试图削弱某一司法机关诉讼职权的企图都是有害的。公安机关、人民检察院、人民法院在刑事诉讼中分工负责这一核心内容是通过相互制约的形式体现出来的。在我国刑事诉讼中，公安机关、人民检察院、人民法院的诉讼行为是通过必将成为另一司法机关行使某种权力的前提，哪一个机关都不能超越诉讼阶段、超越自己的职权范围去进行诉讼活动。但这种制约是依据正当的法律程序进行的，即不是在法定的程序之外互相对立，故意制造摩擦。依据正当的法律程序进行制约的主要内容就是公安机关、人民检察院、人民法院在法律规定的范围内各自履行自己的职责，并对其他司法机关是否依法履行了自己的职责实行监督。

公安机关、人民检察院、人民法院在刑事诉讼中的互相配合不是一种外在的内容，而是隐藏在“分工负责，互相制约”后面的一种客观的必然结果，也就是说分工负责是自在的，而不是人为的。我们知道，刑事诉讼立法是一个科学的体系，它依据一定的原则，将不同的诉讼职能在公安机关、人民检察院、人民法院之间进行了科学的划分，当某一司法机关进行某种诉讼行为的时候，必然要求其他司法机关采取相应的诉讼行为。这在表面看起来互相有一种制约关系，但是分工负责、互相制约自然就会使得各司法机关积极地履行自己的职责，各司法机关的诉讼行为构成一个有机联系的整体，将刑事诉讼活动一步一步地、有条不紊地进行下去，刑事诉讼的每一个成果又都是各司法机关相互间密切配合的结果。由此我们可以看到，“互相配合”的中心内容在于各司法机关依照法律的规定，切实履行自己的职责，不是为了配合某一司法机关的工作而放弃自己的诉讼职权，或者为了达到某一目的而人为地削弱另一司法机关的职权。如果这样做，只能是适得其反，打乱了各司法机关诉讼行为的有机联系，影响整个刑事诉讼活动的顺利进行。

三、确立并实行分工负责，互相配合、互相制约原则的意义

分工负责，互相配合、互相制约原则，是在刑事诉讼中公安机关、人民检察院、人民法院处理相互关系的准绳。分工负责有利于提高办案质量，防止主观片面性。互相配合可以使公安机关、人民检察院、人民法院互通情况，通力合作，保证准确及时地惩罚犯罪和有效地保护人民。互相制约能够及时发现和纠正错误，保证做到不错不漏，不枉不纵。因此，确立并实行分工负

责，互相配合、互相制约原则，既可以充分发挥公安机关、人民检察院、人民法院各自的功能，正确适用法律，保证顺利完成惩罚犯罪和保护人民的共同任务；同时，又可以防止任何一个司法机关武断专横和滥用职权，防止和减少冤、假、错案的发生。

第七节 人民检察院依法对刑事诉讼实行法律监督

我国《宪法》第129条规定："中华人民共和国人民检察院是国家的法律监督机关。"我国《刑事诉讼法》第8条也明确规定："人民检察院依法对刑事诉讼实行法律监督。"此外，《人民检察院组织法》除了在第1条有与《宪法》第129条相同的规定外，在第5条关于各级人民检察院职权规定中也规定了三种刑事诉讼法律监督职权。以上法律的明确规定，是在我国刑事诉讼中确立并实行"人民检察院依法对刑事诉讼实行法律监督"原则的法律依据。

一、人民检察院依法对刑事诉讼实行法律监督原则的基本内容

根据我国刑事诉讼法的规定，人民检察院依法对刑事诉讼实行法律监督，主要有以下几个方面的内容：

1. 立案监督。立案活动是否合法，直接关系到犯罪分子是否能得到追究，被害人的合法权益是否能得到保障以及刑事诉讼的任务能否实现等一系列问题。由此可见，立案监督是指人民检察院对公安机关立案的正确性和合法性所进行的法律监督，是人民检察院对刑事诉讼活动进行监督的首要环节，起着至关重要的作用。人民检察院认为公安机关对应当立案侦查的案件而不立案侦查，或者被害人认为公安机关对应当立案侦查的案件而不立案侦查并向人民检察院提出的，人民检察院应当要求公安机关说明不立案的理由。人民检察院认为公安机关不立案的理由不能成立的，应当通知公安机关立案，公安机关接到通知后应当立案。这些都体现了人民检察院对公安机关立案的有力监督。

2. 侦查监督。侦查工作是刑事诉讼的中心工作，大量的证据都是在侦查阶段收集的。侦查活动是否合法，对整个刑事诉讼活动的顺利进行和人民法院最后判决的公正性及合法性起着决定性的作用。因此，侦查监督是指人民检察院对公安机关的刑事侦查工作所进行的法律监督。人民检察院对公安机关的侦查活动进行法律监督，主要是通过审查批捕和审查起诉的方式进行的。人民检察院对于公安机关提请批准逮捕的犯罪嫌疑人，经过审查，认为不符合逮捕条件的，应当作出不批准逮捕的决定，防止公安机关滥用逮捕权。人

民检察院在对公安机关侦查终结移送起诉的案件进行审查时，审查的一项重要内容就是侦查活动是否合法。法律规定，人民检察院如果发现公安机关的侦查活动有违法情况，应当通知公安机关予以纠正，公安机关应当将纠正情况通知人民检察院。人民检察院就是通过审查批准程序对公安机关的侦查活动是否合法、适用法律是否正确进行法律监督的。

3. 审判监督。审判活动的合法性，是保证准确地查明案件事实，使犯罪者受到刑法处罚，无辜者免受刑事追究的最后一道法律保障。可见，审判监督是指人民检察院对人民法院所开展的审判活动的合法性进行的法律监督。审判监督的内容主要是：法庭组成人员是否合法；审理案件是否依照法律规定程序进行；当事人和其他诉讼参与人的诉讼权利是否得到保障；案件审理中就程序问题所作的决定是否合法。检察机关完成审判监督的途径主要有提起公诉、支持公诉和抗诉三种形式。具体地讲，人民检察院对人民法院的审判实行监督包括两个方面：一是对审判活动实行监督。我国《刑事诉讼法》第169条规定："人民检察院发现人民法院审理案件违反法律规定的诉讼程序，有权向人民法院提出纠正意见。"人民法院进行任何审判活动，都必须遵守法律规定的诉讼程序，任何不遵守法律规定的诉讼程序的活动，都是违法的活动，人民检察院都有权实行监督。二是对人民法院作出的判决、裁定实行监督。人民检察院认为人民法院的第一审判决、裁定有错误的，应当向上一级人民法院提出抗诉；上一级人民法院应当开庭审理。最高人民检察院对各级人民法院已经发生法律效力的判决和裁定，上级人民检察院对下级人民法院已经发生法律效力的判决和裁定，如果发现确有错误的，有权依照审判监督程序向同级人民法院提出抗诉。接受抗诉的人民法院应当组成合议庭重新审理，对于原判决事实不清或者证据不足的，可以指令下级人民法院再审。人民检察院在出庭支持公诉的过程中，发现人民法院审理案件违反法律规定的诉讼程序，有权向人民法院提出纠正意见。体现了人民检察院对人民法院审判活动的监督。

4. 执行监督。执行是刑事诉讼活动的最终环节，它的正确与合法是严肃社会主义法制，保护犯罪嫌疑人、被告人和其他当事人合法权益的需要，对司法机关司法人员适用法律的合法性及防治腐败也起到至关重要的作用。因此，人民检察院要对执行情况进行严格的监督，即对监狱、看守所执行法律的监督。我国《刑事诉讼法》第224条规定："人民检察院对执行刑罚的活动是否合法实行监督。如果发现有违法的情况，应当通知执行机关纠正。"这里讲的"执行刑罚的活动"包括两个方面的内容：一是把刑事判决、裁定所确定的内容付诸实施；二是解决执行中涉及到的刑罚变更问题。对这两方面，人民检察院均有法律监督的职权。人民检察院认为人民法院减刑、假释裁定不当的，应当向人民法院提出书面纠正意见，人民法院应当重新组成合议庭进行审理，做出最终裁定。人民检察院认为刑罚执行机关批准对罪犯暂予监外执行不当的，应将书面意见递交批准暂予监外执行的机关，该机关接到人民检察院的书面意见后，应当立即对该决定进行重新审查。此外，人民检察院还要对刑罚执行机关执行刑罚的活动是否合法进行监督，如果发现有违法的情况，应当通知执行机关纠正。

二、确立并实行人民检察院依法对刑事诉讼实行法律监督原则的意义

人民检察院依法对刑事诉讼活动实行法律监督原则确立，有利于刑事诉讼活动的正确进行以及刑事诉讼法和有关法律的正确实施。

1. 保障各司法机关依法进行刑事诉讼。人民检察院依法对刑事诉讼实行法律监督是由人民检察院的性质以及在国家机构中的地位和作用决定的。根据我国《宪法》的规定，人民检察院是国家的法律监督机关，其中心职责就是要监督国家法律的正确实施，刑事诉讼作为一种重要的国家活动，能否正确地实施国家法律，理应成为人民检察院进行监督的重点。刑事诉讼活动是一个系统工程，从立案到执行，前后共有五个诉讼阶段，参加刑事诉讼的司法机关有公安机关、人民检察院、人民法院、国家安全机关和监狱等，这些机关都有一定的职权，法律规定检察机关对刑事诉讼实行法律监督原则，目的就在于让检察机关对其他司法机关的诉讼活动进行检查、督促，保障其他司法机关都能依法办事，使刑事诉讼活动协调有序地进行下去。

2. 保障诉讼参与人依法享有诉讼权利。人民检察院通过对侦查活动、审判活动的监督，可以及时纠正司法机关刑讯逼供、超期羁押、非法扣留、程序违法等不良现象，从而使法律赋予犯罪嫌疑人、被告人的诉讼权利得到真正的实现，而不至成为一纸空文。同时，人民检察院通过立案监督和以抗诉的形式实现审判监督，对公安机关应立案而不立案，老百姓状告难和对被告人量刑畸轻，被害人不服等问题起到了重要的监督作用，维护了被害人的合法权益。

3. 维护国家法制的尊严。人民检察院对刑事诉讼实行法律监督，是不断变化的社会现实的需要。随着社会主义市场经济的迅速发展，执法环境发生了很大变化，严重刑事犯罪活动显著增加，各方面的法律在成倍地增长，司法队伍在迅速扩大。同时，市场经济条件下“权钱交易”的腐败幽灵也在影响着司法的公正性，被地方利益驱动的地方保护主义也在严重侵蚀着司法队伍。有法不依、执法不严、违法不究的现象已经引起人民群众的极大不满，

成为全党、全民关注议论的问题。为了解决这些问题，刑事诉讼法突出了以权力制约权力的思想，将人民检察院依法对刑事诉讼实行法律监督作为一条刑事诉讼的原则规定在法律总则中，表现了国家权力机关对新形势下人民检察院要加强刑事诉讼法律监督问题的高度重视。通过人民检察院对刑事诉讼活动的监督，可以保证司法机关及其司法人员运用权力的个别性法律活动在法律规定的范围内进行，避免或减少司法机关和司法人员的主观性、任意性，防止其滥用职权、徇私舞弊，从而严肃社会主义法制，保障刑事诉讼活动的顺利进行。

第八节　使用本民族语言文字进行诉讼

我国《宪法》第134条规定："各民族公民都有用本民族语言文字进行诉讼的权利。人民法院和人民检察院对于不通晓当地通用的语言文字的诉讼参与人，应当为他们翻译。在少数民族聚居或者多民族共同居住的地区，应当用当地通用的语言进行审理；起诉书、判决书、布告和其他文书应当根据实际需要使用当地通用的一种或者几种文字。"我国《刑事诉讼法》第9条规定："各民族公民都有用本民族语言文字进行诉讼的权利。人民法院、人民检察院和公安机关对于不通晓当地通用的语言文字的诉讼参与人，应当为他们翻译。在少数民族聚居或者多民族杂居的地区，应当用当地通用的语言进行审讯，用当地通用的文字发布判决书、布告和其他文件。"以上法律的明确规定，是在我国刑事诉讼中确立并实行"使用本民族语言文字进行诉讼"原则的法律依据。

一、使用本民族语言文字进行诉讼原则的基本内容

根据以上法律规定，使用本民族语言文字进行诉讼原则的基本内容包括三个方面：

1. 各民族公民都有使用本民族语言文字进行诉讼的权利。具体地讲，不论是作为当事人还是作为其他诉讼参与人，各民族公民都有权用本民族的语言回答司法人员和其他诉讼参与人的问话、发表自己的意见；都有权用本民族的文字书写证人证言、上诉书、申诉状及其他诉讼文书，这是法律赋予他们的权利，任何人都不能剥夺。

2. 司法机关要用当地通用的语言进行审讯。如果诉讼参与人不通晓当地的语言文字，司法机关有义务为他们指派或聘请翻译人员进行翻译。这条规定不仅适用于我国少数民族公民，而且适用于参加诉讼的外国人。

3. 在少数民族聚居或者多民族共同居住的地区，对案件的审理应当用当地通用的语言进行。起诉书、判决书、布告、公告或其他文书，应当使用当地通用的一种或几种文字；对于不通晓当地通用文字的诉讼参与人，在有条件的情况下，应当用他所通晓的文字向他送达诉讼文书，或者聘请翻译人员，向他翻译诉讼文书的内容。

二、确立并实行使用本民族语言文字进行诉讼原则的意义

我国是一个统一的、多民族的社会主义国家，确立并实行使用本民族语言文字进行诉讼原则，不论是在政治上还是在诉讼上，都具有极其重要的意义。

1. 我国的民族政策是各民族不论大小，在政治、经济和法律等方面一律平等。确立并实行使用本民族语言文字进行诉讼原则，正是贯彻执行这一民族政策的具体体现和法律保障，并有利于加强各民族之间的团结和提高少数民族人民当家做主的责任感，以进一步调动他们建设社会主义现代化事业的积极性和创造性。

2. 确立并实行使用本民族语言文字进行诉讼原则，是保证各民族公民在刑事诉讼中享有平等地位的重要条件。在刑事诉讼中，只有坚决贯彻执行这一原则，才能真正保障各少数民族公民平等地享有诉讼权利，特别是少数民族中的被告人的申请回避权、辩护权，上诉权等诉讼权利才有可能得到实现和行使。

3. 确立并实行使用本民族语言文字进行诉讼原则，有助于司法机关准确、及时地查明案情，为司法机关正确处理案件打好基础。实行用本民族语言、文字进行诉讼，可以消除司法人员同各种诉讼参与人之间的语言、文字障碍，使司法人员能够直接调查了解情况，直接同各种诉讼参与人对话，全面了解案情，防止片面性，对正确处理案件，确保刑事诉讼活动的顺利进行有着重要的意义。

4. 确立并实行使用本民族语言文字进行诉讼原则的意义还表现在少数民族聚居地区或多民族聚居地区的人民法院用当地通用的语言进行审讯，用当地通用的文字发布判决书、布告和其他文件。这样，能够使当地居民了解案件情况，实际上对当地居民不仅可以起到法制宣传教育作用，还有利于他们对司法机关的工作情况进行监督。

第九节　犯罪嫌疑人和被告人有权获得辩护

我国《刑事诉讼法》第 11 条规定："被告人有权获得辩护，人民法院有义务保证被告人获得辩护。"宪法第 125 条也明确规定："被告人有权获得辩护。"这些规定，是在我国刑事诉讼中确立并实行"犯罪嫌疑人和被告人有权获得辩护"原则的法律依据。

一、犯罪嫌疑人和被告人有权获得辩护原则的基本内容

在刑事诉讼中，犯罪嫌疑人和被告人有权获得辩护，是指犯罪嫌疑人、被告人针对控诉进行申辩，通过提出相应的事实和证明材料等手段，说明自己无罪、罪轻或者有应当从轻、减轻、免除处罚的情节，以维护自己的合法权利。辩护权是犯罪嫌疑人、被告人所享有的最基本、最重要的诉讼权利。犯罪嫌疑人、被告人所享有的其他诉讼权利，都以辩护权为核心。辩护权是宪法和法律赋予犯罪嫌疑人、被告人的权利。

犯罪嫌疑人和被告人有权获得辩护原则的基本内容包括两个方面：

1. 犯罪嫌疑人、被告人依法享有辩护权。根据刑事诉讼法的规定，这种辩护权在诉讼的全过程中都可以行使。不仅可以自己行使，还可以授予律师、亲友、监护人行使，犯罪嫌疑人、被告人可以在任何诉讼阶段为自己辩护，犯罪嫌疑人和被告人委托的辩护人，可以在审查、起诉和审判阶段为他们辩护。

2. 人民法院及其他司法机关有义务保障犯罪嫌疑人和被告人行使辩护权。公安机关和检察机关在侦查和审查、起诉阶段有义务保障犯罪嫌疑人行使辩护权，应当允许犯罪嫌疑人申辩，给其反驳指控的机会和时间，并认真听取其申辩意见。告知其在侦查阶段有权聘请律师为自己提供法律咨询、代理申诉和控告。检察机关自收到移送审查起诉的案件材料之日起 3 日以内，应当告知犯罪嫌疑人有权委托辩护人。人民法院在审判阶段保障被告人行使辩护权，主要表现为告知被告人享有辩护权；依法在开庭的 10 日前将起诉书副本送达被告人，使其有充足的时间为辩护做准备；为法律规定的部分被告人指定辩护人（这些被告人是公诉人出庭公诉案件中，因经济困难或者其他原因没有委托辩护人的被告人；盲、聋、哑或者未成年，没有委托辩护人的被告人；可能被判处死刑而没有委托辩护人的被告人）；认真听取并慎重研究被告人及其辩护人的意见，采纳正确的辩护意见。

二、确立并实行犯罪嫌疑人和被告人有权获得辩护原则的意义

犯罪嫌疑人和被告人有权获得辩护的原则，是刑事诉讼中的一项重要原则。确立并实行这一原则，可以防止审判人员、检察人员和侦查人员的主观片面性，保障司法机关客观全面地查明案件事实，正确适用法律，准确惩罚犯罪，保障无罪的人不受刑事追究，提高办案质量；有利于保护犯罪嫌疑人和被告人的合法权利，体现社会主义刑事诉讼的公平、公正和民主精神。

第十节　未经人民法院依法判决，不得确定有罪

我国《刑事诉讼法》第 12 条规定："未经人民法院依法判决，对任何人都不得确定有罪。"这一规定，是在我国刑事诉讼中确立并实行"未经人民法院依法判决，不得确定有罪"原则的法律依据。

一、未经人民法院依法判决，不得确定有罪原则的基本内容

根据我国《刑事诉讼法》的规定，未经人民法院依法判决，不得确定有罪原则的基本内容包括：

1. 只有人民法院才有权力确定被告人有罪。在我国，参加刑事诉讼的机关有公安机关、人民检察院和人民法院。公安机关和人民检察院在刑事诉讼中行使侦查权和检察权，它们属于控诉一方，在刑事诉讼中承担控诉职能。人民法院行使审判权，承担审判职能。在刑事诉讼中，控诉与辩护、控诉方和被告人（犯罪嫌疑人）相对立，审判居于二者中间，既不属于控诉一方，也不属于辩护一方。在这种情况下，确定被告人（犯罪嫌疑人）有罪的任务，只能由人民法院来最后完成，否则就会使被告人（犯罪嫌疑人）处于极为不利的地位，其合法权益就无法得到保护。只有人民法院经过依法审判，才能对被告人作出有罪判决，认定被告人有罪。

公安机关、人民检察院在刑事诉讼中行使侦查权和检察权。随着诉讼的开始和进行，要作出各种各样的决定，比如立案决定，拘留、逮捕决定，提起公诉决定，这些决定往往建立在公安机关、人民检察院认为犯罪嫌疑人的行为构成犯罪的基础上。但是，我们应当明确，这里的"认为犯罪嫌疑人有罪"不是最终确定犯罪嫌疑人有罪，而是一种刑事诉讼中的暂时认定。犯罪嫌疑人、被告人是否被确定为有罪，并不取决于公安机关、人民检察院的"认定"，而是取决于人民法院的审判。人民法院可以否决公安机关、人民检察院的"认定"。即使犯罪嫌疑人、被告人真的有罪，在人民法院依法判决其

有罪之前，公安机关、人民检察院“认定”的法律效力也只能是确定其“犯罪嫌疑人（被告人)”的地位，而不是确定其罪犯的法律地位。对任何人有罪决定的宣告，只能由人民法院确定，其他机关没有这个权力。

2. 在人民法院确定被告人有罪的判决、裁定发生法律效力之前，不能把犯罪嫌疑人、被告人当做罪犯看待。在刑事诉讼中，犯罪嫌疑人、被告人只能看成是诉讼一方当事人，是诉讼主体，而不是受追诉的客体，举证责任在控诉方，因而必须依法保护他们的合法权利。他们之所以是被追究刑事责任的对象，是因为有一定的证据证明他们犯了罪，所以被怀疑是犯罪人，与一般公民出现了差别。但是在诉讼过程中，由于还未经过生效判决、裁定确定他们是有罪的人，所以不能把他们当做罪犯看待，而只应把他们作为特殊的公民。一方面，根据诉讼需要，限制或暂时剥夺他们一定的人身自由权，另一方面要依法赋予他们诉讼权利，即以辩护权为核心的诉讼权利，以便让他们反驳错误的控诉，同时，国家还应当保护其合法权益不受侵犯。任何把犯罪嫌疑人、被告人当做罪犯看待的想法和做法，都将严重侵犯公民的合法权益，损害刑事司法的公平和公正。在刑事诉讼中不应把犯罪嫌疑人、被告人当作罪犯看待，不仅允许他们充分行使诉讼权利，而且应由控诉方承担证明犯罪嫌疑人、被告人有罪的责任。在没有确实、充分的证据证明被告人有罪的情况下，法院只能作出被告人无罪判决。犯罪嫌疑人、被告人在一般情况下没有证明自己有罪或无罪的责任，但有说明自己无罪或罪轻的权利。

二、确立并实行未经人民法院依法判决，不得确定有罪原则的意义

在古今中外的刑事诉讼历史上，关于对犯罪嫌疑人、被告人地位的认识，有“有罪推定”和“无罪推定”两种理论。“有罪推定”理论是一种封建的、专制的理论观点，早已被社会所抛弃。“无罪推定”虽然有其合理因素和进步意义，但由于它把犯罪嫌疑人、被告人硬性推定为无罪，有其局限性，难以为司法实践所接受，因为既然推定是无罪的人，在刑事诉讼中又要对犯罪嫌疑人、被告人采取强制措施，这种冲突和矛盾的事实是无法解释的。我国规定“未经人民法院依法判决，不得确定任何人有罪”的原则，既最大限度地吸收了“无罪推定”理论的合理因素和进步意义，又避免了它本身存在的不可克服的局限性，是一种实事求是的科学态度。在司法实践中确立并实行这项原则有重要的意义。

1. 既标志着我国的刑事诉讼理论已逐渐成熟，也反映了我国的刑事诉讼更加尊重人权、保护人权。有利于充分保护犯罪嫌疑人、被告人的诉讼权利，保护他们的合法权益不受非法侵犯。

2. 有利于加强诉讼中的民主建设，保证刑事诉讼活动公平、公正地进行，防止出现冤、假、错案。

3. 有利于防止司法机关滥用职权，保障司法机关依法办案。这对于加强我国的民主、法制建设，具有不可估量的作用。

4. 有利于对外开放，与国际接轨。根据我国是联合国常任理事国的国际地位和对外开放的需要，应当按照我国承担的国际义务对国内法作出相应的修改和补充。这样也可以在国际人权斗争中争取主动。

第十一节　保障诉讼参与人的诉讼权利

我国《刑事诉讼法》第 14 条规定："人民法院、人民检察院和公安机关应当保障诉讼参与人依法享有的诉讼权利。对于不满 18 岁的未成年人犯罪的案件，在讯问和审判时，可以通知犯罪嫌疑人、被告人的法定代理人到场。诉讼参与人对于审判人员、检察人员和侦查人员侵犯公民诉讼权利和人身侮辱的行为，有权提出控告。"这一规定，是在我国刑事诉讼中确立并实行"保障诉讼参与人诉讼权利"原则的法律依据。

一、保障诉讼参与人诉讼权利原则的基本内容

根据《刑事诉讼法》的规定，保障诉讼参与人诉讼权利原则的基本内容包括：

1. 公安机关、人民检察院和人民法院，对所有诉讼参与人依法享有的各种诉讼权利都应当给予保障，不允许侵犯或剥夺。根据《刑事诉讼法》第 82 条的规定："诉讼参与人是指当事人、法定代理人、诉讼代理人、辩护人、证人、鉴定人和翻译人员。"这些人员是除司法人员以外的参加诉讼的人员。在这些人员中，有的与诉讼结果有切身的利害关系，如当事人；有的则与诉讼结果无利害关系，如证人、鉴定人和翻译人员等。前者参加诉讼的目的是为了保护他们的合法权益；后者参加诉讼，是履行法律规定的义务或执行一定的职务。因此，赋予并切实保障诉讼参与人的诉讼权利，是保护公民合法权益，准确及时地打击犯罪分子，保证刑事诉讼活动顺利进行的需要。

我国刑事诉讼法根据诉讼参与人在诉讼中的不同地位，赋予他们不同的诉讼权利，这些权利是他们参与诉讼时所必须具有的。如果这些权利得不到保障，诉讼活动便不能顺利进行。公安机关、人民检察院、人民法院保障诉讼参与人的诉讼权利，首先应当告知诉讼参与人享有哪些诉讼权利以及每一诉讼权利的意义，其次要为他们行使诉讼权利创造一定的条件，不能剥夺、

限制诉讼参与人依法享有的诉讼权利。

2. 对未成年犯罪嫌疑人、被告人的诉讼权利，应依法给予特殊的保护。由于未成年犯罪嫌疑人、被告人在生理和心理上都与成年人存在着明显的差异，他们缺乏依法正当行使自己诉讼权利的能力。因此，我国刑事诉讼法在很多方面都作了对未成年犯罪嫌疑人、被告人的诉讼权利予以特殊保护的规定，以保证他们的诉讼权利得以充分地行使。我国刑事诉讼法规定的特殊保护主要体现在：第一，司法机关在讯问和审判未成年犯罪嫌疑人、被告人时，可以通知其法定代理人到场。法定代理人到场，可以帮助或代理未成年犯罪嫌疑人、被告人行使回避申请权，在司法人员侵犯未成年犯罪嫌疑人、被告人的诉讼权利以及有人身侮辱行为时，提出控告；第二，为未成年被告人指定辩护人，以便在审判阶段更加充分保护地未成年被告人的辩护权。

3. 赋予诉讼参与人以控告权。根据我国法律规定，诉讼参与人对于侵犯其诉讼权利以及侮辱人身的行为有权提出控告。这是诉讼权利的保护措施，它可以有效防止审判人员、检察人员或侦查人员侵犯其合法的诉讼权利。

二、确立并实行保障诉讼参与人诉讼权利原则的意义

1. 确立并实行这一原则，是我国司法制度民主化的体现。公民权利有无、多少以及实现程度，是一个国家民主化的表现。我国的社会主义制度决定了我们的民主是最高类型的民主，进而决定了我国的司法制度具有相当高的民主性。刑事诉讼法中对保障诉讼参与人诉讼权利的规定，正是我国司法制度民主化的体现。

2. 确立并实行这一原则，是实现刑事诉讼任务的需要。按照我国刑事诉讼法的有关规定，我国刑事诉讼法的任务是惩罚犯罪分子，保障无罪的人不受追究。实现这两个紧密联系的任务，依赖于诉讼参与人诉讼权利的行使，如被害人的告诉权、被告人的辩护权等。司法机关只有切实、有效地保障诉讼参与人的诉讼权利，才能最大限度地正确实现刑事诉讼法的任务。

3. 确立并实行这一原则，是司法机关正确处理案件的需要。司法机关对案件的正确处理要根据业已查明的案件事实。只有案件事实清楚，证据确实充分，才能正确地适用法律，使案件的处理做到公正。为了查明案件事实，收集到充分的证据，就必须保障诉讼参与人行使诉讼权利，同时，对于防止和克服司法人员在办案中的主观主义，及时纠正办案工作中可能出现的错误具有重要作用。这也是查明案情，准确地适用法律的前提和保障。

第十二节　依照法定情形不予追究刑事责任

我国《刑事诉讼法》第15条规定："有下列情形之一的，不追究刑事责任，已经追究的，应当撤销案件，或者不起诉，或者终止审理，或者宣告无罪：(1) 情节显著轻微、危害不大，不认为是犯罪的；(2) 犯罪已过追诉时效期限的；(3) 经特赦令免除刑罚的；(4) 依照刑法告诉才处理的犯罪，没有告诉或者撤回告诉的；(5) 犯罪嫌疑人、被告人死亡的；(6) 其他法律规定免予追究刑事责任的。"

这一规定，是在我国刑事诉讼中确立并实行"依照法定情形不予追究刑事责任"原则的法律依据。

一、依照法定情形不予追究刑事责任原则的基本内容

依照法定情形不予追究刑事责任原则包括两方面的内容：

(一) 依法不追诉刑事责任的情形。

依法不追诉刑事责任的情形有六种：

1. 情节显著轻微、危害不大，不认为是犯罪的。即是指犯罪嫌疑人、被告人的行为虽然违法，也具有社会危害性，但由于行为人的行为情节显著轻微、危害不大，尚不构成犯罪，就不应追究刑事责任，且刑事诉讼法的基本任务之一就是保障无罪的人不受追究，所以不应追究其刑事责任。

2. 犯罪已过追诉时效期限的。一般来说，只要行为人的行为构成犯罪，就应当追究其刑事责任。但实际生活是复杂的，有的犯罪分子犯罪后，经过几年、几十年没有被追诉，本人也未再犯新罪，如果再对其追诉，既不利于社会的安定团结，也不利于司法机关集中精力打击现行的犯罪活动，同时还与我国刑罚的目的不相符。因此，我国刑法第87条、88条、89条规定了追诉时效制度。按照这些条文规定，追诉时效的期限是：法定最高刑为不满5年有期徒刑的，经过3年；法定最高刑为5年以上不满10年有期徒刑的，经过10年；法定最高刑为10年以上有期徒刑的，经过15年；法定最高刑为无期徒刑、死刑的，经过20年。20年以后认为必须追究的，须报请最高人民检察院核准。

3. 经特赦令免除刑罚的。特赦是一种赦免制度，是在审判后的执行期间宣告，在罪行宣告前一般不能实行特赦，新中国建立后实行的7次赦免都是这样的。因此，受特赦令赦免的罪犯都已经受到过刑事追究，没有或正在受刑事追究的犯罪嫌疑人、被告人一般不是特赦的对象。所以，这一规定的含

义是：受到特赦令免除刑罚的犯罪分子，不论其刑罚已执行一部分还是完全没有执行，都等同于刑罚执行完毕，以后无论何时，都不能因为没有执行或没有执行完原判刑罚而再次对其进行刑事追诉，包括不再按审判监督程序受追诉。

4. 依照刑法告诉才处理的犯罪，没有告诉或者撤回告诉的。我国刑法规定的某些犯罪，如尚未引起严重后果的公然侮辱罪、诽谤罪、暴力干涉婚姻自由罪、虐待罪和侵占罪，是情节轻微、危害不很严重的犯罪。这些犯罪属于人民内部矛盾范畴，所以刑法把这些罪确定为“告诉才处理”的犯罪，即把被害人的告诉作为追究犯罪分子刑事责任的条件。但是，上述犯罪案件中，被害人因受强制、威吓无法告诉，人民检察院或被害人近亲属“告诉”的，司法机关应当予以处理。

5. 犯罪嫌疑人、被告人死亡的。我国刑法规定了“罪责自负，反对株连”的原则，即只能追究犯罪嫌疑人、被告人本人的刑事责任，如果犯罪嫌疑人、被告人已经死亡，则刑事责任的承担者消失，无法追究其刑事责任，因此不予追究。但是，如果犯罪嫌疑人、被告人的家属要求明确犯罪嫌疑人、被告人是否犯罪，或者要求明确犯罪嫌疑人、被告人应负何种罪责时，司法机关应当作出相应的结论。

6. 其他法律规定免予追究刑事责任的。这是一种查缺补漏的规定，其他法律规定免予追究刑事责任的，则不予以追究刑事责任。在司法实践中，某些犯罪会随形势、时间等的变化而变化。如果在刑法、刑事诉讼法颁布后制定的法律中取消了原来的某种罪或对原来的罪规定免予追究刑事责任，司法机关则应遵守这些法律的规定不予追诉。

（二）依法不追诉的处理办法

根据刑事诉讼法的规定，刑事案件只要具备上述情况之一的，司法机关应当分别根据情况，采取适当的不追诉措施予以处理。

1. 刑事诉讼开始前已经发现案件具有我国《刑事诉讼法》第 15 条规定的六种情形之一的，就不应立案受理，不追究行为人的刑事责任。这种处理办法对公安机关、人民检察院、人民法院都适用。因为按照有关管辖的规定，公、检、法三机关都直接受理一部分刑事案件，在掌握立案标准时，都应遵守《刑事诉讼法》第 15 条的规定。

2. 在立案受理后的诉讼过程中，发现案件具有上述六种情形之一的，应当采取一定的措施终止诉讼，不再继续追究犯罪嫌疑人或被告人的刑事责任。这些终止诉讼的措施根据刑事诉讼阶段的不同而不同。在侦查阶段，主持侦查工作的公安机关、人民检察院发现案件具有上述六种情形之一的，应当撤销案件。撤销案件是指撤销原来的立案决定和对犯罪嫌疑人采取的强制措施，终止案件的诉讼程序。在审查起诉阶段，人民检察院发现案件具有上述六种情形之一的，应当作出不起诉的决定。不起诉决定是审查起诉阶段终止诉讼的惟一措施。在审判阶段，人民法院可以根据不同情形采取不同的措施。对于具有上述规定第一种情形的案件，应当作出判决，宣告无罪；对于告诉才处理的犯罪案件，可以用裁定终止审理。需要说明的是，上述六种法定情形不论在哪个诉讼阶段上发现，都应由正在负责该阶段诉讼的司法机关依法采取终止诉讼的措施，不应把案件再往其他司法机关移送。

二、确立并实行依照法定情形不予追究刑事责任原则的意义

我国的刑事诉讼程序是从立案开始的，确立并实行依照法定情形不予追究刑事责任原则，为司法机关正确立案提供了基本依据。其意义在于：

1. 确立并实行这一原则，可以保障国家追诉权能够得到统一正确的行使，防止把那些无罪的或者虽然有罪但已不能追诉刑事责任的人作为刑事追究的对象，控制追诉范围，保障依法不应受到刑事追究的人不被追诉和判罪。

2. 确立并实行这一原则，有利于防止和及时纠正对不应追究刑事责任的人错误地进行追究，以保护其合法的利益。

3. 确立并实行这一原则，有利于人民法院、人民检察院和公安机关避免无效劳动，集中精力打击现行犯罪，减少诉讼成本，提高诉讼效率。

第十三节　审判公开

我国《刑事诉讼法》第 11 条规定："人民法院审判案件，除本法另有规定的以外，一律公开进行。"我国宪法第 125 条也有相应的规定。这些规定，是在我国刑事诉讼中确立并实行"审判公开"原则的法律依据。

一、审判公开原则的基本内容

审判公开，是指人民法院审理刑事案件和宣告判决，应当公开进行，允许公民到法庭旁听，允许新闻记者采访和报道，即把法庭审判的全部过程，除休庭评议案件外，都公之于众。根据我国法律规定，审判公开原则的基本内容包括两个方面：一是向当事人或其他诉讼参与人公开。即允许当事人、被害人、辩护人、证人、鉴定人等到法庭陈述、作证和辩护，各自依法行使其各项诉讼权利；二是向公民公开，向社会公开。即允许公民到法庭旁听，允许新闻记者采访和报道。这里所讲的"向公民公开"，是指向中国公民公

开，对外国公民或无国籍人士一般是不公开的。根据司法实践经验，外国人如要求旁听、采访刑事案件的公开审判，应向我国主管的外事部门提出申请，由外事部门与人民法院共同商定后，凭人民法院发给的旁听证或者采访证进入法庭旁听或者采访，并应遵守人民法院的法庭规则。

公开审判的案件，应在开庭三日以前先期公布案由、被告人姓名、开庭时间和地点。公开审判原则适用于绝大多数刑事案件，但少数案件，由于存在特殊情况，如果进行公开审判，会在社会上产生不良影响，给国家和当事人带来损失。因此，我国《刑事诉讼法》第 152 条明确规定以下几类案件不公开审判：

1. 有关国家秘密的案件。

2. 有关公民个人隐私的案件。

3.14 岁以上不满 16 岁未成年人犯罪的案件。

4.16 岁以上不满 18 岁的未成年人犯罪案件，一般也不公开审理。这里讲的“一般也不公开审理”，是指“倾向于不公开”或“最好不公开”。对于个别已满 16 周岁不满 18 周岁未成年人犯罪案件，如果对其他未成年人有教育意义的，可以在一定范围内公开审理。对于依法不公开审理的案件，审判人员应当庭说明不公开审理的理由。

二、审判公开原则的基本要求

审判公开原则要求人民法院做到：

1. 依法应当公开审判的案件，在开庭 3 日以前应先期将案件的案由、被告人姓名、开庭的时间和地点公之于众，使公民有可能到庭旁听。但不以有无公民旁听和新闻记者采访、报道为审判公开的要件。

2. 审判应当对公民和社会公开。对于前来旁听的公民，人民法院不能无故刁难，阻碍他们进入法庭旁听。法院应建立一套与审判公开原则相配套的、便于公民旁听、记者采访的具体工作制度。

3. 法院应当防止“审判公开”走过场、摆样子。

三、确立并实行审判公开原则的意义

1. 确立并实行这一原则，有利于把人民法院的审判工作置于广大群众的监督之下，从而增加审判人员的责任心，以带动合议、辩护、回避等其他审判制度的贯彻执行，并有利于人民法院全面客观地查明案件事实，作出正确的判决，提高办案质量，防止和减少冤、假、错案。同时还可以防止索贿受贿、徇私枉法等违法乱纪行为的发生，提高人民法院的威信。

2. 确立并实行这一原则，有助于预防和减少犯罪。通过审判公开，把犯罪分子的罪行，对社会的危害后果以及犯罪分子个人肮脏的灵魂、思想、犯罪目的和动机暴露于群众面前，使群众深刻认识犯罪的社会危害性，认识遵纪守法、积极同犯罪行为作斗争的必要性，可以起到积极预防和减少犯罪的作用。

3. 确立并实行这一原则，是依靠群众力量教育改造犯罪分子的一种有效方法。在法庭上，公诉人员运用证据揭露犯罪事实，使犯罪分子感到在广大群众面前难以隐瞒和诡辩，只有认罪服法才有出路。同时，也可以使犯罪分子在人民群众面前对自己的罪行感到羞耻，从而转变立场、接受改造。

第十四节　追究外国人刑事责任适用我国刑事诉讼法

我国《刑事诉讼法》第 16 条规定："对于外国人犯罪应当追究刑事责任的，适用本法的规定。对于享有外交特权和豁免权的外国人犯罪应当追究刑事责任的，通过外交途径解决。"这一规定，是在我国刑事诉讼中确立并实行"追究外国人刑事责任适用我国刑事诉讼法"原则的法律依据。

一、追究外国人刑事责任适用我国刑事诉讼法原则的基本内容

追究外国人刑事责任适用我国刑事诉讼法原则，是我国国家主权独立的体现。它包括两方面内容：

1. 按照我国刑事诉讼法，追究外国人犯罪的刑事责任。外国人犯罪，包括在我国领域内的犯罪和在我国领域外对我国国家和公民的犯罪。凡在我国领域内的外国人，都应当遵守我国的法律规定。对于违反我国刑法从而构成犯罪的，应当依照我国刑法、刑事诉讼法的规定处理。在我国领域外的外国人（包括无国籍和国籍不明的人），也应当尊重我国法律，不得蓄意作出危害我国国家和公民的行为。如果处于我国领域外的外国人对我国国家和公民实施犯罪行为，依照我国刑法规定应当追究其刑事责任的，也应当适用我国刑事诉讼法。即依照我国刑事诉讼法规定的原则、制度和程序处理案件，并特别注意：第一，对外国人犯罪的案件，我国司法机关享有管辖权。对于应负刑事责任但身在我国领域之外的外国人，应当采取适当措施使其接受我国的审判。第二，凡由我国司法机关受理的外国人犯罪的案件，一律按照我国刑事诉讼法规定的原则、制度和程序进行。第三，外国犯罪嫌疑人、被告人委托律师辩护，只能委托我国律师。

2. 对于享有外交特权和豁免权的外国人犯罪，应当追究刑事责任的，通

过外交途径解决。对于外国人犯罪而且需要追究其刑事责任的案件，一般应当适用我国刑事诉讼法。但是，按照国际惯例和对等原则，我国法律授予下列外交人员享有外交特权和豁免权：来中国访问的外国国家元首、政府首脑、外交部长及其他具有同等身份的官员；按照中国已加入的有关国际公约和中国与有关国际组织签订的协议而享有外交特权与豁免权的外国代表、联合国及其专门机构的官员和专家，以及联合国及其专门机构驻中国代表机构的人员；各国驻中国使领馆的外交代表、使领馆行政技术人员及其配偶和未成年子女；持中国外交签证或者持有外交护照（仅限互免签证的国家）来中国的外交官员；经我国政府同意给予特权与豁免的其他来中国访问的外国人士等。对于享有外交特权和豁免权的外国人犯罪案件，不能由人民法院、人民检察院和公安机关按照我国刑事诉讼法立案追诉和审判，而是应当由外事部门通过外交途径解决。

二、确立并实行追究外国人刑事责任适用我国刑事诉讼法原则的意义

追究外国人刑事责任适用我国刑事诉讼法的原则是处理涉外刑事案件的重要原则，确立并实行这一原则，不仅能体现我国的司法主权，保护我国国家和公民的利益不受侵犯，维护我国的法律尊严，而且还可以妥善处理我国与外国的关系，防止因处理刑事案件而给外交工作造成困难，影响我国的国际声誉和形象。

第四章 管 辖

第一节 管辖概述

刑事诉讼管辖，是我国的国家司法机关在直接受理刑事案件方面和人民法院系统内部在审判第一审刑事案件方面的分工或权限范围的划分。

刑事诉讼活动中首先要解决的问题就是管辖问题。公、检、法三机关到底哪一个对该刑事案件有管辖权，如果由人民法院直接受理，哪一级、哪一个地区的人民法院对该案有一审管辖权，这是首先要解决的问题，因为如果管辖范围和权限不明，不同机关互相推诿或互相争夺管辖权，则诉讼活动就无法开展，案件就不能及时处理，犯罪分子就得不到及时惩罚。

我国《刑事诉讼法》第 3 条对公、检、法三机关的职责已作了明确划分，即侦查权、检察权、审判权分别由公、检、法机关依法行使。这条规定划分出了公、检、法三机关在行使国家权力方面的总的分工，但并没有解决某类犯罪案件具体由公、检、法中的哪一个机关受理，或者应当由人民法院直接受理时，应当是哪一级、哪个地区的法院负责等等具体问题，这就需要对管辖制度作进一步明确的规定。我国的《刑事诉讼法》在总结司法机关多年实践经验的基础上，对管辖问题作了具体规定（从第 18 条到第 27 条）。

管辖问题较为复杂。我国的管辖有刑事诉讼管辖、行政诉讼管辖和民事诉讼管辖之分。三者的区别在于：首先，管辖制度的强制约束程度不同。在民事诉讼、行政诉讼中，当事人对某些案件的管辖法院可自行选择。如在民事诉讼中，只要不违反级别管辖和专属管辖的规定，合同的双方当事人可在书面合同中协议选择被告住所地、合同履行地、合同签订地、原告住所地、标的物所在地人民法院管辖。但是，在刑事诉讼中，无论是公诉案件还是自诉案件，当事人对案件管辖都不能进行选择。其次，管辖涉及的国家机关和内容大不相同。民事诉讼、行政诉讼中的管辖只解决人民法院系统内受理第一审民事、行政案件的权限分工；而刑事诉讼中的管辖不仅解决公、检、法三机关之间立案受理刑事案件的职权划分，还要涉及人民法院内部受理第一审刑事案件的权限划分。

在外国刑事诉讼中，管辖主要指审判管辖，并没有将警察机关、检察机关、法院之间对案件的分工纳入管辖的范畴，因为在国外的管辖理论上，只把警察的侦查活动、检察官的起诉活动看做是诉讼的准备，只有审判才是实质意义上的诉讼。而我国的刑事诉讼管辖分立案管辖和审判管辖两大类，审判管辖又分为普通法院管辖和专门法院管辖。

刑事诉讼中对公、检、法三机关管辖职责的划分，有利于充分发挥公、检、法三机关各自的职能作用，更好地贯彻分工负责、互相配合、互相制约的基本原则，增强各自的责任感，及时有效地打击犯罪，保护国家和人民的利益。在实践中，管辖问题会出现较复杂的情况，有时可能会因管辖不明或者其他原因而发生争议，所以，公检法机关在解决管辖问题时，必须从有利于同各种刑事犯罪作斗争出发，根据《刑事诉讼法》第 84 条规定，对报案、控告、举报和犯罪人的自首，都应当接受。对于不属于自己管辖的，应当移送主管机关处理，并且通知报案人、控告人、举报人和自首的人；对于不属于自己管辖而又必须采取紧急措施的，应当先采取紧急措施，然后再移送主管机关。

第二节 立案管辖

刑事诉讼中的立案管辖，是公安机关、人民检察院和人民法院之间在直接受理刑事案件上的分工。

立案管辖的分工是根据公、检、法三机关所负担的职能和刑事案件的不同情况，划分哪类犯罪案件应由公、检、法哪个部门最先接受并处理、立案侦查或立案审理。具体说来，划分立案管辖的依据有两方面。

1. 根据公、检、法三机关在刑事诉讼中的具体任务和职责不同而划分，这样有利于同犯罪作斗争。公安机关是国家的治安保卫机关，它的主要职能是侦破案件，公安机关长期同危害社会治安秩序的犯罪分子作斗争，处在最危险的第一线，有一支经验丰富的警察队伍，有专门的侦查手段和技术保障措施，因此，公诉案件的大部分应当由公安机关直接受理，立案侦查。人民检察院主要行使国家检察职能，其工作的重点是反腐败斗争，所以也直接立案侦查一部分案件，但范围比较小。对于依法既应由公安机关立案侦查的犯罪案件，又交织着依法应由人民检察院立案侦查的犯罪，如果涉嫌主罪属于公安机关管辖，则由公安机关为主侦查，人民检察院加以配合；如果涉嫌主罪属于人民检察院管辖，则由人民检察院为主侦查，公安机关予以配合。而人民法院行使国家审判职能，直接受理的案件，只能是自诉案件。

2. 根据犯罪案件的性质和严重、复杂程度来划分。公、检、法三机关受理的刑事案件客观上存在性质、严重程度和复杂程度的差别，如法院能直接受理的刑事案件就是危害程度较轻的、不复杂的案件。

一、公安机关直接受理的案件

公安机关直接受理的案件，就是应当由公安机关立案侦查的案件。

根据《刑事诉讼法》第 18 条第 1 款的规定："刑事案件的侦查由公安机关进行，法律另有规定的除外。"根据本条规定，除法律另有规定外，刑事案件的侦查均由公安机关进行。

法律另有规定的情况，指《刑事诉讼法》规定的人民法院和人民检察院受理的刑事案件外，还应包括《刑事诉讼法》第 4 条规定的关于国家安全机关依法办理危害国家安全的刑事案件，行使与公安机关相同的职权的规定，第 225 条关于军队保卫部门对军队内部发生的刑事案件行使侦查权、对罪犯在监狱内犯罪的案件由监狱进行侦查的规定等。所以，根据现有的法律规定，除应当由人民法院、人民检察院、国家安全机关及军队保卫部门和监狱依法直接受理的刑事案件外，其他刑事案件应当一律由公安机关立案侦查。

公安机关是国家的治安保卫机关，它主要承担国家侦查职能，所以法律规定由公安机关直接受理的刑事案件的数量最多，涉及的范围也最广。如杀人、放火、强奸、抢劫、盗窃、走私、诈骗、贩卖毒品、组织卖淫、偷越国（边）境等等，都由公安机关立案侦查。

二、人民检察院直接受理的案件

人民检察院直接受理的案件，是指应当由人民检察院自行立案侦查的案件，即人民检察院的自侦案件。

根据《刑事诉讼法》第 18 条第 2 款的规定："贪污贿赂犯罪，国家工作人员的渎职犯罪，国家机关工作人员利用职权实施的非法拘禁、刑讯逼供、报复陷害、非法搜查的侵犯公民人身权利的犯罪以及侵犯公民民主权利的犯罪，由人民检察院立案侦查。"这一规定表明，人民检察院的工作重点是反腐败工作，同时对公安机关的侦查活动负有监督职责。

根据这一规定和最高人民检察院《关于人民检察院直接受理立案侦查案件范围的规定》，应当由人民检察院直接受理的案件，主要有以下四类：

1. 刑法分则第八章规定的贪污贿赂犯罪及其他章节中明确规定依照第八

章相关条文定罪处罚的犯罪案件。包括贪污案、行贿案、受贿案、挪用公款案、巨额财产来源不明案、单位受贿案、单位行贿案、介绍贿赂案、隐瞒境外存款案、私分国有资产案、私分罚没财物案。

2. 刑法分则第九章规定的渎职犯罪案件。渎职罪的主体为国家机关工作人员，包括滥用职权案，玩忽职守案，故意泄露国家秘密案，过失泄露国家秘密案，枉法追诉裁判案，民事、行政枉法裁判案，私放在押人员案，失职致使在押人员脱逃案，徇私舞弊减刑、假释、暂予监外执行案，徇私舞弊不移交刑事案件案，滥用管理公司、证券职权案，徇私舞弊不征、少征税款案，徇私舞弊发售发票、抵扣税款、出口退税案，违法提供出口退税凭证案，国家机关工作人员签订、履行合同失职被骗案，违法发放林木采伐许可证案，环境监管失职案，传染病防治失职案，环境监管失职案，传染病防治失职案，非法批准征用、占用土地案，放纵走私案，商检徇私舞弊案，商检失职案，动植物检疫徇私舞弊案，动植物检疫失职案，放纵制售伪劣商品犯罪行为案，办理偷越国（边）境人员出入境证件案，放行偷越国（边）境人员案，不解救被拐卖、绑架妇女、儿童案，阻碍解救被拐卖、绑架妇女、儿童案，帮助犯罪分子逃避处罚案、招收公务员、学生徇私舞弊案，失职造成珍贵文物损毁、流失案。

3. 国家机关工作人员利用职权实施的侵犯公民人身权利犯罪案件。这类犯罪案件限于国家机关工作人员利用职权实施，包括非法拘禁案、非法搜查案、刑讯逼供案、暴力取证案、虐待被监管人案、报复陷害案。

4. 国家机关工作人员利用职权实施的侵犯公民民主权利犯罪案件，包括非法剥夺宗教信仰自由案、侵犯少数民族风俗习惯案、破坏选举案等。

刑事诉讼法第 18 条第 2 款还规定："对于国家机关工作人员利用职权实施的其他重大的犯罪案件，需要由人民检察院直接受理的时候，经省级以上人民检察院决定，可以由人民检察院立案侦查。"这一规定表明，人民检察院直接受理案件的还涉及到由国家机关工作人员利用职权实施的犯罪案件，突出了对国家工作人员职务犯罪的监督。但是，这一条款在保留检察机关根据法律监督职能对其他机关管辖的个案可以直接立案的同时，又在范围和程序上作了严格的限制，必须是重大的犯罪案件，必须经省级以上人民检察院决定，才可以直接立案侦查。按照《人民检察院刑事诉讼规则》的规定，对于属于其他机关管辖的国家机关工作人员利用职权实施的其他重大犯罪案件，基层人民检察院或者地、州、市人民检察院需要立案侦查时，应当呈报所在的省级人民检察院决定。地、州、市人民检察院对基层人民检察院呈报省级检察院的案件，应当进行审查，提出是否立案的意见，报送省级人民检察院。报请省级人民检察院决定立案侦查的案件，应当经检察委员会讨论决定，制作提请批准直接受理书，写明已经查明的案件情况及需要人民检察院立案侦查的理由并附有关材料。省级人民检察院应当在收到提请批准直接受理书后的10日内，由检察委员会讨论做出是否立案侦查的决定。省级人民检察院可以决定由下级人民检察院直接立案侦查，也可以决定直接立案侦查。

三、人民法院直接受理的案件

人民法院直接受理的案件，就是应当由人民法院立案审理，而不需要经过公安机关或人民检察院立案侦查，也不需要人民检察院提起公诉的案件。《刑事诉讼法》第18条第3款规定："自诉案件，由人民法院直接受理。"根据《刑事诉讼法》第18条第3款和第170条的规定，人民法院直接受理的只能是自诉案件。

自诉案件包括：

1. 告诉才处理的案件。告诉才处理，是指被害人告诉才处理，但是，如果被害人因受强制、威吓而无法告诉的，人民检察院和被害人的近亲属也可以告诉。凡是告诉才处理的案件，只有有权告诉的人提起告诉时，人民法院才予以受理。根据修改后的《刑法》规定，这类案件具体包括第246条第1款规定的侮辱、诽谤罪，第257条第1款规定的暴力干涉婚姻自由罪，第260条第1款规定的虐待罪，第270条规定的非法占有代为保管财物罪和非法占有他人遗忘物、埋藏物证。

2. 被害人有证据证明的轻微刑事案件。这类案件，在性质上必须属于轻微刑事案件，同时被害人还必须有证据能够证明被告人确实实施了被指控的犯罪行为。否则，即使属于轻微刑事案件，人民法院也不会立案审理。根据最高人民法院、最高人民检察院、公安部、国家安全部、司法部、全国人大常委会法制工作委员会《关于刑事诉讼法实施中若干问题的规定》（1998年1月19日公布施行），被害人有证据证明的轻微刑事案件，具体是指下列犯罪案件：（1）故意伤害案（轻伤）；（2）重婚案；（3）遗弃案；（4）妨害通信自由案；（5）非法侵入他人住宅案；（6）生产、销售伪劣商品案（严重危害社会秩序和国家利益的除外）；（7）侵犯知识产权案（严重危害社会秩序和国家利益的除外）；（8）属于《刑法》分则第四、五章规定的，对被告人可以判处3年有期徒刑以下刑罚的其他轻微刑事案件。对于这8种轻微刑事案件，被害人直接向人民法院起诉的，人民法院应当依法受理，对于其中证据不足、可由公安机关受理的，应当移送公安机关立案侦查。被害人向公安机关控告的，公安机关应当受理。

3. 被害人有证据证明对被告人侵犯自己人身、财产权利的行为应当依法追究刑事责任，而公安机关或人民检察院不予追究的案件。这是修正后的刑事诉讼法增加的规定。因为这类案件原本属于公诉案件，只是由于公安机关或人民检察院不予追究，所以被害人才有权直接向人民法院起诉，人民法院也才有责任直接受理。这既保障了宪法规定的被害人的控告权，也制约着公安机关、人民检察院有罪不究的违法行为。这是对公诉制度的补充，能有效防止犯罪分子逃脱法律制裁。这类案件的范围很广，它既包括公安机关或人民检察院不立案侦查或撤销的案件，也包括人民检察院决定不起诉的案件。但是应当注意，法律对这类案件可按自诉案件提出有一定限制条件：(1) 限于被告人侵犯被害人个人的人身、财产权利的犯罪；(2) 案件已经过公安机关或者人民检察院处理，而公安机关或者人民检察院应当追究刑事案件而不追究的，包括应立案而不立案，不该撤案而撤案，应起诉而不起诉的；(3) 被害人应承担举证责任。所以，对于这类案件，只要被害人有证据证明被告人实施了侵犯其人身或财产权利的行为，并且依法应当追究刑事责任，被害人就有权直接向人民法院起诉。人民法院也就应当立案审理。

第三节 审判管辖

审判管辖，就是指人民法院组织系统内在审判第一审刑事案件上的分工。人民法院是国家的审判机关，它代表国家行使审判权。无论是公诉案件还是自诉案件，都要由人民法院进行实体上的审理。由于我国的法院组织系统内部存在着级别、地域、职权范围的不同，因此，就必然存在着公诉机关或自诉人应该向哪一级中哪一个法院提出起诉的问题。审判管辖就是解决这一问题的。

审判管辖包括普通管辖和专门管辖。普通管辖又分级别管辖和地区管辖。《刑事诉讼法》只对普通管辖中的级别管辖和地区管辖作了具体规定。

一、级别管辖

级别管辖，是指上、下级法院之间即最高人民法院和地方各级人民法院之间在审判第一审州事案件上的权限分工。级别管辖解决的问题是哪些案件应由哪一级人民法院进行第一审审判。我国《刑事诉讼法》第 19 条至第 22 条分别对各级人民法院管辖的第一审刑事案件的范围作了规定。

1. 最高人民法院管辖的第一审刑事案件。《刑事诉讼法》第 22 条规定："最高人民法院管辖的第一审刑事案件，是全国性的重大刑事案件。"最高人民法院是国家的最高审判机关，担负着监督全国地方各级人民法院和专门人民法院的审判工作的重要职责，还担负着死刑复核的任务和对各高级人民法院判决和裁定的上诉和抗诉案件进行审理的工作。因此，它管辖的第一审刑事案件不宜过多，只能是全国性的重大刑事案件。

2. 高级人民法院管辖的第一审刑事案件。《刑事诉讼法》第 21 条规定："高级人民法院管辖的第一审刑事案件，是全省（自治区、直辖市）性的重大刑事案件。"高级人民法院负责对全省法院的工作进行监督检查，还要负责对中级人民法院判决和裁定的上诉和抗诉案件的审理、复核死刑案件和核准判处死刑缓期二年执行的案件。因此，它管辖的第一审刑事案件不宜过多，只能是全省性的重大案件。

3. 中级人民法院管辖的第一审刑事案件。《刑事诉讼法》第 20 条规定："中级人民法院管辖下列第一审刑事案件：（1）反革命案件、危害国家安全案件；（2）可能判处无期徒刑、死刑的普通刑事案件；（3）外国人犯罪的刑事案件。"

4. 基层人民法院管辖的第一审刑事案件。《刑事诉讼法》第 19 条规定："基层人民法院管辖第一审普通刑事案件，但是依照本法由上级人民法院管辖的除外。"可见，基层人民法院管辖不属于上级法院管辖的普通刑事案件。基层人民法院的工作最接近基层群众，同犯罪地接近，最接近群众，便于展开调查、核实证据，便于人民群众就近参加诉讼，所以，基层人民法院管辖的第一审刑事案件占法院管辖案件的多数。

从以上我国刑事诉讼法对各级人民法院管辖的第一审刑事案件的划分标准看，主要是考虑案件的性质和社会影响，所以绝大多数案件的第一审由基层和中级人民法院审判，而且主要是由基层人民法院审判。高级人民法院和最高人民法院，主要是负责审判监督，它们不可能、也不应当过多地承担对第一审刑事案件的审判。

明确了各级人民法院管辖的第一审刑事案件的范围，公安机关移送审查起诉、人民检察院提起公诉、出庭支持公诉的案件，应当与各级人民法院管辖审理的案件范围相适应。

一般情况下，各级法院都应按刑事诉讼法第 19 条至第 22 条所确定的范围管辖，但在必要时，法律也允许变通。如第 23 条规定：上级人民法院在必要时，也可以审判下级人民法院管辖的第一审案件；下级人民法院认为案情重大、复杂，需要由上级人民法院审判的第一审案件，可以请求移送上一级人民法院审判。实践中，上级人民法院认为有必要审理下级人民法院管辖的第一审刑事案件时，应当向下级人民法院下达改变管辖决定书，并书面通知同级人民检察院、被告人的羁押场所和当事人。

下级人民法院认为案情重大、复杂或者可能判处无期徒刑、死刑的案件，以及其他需要请求移送上一级人民法院审判的第一审刑事案件，应当在案件审理期限届满15日以前书面请求移送。上级人民法院应当在接到移送申请10日以内作出决定。不同意移送的，向该下级人民法院下达不同意移送决定书，由该下级人民法院依法审判；同意移送的，要书面通知同级人民检察院，并向该下级人民法院下达同意移送决定书，该下级人民法院应当通知同级人民检察院和当事人，将全部案卷材料退回同级人民检察院。

基层人民法院受理的公诉案件，如认为需要判处无期徒刑、死刑的，经合议庭报请院长决定后，报请移送中级人民法院审判。中级人民法院对基层人民法院报请移送的案件，经审查后，按照下列情形分别处理：（1）认为不够判处无期徒刑、死刑的案件，决定不同意移送；（2）认为可能判处无期徒刑、死刑的案件，决定同意移送。

人民检察院认为可能判处无期徒刑、死刑而向中级人民法院提起公诉的普通刑事案件，中级人民法院受理后，认为不需要判处无期徒刑以上刑罚的，可以依法审理，不再交基层人民法院审理。

在级别管辖上，如果遇上一人犯数罪、共同犯罪和其他需要并案审理的情况，只要其中一人或者一罪属于上级人民法院管辖，案件的级别管辖应采取“就高不就低”的办法，全案由上级人民法院管辖。

二、地区管辖

地区管辖，指的是同级人民法院之间在审判第一审刑事案件上的权限分工。因为级别管辖只解决了哪些案件归哪一级人民法院管辖的问题，而没有解决同一级的多个法院中，某一具体案件应由哪个法院管辖的问题。所以，只有规定了地区管辖，才能使各个人民法院审判第一审刑事案件的权限分工得到完整解决。

《刑事诉讼法》第24条规定：“刑事案件由犯罪地的人民法院管辖。如果由被告人居住地的人民法院审判更为适宜的，可以由被告人居住地的人民法院管辖。”可见，划分地区管辖所依据的是以犯罪地为主，以被告人居住地为辅的原则。

犯罪地从狭义上讲是构成某一罪名的犯罪的主要行为的实施地或完成地。不作为的犯罪，其犯罪地就是被告人应该作为的地点。从广义上讲，犯罪地包括犯罪预备地、犯罪行为实施地、犯罪结果发生地和销赃地。最高人民法院《解释》第2条将犯罪地作了缩小解释，规定：“犯罪地是指犯罪行为发生地。以非法占有为目的的财产犯罪，犯罪地包括犯罪行为发生地和犯罪分子实际取得财产的犯罪结果发生地。”

刑事案件主要由犯罪地人民法院管辖的主要根据在于：

1. 犯罪地是犯罪证据集中的地方，便于保护和勘验现场，搜集和查对核实证据，迅速查明案情，正确地处理案件。

2. 犯罪地是被害人、证人等所在的地方，便于当事人和其他诉讼参与人参加诉讼活动。

3. 便于犯罪地附近的群众参加旁听公开审判的情况，由于是大家熟悉和关心的案件，更有利于对群众进行法制宣传教育，同时也有利于群众对审判活动进行监督。

4. 犯罪地人民法院管辖自己辖区内的案件，更有利于系统了解和分析研究犯罪地所属地区的犯罪情况，总结本地区犯罪的特点、规律和趋势，从而采取相应措施加强防范，减少和预防犯罪的发生。

另外，被告人的居住地也是划分地区管辖的一个辅助依据。根据案件和被告人的情况，由被告人居住地的人民法院审判更为适宜的，可以由被告人居住地的人民法院管辖。被告人的居住地，包括被告人的户籍所在地、居所地、学习或工作所在地。

一般由被告人居住地的人民法院管辖更适宜的案件有：犯罪地难以确定的；犯罪地虽能确定但由居住地法院审判也不难查对核实案情的，并且也不需要送回犯罪地法院审判的；居住地群众更为了解案情，对被告的押送又比较安全的；居住地群众民愤很大，当地群众强烈要求在其居住地进行审判的；被告人可能判处有期徒刑、拘役、缓刑或管制而应在被告人居住地进行监督考察和改造的案件。

依《刑事诉讼法》第25条的规定，几个同级人民法院按照犯罪地原则对某个案件都有管辖权时，这个案件应由最初受理的法院审判。另外该条还规定，必要时，也可将案件移送主要犯罪地法院审判。所谓主要犯罪地，一般应该是指数个罪行中的主要罪行的犯罪地。但是同时它也应包括一种罪行的某个主要事实情节的犯罪地，比如犯罪行为的实施地，或者犯罪行为所造成的结果地等。在必要时，移送主要犯罪地人民法院管辖，这样，有利于准确及时地查明案情，正确地处理案件，有利于同犯罪作斗争和有关群众参加诉讼活动。

同级人民法院之间如果在管辖问题上有争议，应当协商解决，或者请示上级人民法院指定管辖。根据《刑事诉讼法》第26条的规定，上级人民法院可以指定下级人民法院审判管辖不明的案件，也可以指定下级人民法院将案件移送其他法院审判。

有管辖权的人民法院因案件涉及本院院长需要回避等原因，不宜行使管辖权的，上一级人民法院也可以指定其他同级人民法院管辖。上级人民法院指定管辖的，应当将指定管辖决定书分别送达被指定管辖的人民法院及其他对管辖权有争议的人民法院。

发现正在服刑的罪犯在判决宣告前还有其他犯罪没有被审判的，由原审人民法院管辖；如果罪犯服刑地或者新发现罪的主要犯罪地的人民法院管辖更为适宜的，可以由服刑地或者新发现罪的主要犯罪地的人民法院管辖；正在服刑的罪犯在服刑期间又犯罪的，由服刑地的人民法院管辖；正在服刑的罪犯在脱逃期间的犯罪，如果是在犯罪地捕获并发现的，由犯罪地的人民法院管辖；如果被缉捕押解回监狱后发现的，由罪犯服刑地人民法院管辖。

单位犯罪的刑事案件，由犯罪地的人民法院管辖。如果由被告单位所在地的人民法院管辖更为适宜的，可以由被告单位所在地的人民法院管辖。

发生在中华人民共和国领域外的中国航空器的犯罪，由犯罪发生后该航空器在中国最初降落地的人民法院管辖。

发生在中华人民共和国领域外的中国船舶内的犯罪案件，由该犯罪发生后该船舶最初停泊的中国口岸所在地的人民法院管辖。

中国公民在驻外的中国使馆内的犯罪，由该公民主管单位所在地或者原户籍所在地的人民法院管辖。中国公民在中华人民共和国领域外的犯罪，由该公民离境前的居住地或者原户籍所在地的人民法院管辖。

外国人在中华人民共和国领域外对中华人民共和国国家或公民犯罪，依照我国刑法应受处罚的，由该外国人入境地的中级人民法院管辖。

对于中华人民共和国缔结或参加的国际条约所规定的犯罪，中华人民共和国在所承担条约义务的范围内行使刑事管辖权。这类案件由被告人被抓获地的中级人民法院管辖。

三、专门管辖

专门管辖，指专门人民法院同普通人民法院之间及专门人民法院之间在审判第一审刑事案件上的权限分工。专门人民法院的设置是按照专门业务机构的组织体系建立起来的审判机关，是我国人民法院组织体系的重要组成部分。我国目前已建立的专门人民法院主要有军事法院、铁路运输法院、海事法院等。其中海事法院不具有刑事案件的管辖权。

军事法院管辖的刑事案件，主要是现役军人（含军内在编职工）犯罪的案件，包括现役军人违反职责罪及其他各种犯罪案件。现役军人和非军人共同犯罪的，应当分别由军事法院和地方人民法院或其他专门法院管辖，如果涉及国家军事秘密，则全案均应由军事法院管辖。如果是非军人、随军家属在部队营区犯罪的，军人办理退役手续后犯罪的，现役军人入伍前犯罪的（需与服役期内犯罪一并审判的除外），退役军人在服役期内实施的军人违反职责罪以外的犯罪的，都应由地方人民法院管辖。

铁路运输法院管辖的刑事案件，主要是铁路运输系统公安机关负责侦破的刑事案件，以及与铁路运输有关的犯罪等案件，如危害和破坏铁路运输和生产、严重破坏火车和交通设施的案件，在火车上实施的犯罪案件，违反铁路运输规章制度造成重大事故或严重后果的案件等。在国际列车上发生的刑事案件，按照我国与相关国家签订的有关管辖协定执行。没有协定的，由犯罪发生后列车最初停靠的中国车站所在地或者目的地的铁路运输法院管辖。铁路运输法院与地方法院对案件管辖发生争执的，暂由地方法院受理。

第五章 回 避

第一节 回避的概念和意义

刑事诉讼中的回避，是指同案件有某种利害关系或其他特殊关系的侦查、检察和审判等人员不得参与处理本案的一项诉讼制度。

回避是一项比较古老的诉讼制度，也是现代各国刑事诉讼法普遍确立的一项诉讼制度。西方诉讼理论遵循一条“自然公正”原则，即任何人不得担任涉及自己案件的裁判者。根据西方国家的这一理论，建立回避制度是为确保诉讼活动的公正，主要是保证法官、陪审员在诉讼中保持中立地位。我国的回避制度不仅适用于审判人员，而且也适用于检察人员、侦查人员，还包括书记员、鉴定人、翻译人员等。

法律明确规定回避制度，有其重要意义：

1. 确保刑事案件得到客观公正的处理。只有实行回避制度，才能更有效地保障侦查人员、检察人员和审判人员秉公执法，客观公正地进行诉讼、处理案件，使有罪的被告人受到公正的定罪和判刑，使无罪者免受冤枉；才能更有效地防止侦查、检察和审判等人员因受个人感情、恩怨、利害或成见等因素的影响而产生先入为主的预断或偏见，或徇私舞弊，导致酿成冤假错案。只有实行回避制度，才能使当事人各方均受到公正的对待。回避制度确保了那些与案件有利害关系或其他不当关系的侦查、检察和审判人员及时退出诉讼程序，使当事人各方可免受不公正对待，从而平等地享受诉讼权利。

2. 有助于维护司法机关的威信，树立人们对法律制度的尊重。实行回避制度，使参加承办和处理案件的人员同案件处理结果均无利害关系，这样使司法机关容易取得当事人各方的信任，整个诉讼活动的合法性和公正性就不会受到怀疑，这无形中加强了司法机关的威信和就案件做出的裁判及其他决定的权威性。同时，法律允许当事人依据有关规定申请侦查、检察和审判等人员回避，这是对包括被告人在内的当事人享有的一项诉讼权利的尊重，体现了诉讼的民主性。所以，法律在尊重人们权利的同时，也赢得人们对它的尊重。

第二节　回避的种类、理由和适用人员

一、回避的种类

回避按不同的标准可做不同的划分。

1. 按实施方式的不同，回避可分为申请回避、自行回避和指令回避。(1) 申请回避，是指当事人及其法定代理人认为侦查人员、检察人员和审判人员等具有法定回避情形，而向他们所在的机关提出申请，要求他们回避。需注意的是，在刑事诉讼中，被害人具有当事人的诉讼地位，与犯罪嫌疑人、被告人等一样在诉讼的各个阶段都有回避申请权。(2) 自行回避，是指侦查人员、检察人员和审判人员等在诉讼过程中具有法定回避情形时，自行要求退出诉讼活动的制度。(3) 指令回避，是指侦查人员、检察人员和审判人员等具有法定回避情形而没有自行回避，也没有当事人及法定代理人申请回避的，公安机关、检察机关和法院等有关机关或行政负责人有权命令其退出诉讼活动。

2. 根据申请回避是否需要提出理由，回避可分为有因回避和无因回避。(1) 有因回避指有理由回避，即回避的申请者须有法定的回避理由才能要求侦查人员、检察人员和审判人员等退出诉讼活动。(2) 无因回避，指无理由回避，即回避的申请者无须提出任何理由即可要求法定数量的侦查人员、检察人员和审判人员回避。

我国刑事诉讼中的回避是有理由、有法律根据的回避。

二、回避的理由

根据《刑事诉讼法》第28条的规定，回避的理由是：

1. 是本案的当事人或者是当事人的近亲属的。本人是本案的当事人，或者是当事人的夫、妻、父、母、子、女、同胞兄弟姐妹的，不能同时又担任承办和处理本案的侦查人员、检察人员和审判人员，也不能担任本案的书记员、鉴定人和翻译人员。

如果侦查人员、检察人员和审判人员等是本案的当事人或者当事人的近亲属的，客观上已无法区分出他们在案件中维护的是个人利益还是他们的职责所代表的国家利益，所以案件已无法得到客观公正的处理，人们有理由怀

疑法律的公正。所以，他们应当回避。

2. 本人或者他的近亲属和本案有利害关系的。本人及其近亲属虽然不是本案的当事人或者当事人的近亲属，但是本人或者其近亲属却同本案有利害关系，案件的处理结果会直接影响到他们及其近亲属的利益，如果这样的情况下，侦查人员、检察人员和审判人员仍参与诉讼活动，则案件处理的公正性会受到怀疑。所以在这种情形下，侦查人员、检察人员和审判人员等应当回避。

3. 担任过本案的证人、鉴定人、辩护人、诉讼代理人的。担任过本案的证人、鉴定人、辩护人或者诉讼代理人，由于所处的诉讼地位所承担的诉讼义务等原因，容易形成对案件的某种固定看法，因此，为防止先入为主和主观片面，这些人也应当回避。

4. 与本案当事人有其他关系，可能影响公正处理案件的。与本案当事人有其他关系，又可能影响公正处理案件的侦查人员、检察人员和审判人员等，也应当回避。与本案当事人有其他关系，当然是指与当事人有除上述三种情形之外的某种关系。因为，社会生活的复杂性决定了法律不可能列举出与本案当事人有关的各种社会关系，所以，只要与本案当事人有关系，而这种关系可能影响案件的公正处理的，都可以成为申请回避的理由。如果这种关系不可能影响案件公正处理，仅仅是因这种关系存在本身不足以单独构成回避理由。

另外，《刑事诉讼法》第 29 条规定：“审判人员、检察人员、侦查人员不得接受当事人及其委托的人的请客送礼，不得违反规定会见当事人及其委托的人。审判人员、检察人员、侦查人员违反前款规定的……当事人及其法定代理人有权要求他们回避。”这是《刑事诉讼法》修改后新增加的一条规定。根据这条规定，审判人员、检察人员、侦查人员接受当事人及其委托人的“请客送礼”，违反规定会见当事人及其委托人，也构成回避的理由，即只要接受了当事人及其委托的人的请客送礼或者违反规定会见当事人及其委托的人的，就应当回避。

《刑事诉讼法》还规定有其他构成审判人员回避的理由。如《刑事诉讼法》第 192 条规定：“原审人民法院对于发回重新审判的案件，应当另行组成合议庭，依照第一审程序进行审判。”第 206 条规定：“人民法院按照审判监督程序重新审判的案件，应当另行组成合议庭进行。”这些是审判人员重新审判案件的回避理由，对于第二审法院经过第二审程序裁定发回重审的案件，原审法院负责审理此案的原合议庭组成人员不得再参与对案件的审理；对于人民法院按照审判监督程序重新审判的案件，原负责审判此案的合议庭组成人员也不得再参与对该案的处理。

三、回避适用的人员范围

根据《刑事诉讼法》第28条和第31条及最高人民法院、最高人民检察院有关司法解释的规定，适用回避制度的人员范围相当广泛，包括：

1. 侦查人员。既包括直接负责本案侦查工作的公安机关和检察机关的侦查人员，也包括对本案有权参与讨论和做出处理决定的检察长、副检察长、检察委员会委员和公安机关负责人。

2. 检察人员。既包括直接负责本案的审查批准逮捕和审查决定起诉的检察员，也包括对本案有权参与讨论和做出处理决定的检察长、副检察长和检察委员会的所有委员。

3. 审判人员。既包括直接负责审判本案的审判员和人民陪审员，也包括对本案有权参与讨论和做出处理决定的法院院长、副院长、庭长、副庭长和审判委员会的所有成员。

4. 书记员。凡在侦查、起诉或审判阶段担任记录工作的书记员，都应包括在内。

5. 翻译人员。既包括在法庭审判时担任翻译工作的人员，也包括在侦查、起诉阶段讯问被告人和询问证人、被害人时担任翻译工作的人员。

6. 鉴定人。凡担任本案某个专门问题的鉴定工作并提供鉴定结论的人，都应包括在内。

根据《人民法院组织法》和《人民检察院组织法》的有关规定，审判人员应当包括法院院长、副院长、庭长、副庭长、审判委员会委员、审判员（含助理审判员）和在法院执行职务的人民陪审员；检察人员应当包括检察长、副检察长、检察委员会委员和检察员（含助理检察员）。如果把回避适用的人员范围仅仅限于直接负责承办案件的侦查员、检察员和审判员，而不包括也参加本案的讨论和处理，并具有决定权的人员，是不符合回避制度的本意和宗旨的，也是违反有关法律规定的。

第三节　回避的程序

根据刑事诉讼法的规定，回避适用于侦查人员、检察人员和审判人员等，因而回避在诉讼程序上也适用于侦查、起诉和审判等各个诉讼阶段。

一、回避要求的提出

根据回避的不同种类，回避要求的提出主体不同。对于具有法定应当回避情形的人员，即使本人并未自动提出回避要求，当事人及其法定代理人也并未申请要求他们回避，有权决定回避的个人和组织发觉后，也应进行审查并做出应否回避的决定。这是指令回避。如果是自行回避，则侦查人员、检察人员和审判人员等可根据法定回避情形，自己提出回避要求。如果是申请回避，则由当事人及法定代理人提出回避的要求。《刑事诉讼法》第154条规定的是申请回避：开庭的时候，审判长告知当事人有权对合议庭组成人员、书记员、公诉人、鉴定人和翻译人员申请回避。审判阶段的回避规定，既适用于第一审程序，也适用于第二审程序和再审程序。即使是在死刑复核程序中，审判人员也应当尽可能向当事人告知这一申请回避权，以确保符合法定回避情形的人员及时回避，保证案件的公正审理。

我国刑事诉讼法对侦查、起诉阶段回避的程序没有做出明确的规定。但回避制度同样适用于这两个诉讼阶段，所以，侦查人员和检察人员在侦查、审查起诉活动开始后，即应分别向犯罪嫌疑人、被害人等当事人告知回避申请权。侦查阶段有其工作的特殊性，回避应以自行回避和指令回避为主，同时兼有申请回避。在审查起诉阶段，检察官如果有法定回避情形，应自行回避。检察长或检察委员会如果发现某一检察官有法定回避情形而没有自行回避的，可以指令其回避。同时，犯罪嫌疑人、被害人等当事人各方也可以向检察机关提出回避申请，要求该检察官回避。对于案件已决定移送法院审查的，当事人在开庭后仍可以要求出庭支持公诉的检察官回避。

二、回避的审查和决定

根据《刑事诉讼法》第30条第1款和第31条的规定，审判人员、检察人员、侦查人员的回避，应当分别由院长、检察长、公安机关负责人决定；院长的回避由本院审判委员会决定；检察长和公安机关负责人的回避，由同级人民检察院检察委员会决定；书记员、翻译人员和鉴定人的回避，应当根据其所处诉讼阶段等具体情况，分别由院长、检察长或公安机关负责人决定。这些规定表明，回避的要求未经批准和同意之前，任何人都无权自行决定回避或者驳回申请回避。也就是说，无论是自行回避还是申请回避，都必须经过审查程序，必须由有回避决定权的组织或个人进行审查，并做出决定。

在审判阶段，如果当事人依法提出回避的申请，审判人员就应当立即上报，而不能自行决定予以驳回。对回避的要求依法上报后，诉讼程序的进行一般也应随之暂时停止，审判人员可以宣布暂时休庭或决定延期审理等。

《刑事诉讼法》第 30 条规定，有回避决定权的组织或个人经过对当事人等的回避申请或侦查、检察、审判等人员自行回避的请求进行全面审查后，如果发现侦查、检察和审判人员等确有法律规定的回避情形的，应当依法做出决定，令其回避。决定一经做出，立即生效，该侦查、检察或审判等人员应立即退出诉讼活动。但是，《刑事诉讼法》第 30 条第 2 款规定："对侦查人员的回避做出决定前，侦查人员不能停止对案件的侦查。"因为侦查工作与审判工作不同，侦查工作有其特殊性，情况往往比较紧迫，所以在侦查阶段，如果当事人依法对案件的侦查活动却不能因此而停止，为了及时有效地制止犯罪，破获案件，保护国家和集体利益以及公民的合法权益免遭侵害，法律明确规定，对侦查人员的回避做出决定前，侦查人员不能停止对案件的侦查。

根据刑事诉讼法的规定，有权决定应否回避的个人和组织，对回避的要求应当立即审查并迅速做出是否同意的决定。对于自行提出回避要求的审判、检察、侦查等人员，如果当事人及其法定代理人并未申请要求他们回避，有关自行回避的情况，即自行回避的理由和是否同意其回避等情况，无须向当事人及其法定代理人宣告。但是，如果回避的要求是当事人或其法定代理人提出的，对回避的申请做出是否同意的决定后，就应当向他们宣告。

三、回避的驳回和复议

有关组织或个人经过审查，如果认为自行回避或申请回避的侦查人员、检察人员和审判人员等事实上并不具有法定的回避情形，他参加诉讼活动并不会影响案件的公正处理，就可以做出驳回回避申请的决定。

对于法定的组织或个人所作的驳回申请回避的决定，当事人及法定代理人有权申请复议一次。也就是说，回避申请的驳回决定做出后，并不一定立即生效。只有当事人不申请复议或复议后又维持原决定的，原驳回申请回避的决定才生效。对于申请复议的处理决定做出后，也应当向当事人或其法定代理人宣告。但是，在审查处理申请复议期间，一般不应当影响诉讼程序的重新开始和继续进行。

第六章　辩护与代理

第一节　辩护制度概述

一、辩护的概念

辩护是指犯罪嫌疑人、被告人对指控他们的犯罪事实，自己或者委托他人依法进行辩护，证明自己无罪、罪轻，或者应当从轻或者减轻处罚的诉讼行为。

辩护制度起源于西方社会，在西方经历了三个主要历史阶段：古罗马的萌芽阶段、中世纪的压制阶段、资产阶级革命后的发展阶段。在公元前4—6世纪，在古罗马简单商品经济发展较为繁荣的基础上，古罗马发展了较为复杂的法律制度。当时的《十二铜表法》就规定了辩护人可在法庭上辩护的条文。而在压制民主和封建专制的中世纪社会里，人权受到践踏，辩护徒有虚名，但作为被告人本能地对司法机关指控进行自卫和申辩的制度始终存在于刑事诉讼的全过程中。近代资产阶级革命后，资产阶级提出了“天赋人权”，“主权在民”等有历史进步意义的政治思想，主张刑事诉讼模式从封建社会的纠问式改变为辩论式，各资本主义国家均在立法中肯定了刑事诉讼的辩论原则，赋予了刑事被告人辩护权。

公正与民主是各国刑事诉讼的基本价值，保障涉诉公民的民主权利是各国刑事诉讼不断追求的目标，而辩护制度是刑事诉讼基本价值的最集中体现。辩护制度是否健全与完善是刑事诉讼程序民主化、科学化程度的重要标志。当今世界各国在刑事诉讼中均实行被告人有权获得辩护的原则，但不同法系甚至于同一法系的不同国家都因不同的文化传统、民族构成、历史状况、政治和宗教信仰等，而制定有不同的各有特色的辩护制度。

中国封建社会历史上的刑事诉讼没有近现代意义上辩护制度，中国现代意义上的辩护制度是清末从西方引进和移植的，但在半封建、半殖民地的旧中国社会中并没有得到发展。新中国建立后，辩护制度经历了较为曲折的发展道路。1954 年，宪法虽然规定了被告人有权获得辩护，但由于“左倾”等错误路线的影响，辩护工作被迫停止长达 20 多年，直到党的十一届三中全会才得以恢复。1996 年 3 月，全国人民代表大会对原刑事诉讼法进行了修改，对辩护制度作了重大改革，从而使犯罪嫌疑人、被告人可以更充分地行使辩护权。1998 年，我国政府又签署了联合国《公民权利及政治权利国际公约》，该公约将被指控人有权获得辩护确立为刑事司法领域人权保障的基本原则之一，这就有力地促进了我国刑事诉讼制度的进一步发展。

二、辩护的种类

从不同的角度可对辩护做不同的划分。

1. 按照辩护人怎样产生这一标准，可将辩护划分为自行辩护、委托辩护和指定辩护。（1）自行辩护，是指犯罪嫌疑人、被告人自己为自己辩护。无论在侦查阶段还是在审判阶段，被告人都可以为自己辩护；委托辩护，就是犯罪嫌疑人、被告人委托律师或者其他公民充当辩护人出庭为其辩护，多数情况下，犯罪嫌疑人、被告人都会委托辩护人；（2）指定辩护，是法院在符合法律规定的条件下，对一些特定案件的被告人或者某些特殊被告人，在他们没有委托辩护人时，为他们指定辩护人出庭为其辩护。

指定辩护又有任意指定辩护和强制指定辩护之分。如我国的《刑事诉讼法》第 34 条规定：公诉人出庭公诉的案件，被告人因经济困难或者其他原因没有委托辩护人的，人民法院可以指定承担法律援助义务的律师为其提供辩护；被告人是盲、聋、哑或者未成年人而没有委托辩护人的，人民法院应当指定承担法律援助义务的律师为其提供辩护；被告人可能被判处死刑而没有委托辩护人的，人民法院应当指定承担法律援助义务的律师为其提供辩护。这一规定中的“可以”和“应当”之分就是任意指定辩护和强制指定辩护之分。(1) 任意指定辩护，就是指法院可以指定也可以不指定，由其自由裁量，不指定也不违法。这说明辩护是非强制性的，有无辩护并非法院开庭审判的必备条件。根据刑事诉讼法的规定，凡是法律没有明确要求应当为被告人指定辩护人的辩护，均属于非强制的；（2）强制指定辩护，是法律对法院的要求，有无辩护是法院开庭审判的必备条件，是强制法院必须在有辩护人参加的条件下才能开庭审判，绝不是强制犯罪嫌疑人。对于犯罪嫌疑人、被告人来说，要不要委托辩护人为其辩护，这是他的一项诉讼权利，一般不存在强制问题。所以，对于应当指定而没有指定辩护人的，就是违背法定的诉讼程序，这种审判就是不合法的。这是为了切实保护生理上有缺陷或者未成年人的合法权益所做的硬性规定。同时，人民法院指定的辩护人应当是律师。人民法院指定辩护人后，被告人坚持自己行使辩护权，拒绝指定的辩护人为他辩护的，人民法院可以准许，并记录在案。但被告人是聋、哑、盲人或者未成年人或者是可能判处死刑的除外。对后者不准许拒绝指定辩护，有利于保护被告人的合法权益，有利于保障诉讼的顺利进行。

2. 按照辩护人的不同身份这一标准，可将辩护划分为律师辩护和非律师辩护。(1) 律师辩护，就是由律师充当辩护人的辩护；(2) 非律师辩护就是由律师以外的其他公民充当辩护人的辩护。律师做辩护人和非律师辩护人在诉讼中的地位和任务都是相同的，都是在为犯罪嫌疑人、被告人辩护，依法保护犯罪嫌疑人、被告人的合法权益。但是，由于他们的身份不同，在诉讼中享受的权利就不完全一样。如我国《刑事诉讼法》第36条的规定，辩护律师可以查阅、摘抄、复制本案的诉讼文书和技术性鉴定材料，可以查阅、摘抄、复制本案所指控的犯罪事实的材料，可以同在押的犯罪嫌疑人、被告人会见和通信。而其他的人充当辩护人要进行这些活动，必须经人民检察院、人民法院许可，未经许可就不能进行这些活动。这是为了防止泄露国家秘密和其他应当保守的秘密，保证诉讼的顺利进行，所对非律师辩护人的诉讼权利加以区别和限制。

三、辩护制度的意义

辩护制度是保护公民的合法权利、实现诉讼的公正性和民主性的保障措施，是建设法治国家的必不可少的制度。其意义体现为：

1. 辩护制度是维护刑事诉讼公正、民主价值的最基本制度。现代刑事诉讼贯穿着侦控、辩护、审判三种制度。三种制度的运用应相互平衡，相互制约，才能保证刑事诉讼朝着公正、民主的方向发展。尤其是辩护制度，它以反驳控诉为基本内容，对侦控和审判起到较好地平衡和制约作用。辩护与控诉相互对立，被告人在受到指控的情况下，有权依据法律为自己辩解，维护自己合法的权益，这可使审判不盲目轻信控诉，可以避免审判向控诉方倾斜，使诉讼保持平衡，从而较好地实现刑事诉讼的公正性和民主性。

2. 辩护制度有利于保护犯罪嫌疑人、被告人的合法权益。辩护本身是刑事诉讼中被告人最基本、最广泛的一项诉讼权利。由于犯罪嫌疑人、被告人在诉讼中处于被追究的地位，精神上往往承受较大压力，甚至于行动自由也受到限制，被告人往往无法为自己辩护，甚至由于法律知识的欠缺，不知自己有哪些诉讼权利，更不知道如何辩护。辩护权是犯罪嫌疑人、被告人最基本的诉讼权利，没有辩护权，犯罪嫌疑人、被告的其他诉讼权利，就会失去存在的价值。而辩护制度充分维护了被告人的最基本诉讼权利，被告人可自己依法行使和维护其诉讼权利，可以请律师或其他人为自己辩护，特别是辩护律师参加诉讼，可以帮助犯罪嫌疑人、被告人充分行使诉讼权利，有效地维护犯罪嫌疑人、被告人的合法利益。同时，有辩护人参加诉讼，还可以促使司法人员增强责任心，认真执行法律，严格依法办事。

3. 辩护制度的实施可以更好地促进法治社会的建设。欧洲中世纪封建专治压制人的基本权利，其纠问式刑事诉讼也使辩护制度虚有其名，司法官员奉行有罪推定原则，被告人基本没有什么权利，成为诉讼客体和法律处置的对象，冤假错案层出不穷。而今天法治社会的建设和人权的保障密不可分。“被告人有权获得辩护”是刑事司法领域人权保障的基本原则之一，这也是各国宪法中“被告有权获得辩护”原则的落实。可以说，法治社会的建设，是保障权利社会的建设，是一系列民主制度健全完善的结果，而这其中不可缺少辩护制度的实施和完善。

第二节　我国刑事辩护制度

我国刑事辩护制度的内容包括：辩护人的诉讼地位和职能，辩护人的范围、辩护种类和方式、辩护人的权利与义务等。

一、辩护人的诉讼地位和职能

辩护人是指受犯罪嫌疑人、被告人委托或法院指定，帮助犯罪嫌疑人、被告人行使辩护权，依法维护犯罪嫌疑人、被告人合法权益的诉讼参与人。辩护人参加诉讼的权利源自犯罪嫌疑人、被告人的委托或法院的指定。而辩护人因为在法律上不必承担案件的处理结果，如嫌疑人、被告人的有罪或无罪判决对其并不产生法律上的利害关系，所以辩护人并不是完全的刑事诉讼的主体，也就没有被告人享有的上诉权、反诉权、最后陈述权等诉讼权利。而且辩护人并不是所有的诉讼案件必需的参与者，辩护人能否参与的决定权不在于自己，而在于嫌疑人、被告人和法院。

辩护人虽不是完全的刑事诉讼主体，要附属于被告一方，但他一旦参与到诉讼中，就执行着特定的刑事诉讼职责，具有独立的诉讼地位，就能以自己意志为被告方辩护，忠于事实，忠于法律，忠于委托人的合法权益，而不能完全附和被告一方。

辩护人是犯罪嫌疑人、被告人合法权益的专门维护者，这是辩护人不同于公诉人及审判人员的主要方面。公诉人和审判人员也有依法维护犯罪嫌疑人、被告人合法权益的义务，但他们不是专门的维护者，而是在行使国家控诉权、审判权的过程中，同时维护犯罪嫌疑人、被告人的合法权益。辩护人则不同，他的诉讼职能就是依法为犯罪嫌疑人、被告人辩护，维护其合法权益，除此之外，再没有别的职能。所以在刑事诉讼中，只有辩护人是犯罪嫌疑人、被告人合法权益的专门维护者。辩护人的诉讼地位，同公诉人的控诉地位是相对应而存在的。没有控诉就没有辩护。两者诉讼职能各不相同，不能互相混淆。辩护人只能依法为犯罪嫌疑人、被告人辩护，陈述对犯罪嫌疑人、被告人有利的事实情节和理由，不能对犯罪嫌疑人、被告人进行控诉。辩护律师和公诉人的诉讼地位是平等的，都是依法执行职务，都要对案件事实和法律负责，他们进行诉讼活动的目的都是为了使案件得到正确处理。所以，辩护人的任务一方面就是为犯罪嫌疑人、被告人进行辩护，维护犯罪嫌疑人、被告人的合法权益，为其提供法律上的帮助，从而弥补犯罪嫌疑人、被告人辩护能力的缺陷；另一方面，协助法院准确查明案情，准确适用法律，公正处理案件，避免冤假错案的发生。

二、辩护人的范围辩护种类和方式

（一）辩护人的范围

辩护人的范围，是指哪些人可以作为犯罪嫌疑人、被告人的辩护人参加诉讼。根据《刑事诉讼法》第 32 条的规定，犯罪嫌疑人、被告人可以委托下列人员为自己辩护。

1. 律师。律师因其职业的特点是最能保护被告一方利益的职业群体。律师应依法取得律师执业证书，如果已取得律师资格但未取得执业证书并经注册登记的，不能以律师身份履行辩护职责。《律师法》第 13 条规定："国家机关的现职工作人员不得兼任执业律师。""律师担任各级人民代表大会常务委员会组成人员期间，不得执业。"《律师法》第 36 条规定：曾担任法官、检察官的律师，从人民法院、人民检察院离任后两年内，不得担任诉讼代理人或者辩护人。公安警察院校的教师有的具有律师资格，鉴于他们不是实际执法人员，为了增加他们的实践知识，提高教学质量，他们可以以律师的身份担任辩护人，但在执行律师职务时，不得穿着民警制服。《律师法》第 46 条还规定，任何公民不得冒充律师，也不得以牟取经济利益为目的，从事刑事辩护业务。

2. 人民团体或者犯罪嫌疑人、被告人所在单位推荐的人。法律规定这些人也可以充当辩护人是为了弥补我国当前律师人数不足，也是为了更好地保护犯罪嫌疑人、被告人的合法权益。这表明犯罪嫌疑人、被告人可以向工会、妇联、共青团等请求法律上的帮助，而不必局限在律师的范围内。人民检察院、人民法院对上述辩护人，不需要审查批准，只要犯罪嫌疑人、被告人有同意的意思表示即可。但是对涉及国家秘密的案件，不论是人民团体推荐的人，还是犯罪嫌疑人、被告人所在单位推荐的人，都要经过人民检察院或者人民法院的审查同意，否则，不能充当辩护人。

3. 犯罪嫌疑人、被告人的监护人、亲友。这些人也可以接受委托充当辩护人。修正前的《刑事诉讼法》规定只有被告人的近亲属和监护人，才可以接受委托充当辩护人。修正后的《刑事诉讼法》对这一条作了修改，把“近亲属”改为“亲友”。这更有利于保护嫌疑人、被告人的合法权益。因为，亲友是嫌疑人、被告人的亲属或关系较密切的朋友，对嫌疑人、被告人的情况较为了解，可以更好地为其辩护。

不是所有的公民都能担任辩护人。辩护人是专为犯罪嫌疑人、被告人进行辩护的人，又是帮助司法机关正确处理案件的人，因此，充当辩护人应当是有条件的。根据《刑事诉讼法》第 32 条规定和司法实践经验，下列人员不能充当辩护人：（1）正在被执行刑罚或者依法被剥夺、限制人身自由的人；（2）本案的证人或鉴定人员不能同时充当本案的辩护人；（3）无行为能力或限制行为能力的人；（4）与本案有牵连关系的人；（5）现职的公安人员、检察人员、审判人员以及任期内的人民陪审员；（6）外国人和无国籍人。

涉及国家秘密的案件，犯罪嫌疑人、被告人委托律师以外的人（包括犯罪嫌疑人、被告人的亲友、监护人）担任辩护人时，要经过人民检察院或者人民法院审查同意，否则不能充当辩护人。

根据《刑事诉讼法》第 32 条的规定，一名被告人可以委托两名辩护人出庭为其辩护。这两名辩护人可以是两个律师，也可以是两个其他公民，也可以是一名律师，一名其他公民。

（二）辩护的种类和方式

我国刑事辩护分为自行辩护、委托辩护和指定辩护。

1. 犯罪嫌疑人、被告人有自行辩护的权利。自行辩护，就是犯罪嫌疑人、被告人本人对控诉进行反驳、申辩和解释，说明自己无罪或罪轻，应当减轻或免除刑事责任。犯罪嫌疑人、被告人的自行辩护权，不受诉讼阶段的限制，即不论在侦查阶段、审查起诉阶段，还是审判阶段，都享有自行辩护的权利。

2. 犯罪嫌疑人、被告人还有权获得辩护人的帮助。《刑事诉讼法》第 33 条规定，公诉案件自案件移送起诉之日起，犯罪嫌疑人有权委托辩护人。自诉案件的被告人有权随时委托辩护人。被告人有权获得辩护人的帮助，不仅是被告人享有辩护权的一项重要内容，而且是整个辩护制度的主要组成部分。

3. 犯罪嫌疑人、被告人自行辩护是犯罪嫌疑人、被告人为自身利益而进行辩护。辩护人不是当事人，不处于被指控、被追究的地位，他进行的辩护，不是为自身利益，而是为维护他人的合法利益而进行的辩护。辩护是犯罪嫌疑人、被告人的权利，他可以行使，也可以放弃。而辩护是辩护律师的职责，应当认真履行，不得随意放弃。犯罪嫌疑人、被告人自行辩护不受诉讼阶段的限制，在整个诉讼过程中，犯罪嫌疑人、被告人都享有自行辩护的权利。辩护人的辩护必须有合法的委托或指定，而且只能在法律规定的诉讼阶段才能参加诉讼。所以，这两种辩护既不能混淆，也不能相互代替。犯罪嫌疑人、被告人的自行辩护权不能因辩护人参加诉讼而取消。辩护人的辩护也不能因犯罪嫌疑人、被告人自行辩护而受到限制。

4. 司法机关特别是人民法院，有义务保障犯罪嫌疑人、被告人获得辩护。我国刑事诉讼法在规定犯罪嫌疑人、被告人享有辩护权的同时，也相应规定司法机关特别是人民法院有保证犯罪嫌疑人、被告人获得辩护的义务。如我国的《刑事诉讼法》第 34 条规定："公诉人出庭公诉的案件，被告人因经济困难或者其他原因没有委托辩护人的，人民法院可以指定承担法律援助义务的律师为其提供辩护。被告人是盲、聋、哑或者未成年人而没有委托辩护人的，人民法院应当指定承担法律援助义务的律师为其提供辩护。被告人可能被处死刑而没有委托辩护人的，人民法院应当指定承担法律援助义务的律师为其提供辩护。"

三、辩护人的权利和义务

（一）辩护人的权利

1. 独立辩护权。辩护人有权根据事实和法律，独立进行辩护，根据自己对事实的认定和对法律的理解，独立进行辩护，其他任何机关（包括人民法院、人民检察院）、团体和个人，都无权干涉。辩护人在辩护之前，虽要听取被告人的意见和要求，但在辩护时，辩护人完全有权独立进行，不受被告人意愿的约束。被告人不承认的事实、不同意的控诉理由，辩护人可以为他辩护，也可以不为他辩护；被告人承认的事实、表示同意的控诉理由，辩护人也可以提出自己的意见和看法。

2. 阅卷权和司法文书获取权。在审查起诉阶段，辩护人依法可以查阅案件材料，了解案情。根据《刑事诉讼法》第 36 条的规定，辩护律师自人民检察院对案件审查起诉之日起，可以查阅、摘抄、复制本案的诉讼文书、技术性鉴定材料。其他辩护人经人民检察院许可，也可以查阅、摘抄、复制上述材料。本案的诉讼文书一般是指：立案决定、采取强制措施的法律文书、通缉令和起诉意见书等。技术性鉴定材料就是书面鉴定结论。司法文书获取权。在审判阶段，辩护律师可以查阅、摘抄、复制“本案所指控的犯罪事实的材料”，其他辩护人经人民法院许可，也可以查阅、摘抄、复制上述材料。本案所指控的犯罪事实的材料，在自诉案件中一般是指自诉状及相关证据。人民检察院不起诉，被害人向人民法院起诉的，人民检察院移送给人民法院的案卷也应允许查看。公诉案件一般是指起诉书、相关证据目录、证人名单和主要证据复印件及照片等。另外，在法庭审理过程中，辩护律师在提供被告人无罪或者罪轻的证据时，认为在侦查、起诉过程中公安、检察机关收集的证明被告人无罪或罪轻的材料，需要在法庭上出示的，可以申请法院向检察院调取该证据材料，并可到法院查阅、摘抄、复制该证据材料。在公诉案件第二审程序中，辩护人应有权查阅、摘抄、复制一审开庭审判的案卷材料。但合议庭笔录和审判委员会讨论记录除外。

3. 会见通信权。辩护人依法有权同犯罪嫌疑人、被告人会见和通信。根据刑事诉讼法的规定，辩护律师可以同在押的犯罪嫌疑人、被告人会见和通信。其他辩护人经人民检察院、人民法院许可，也可以同犯罪嫌疑人、被告人会见和通信。同犯罪嫌疑人、被告人通信，必须经人民检察院、人民法院检查后转交。辩护人在会见犯罪嫌疑人、被告人时，要严格遵守法律规定和看守所的有关制度，绝不允许有违法情形发生。

4. 调查取证权。辩护律师依法可以收集有关材料。根据《刑事诉讼法》第37条的规定，辩护律师经证人或者其他有关单位和个人同意，可以向他们收集与本案有关的材料。也可以申请人民检察院或者人民法院收集、调取证据，或者申请人民法院通知证人出庭作证。对于辩护律师收集、调取证据的申请，检察院、法院认为合理的，检察院、法院应当收集、调取证据。辩护律师经人民检察院或者人民法院允许，并且经被害人或者其亲属、被害人提供的证人的同意，可以向他们收集与本案有关的材料。非律师辩护人则没有这样的权利。

5. 出庭辩论权。辩护人有参加法庭调查和法庭辩论的权利。法庭调查阶段，辩护人在公诉人讯问被告人后，经审判长许可，可以向被告人发问；经审判长许可，可以对证人、鉴定人发问；法庭审理中，辩护人有权申请新的证人到庭，调取新的物证，申请重新鉴定或者勘验。法庭辩论阶段，辩护人可以对证据和案件情况发表意见，并且可以和控诉方开展辩论等。

6. 拒绝辩护权。辩护人有拒绝辩护的权利。根据《律师法》第29条第2款的规定：“律师接受委托后，没有正当理由的，不得拒绝辩护或代理。但委托事项违法，委托人利用律师提供服务从事违法活动或者委托人隐瞒事实的，律师有权拒绝辩护或者代理。律师遇到这种情况时，应教育委托人改正错误。如委托人坚持错误不改的，受委托的律师有权拒绝为其辩护。”

7. 其他权利。如经被告人同意，有提出上诉的权利。《刑事诉讼法》第180条规定，被告人的辩护人，经被告人的同意，可以提出上诉。这是辩护人维护被告人合法权利的重要手段，也是保证案件正确处理的有效措施。有要求司法机关依法解除强制措施的权利。根据《刑事诉讼法》第75条的规定，犯罪嫌疑人、被告人委托的律师及其他辩护人，对于人民法院、人民检察院或者公安机关采取强制措施超过法定期限的，有权要求解除。人民法院、人民检察院或者公安机关对于被采取强制措施超过法定期限的犯罪嫌疑人、被告人，应当予以释放、解除取保候审、监视居住或者依法变更强制措施。

《刑事诉讼法》第96条规定，犯罪嫌疑人在被侦查机关第一次讯问后或者采取强制措施之日起，可以聘请律师为其提供法律咨询、代理申诉、控告。犯罪嫌疑人被逮捕的，聘请的律师可以为其申请取保候审。受委托的律师有权向侦查机关了解犯罪嫌疑人涉嫌的罪名，可以会见在押的犯罪嫌疑人，向犯罪嫌疑人了解犯罪情况。《刑事诉讼法》第75条还规定，犯罪嫌疑人委托的律师，对侦查机关采取的强制措施，超过法定期限的，有权要求解除强制措施。这就是说，律师在案件的侦查阶段，就有权接受犯罪嫌疑人的委托介入刑事诉讼，行使法律赋予他的职权。但他还不是辩护人，因为犯罪嫌疑人只能在案件移送审查起诉之后，才可以聘请辩护人。从法律的规定看，侦查阶段的律师，与审查起诉之后的辩护律师虽有所同，但也的确有所不同。后者是法律明确规定的严格意义上的辩护律师，而前者只能是一般意义上或者广义上的辩护律师。后一种辩护律师具有法律规定的广泛的辩护权利。比如依法收集证据的权利，参加法庭调查、辩论的权利，依法为被告人上诉的权利等。而前一种辩护律师只能为犯罪嫌疑人提供法律咨询，代理申诉或控告，依法会见犯罪嫌疑人，向侦查机关了解犯罪嫌疑人涉嫌的罪名等。除此之外，他不能再行使其他辩护职权，比如他不能向犯罪嫌疑人以外的人收集证据，不能查阅、摘抄、复制案卷的有关材料等。

（二）辩护人的义务

1. 辩护的义务。辩护人特别是辩护律师，在接受委托或者指定后，就有义务为犯罪嫌疑人、被告人辩护，并负责到底，除有法定情形外，不得拒绝辩护。接到人民法院的开庭通知后，应当按时出庭，履行辩护的职责，不能无故缺席。有法律援助义务的律师也不得拒绝法院的指定辩护。

2. 忠于法律的义务。辩护人不得帮助犯罪嫌疑人、被告人隐匿、毁灭、伪造证据或者串供，不得威胁、引诱证人改变证言或者作伪证以及进行其他干扰司法机关诉讼活动的行为。如果实施这些行为，要负法律责任。

《律师法》第33条、35条、36条、42条以及第29条第2款的规定中对辩护律师提出如下要求：（1）不得私自接受委托，私自向委托人收取费用，收受财物；（2）不得违反规定会见法官、检察官；（3）不得向法官、检察官以及其他工作人员请客送礼或者行贿，或者指使诱导当事人行贿；（4）不得提供虚假证据，隐瞒事实或者威胁、利诱他人提供虚假证据，隐瞒事实以及妨碍对方当事人合法取得证据；（5）不得干扰法庭秩序，干扰诉讼的正常进行；（6）保守履行辩护人职责中知悉的国家秘密和当事人的商业秘密，不得泄露当事人的隐私；（7）曾担任法官、检察官的律师，从人民法院、人民检察院离任后两年内，不得担任辩护人；（8）必须依照国家规定，承担法律援助义务，尽职尽责，为受援助人提供法律服务等。

3. 法制宣传义务。辩护人在履行辩护职责的同时，也负有向被告人进行法制宣传的义务。

第三节　刑事代理

一、刑事代理概述

刑事代理，是指在刑事诉讼中代理人接受特定的诉讼参与人的委托，以被代理人的名义参加诉讼，由被代理人承担代理行为法律后果的一项法律制度。根据《刑事诉讼法》第82条规定，特定的诉讼参与人即被代理人只能是公诉案件的被害人或者近亲属、自诉案件的自诉人、附带民事诉讼的当事人。

刑事代理与刑事辩护在表面上有些共同特征，如刑事辩护人与代理人都与案件处理后果无法律上的利害关系，他们都不是基于本人利益参加诉讼的，另外，可被委托为诉讼代理人和辩护人的范围基本一致。但两者有根本区别：

1. 产生根据不同。刑事辩护人参加诉讼根据是犯罪嫌疑人、被告人的授权或法院指定。而刑事代理人参加诉讼的依据只能是当事人及其法定代理人、近亲属的授权。

2. 诉讼地位不同。虽然辩护人与代理人都非刑事诉讼主体，但辩护人具有独立的诉讼地位，以自己的意志进行辩护而不受嫌疑人、被告人约束。而代理人不具有独立的诉讼地位，只能依照被代理人的意志从事代理活动。

3. 适用范围不同。刑事辩护适用于公诉案件的犯罪嫌疑人、被告人、自诉案件的被告人；刑事代理适用于公诉案件的被害人、自诉案件的自诉人、附带民事诉讼的当事人，两类对象的诉讼利害关系往往相反。

4. 承担职责不同。刑事辩护承担的是辩护职能，即反驳控方控诉，论证犯罪嫌疑人、被告人无罪或罪轻、应减轻或免除刑事责任。而刑事代理人的职责是在委托的权限内维护委托人的合法利益。

5. 授权性质不同。刑事辩护人享有的权利是由法律赋予的，如刑事辩护人享有法律规定的会见权和通信权等广泛权利，不存在被告人、犯罪嫌疑人授权问题，其授权也仅仅在于是使辩护人参加诉讼，而刑事代理人是否参与诉讼，在何权限范围内从事活动均由委托人授权决定，委托人有权改变委托内容。

刑事代理的代理人可以是律师，也可以是律师以外的其他公民。但是，正在被执行刑罚，或者依法被剥夺、限制人身自由的人不能充当代理人。刑事代理可分为法定代理和委托代理。根据我国刑事诉讼法规定，我国刑事诉讼中委托代理有公诉案件被害人的委托代理、自诉案件自诉人的委托代理、附带民事诉讼原告人或被告人的委托代理、申诉人的委托代理。

二、公诉案件的代理

公诉案件的代理，是指律师或其他公民接受被害人及其法定代理人或者近亲属的委托，担任被害人的代理人参加诉讼。公诉案件的被害人作为当事人，与案件的处理结果有法律上的利害关系，有的被害人往往由于犯罪行为的侵害，或受身体伤害或受精神上的创伤而不能或不愿出庭，或因欠缺法律知识等原因，不能维护自己的合法权益。赋予被害人委托诉讼代理人的诉讼权利能有效地弥补上述缺陷，更好地维护被害人的利益。同时，诉讼代理人提供的证据材料和意见，在一定程度上也有助于法院发现案件真相，为正确定罪量刑创造条件。《刑事诉讼法》第40条规定，公诉案件的被害人及其法定代理人或近亲属自案件移送审查起诉之日起，有权委托诉讼代理人。人民检察院自收到移送审查起诉的案件材料之日起3日以内应当告知被害人及其法定代理人或其近亲属有权委托诉讼代理人。这一规定表明，公诉案件中被害人的委托可由被害人本人委托，也可以由他的近亲属或法定代理人委托，其他人无权为被害人委托代理人，同时不论是谁委托，代理人都是被害人本人的代理人，而不是被害人的法定代理人的代理人或近亲属的代理人。而且，委托代理介入的时间是案件移送审查起诉之日，也就是说，公诉案件在侦查阶段，被害人不能委托代理人。

被害人的诉讼代理人在诉讼中只能代理行使法律赋予被害人的而又由被害人授予代理人的诉讼权利。法律赋予被害人的诉讼权利有起诉阶段的提出意见权、申诉权和起诉权，在庭审阶段的申请回避权、陈述权、发问权、辩论权、抗诉权、提起附带民事诉讼等诉讼权利。被害人的这些诉讼权利，也就是被害人的代理人的代理权限。但每个案件的具体代理范围，应以委托代理协议中的规定为依据，可以是全权代理，也可以是部分代理。

三、自诉案件的代理

刑事自诉案件，是指当事人直接向法院起诉，由法院直接受理的案件。根据《刑事诉讼法》第170条规定，自诉案件有三类：一是告诉才处理的案件；二是被害人有证据证明的轻微刑事案件；三是被害人有证据证明对被告人侵犯自己人身、财产权利的行为应当依法追究刑事责任，而公安机关或者人民检察院不予追究被告人刑事责任的案件。这些案件中，律师或其他公民接受自诉人或法定代理人的委托，作为代理人参加诉讼，就是自诉案件的代理。

《刑事诉讼法》第40条规定，法院自受理案件之日起3日内，应当告知自诉人及其法定代理人有权委托诉讼代理人。这一规定表明，在自诉案件中，有权委托诉讼代理人的是自诉人或自诉人的法定代理人，其他人包括自诉人的近亲属没有委托权。而在公诉案件中，被害人的近亲属也可以为被害人委托诉讼代理人。

《刑事诉讼法》第41条规定，律师、自诉人的监护人、亲友等都可以充当代理人。自诉人应与诉讼代理人签订委托合同，载明代理事项、代理权限、代理期间等重大事项。代理权限中应特别注明代理人有无和解权、撤诉权、反诉权，如没有特别写明的，应视为诉讼代理人无上述权利。

自诉案件中自诉人的代理人的诉讼地位，与公诉案件中被害人的代理人的诉讼地位是不同的。自诉案件中自诉人行使控诉的职能，如果被告反诉，则自诉人又要为自己辩护，享有辩护权，所以自诉人委托的诉讼代理人可能身兼代理人和辩护人二职。同样，自诉案件的被告人的诉讼代理人也相对应可身兼辩护人和代理人二职。公诉案件中被害人的代理人的职责不具有这样的特点。

四、附带民事诉讼的代理

附带民事诉讼的代理，是指诉讼代理人接受附带民事诉讼的当事人及其法定代理人的委托，在所受委托的权限范围内，代理参加诉讼，以维护当事人及其法定代理人的合法权益。

附带民事诉讼的代理的实质，是在追究被告人刑事责任的同时，就同一犯罪行为追究被告人在民事法律上应承担的后果。因此，附带民事诉讼中双方的地位与民事诉讼中原、被告是完全相同的。双方当事人的诉讼代理人在附带民事诉讼中行使其在一般民事诉讼中同样的职能，应当收集、调查证据，全面了解案情，提出代理意见。刑事诉讼法规定，附带民事诉讼案件的当事人及其法定代理人，自案件移送审查起诉之日起，有权委托诉讼代理人，同时还规定检察院自收到移送审查起诉的案件材料之日起，3 日内应告知双方当事人及其法定代理人有权委托诉讼代理人。

五、刑事申诉的代理

刑事诉讼法规定，当事人及其法定代理人、近亲属对已发生法律效力的判决、裁定，可以向人民法院或者人民检察院提出申诉。律师或其他公民接受当事人及其法定代理人、近亲属的委托，代理进行申诉事项，就是刑事申诉的代理。由于申诉的情况比较复杂，最好请律师代为申诉，这样可以更好地保护当事人的合法权益。

第七章　刑事证据概述

第一节　刑事证据的概念、特征和意义

一、刑事证据的概念

证据，顾名思义，就是指证明的凭据，是用来证明未知事实的已知的事实。但是仅仅用一般事实的概念来理解刑事诉讼证据是不够的，我国《刑事诉讼法》第四十二条规定：“证明案件真实情况的一切事实，都是证据。证据有下列七种：(1) 物证、书证；(2) 证人证言；(3) 被害人陈述；(4) 犯罪嫌疑人、被告人供述和辩解；(5) 鉴定结论；(6) 勘验、检查笔录；(7) 视听资料。以上证据必须经过查证属实，才能作为定案的根据。”根据上述规定，我国刑事诉讼中的证据，是指以法律规定的形式表现出来的，能够证明案件真实情况的一切事实。我们可以从以下几个方面来理解这一概念：(1) 从证据所反映的内容来看，刑事证据本身是一定的客观存在的事实；(2) 从证明关系来看，证据是证明案件事实的凭据，是用来认定案件事实的手段；(3) 从表现形式来看，证据必须符合法律规定的七种表现形式，刑事诉讼证据是事实内容与表现形式的统一。

在理解刑事证据的概念时，需要注意的是不同的法律条文中所使用的“证据”一词的含义并不相同。如我国《刑事诉讼法》第42条第3款“以上证据必须经过查证属实才能作为定案的根据”中的“证据”，实际上是指证据材料，即有待查证是否属实的证据的原始素材。这些材料可能是真实的，也可能是虚假的，只有是经过查证属实，符合法律规定的表现形式，能够证明案件真实情况的事实材料，才是真正的证据。我们所说的证据，应该同定案的根据是同一概念。凡是未经查证属实的物证、书证、证人证言等各种证据形式，只应当称为证据资料，或者是证据材料，这些材料在未经查证属实之前，也可能是不真实的，理所当然不能作为定案的根据。

二、刑事证据的基本特征

刑事证据具有三个紧密联系的基本特征和属性。

（一）证据的客观性

证据的客观性，是指证据事实是伴随着案件的发生、发展过程遗留下来的、不以人们的主观意志为转移而客观存在的事实。任何刑事案件、任何犯罪行为都是在一定的时间和地点进行的，只要有行为的发生，就必然遗留下各种痕迹，或者在进行犯罪活动时被人所目睹和感受到，即使行为诡秘，甚至毁灭证据，也还会留下毁灭证据的各种痕迹，这些事实和痕迹，是不以人的意志为转移的客观实在。办案人员也只能收集、利用这些事实作为证据，而不能改变和歪曲这些事实。

客观性是证据的本质属性，任何主观想象和猜测都不得作为证据使用。当然，证据的客观性并不排斥证据具有主观因素。首先，证人证言、被害人陈述、被告人口供等言词证据，本身就是人对客观现实的主观反映；其次，证据经过司法工作人员、当事人及其辩护人、诉讼代理人的收集，必然含有收集主体的主观因素，如讯问犯罪嫌疑人、被告人，讯问证人要制作笔录，收集、固定和保存那些实物证据，进行现场勘验、物证检验、侦查实验等，都会包含工作人员的主观因素，体现和渗透收集者的个人意志，因此，可以说任何证据都是客观与主观的统一。但司法工作人员、当事人及其辩护人、诉讼代理人的主观因素不能歪曲客观，不能因此而改变证据客观性的本质属性。证据的主观性只有体现证据的客观真实内容时，证据才能成为真证据。个人主观的判断、想象、假设、推理、臆断、虚构等都不能作为定案的证据来使用。

（二）证据的关联性

证据的关联性，也称为相关性，是指证据必须同案件事实存在某种联系，从而对案件事实有证明作用。这就是说，证据不仅是客观存在的事实，而且必须是与案件事实存在某种联系的事实。这种联系也具有客观属性，它根源于证据和案件事实之间必然具有的客观联系，这种必然关联是因为证据是伴随着刑事案件的发生而形成的。例如，犯罪分子在作案后可能会遗留下的痕迹必然与作案工具相吻合。

司法人员在办案的过程中，正确地认识和理解证据的关联性，必须注意：

1. 证据事实与案件事实之间的联系是客观存在的。这种联系是不以办案人员的主观意志为转移的，办案人员分析认识这种联系时，既不能主观臆造，也不能牵强附会。

2. 证据事实与案件事实关联的形式是多种多样的。在联系的范围上，有时间的关联和空间的关联；在联系的途径上，有直接关联和间接关联之分；在联系的规律上，有因果关系上的必然关联和偶然的巧合而形成的偶然关联；在联系作用上，有肯定关联和否定关联。

3. 确定证据的关联性是一个非常重要又极为复杂的问题。有的证据事实和案情事实的联系比较明显容易判明；有的则比较复杂不大容易判明，需要经过仔细的检查、辨认、检验和鉴定，经过对比、分析、推理、实物验证才能确定。

证据与案件事实之间的关联性之存在是证据具有证明力的关键所在，证据对于案件事实有无证明力，以及证明力的大小，都取决于证据与案件事实有无联系，以及联系的紧密强弱程度。在收集判断证据和查明案件事实真相的过程中，必须紧紧把握住证据的关联性，才能使案情真相大白。一般来说，如果证据与案件事实之间的联系紧密，则该证据的证明力较强，在诉讼中起的作用也较大。

（三）证据的合法性

证据的合法性，也叫证据的许可性。是指证据必须由法定主体依法收集、具有法定形式、依法定程序审查判断、法定程序查证属实，才能作为定案的根据。证据的合法性，是证据客观性和相关性的重要保证，也是证据具有法律效力的重要条件。证据的合法性标准一般包括以下几个方面：

1. 证据必须是由法定人员依法定程序收集的。只有司法工作人员以及当事人、辩护人、代理人等才有权收集证据、审查和运用证据。

2. 证据必须具备法定形式，具有合法的来源。证据必须属于形式诉讼法规定的七种形式，并且符合这七种形式的证据必须出自合法的主体，如鉴定结论必须由有鉴定资格的主体作出。

3. 证据必须经法定程序出示和查证。如证人证言必须经过各方当事人的质证，物证必须当庭出示，由当事人辨认。未经法庭查证属实的材料，均不得作为定案的根据。

证据的合法性的核心是解决证据能力问题。证据能力和证据的证明力不同。证据能力，又称为证据资格，是指证据材料在法律上允许其作为证据的资格。而证明力是指证据对案件事实的证明价值。证明能力反映证据的合法性，证明力则体现证据的关联性。我国刑事诉讼法具体规定了讯问犯罪嫌疑人、被告人、询问证人以及勘验、检查、搜查、扣押物证书证、侦查实验等侦察取证行为的主体、程序以及不同形式的证据的质证和查证方法。但我国法律没有明文规定，用违法的方法收集的材料，不能作为定案的根据。刑事诉讼法第43条及两高的司法解释对非法证据的排除仅限于言词证据范围。

关于非法证据的可采性。各国的做法也不一致，英美法系各国，特别是美国，严禁采用非法证据作为定案的根据。在英国，采用非法手段获取的言词证据必须予以排除，实物证据可否采纳由法官根据案件具体情况裁量决定。大陆法系国家对非法证据的态度与英国基本相似，即采用非法手段获取的言词证据通常必须予以排除，对采用非法手段获取的实物证据通常由法官根据案件的具体情况决定。案件危害较小、违法行为程度较重的通常必须予以排除；案件危害较大、违法行为程度较轻的，经法官查证属实后可以采用。

综上所述，刑事诉讼证据具有客观性、关联性和合法性三个基本属性。这三个属性是互相联系、缺一不可的。客观性和关联性涉及的是刑事证据的内容，合法性涉及的是刑事证据的形式。刑事证据的内容需要通过诉讼程序来审查、检验和鉴定。合法性是刑事证据客观性和关联性的法律保证。客观性、关联性和合法性表明了刑事证据内容和形式的统一。只有这样全面地理解刑事证据的概念，才能明确哪些事实可以作为证据，哪些人有权收集、审查和运用证据，以及应当怎样去收集和审查证据，这就为司法人员正确运用刑事证据查明案件事实指明了方向和途径。

三、刑事证据的意义

证据是整个刑事诉讼活动的基础和核心，也是刑事诉讼实务中最实际的问题。刑事证据在刑事诉讼活动中所发挥着重要作用，具体体现在以下几个方面：

1. 证据是正确进行刑事诉讼活动、实现刑事诉讼法任务的事实根据。刑事诉讼的全过程，从一定意义上讲，就是运用证据的过程。从立案、侦查、起诉到审判，每一个诉讼阶段和诉讼程序，都离不开运用证据。在刑事诉讼过程中，证据问题总是从各个方面被一次又一次地提出来。无论是实体问题还是程序问题，所作出的一切决定都要建立在确实、充分的证据的基础之上，如果不解决证据问题，没有证据，或者证据不够确实、充分，刑事诉讼就难以继续进行。刑事证据同刑事诉讼任务的落实是紧密联系在一起的，要完成准确惩罚犯罪、保障无罪的人不受刑事追究的任务，不放纵犯罪，不冤枉好人，正确地执行刑事法律，首先就要正确运用证据，查明案件事实真相。如果在运用证据上出现差错，就不可能对案件作出正确的处理。所以，证据问题是司法工作人员、当事人及其辩护人、诉讼代理人进行办案活动的核心和基础，在刑事诉讼中具有重要的意义。

2. 证据是证明和揭露犯罪的有力武器。在刑事诉讼中，犯罪分子总是想要千方百计地掩盖罪行，逃避侦查、起诉和审判。尽管犯罪分子诡计多端，但是，只要他们实施了犯罪行为，就必然要留下客观的痕迹和印象，留下一系列的相应证据，这是不以犯罪分子的意志为转移的，这些证据是我们用来揭露、证实犯罪的重要手段。有些犯罪分子自认为作案手段诡秘，司法工作人员没有掌握其犯罪证据，因而存有侥幸心理，百般抵赖，拒不认罪。一旦把确实的证据摆在他们面前，他们就会感到铁证如山，难以继续抵赖下去，不得不被迫交代自己的罪行，表示认罪伏法，接受改造。因此，侦查人员要有坚定的信心，有深入细致的作风，全心全意依靠群众，运用先进的科学技术手段，及时赶赴现场，进行勘验、搜查，深入细致地调查研究证据。只有这样，才能拿到真凭实据，才能揭露事实真相，才能使犯罪分子认罪伏法。

3. 证据是保障无罪的人不受刑事追究，保护公民的合法权益不受侵犯，防止发生冤假错案的重要保证。刑事诉讼法要保障无罪的人不受刑事追究，保护公民的合法权益不受侵犯，就必须坚持全面地收集和运用证据。只有全面地收集有罪或者无罪、罪轻或者罪重的证据，使刑事诉讼活动自始至终都以客观证据为基础，以案件事实为根据，才可以准确地给当事人定罪量刑，有效地防止发生的冤假错案，发挥保护公民的合法权益、保障无罪的人不受刑事追究重要的作用。

4. 证据是对群众进行法制教育的重要工具。只要犯罪分子实施犯罪行为，不管其犯罪行为是怎样的隐蔽和狡猾，终究会被司法工作人员用证据揭露出来，受到应有的惩罚，从而震慑社会上有可能犯罪的人，使其不敢以身试法，悬崖勒马。同时，可使群众了解犯罪分子的作案动机、手段和特点，教育群众提高警惕性，积极参加社会治安综合治理工作，增强法制观念，做好预防犯罪工作。

第二节　刑事诉讼证明

一、刑事诉讼证明的概念

刑事诉讼中的证明，通常是指侦查、检察、审判人员依法收集、审查判断和运用证据，认定案件事实的活动。从广义上理解，刑事诉讼证明还包括当事人和其他诉讼参与人依法提供证据、运用证据证明自己诉讼主张的活动。

刑事诉讼证明与一般的证明活动相比，具有以下特点：

1. 刑事诉讼证明的任务是查明刑事案件的事实真相。刑事案件的事实真相是已经发生，并且不可能重现的客观事实，一般而言，这种客观事实无法以科学实验的方法加以证明，只能由办案人员通过收集和运用证据进行推理和判断，而获得对案件事实的正确认识。因此，司法工作人员办理刑事案件的首要职责也就是千方百计地收集、核实和运用已知的证据事实，去证实、查明已经发生的未知的案件事实。

2. 刑事诉讼证明所依据的是刑事证据，而不是一般的公理或定律。要求办案人员依靠群众，深入实际，调查研究，获取各种证据材料，反复进行综合、归纳、推理、判断，进行“去粗取精，去伪存真，由表及里，由此及彼”的从感性到理性的运作过程，逐步得出结论，直至完全证明案情为止。

3. 刑事诉讼证明必须依照法定的程序进行。在诉讼的每个阶段上，法律对证明的任务、证明的主体、证明的对象、证明的要求、证明的时限都作出明确规定。所有刑事诉讼证明活动的进行，都必须严格遵循法定程序，违反诉讼程序和诉讼时限的证明活动，不具有法律效力。

4. 刑事诉讼的证明是一个过程，它包括收集证据、审查判断证据和运用证据对案件事实加以认定并得出结论的全部活动。

总之，刑事诉讼证明是刑事诉讼的核心和基本环节，它直接关系着诉讼的结局与办案质量。一个刑事案件从立案开始，到侦查、起诉、审判，这个过程在一定意义上，是收集、审查、判断、运用证据认定案情的证明活动过程。刑事诉讼中的证明是公安司法机关正确适用法律，及时、准确地惩罚犯罪的前提和基础，是保证办案质量、防止冤假错案的关键所在。刑事诉讼证明活动直接体现刑事诉讼的价值和作用，尤其是从严格执法，按照法定的程序收集、审查和运用证据认定案情来说，刑事诉讼证明活动直接体现着诉讼程序的独立价值，体现着人类进步、文明、民主与法制的水平。

二、证明对象

刑事诉讼的证明对象，是指需要运用证据予以证明的一切案件事实。也就是说，用已知的刑事证据事实去证实的那些未知或待证的案件事实，即为证明对象。

明确证明对象，才能确定举证和证明责任的承担范围，才能在刑事诉讼中明确目标，充分发挥办案人员的办案主动性，分清主次关系，以提高诉讼效率，提高办案质量。

刑事诉讼过程的核心是公正地解决犯罪嫌疑人、被告人刑事责任问题。凡是与追究犯罪嫌疑人、被告人刑事责任有关的一切需要查明的事实，都是证明的对象。关于证明对象的范围，无论是在诉讼法学界还是司法实践部门，都存在着不同认识，而且有着不同的分类方法。归纳起来大致有以下几种：

(1) 两分法：第一类属于犯罪事实，第二类属于犯罪分子个人情况的事实(包括犯罪后的悔罪表现)；(2) 三分法：第一类是实体方面的事实；第二类是程序方面的事实；第三类是证据本身的事实；(3) 四分法：第一类为主要事实；第二类为次要事实；第三类为犯罪嫌疑人、被告人履历；第四类为证据材料；(4) 六分法：一是犯罪事实是否发生，二是何人、何时、何地犯罪，三是有无免除被告人行为的违法性和可罚性的事实，四是有无从重、加重或从轻、减轻情节的事实，五是犯罪嫌疑人、被告人的身份情况，六是案件中的证据事实；(5) 七分法（即“七何要素”)：一为何人犯罪（包括其自然情况)，二为何时何地犯罪，三为何种动机目的，四为何种手段，五为何等危害，六为何种情节，七为何种证据（即证据本身的可靠性)。

刑事证据的证明对象究竟应该包括哪些具体内容，最高人民法院《解释》第52条规定：“需要运用证据证明的案件事实包括：(1) 被告人的身份；(2) 被指控的犯罪行为是否存在；(3) 被指控的行为是否为被告人所实施；(4) 被告人有无罪过，行为的动机、目的；(5) 实施行为的时间、地点、手段、后果以及其他情节；(6) 被告人的责任以及与其他同案人的关系；(7) 被告人的行为是否构成犯罪，有无法定或者酌定从重、从轻、减轻处罚以及免除处罚的情节；(8) 其他与定罪量刑有关的事实。”根据法律规定、最高人民法院的《解释》和司法实践经验，我们认为刑事证据的证明对象，其内容大致可以归纳为三类：第一类，有关犯罪构成要件的实体法事实；第二类，犯罪嫌疑人、被告人自身方面的事实；第三类，程序法事实。

(一) 有关犯罪构成要件的事实

由实体法规定的犯罪构成要件的事实，是指对解决案件实体问题具有法律意义的，直接关系到对犯罪嫌疑人、被告人的定罪量刑的事实。包括：(1) 犯罪行为是否已经发生；(2) 犯罪行为是否为犯罪嫌疑人、被告人实施；(3) 犯罪行为的实施过程，包括犯罪时间、地点、作案手段、方法、动机和目的等；(4) 犯罪造成的危害后果以及犯罪行为与危害结果之间是否存在因果关系；(5) 有无依法应当从重、从轻、减轻或免除处罚的事实。

(二) 犯罪嫌疑人、被告人主体方面的事实

犯罪嫌疑人、被告人自身方面的事实，包括犯罪嫌疑人、被告人的自然情况和犯罪嫌疑人、被告人犯罪后的表现情况。它们在刑事诉讼中对定罪量刑关系密切，都应是证明对象的范围。

1. 犯罪嫌疑人、被告人的个人情况。包括：犯罪嫌疑人、被告人的姓名、性别、年龄、民族、文化程度、家庭出身、个人成分、工作经历、工作单位、职业、职务、政治面貌、原籍和现址、是否有前科或是否受过处分等等。同

时还包括是否是盲人、聋哑人，是否是精神病人、间歇性精神病人等等。这些情况对于确定犯罪嫌疑人、被告人构成何种犯罪、是否承担刑事责任以及给予什么刑罚处罚有重要意义。

2. 犯罪后的表现。主要指的是犯罪后有无主动挽救因犯罪造成损失的行为，有无主动自首坦白等悔罪表现，有无立功表现，犯罪后有无潜逃、拒捕、毁证、灭迹、隐匿罪证、转移赃款赃物、阻止同案人交代问题、订立攻守同盟、制造假证嫁祸于他人等拒捕的表现。这是司法机关在判断其主观恶性程度，运用刑罚处罚时需要综合考虑的重要因素。

（三）程序法事实

除了上述与犯罪嫌疑人、被告人定罪量刑有关的实体法方面的事实外，刑事诉讼法中要证明的还有涉及刑事诉讼程序方面的事实，即对解决诉讼程序问题具有法律意义的事实。这些程序法的事实关系到诉讼主体的诉讼行为是否正确、是否合法。这些事实证明与否，不仅关系到实体法的事实是否存在及其真伪问题，而且关系到裁判是否正确的问题。它包括以下几个方面：

1. 对某些犯罪嫌疑人、被告人是否应当采取某种强制措施的事实。刑事诉讼法对采取每一种强制措施的条件都有明确的规定，如果违反法定的条件而采用了强制措施，必然会引起强制措施的变更或撤销。

2. 有关回避方面的事实。回避制度是我国刑事诉讼程序中的一项重要的制度。我国刑事诉讼法规定：审判人员、检察人员、书记员、翻译人员、鉴定人，凡与本案具有亲戚或其他利害关系，可能影响公正处理案件的应当自行回避；或由有关机关、领导决定他们回避，当事人及其法定代理人也有权申请他们回避。对于是否符合法定的回避条件，需要有关人员进行调查核实，这就需要证明。

3. 关于诉讼期限是否超越法律规定的事实。刑事诉讼期限问题是诉讼程序方面的一个重要问题，它有力地保障了诉讼活动及时、正常地进行。没有一定时间和期限加以保证，诉讼活动便无法迅速推进，当事人的诉讼权利也无法得以保障。同时，期限的要求也是对司法工作人员、当事人及其辩护人、诉讼代理人的一种约束，避免他们拖延诉讼。因此，超越法律规定的诉讼期限的事实，必须加以证明。

4. 侵犯犯罪嫌疑人、被告人的诉讼权利方面的事实。在刑事诉讼过程中，法律赋予被告人一些基本的诉讼权利，剥夺或限制当事人的法定诉讼权利，可能影响公正审判的事实。例如，被告人有辩护的权利，公安司法机关有义务保障被告人获得辩护。公安司法机关是否侵犯犯罪嫌疑人、被告人的诉讼权利，是否影响了案件的公正审理，都是诉讼证明的对象。

5. 其他违反法定程序的事实。例如，在管辖方面不符合法律规定，军人在地方犯罪，地方普通法院无权受理却受理的；属于自诉案件、告诉才处理的案件，法院未经告诉而受理的，等等，都属于违反管辖规定。此类情况都应当加以证明。

三、证明标准

（一）证明标准的概念

刑事诉讼中的证明标准，又称为证明要求，是指法律规定的办案人员在诉讼活动中运用证据证明案件事实需要达到的程度。

在证据制度发展史上，不同的证据制度对于运用证据认定案件事实的要求是各不相同的。在古代的“神示证据”制度下，以占卜、水审、火审等愚昧、野蛮的方式作为证明案件事实的手段，诉讼证明的要求是符合神的启示；在封建社会的“法定证据”制度下，法律预先对各种证据的证明力作形式主义的规定，证明的要求是强调证据符合法律规定。在“自由心证”的证据制度下，认定案件事实的要求是法官的“内心确信”，只要法官对证据形成了内心确信，便达到所证明的要求。用这种证据证明案件事实所达到的程度，只能是“高度的概括性”。英美法系国家奉行“排除一切合理怀疑”的证明标准。所谓排除一切合理怀疑，是指作为定案的证据，经过比较和审查判断以后，足以排除合情合理的怀疑。在英美法系证据理论中，证明程度是分等级的。第一等是绝对确定，按他们的观点，由于受认识能力的限制，这一标准是无法达到的；第二等是排除合理怀疑，是刑事案件作出有罪判决的要求，也是诉讼证明的最高要求；第三等是清楚和有说服力的证据，某些司法区在死刑案件中拒绝保释及作出某些民事判决时的要求；第四等是优势证据，是作出民事判决以及肯定刑事辩护时的要求；第五等是合理根据，适用于签发令状、无证逮捕、搜查和扣押，提起大陪审团起诉书和检察官起诉书，撤销缓刑和假释，以及公民扭送等；第六等是有理由的相信，适用于“拦截和搜身”；第七等是有理由的怀疑，足以将被告宣告无罪；第八等是怀疑，可以开始侦查；第九等是无线索，不足以采取任何法律行为。这一证明标准的认识论基础，是以承认人的认识能力的有限性为前提的，不认同判决所认定的事实应当是绝对真实的。

（二）我国刑事诉讼中的证明标准

根据我国《刑事诉讼法》第 129 条、第 137 条、第 141 条、第 162 条的规定，我国刑事诉讼中的证明标准是“犯罪事实清楚，证据确实、充分”。

所谓犯罪事实清楚，是指与定罪量刑有关的事实、情节都必须查清。就一个刑事案件而言，其犯罪事实情节包括七个要素，即何人、何事、何时、何地、何方（法）、何因、何果。这七个基本事实情节都应当查清，其中“何人”犯罪则是其中的关键事实。至于那些不影响定罪量刑的细枝末节，则没有必要都查清。

证据确实这是对证据“质”的要求。“确实”是指证据要真实可靠，如实地反映案件的事实真相。要求证据必须是真实的，是客观存在的，不是主观臆造出来的东西，也不是假设、估计、捏造、歪曲的事实。证据必须确实与犯罪事件有关联，证据充分是对证据在“量”上的要求，它应具有足以证明案件发生、发展，犯罪人个人情况、犯罪行为、危害后果和作案后的态度等方面的各种材料。

根据立法上的要求和刑事诉讼实际工作的经验，对于判断一个案件的查证工作是否达到证据确实、充分的具体标准，可归纳为以下几点：（1）据以定案的每一证据材料都经过查证属实；（2）证据和案件事实之间，存在客观内在联系性，具有证明力；（3）证据与证据之间、证据与案情之间的矛盾，都得到了合理的排除；（4）属于犯罪构成各要件的事实，都有相应的证据予以证明；（5）形成的证据体系所得出的结论是惟一的、排他的，不可能再有其他的可能性。以上五点紧密联系在一起，必须同时具备。特别是“惟一性”、“排他性”，是衡量证据是否确实充分的根本性要求。只有这样，才能说达到了证据确实、充分的证明要求。

对于我国刑事诉讼法规定的“犯罪事实清楚，证据确实、充分”的证明标准，及“排他性”、“惟一性”的解释，诉讼法学界和实务部门的部分专家学者持不同意见，认为这一标准过严、过高，无法达到，主张以英美法系的“排除合理怀疑”代替“排他性”的解释。

（三）刑事诉讼的不同阶段的证明要求

“犯罪事实清楚，证据确实、充分”的证明标准，是对刑事案件定案时认定有罪的证明标准。因为一个案件在开始的阶段不可能立即达到证据确实、充分的程度。所以，我国《刑事诉讼法》第46条、第60条、第61条、第129条、第137条、第141条、第189条对证明程度从不同方面提出了要求。这种要求和标准，在不同的诉讼阶段，有着不同的体现，即不同的诉讼阶段，其要求和标准也各有不同。

1. 立案阶段的证明要求。立案是刑事诉讼的开始，证明要求比较低。《刑事诉讼法》第86条规定：“人民法院、人民检察院或者公安机关对于报案、控告、举报和自首的材料，应当按照管辖范围，迅速进行审查，认为有犯罪事实需要追究刑事责任的时候，应当立案……”这清楚地表明，立案阶段的证明要求有两条：一是确实发生了犯罪事实，不管是否查明了犯罪嫌疑人；二是需要追究刑事责任，而不存在《刑事诉讼法》第15条所规定的不需要追究刑事责任的六种情况。立案时，既不要求查明谁是犯罪分子，更不要求查明犯罪动机、目的、手段和犯罪过程等，只要求有证据证明有犯罪事实发生，需要追究刑事责任就可以了。

2. 拘留时的证明要求。拘留是比较严厉的一种强制措施，其证明程度自然应比立案要求高。《刑事诉讼法》第61条规定："公安机关对于现行犯或者重大嫌疑分子，如果有下列情形之一的，可以先行拘留：（1）正在预备犯罪、实行犯罪或者在犯罪后即时被发觉的；（2）被害人或者在场亲眼看见的人指认他犯罪的；（3）在身边或者住处发现有犯罪证据的；（4）犯罪后企图自杀、逃跑或者在逃的；（5）有毁灭、伪造证据或者串供可能的；（6）不讲真实姓名、住址、身份不明的；（7）有流窜作案、多次作案、结伙作案重大嫌疑的。"上列七种情况，都是对拘留的人犯在证据方面的要求。显然，这与立案阶段的证明要求相比，就高多了。

3. 逮捕时的证明要求。关于逮捕的证明要求，《刑事诉讼法》第60条规定，必须是"有证据证明有犯罪事实，可能判处徒刑以上刑罚"；根据第65条规定，对于需要逮捕而证据不足的，可以取保候审或者监视居住，而不能逮捕。那么，什么是"有证据证明有犯罪事实"？根据1998年1月19日六机关《关于刑事诉讼法实施中若干问题的规定》第26条的规定："是指同时具备下列情形：（1）有证据证明发生了犯罪事实；（2）有证据证明犯罪事实是犯罪嫌疑人实施的；（3）证明犯罪嫌疑人实施犯罪行为的证据已经查证属实的。犯罪事实可以是犯罪嫌疑人实施的数个犯罪行为中的一个。"

4. 案件侦查终结移送起诉、提起公诉和有罪判决的证明标准是一致的。按照我国刑事诉讼法的规定，都应该是案件事实、情节清楚，证据确实、充分，从质上达到排他性的要求。

（四）疑案处理原则

疑案是指刑事诉讼中对案件事实的证明证据不足，没有达到证明标准，因而难以决断的案件。在司法实践中有时由于条件的限制或出于各种主客观原因，有些案件虽然有一定的有罪证据，但未能查得水落石出，或因案情错综复杂，一时难以查清，法定的时限已过，因而出现疑案是不可避免的。

对"疑案"的处理，不同的证据制度采用不同的处理方法。在实行有罪推定的封建专制主义诉讼制度下，是按照"疑罪从有"来处理的，我国古代实行"疑罪从轻"或者"疑罪从赎"的做法。与"有罪推定"相对的是"无罪推定"，要求对疑案的处理从有利于被告人的方面加以解释和处理。即被告人有罪无罪难以确定时，按被告人无罪处理；被告人罪重罪轻难以确定时，按被告人罪轻处理。

我国在相当长的时间里没有确认无罪推定的原则，有罪推定的影响还比较严重，在疑案的处理上，常有“久押不决”的情况发生。1996年第八届全国人民代表大会第四次会议审议通过的修改刑事诉讼法的决定中明确规定：“未经人民法院依法判决，对任何人不得确定有罪。”这一规定作为刑事诉讼的基本原则，吸收了“疑罪从无”的处理疑案的原则，在新修改的刑事诉讼法中，不仅明确规定把退回补充侦查限制在二次各一个月的时间里，而且规定对于补充侦查的案件，人民检察院仍然认为证据不足、不符合起诉条件的，可以作出不起诉的决定；人民法院移送起诉的案件，经法庭审理后，对于证据不足，不能认定被告人有罪的，应当作出证据不足、指控的犯罪不能成立的无罪判决，从而在立法上解决了我国长期以来关于疑案处理的问题。

四、证明责任和举证责任

（一）证明责任的概念

证明责任和举证责任的问题，在证据制度中居于十分重要的地位。他主要解决刑事诉讼的进行和案件的实体处理过程中具有重要意义的两个问题：一是承担证明或举证义务的主体和条件；二是承担证明和举证义务的主体未能有效履行义务时所承担的法律后果。

在证据制度的历史发展中，由于诉讼的结构方式不同，证明责任和举证责任的概念和责任的承担也有差异。“证明责任”一词，最早规定在古巴比伦王国的《汉穆拉比法典》之中，其后的古罗马的诉讼中实行“谁主张，谁举证”的制度，它确立了两条原则：一是当事人对自己主张的事实，有提出证据证明的义务；否认的一方，没有证明的责任。二是如果双方的当事人对自己的主张都提不出足够的证据，则负证明责任的一方败诉。封建制国家刑事诉讼的显著特点是实行纠问主义，审判官为了取得证据不惜采用各种残酷手段，进行追问审讯，要求被告人承担自证有罪的责任。如果被拷问的人抗拒，不招供认罪，则可反拷原告人，要求原告对事实进行证明。因而封建专制主义纠问式诉讼是把证明责任强加在原告和被告身上，这说明了封建证明责任的野蛮性、残酷性。资产阶级革命成功后，其刑事诉讼证明责任制度上继承了罗马法的原则。由于法系的不同，英美法系和大陆法系的立法原则和根据也不完全相同。英美法系国家实行的是当事人主义，双方当事人都对自己的主张负有证明责任，法院只对所举出的证据进行判断和认定。证明责任由控诉人负担，在一定条件下被告人也要负担证明责任，法院原则上是居于仲裁地位，不积极进行调查，也不直接进行诘问，单凭双方的举证情况而进行认定和裁判。大陆法系与英美法系不同，其诉讼模式为职权主义，证明责任的特点是检察官负有证明被告人有罪的责任；法院的法官有权主动调取证据，传唤被告人、证人和鉴定人，且法官不受当事人的申请的约束；被告人没有证明自己无罪的义务，有权对自己无罪或罪轻作出辩解。

在我国，证明责任是指公安司法机关应当收集证据、运用证据证明案件事实的责任；举证责任是指当事人提出证据证明自己主张的义务。关于是否区分证明责任和举证责任以及证明责任和举证责任的分担问题，我国刑事诉讼法学界有不同的认识。

（二）公诉案件的证明责任与举证责任的承担

在公诉案件中，证明责任由公安司法机关承担。我国《刑事诉讼法》第43条规定："审判人员、检察人员、侦查人员必须依照法定程序，收集能够证实犯罪嫌疑人、被告人有罪或者无罪、犯罪情节轻重的各种证据。"公安机关、检察机关、人民法院在刑事诉讼中分别行使侦查权、检察权和审判权，收集证据、揭露犯罪、证实犯罪是法律赋予他们的职责。

在侦查阶段，侦查机关逮捕犯罪嫌疑人时，应该向人民检察院提供证明有犯罪事实的证据；向人民检察院移送审查起诉时，必须就所认定的犯罪事实提供确实充分的证据。在起诉阶段，检察机关作出起诉决定时，应当对犯罪嫌疑人的犯罪事实承担提供确实、充分的证据的证明责任。在审判阶段，人民法院对提起公诉的案件审查后，对自己作出的犯罪成立、被告人应负刑事责任的判决要承担证明责任。

为了准确查明案情，保障无罪的人不受刑事追究，法律规定公安司法机关不仅有责任收集能够证实犯罪嫌疑人、被告人有罪、罪重的证据，而且有责任收集能够证实犯罪嫌疑人、被告人无罪或者罪轻的证据。对于犯罪嫌疑人、被告人作出的辩解和提供的线索，也有责任予以查清。

在公诉案件中，犯罪嫌疑人、被告人不负证明责任，一般也不承担举证责任，亦即犯罪嫌疑人不承担证明自己无罪的责任。这是诉讼法治、诉讼民主证明责任理论的要求。因为如果把证明责任转嫁到犯罪嫌疑人、被告人身上，势必导致刑讯逼供成风，有损于诉讼文明，有损于诉讼民主和法治；刑事被告人不负证明责任还是社会发展和人权保障的需要。随着人类社会的发展，随着刑事诉讼历史的演进，诉讼的文明、进步和人权保障程度的提高，犯罪嫌疑人、被告人从不负证明责任到享有沉默权，已经成为历史发展的趋势，已经成为刑事诉讼的诉讼规律。目前我国的刑事诉讼法没有规定犯罪嫌疑人、被告人享有沉默权。

在刑事诉讼中，犯罪嫌疑人、被告人不承担证明责任，但是也有例外情况：(1) 依照《刑法》第395条的规定，如果国家工作人员被指控为巨额财产来源不明罪的犯罪嫌疑人、被告人，那么其对明显超出自己合法收入的来源，应当承担证明其财产来源合法的责任。(2)《刑法》第282条第2款规定："非法持有属于国家绝密、机密的文件、资料或者其他实物，拒不说明来源与用途的，处3年以下有期徒刑、拘役或者管制。"按本条的规定，只要公安司法机关能够证明犯罪嫌疑人、被告人不该持有而持有属于国家绝密、机密的文件、资料、实物，那么举证责任就转移到犯罪嫌疑人、被告人身上。如果他不能以优势证据证明自己持有该文件、资料、实物是合法的，那么就可推定为是非法的，而认定其犯有本罪。

（三）自诉案件证明责任和举证责任的承担

自诉案件中，证明责任和举证责任的承担与公诉案件有所不同，根据《刑事诉讼法》第170条、第171条的规定，在自诉案件中，自诉人负有举证责任。自诉人向人民法院提出控诉时，必须提供证据，人民法院认为缺乏证据，而自诉人又提不出补充证据时，人民法院应当说服自诉人撤回自诉或者裁定驳回自诉。

在法庭审理过程中，审判人员对证据有疑问时可以进行勘验、检查、扣押、鉴定、查询、冻结。法院作出的判决应该做到事实清楚、证据确实、充分。从这个意义上说，法院对自己的判决负有证明责任。

自诉案件中的被告人同样不负举证责任。如果被告人在诉讼过程中提起反诉，他在反诉中便成为自诉人，对反诉负有举证责任，必须提供证据证明自己的反诉主张。

第三节 刑事证据的收集、审查和判断

刑事证据的收集、审查和判断，是证明责任和举证责任的基础和前提。在刑事诉讼中，负有证明责任和举证责任的公安司法机关及其司法工作人员，当事人及其辩护人、诉讼代理人均会参加证据的收集、审查和判断活动。但公安司法机关及其司法工作人员无疑在其中起着主导作用。因此本节着重从司法工作人员的角度来介绍证据的收集、审查和判断。

一、收集证据

收集证据可以说是整个刑事诉讼活动的基础，是证据制度的核心。收集证据，是指司法工作人员为查明案件真实情况，依法通过侦查和调查工作来

发现、收取和保全与案件有关的证据材料的一种诉讼行为。收集证据是分析研究案情的前提和先决条件，是判断、认定案件事实的基础。只有把收集证据的工作做好了，才能为审查证据、运用证据认定案件事实提供充分、可靠的证据材料。

收集证据的目的，是为了如实地反映案件事实的本来面目，查明案件的事实真相，在取得充分、确实的证据的基础上，对犯罪嫌疑人、被告人是否犯罪，犯什么罪，作出正确的结论，以完成刑事诉讼的任务。收集证据的工作贯穿在刑事诉讼各个阶段。但是大量工作是在侦查阶段进行的，收集证据是侦查工作的主要任务。在起诉、审判阶段，如果认为证据不够充分、确实，人民检察院和人民法院也要依法调查收集证据。

在刑事诉讼中，收集证据工作同一般的调查工作相比有特殊性。刑事诉讼中的收集证据工作，必须遵循以下基本要求：

1. 依法进行。收集证据是一项法律性很强的活动。收集证据由公安司法机关的办案人员、当事人及其辩护人、诉讼代理人按照法定的诉讼程序去进行，这样才是合法的，由此收取来的证据才有法律效力。《刑事诉讼法》第43条规定："审判人员、检察人员、侦查人员必须依照法定程序，收集能够证实犯罪嫌疑人、被告人有罪或者无罪、犯罪情节轻重的各种证据。严禁刑讯逼供和以威胁、引诱、欺骗以及其他非法的方法收集证据。必须保证一切与案件有关或者了解案情的公民，有客观地充分地提供证据的条件，除特殊情况外，并且可以吸收他们协助调查。"《刑事诉讼法》第89条至第122条对如何讯问犯罪嫌疑人，询问证人、被害人，勘验、检查、搜查，扣押书证、物证，鉴定，等等，都作了明确的具体规定。司法工作人员只有严格执行这些规定，收集来的证据，才有合法性。

2. 及时进行。收集证据是一项时间性很强的工作。公安司法机关及其司法工作人员只有及时主动地调查收集证据，才能提高办案效率，保证办案质量。如果错过有利时机，可能会导致证据灭失、转移和发生变化，致使证据无法收集，刑事诉讼活动难以顺利进行。

3. 客观全面。所谓客观是证据的收集工作要从案件的客观实际出发，不能从办案人员的主观想像出发，既要承认证据的客观存在，又要防止主观主义、经验主义的干扰。只有这样，才能收集到真实的证据，运用证据来查明案件事实真相，防止冤假错案的发生。全面是指既要注意收集能够证明被告人有罪、重罪的证据，也要注意收集能够证明被告人无罪、罪轻的证据；既要听取被害人的陈述，又要听取犯罪嫌疑人、被告人的辩解。凡是能够证明案情的各种证据，都要全面地加以收集。

4. 深入细致。深入是指深入到案件实际中去，深入到群众中去，调查研究，收集一切与案件有关的证据。细致主要是指精密观察，详细查问，仔细发现和了解微小的迹象和可疑的线索，细心加以收集。证据材料是各种各样的，其中有许多是很不显眼的细枝末节，从细枝末节的材料中，往往能够发现很重要的证据。所以，在收集证据工作中要善于细致地从细小的材料中去发现和收集证据，防止马虎从事，粗心大意，丢掉眼皮底下的重要证据。

5. 应用科学技术手段。利用科技手段调查证据，是把侦查工作推向现代化的关键，当前，摆在公安司法机关面前急需解决的问题，一方面是转变传统的办案方法诸如“摸底排队”、“拉大网”等，要积极主动地学习侦查科学技术知识，掌握现代化的科技手段；另一方面，还要取得各有关部门的支持，筹集基金，加强技术装备建设。

二、审查、判断证据

（一）审查、判断证据的任务

证据的审查判断，是公安司法机关及其办案人员对收集到的各种证据材料进行分析研究，鉴别真伪，以确定各种证据有无证明力和证明力大小，从而对整个案件事实作出正确结论的一种诉讼活动。

审查判断证据的任务，一是鉴别证据的真伪，也就是通常所说的审查核实证据，这是解决证据的客观性问题；二是判明证据事实对案件事实的证明力，即找出证据事实同案件事实间的客观联系，进而确定其证据价值大小，这是解决证据的关联性问题；三是在对每个证据审查判断的基础上，把案内全部证据联系起来，进行综合分析，比较研究，排除一切矛盾，找出内在联系，从而考查证据是否充分，最终对案件事实作出结论。

收集证据和审查判断证据既有区别，又有联系，二者互相结合穿插进行，并且贯穿于刑事诉讼的全过程。在收集证据的过程中往往要进行审查判断；在审查判断证据的过程中，往往又需要进一步去收集、补充证据。

（二）全案证据的审查判断

全案证据的审查判断，就是司法工作人员对收集到的各种证据材料进行综合审查、对比、鉴别和分析，以确定各种证据是否真实及其能够证明案情的程度，并进一步对案件事实作出结论。

全案证据的审查判断涉及到主、客观方面的种种复杂因素。从办案人员的主观因素来说，办案人员必须具备一定程度的理论修养、道德修养、法律科学知识和社会经验，除此以外，还要学会审查判断证据的基本方法。就证据材料而言，证据材料有的真，有的假，有的半真半假；有的反映了事物的本质，有的只反映了事物的现象；有的与案件事实有直接的联系，有的只具有间接的联系；有的几个证据相互一致，有的又互相矛盾。形成这种现象的原因极为复杂，因此，办案人员必须认真地进行审查，反复地分析研究、对比和鉴别。

全案证据审查判断的基本方法，根据辩证唯物主义方法论的要求，以及司法实践的经验，主要有以下几点：

1. 从实际出发，具体情况具体分析。根据办案实践的经验，对每个证据的分析研究，应从以下几个方面入手：（1）提供该证据的人是否由于各种不良的动机出了假证或部分不真实的证据；（2）有关的人是否因生理上、认识上的原因而提供了不准确的证据；（3）是否因环境的特点和情况造成证据对案件的事实反映不准；（4）是否因办案人员或其他人员工作上的原因造成证据的差错；（5）传来证据在转述、复制、传抄中有无错误；（6）不同种类的证据，也应根据上文所述的特点，着重从不同的方面进行审查判断。

2. 综合对比，排除矛盾。在一个案件收集到的各种证据中，不可避免地会出现这样或那样的矛盾。对全案证据审查判断时，必须通过综合对比发现这些矛盾，并分析产生矛盾的原因，进一步收集证据，解决这些矛盾。这种分析矛盾、解决矛盾的过程，正是办案人员认识升华的过程，也是案件事实真相大白的过程。一般来说，对证据应注意从以下几个方面进行对比分析，发现矛盾：（1）某一证据本身是否有矛盾；（2）某个证据的内容和表现形式在当时、当地的具体条件下是否会有矛盾，即内容与客观环境和条件是否相符；（3）全案证据事实与某个证据事实之间有无矛盾尤其要注意分析口供与其他证据之间有无矛盾，共同犯罪的同案犯口供之间有无矛盾，不同的证人证言之间有无矛盾，言词证据（即人证）与实物证据（即物证、书证）之间有无矛盾等等；（4）全案证据同所认定的案件事实之间有无矛盾。

3. 将全案证据联系起来，互相印证，综合分析，得出对案件事实的结论。对案件的各个证据逐一审查判断属实和将案内矛盾排除，并不等于证明了整个案件事实。只有把全案证据联系起来，综合分析研究，才能对案件事实得出正确的结论。对全案证据进行综合分析研究的方法和应注意之处有：（1）审查全案证据，必须客观、全面，防止主观、片面。要对证明被告人有罪、罪重和无罪、罪轻，证明各种可能性的证据，不管是符合自己或者不符合自己设想的各种证据，都必须进行全面考察，防止以一种倾向掩盖另一种倾向，甚至主观臆断，想当然地作出结论；（2）将案件事实和相对应的证据加以分解和综合审查。首先将“七何”要素，即何人、何事、何时、何地、何方（法）、何因、何果等案件事实加以分解，研究各个“何”的案件事实情节是否分别有证据加以证明，然后再把全部案情和证据加以综合，分析整个案件事实的发展过程是否合乎情理，证据之间是否能互相印证，存在有机联系。其中特别要注意审查被追诉者有无作案时间和作案条件方面的证据。因为作案时间、条件不仅是案件事实的重要部分，而且有时是查清被追诉者是否犯罪的关键情节；（3）进行情理推断，分析研究全案事实与结论之间是否符合情理，即符合事物的通常规律。有些案件表面上看去，事实清楚，证据充分，纵横比较，相互一致，似乎没有矛盾了。但是，就全案事实和证据仔细推敲，却与情理不符，同生活逻辑规律相矛盾；（4）全案证据，相互印证，应当形成一个协调一致的证据体系。在证明被追诉人有罪的方向上，应当具有同向性，排除其他人实施犯罪的可能性，得出犯罪嫌疑人、被告人实施犯罪的惟一性结论。

第四节　刑事证据的分类

一、刑事证据分类的概念和意义

刑事证据的分类，是指在理论上将刑事证据按照不同的标准划分为不同类别。

关于证据的分类的理论，早在1827年英国著名法学家边沁在《司法证据原理》一书中就把证据分为：实物证据和人的证据，自愿证据和强制证据，宣誓证据、言词证据和书证，直接证据和情况证据，原始证据和传来证据等等。英美法系国家证据的分类主要有原始证据和传闻证据，直接证据和情况证据，最佳证据和次要证据，口头证据、书证和实物证据等。大陆法系各国是以成文法为主，特别注重证据理论的研究。我国从20世纪50年代开始研究证据的分类，多数学者主张四分法，即原始证据和传来证据，有罪证据和无罪证据，言词证据和实物证据，直接证据和间接证据等。

对刑事证据进行分类研究，在理论和实践中具有重要的意义。分类在各门学科中都是普遍适用的方法，它是人们认识和研究客观事物的一种重要的逻辑思维方法。分类的方法有利于把各种事物区别开来，有利于深入揭示各种事物的共同点和差异点，这是人类从盲目走向自觉的一种科学方法。运用分类的方法对刑事证据进行深入的研究，不仅有利于把刑事证据理论研究不断引向深入，更重要的是有利于指导司法工作人员、当事人及其辩护人、诉讼代理人收集、审查、判断证据，这对于认定案件事实有着直接的作用和意义。通过对刑事证据的分类和规范，将使办案人员少走弯路，自觉地按照规律办案，使办案人员及时排除假证。

二、言词证据和实物证据

根据证据形成的方法、表现形式、存在状况、提供方式的不同，可以把证据分为言词证据和实物证据。

1. 言词证据，是人的意识对案情作出反映而形成的。凡证据事实是通过人的陈述来反映、以语言形式表现的，叫做言词证据。言词证据是当事人、证人、鉴定人等有关人员对客观案件事实的反映现象。它是由人的心理状态、思维活动通过口头或者书面叙述的形式提供的，并且固定在笔录当中。言词证据包括：证人证言、被害人陈述、犯罪嫌疑人、被告人供述和辩解、鉴定结论等。言词证据的共同特点是受到提供证据的人自身主、客观因素的影响。所以，对言词证据的运用，必须仔细地审查鉴别，特别要注意以实物加以验证。

2. 实物证据，是以各种实物的特性、存在的状态和变化以及各种实物之间的联系形成的，是以物理状态、自然现象表现出来的。这里所说的实物证据是指广义的物证，既包括犯罪的工具、赃物和有犯罪痕迹的物体，也包括对案情有证明意义的书面文件。勘验、检查笔录是办案人员在勘验、检查过程中对所观察的情况的客观记载，也属于实物证据之列。实物证据是在勘验、搜查中发现和收取的，并以扣押的方法加以妥善保管或者封存。法庭调查实物证据的方式是出示和宣读。实物证据的特点是客观性较强，看得见，摸得着，不像言词证据那样易受人的各种主观因素之影响。但是，实物证据自己不能表达案情，即所谓“哑巴证据”，它易为人更换和篡改，而且在许多情况下，其证明力需要借助科学技术鉴定来加以判定。

三、有罪证据和无罪证据

根据证据对案件事实的证明作用，是肯定犯罪嫌疑人、被告人实施了犯罪，还是否定犯罪嫌疑人、被告人实施了犯罪，可把证据分为有罪证据和无罪证据。学术界也有人主张，按照证据的证明作用是否有利于犯罪嫌疑人、被告人而划分为有利于被告的证据和不利于被告的证据。按照这一标准，凡能证明犯罪嫌疑人、被告人无罪、罪轻及有从轻、减轻、免除处罚情节的证据，都属于有利于犯罪嫌疑人、被告人的证据；凡能证明犯罪嫌疑人、被告人有罪、罪重以及有从重处罚情节的证据，都属于不利于犯罪嫌疑人、被告人的证据。还有学者按照类似标准，把证据分为控诉证据和辩护证据。但这两种划分有一种共同的缺陷，即界限不明，划分不彻底，运用时会导致逻辑上的混乱。

1. 有罪证据，是指能够证明犯罪事实存在，犯罪嫌疑人、被告人有罪的证据。有罪证据一般是由控诉人对犯罪嫌疑人、被告人进行指控时提出的，是人民检察院提起公诉和人民法院作出有罪判决的根据。

2. 无罪证据，是指反驳控诉，即能够证明犯罪事实不存在，或者证明犯罪嫌疑人、被告人无罪的证据。由于它是否定犯罪的证据，所以叫做无罪证据。无罪证据一般是由犯罪嫌疑人、被告人及其辩护人进行辩护时提出的，它是人民检察院作出不起诉决定和人民法院作出无罪判决的根据。例如，正当防卫，或者证人证明他所看到的行为不是被告人实施等，这些都是无罪证据。

应当指出，有罪证据和无罪证据的分类，是根据证据的内容和作用划分的，并不是根据由诉讼当事人的哪一方提供证据来划分的。例如，犯罪人自首、被告人供认自己犯罪，经过查证属实就属于有罪证据，而不是无罪证据。

把证据分为有罪证据和无罪证据的意义，在于使办案人员全面、客观地收集和运用证据，防止主观片面性。刑事诉讼法第43条规定，侦查人员、检察人员、审判人员必须全面收集能够证明犯罪嫌疑人、被告人有罪或无罪，犯罪情节轻重的各种证据。对于每个案件，既要查明犯罪嫌疑人、被告人有罪和罪重的情况，又要查明犯罪嫌疑人、被告人无罪和减轻罪责的情况；既要收集对犯罪嫌疑人、被告人不利的证据，又要收集对犯罪嫌疑人、被告人有利的证据。只有全面地收集和运用证据，才能查明案件的事实真相。

四、原始证据和传来证据

根据证据的来源、出处不同，把证据分为原始证据和传来证据。

1. 原始证据，是指直接来源于案件事实的证据，也就是来自原始出处的证据，即通常所说的第一手材料。例如，证人根据他亲自看到、听到的事实所提供的证言，被害人对自己受害经过的陈述，犯罪嫌疑人、被告人对自己罪行的供认，文件的原本、物证的原物等等，都是原始证据。

2. 传来证据，它不直接产生于案件事实，不是从第一来源直接获取，而是从第二手以上的来源获取的证据，也就是从原始出处以外的其他来源获得的证据。凡不是直接来源于案件的事实，而是通过原始证据派生出来的证据，就叫传来证据，又称派生证据。例如，证人没有亲自看到、听到案件的真实情况，而是从犯罪嫌疑人、被告人或者其他人的谈话中了解某种事实并就此提供的证言。这种传来的证言必须是有确切来源和根据的。没有确切来源的道听途说，并不是传来证据。文件的副本或者抄件，勘验、检查笔录的复印件，物证的照片，等等，都是传来证据。

传来证据的概念与西方证据分类中的传闻证据有所不同。在英美法系国家，其证据法上的“传闻”强调以法庭审判为中心，凡在法庭审判外提供的证言，非证人当庭口头作证，或陈述之内容非本人亲自耳闻目睹的证据，均属传闻证据。其范围不仅限于言词还包括文字，但是不包括实物证据。而我国的传来证据，仅以证据是否是从第一来源直接获得的为标准。如证人转述他人陈述的内容为传来证据。至于在法庭上宣读未出庭的证人的证言笔录，只要该证言为证人亲自耳闻目睹，而不是别人转告的，仍属原始证据。

把证据分为原始证据和传来证据的意义，是提醒司法工作人员在收集证据时，应当努力寻找原始证据，尽量掌握第一手材料。因为一般来说，原始证据比传来证据要可靠一些。实践证明：证据转手、传递的次数越多，它的真实性和准确性就会相对地降低。因为中间环节愈多，就愈有可能被转述人有意无意地夸大、缩小或传错。所以，一般来说，原始证据要比传来证据的可靠性大些。但是，这并不是说传来证据就完全不可靠，是“第二等”的证据，认为传来证据不重要，而不注意去收集传来证据。实际上，通过传来证据可以追根溯源，顺藤摸瓜，去发现和收集原始证据；可以审查原始证据是否完整和确实，判断原始证据的可靠程度。尤其是在没有原始证据的情况下，传来证据的证明作用就显得特别突出。

五、直接证据和间接证据

根据证据与案件的主要事实的证明关系，即能不能独立地证明案件的主要事实，可以将证据分为直接证据和间接证据。

1. 直接证据。是指能够独立地证明案件主要事实的证据。凡是直接证明犯罪事实是否存在，以及犯罪嫌疑人、被告人是否有罪的证据，就叫做直接证据。证人证言、被害人陈述、犯罪嫌疑人、被告人供述和辩解，都有可能是直接证据。直接证据是案件主要事实的直接反映。一个直接证据经过查证属实后，就可以对案件主要事实作出肯定或者否定的结论。例如，犯罪嫌疑人、被告人承认自己有罪，并供述自己出于什么动机，在什么时间、地点、条件下实施了犯罪，经过查证属实后，就可以对案件主要事实作出肯定的结论。因此，直接证据的特点是证明过程简单，无需经过复杂推理的过程。但是，直接证据必须依赖其他证据查证属实，才能作为定案的根据。同时，对全案事实的认定，仅靠直接证据，只能查明案件的主要事实，必须与全案证据结合起来，才能查明全案事实。

2. 间接证据。是指不能独立地直接证明案件的主要事实，而只能证明案件事实的某种情况的证据。间接证据必须与案内的其他证据结合起来，构成一个证据体系，才能共同证明案件的主要事实，对案件的主要事实作出肯定或否定的结论。例如，在犯罪现场留下的实物或痕迹，实施犯罪的工具，被害人的伤情等。

间接证据的特点有四：一是间接证据的依赖性。间接证据具有互相依赖的特性，任何一个间接证据本身都没有单独的证明作用，它必须依赖其他证据，并且和其他证据结合起来才能具有证明作用。二是间接证据的关联性。任何一个间接证据的证明意义，都是由间接证据与案件实施之间的客观联系，以及与其他证据在证明过程中互相结合所决定的，这就叫间接证据的关联性。间接证据的作用，不仅取决于间接证据本身的真实可靠，而且取决于它和案件之间的关联性。三是间接证据和直接证据相比，其证明过程复杂，必须有一个判断和推理的过程。四是间接证据的排他性。各个间接证据必须是互相一致的，不能是互相矛盾的，必须排除了其他的可能性。否则，就不能作出证明的结论。由于间接证据存在以上特点，因此决定了在运用间接证据时必须经过复杂的过程，需要具体分析或综合分析。

从间接证据的特点可以看出，完全应用间接证据来认定案件事实要比运用直接证据困难、复杂，稍有不慎，就容易出现偏差和错误。因此，完全运用间接证据定案，必须遵守以下规则：

1. 审查每个间接证据是否真实可靠。如果间接证据本身不可靠，当然不可能作出正确的结论。这个规则对于审查各种证据都是普遍适用的。

2. 审查间接证据与案件事实有无客观的内在联系，防止把那些与案件毫无关系的材料，当作间接证据加以收集和使用。

3. 审查各间接证据之间是否互相衔接，互相协调一致，不能互相矛盾，互相脱节。如果间接证据之间不相符合，互相脱节，就应当通过进一步调查研究，查证清楚以后，才能确定其证明效力。

4. 所有的间接证据结合起来，对案件主要事实只能作出惟一性的结论。这个结论必须排除了其他一切可能性。

无论是直接证据还是间接证据，在刑事诉讼中均具有重要的作用。只有深入和正确地理解两类证据各自的特点和运用的规则，才能在实践中自觉运用。特别是间接证据的运用，有其深刻的收集、审查、运用的规则，许多大案要案的查证说明，善于运用间接证据定案，意义重大。司法实践中，往往是直接证据、间接证据相结合来定罪，特别是那些“一对一”的疑案，即在直接证据上有罪证据和无罪证据对峙，定也定不了，否也否不了的疑难案件，多数都是靠间接证据揭露事实真相的。因为只有在大量的间接证据面前，犯罪嫌疑人、被告人才会认罪伏法。否则，嫌疑人、被告人是不会轻易地承认犯罪事实的。所以，善于和正确地运用间接证据，对司法实践具有十分重要的意义。

第八章　刑事证据的种类

证据的种类，是指表现证据事实内容的各种外部形式。又称为证据事实的来源或证据资料，证据种类实际是证据在法律上的分类，不具备法定的外部表现形式的证据资料，没有证据能力，不具有证据资格。证据种类是随着司法实践的发展和法学理论研究的不断深入而不断发展完善的，随着人们对证据资料认识的深入，其划分也会越来越科学。

关于证据种类的划分，各国的立法不尽相同。英美证据法一般将证据分为口头证据、书面证据、实物证据三种基本形式。大陆法系国家则通常分为人的证据、物的证据和书证三种形式。

我国《刑事诉讼法》第42条第2款规定："证据有以下七种：(1) 物证、书证；(2) 证人证言；(3) 被害人陈述；(4) 犯罪嫌疑人、被告人供述和辩解；(5) 鉴定结论；(6) 勘验、检查笔录；(7) 视听资料。"只有具备法律规定的这七种形式，才具备证据的合法性基础。但是，具备法定形式的证据资料，不一定都具有客观性和关联性，因此，《刑事诉讼法》第42条第3款规定："以上证据必须经过查证属实，才能作为定案的根据。"

第一节　物证、书证

一、物　证

(一) 物证的概念和意义

物证，是指以其外部特征、存在场所和物质属性证明案件事实的一切实物和痕迹。物证包括实物和痕迹两类。实物指与案件事实有联系的客观实在物；痕迹指两个物体相互作用所产生的印痕和物体运动时所产生的轨迹。物证是多种多样的，常见的有：

1. 犯罪使用的工具。例如，杀人用的凶器、毒药，盗窃用的钳子、万能钥匙等。

2. 犯罪过程中遗留下来的痕迹。如犯罪人留在犯罪现场的指纹、脚印、血迹，使用犯罪工具留下的犯罪痕迹等。

3. 犯罪行为侵犯的客体物。如被犯罪人杀害的人的尸体，抢劫的财物，盗窃的赃款、赃物，窃取的机密文件等。

4. 犯罪现场留下的实物。如犯罪人留在犯罪现场的衣服、帽子、手绢、纽扣、烟头、火柴棒、票证、纸屑等。

5. 其他可以用来发现犯罪行为和查获犯罪分子的存在物。

物证是刑事诉讼中广泛使用的一种证据，具有较强的客观性和稳定性。物证在刑事诉讼中具有重要作用，可以为侦查人员提供线索，确定侦查方向，查获犯罪嫌疑人；可以借助物证辨别其他证据的真伪；可以揭露犯罪分子不真实的供述和辩解，迫使犯罪分子交代罪行。此外，物证在法制宣传教育中也具有重要意义。

（二）物证的收集和运用

物证是无意识的证据，只有经过人的主观能动作用，才能进入诉讼程序，发挥证据的作用。物证可能被伪造，某些物证在诉讼过程中还可能发生变化，而且容易与其他类似物品想混淆，与案件事实之间的联系不易辨明。因此，对物证的收集应严格依照法定程序进行，并进行认真的审查和判断。

在刑事诉讼中，收集物证是公安司法机关的重要职责。收集物证主要通过勘验、检查、搜查、扣押等方式进行。公安司法机关收集、调取的物证应当是原物。只有在原物不便搬运、不易保存或者依法应当返还被害人时，才可以拍摄足以反映原物外形或内容的照片、录像。这些照片或录像，是对物证的固定和保全，在运用时，能够正确地反映客观存在的事物，是可以起到物证的作用。拍摄物证的照片、录像，制作时不得少于两人，并应当附有关制作过程的文字说明，并由制作人签名盖章。所有收集的物证都必须妥善保管，不得使用和毁坏，

运用物证时，必须查明物证的来源，是在什么地方收集的，是谁提供的、还是被司法工作人员搜查出来的，是原始实物，还是抄录、增补、复制的等等，注意有无伪造、是否发生了变化等情况，审查分析与案件事实之间有什么关联，确定物证、书证能够证明案件事实中的什么问题。在多数情况下，物证要经过辨认、鉴定、检验才能揭示物证本身的证明力，根据《刑事诉讼法》第 157 条规定，公诉人、辩护人应当向法庭出示物证，让当事人辨认。只有依法经过法庭出示、辨认的物证，确认其真实可靠以后，才能作为定案的证据使用。必须与其他证据对照分析，综合审查，审查物证、书证同案内其他证据是否一致、有无矛盾。

二、书　证

（一）书证的概念和意义

书证，是指以文字、符号、图画等表达的思想和记载的内容证明案件事实的书面文件或者其他物品。

在诉讼中使用的书证通常有：

1. 反映行为人主体身份的书证。如出生证、工作证、身份证、护照、营业执照、户口本、任职免职的文件等。

2. 反映人们各种经济关系的书证。如犯罪嫌疑人、被告人有关的账册、票据、小金库的各种白条、收据、经济合同等。

3. 诬告、陷害案件的诬告信、大字报、小字报等。

4. 反映人与人之间关系的车、船票、飞机票、个人日记、工作日记等。

5. 产品质量的认证书、检验文书，乃至各种文字广告等。

6. 各种公证文书、裁判文书等。

诉讼中的书证具有以下特征：

1. 表现形式及制作方法的多样性。这是其外部特征，书证的表现方式，既可以是文字、图形，也可以是符号；书证内容的载体，既可以是纸张，也可以是木头、石头、金属或其他材料；用以制作书证的工具，既可以是笔，也可以是刀、印刷机等；制作书证的方法，既可以是写，也可以是刻、雕或印刷等。简单地把书证的外在表现形式限定为记载书面文字的材料是错误的，把日常生活中常见的以纸张为外在表现形式的书面材料等同于书证也是不正确的。

2. 书证所记载的内容和反映的思想必须同案件相关联，即能够证明案件事实的全部或一部分。如果书证所记载的内容和思想与案件无关，就不可以作为本案的书证。

3. 书证所记载的内容和表达的思想，是可供人们认识和了解的。如果书证记载的内容不表达任何思想或内容，就不能作为书证。

书证与物证的关系是既有联系又有区别。其相互联系的表现是书证是广义的物证，因为它也是实物证据。同时，有的书证还具备物证和书证的两种特征，既可以作书证，又可以作物证运用。其证明力的共同特点是客观真实性比言词证据强。书证与物证的主要区别表现在：书证是以其内容来证明案情的，物证则是以其外部特征、形状、性质及其存在的方式和状态等证明案情的。

书证这一本质特征决定了书证在诉讼中具有十分重要的意义：

1. 书证所记载的内容或表达的思想往往能直接证明有关的案件事实。书证所反映的思想和记载的内容，往往是案件事实的一部或全部，它和案件事实是一种直接的重合关系。所以，对书证审查核实清楚了，案件事实也就真相大白了。书证在诉讼证明中的证明作用非常大。

2. 书证同其他证据相比，其证明力更强，证明作用发挥得更充分。因为书证通常是以文字的形式来表现的，而书面文字相对于口语而言，具有意思更为清楚、明确，表现的思想更具有逻辑性的特点。就此而言，书证往往比较准确地反映出所需证明的案件的有关事实。

（二）书证的收集和运用

书证的收集与物证的收集基本相同。公安机关收集、调取的书证应当是原件。只有在取得原件确实有困难时，才可以是副本或者复制件。书证的副本、复制件只有经与原件核实无误或者经鉴定证明是真实的，才具有与原件同等的证明力。制作书证的副本、复制件，制作人不得少于二人，并应当附有制作过程及原件存放地点的文字说明，由制作人签名或盖章。扣押文件、邮件、电报等要依照法律规定的程序进行，对被扣押的书证要妥善保管或者封存，不得使用或者毁损。在复制、摘抄书证时，要注意保持原件内容的完整性，不得任意取舍和断章取义。对于内容反动或淫秽的书证，要按照有关规定专门保管。

对书证的审查判断主要从以下几方面进行：

1. 是否伪造，有无涂改，是原件还是抄件。

2. 是在什么情况下制作的，制作人是否受到威胁或欺骗。

3. 书证记载的内容与案件事实有无联系。专业性较强的书证要进行鉴定。用作证据的书证必须在法庭审理中当庭宣读，听取公诉人、当事人和辩护人、代理人的意见。

第二节　证人证言

一、证人证言的概念和意义

证人证言，是指当事人以外的知道案件真相的第三人，向办案人员所作的有关案件部分或全部事实真相的陈述。证人证言属于言词证据，它同实物证据相比，其优点是生动、形象、具体，但客观性较差，证人会受到各种客观因素的影响，同时，每个证人的情况不同，在对案件事实的感觉能力、记忆能力、表达能力等方面都是千差万别的，即使一个诚实的证人提供的情况，也有失真的可能。因此，证人证言的证明力，其真假具有不确定性。

证人证言在刑事诉讼中具有重要的证明作用：

1. 它可以帮助司法工作人员发现和收集其他证据。

2. 可以鉴别其他证据的真伪。

3. 可以作为认定案件事实的根据。

4. 可以揭露犯罪嫌疑人，被告人或者被害人的虚假陈述。

二、证人资格

我国《刑事诉讼法》第 48 条规定：“凡是知道案件情况的人，都有作证的义务。生理上、精神上有缺陷或者年幼，不能辨别是非、不能正确表达的人，不能做证人。”要正确理解证人的资格，应当掌握以下几点：

1. 凡是知道案件情况并有作证能力的人，都可以作为证人。“知道案件情况”，能够“辨别是非”，能够“正确表达”，是取得证人资格的绝对条件。

2. 生理上、精神上有缺陷或者年幼，不能辨别是非、不能正确表达的人，由于这些人不能提供对查明案件事实有意义的证言，不能做证人。

3. 证人只能是当事人以外知道案件情况的人。案件的当事人由于与案件有直接利害关系，因此不能作为证人。

4. 由于证人是以知道案件情况为条件的，具有不可代替性，这决定了证人在刑事诉讼中占有优先地位。

5. 证人只能是公民个人，法人和非法人团体不具有证人资格。因为只有公民才能凭借感官感知案件事实，而法人和非法人团体本身并无这种感知能力。实践中，他们所提供的档案材料、证明文件和其他书面材料，属于书证的范围，而不是书面证人证言。

6. 刑事诉讼中的见证人，应视为“特殊的证人”。见证人，是指与案件无关，而仅在勘验、检查、搜查、扣押和侦查实验等诉讼活动中，被司法工作人员邀请在现场观察并为此作证的人。这种人被邀请到现场见证，是可以选择和代替的。这与证人具有差异。但是，一旦被邀请到现场见证之后，他就成为了解有关诉讼活动的特定人，具有不可代替性，这与证人又有相似之处。尤其是见证人与证人具有类似的诉讼权利和义务。因此，可将见证人视为一种“特殊的证人”。

三、证人的权利和义务

根据我国刑事诉讼法的规定，证人应当履行的诉讼法定义务：

1. 证人有作证的义务。《刑事诉讼法》第 48 条规定：“凡是知道案件情况的人，都有作证的义务。”因此，证人经公安机关、人民检察院和人民法院传唤，必须按时到指定地点提供证言。证人不得以任何借口，拒绝提供证言。

2. 证人有向司法工作人员如实陈述和回答所提问题的义务，即证人有如实作证的义务。《刑事诉讼法》第 98 条规定：“询问证人，应当告知他应当如实地提供证据、证言和有意作伪证或者隐匿罪证要负的法律责任。”根据这一规定，证人有义务向公安司法机关如实陈述所知道的案件情况，实事求是地提供证据、证言。根据《刑法》第 305 条的规定，在刑事诉讼中，证人对于与案件有重要关系的情节，故意作虚假证明，意图陷害他人或隐匿罪证的，构成伪证罪。

3. 证人有义务保守公安司法机关向他询问的情况以及他所陈述内容的秘密，不得向外界泄漏。证人与证人之间也不能互相串通，互相了解陈述的内容。

根据我国《刑事诉讼法》的规定，证人依法享有以下诉讼权利：

1. 司法工作人员到证人所在单位进行询问时，证人有权要求他们出示公安司法机关的证明文件。（《刑事诉讼法》第 97 条规定）

2. 证人有权用本民族的语言文字进行诉讼。（《刑事诉讼法》第 9 条第 1 款规定）

3. 证人有权按照自己知道的案件情况提供证言，不受任何机关、团体、单位和个人的干涉。（《刑事诉讼法》第 43 条规定）

4. 证人在侦查期间，有权要求对自己的姓名保密和在整个诉讼阶段对自己报案、举报的行为保密。（《刑事诉讼法》第 85 条第 3 款的规定）但是，在审判阶段，证人没有要求为其姓名保密的权利。

5. 证人对司法工作人员侵犯其诉讼权利和人身侮辱的行为，有权提出控告。（《刑事诉讼法》第 14 条第 3 款规定）

6. 证人有权要求公安司法机关保障自身及其近亲属的安全。对证人及其近亲属进行威胁、侮辱、殴打或打击报复的，证人有权要求对行为人予以制裁。（《刑事诉讼法》第 49 条规定）

7. 证人出庭作证的通知书至迟要在开庭 3 日以前送达。（《刑事诉讼法》第 151 条第 4 款规定）

8. 证人有权向公安司法机关要求补偿因到庭作证所支出的费用，以及所减少的劳动收入。

证人在诉讼中除了上述权利以外，还有一个拒绝作证的特权问题，又称证人特权。在外国的证据法中，证人拒绝作证的特权是证人作证原则的例外，按照特权所保护的内容进行划分，拒绝作证权包括配偶、近亲属特权、反对被迫自我归罪特权、职业特权和公务特权等。关于拒绝作证权问题是一个十分复杂的问题，我国立法差距甚大，亟待加以研究解决。

四、证人证言的收集和审查判断

证人证言一般是口头陈述，以证人证言笔录的形式加以固定，在口头陈述的基础上，证人请求书写证言的，办案人员应当允许。必要时，办案人员也可以要求证人亲笔书写证言。

证人证言的内容包括能够用以查清案件真相的一切事实。与案件无关的内容，或者是证人的猜测、估计、想象等，不能作为证人证言的内容。办案人员只能要求证人陈述案件事实，而不能要求证人对这些案件事实作出判断。证人陈述的情况，可以是亲自听到的或看到的，也可以是别人听到或看到而转告的。但转告的情况，必须说明来源，说不出来源的，或者道听途说的消息，不能作为证人证言适用。

证人证言属于言词证据，是一种人证。人证同物证相比，客观性较差，除了证人本身在认识能力上的差异外，各种复杂的客观因素也直接影响着证言的质量。在主客观因素的影响下，即使最诚实的人，也可能提供失真的证言。因此，在办案的过程中，必须对证人证言进行审查判断。审查判断证人证言，可以从以下几点着手：

1. 按照证人证言的形成过程，即对证人证言的来源进行审查。是证人自己亲自看到、听到的，还是别人告诉的，或者是证人凭自己的主观怀疑、猜测。

2. 审查证人与案件和犯罪嫌疑人、被告人、被害人有无利害关系，是否有作伪证的可能。

3. 审查证人的自身情况，包括证人的生理、身体、年龄、文化、阅历、品质、觉悟、精神状态等。

4. 审查证人证言是否受外界的干扰影响，即查明证人是在什么情况下提供证言的。

5. 审查证人证言的内容是否合情合理，符合逻辑，有无矛盾。

6. 对证人证言进行实物验证，即把证人证言和案内其他证据，特别是实物证据结合起来，进行检验。真实的证人证言与案内的其他可靠证据应当是一致的、不矛盾的。

7. 审查收集证人证言的程序是否合法，方法是否得当，有无影响证人如实作证的因素。证人证言必须在法庭上经过公诉人、被害人和被告人、辩护人双方询问、质证，并经过查实以后，才能作为定案的依据。

第三节　被害人陈述

一、被害人陈述的概念和意义

被害人陈述，是指受犯罪行为直接侵害的人向司法工作人员就其遭受犯罪行为侵害的事实和有关犯罪嫌疑人、被告人的情况所作的陈述。被害人作为诉讼的主体，具有独立的当事人的地位，被害人的陈述是刑事诉讼中一种独立的诉讼证据。

被害人有以下特征：

1. 被害人应当是遭受犯罪行为直接侵害的人。

2. 必须是其合法权益遭受到侵害的人。

3. 被害人既可以是自然人，也可以是法人。

4. 被害人是特定的人，具有不可替代性。

由于被害人诉讼地位的特殊性，即他是犯罪行为的直接受害者，又与犯罪嫌疑人和犯罪行为有过直接或间接的接触，因此，被害人的陈述可以为案件的侦破提供线索，协助侦破案件；确认犯罪人，证实犯罪事实；在诉讼证明中，可以鉴别真伪，排除矛盾，使案件的证据达到确实、充分的程度。同时，它对控诉犯罪，教育群众，具有更为生动、具体和深刻的作用。

二、被害人陈述的收集、审查、判断

被害人陈述的收集和固定程序与证人证言基本相同。在询问被害人时，要特别注意被害人身受犯罪行为侵害的特点，防止因收集被害人陈述的方法简单粗暴而给被害人造成精神上和生理上的再次伤害。对身心受到伤害的被害人，要给予安慰和必要的保护措施。要注意保护被害人的名誉，破除其思想顾虑，使其如实大胆地陈述。

被害人陈述一般且有着直接、生动、形象、具体的特点，对犯罪行为、作案的时间、地点、方法、过程、结果，揭露得比较深刻。被害人对案件事实陈述的情况是很复杂的，不同案件中不同的被害人出于不同的心理状态，有的可能反映案件的情况真实；有的可能提供一些虚假材料，反映一些不真实的情况。其具体表现有：

1. 由于深受犯罪行为的侵害，而产生了报复心理，情绪偏激，夸大事实情节，导致陈述的虚假性。

2. 由于精神高度紧张，观察不细，记忆模糊，而导致陈述不清，甚至是

主观臆断的虚伪陈述。

3. 个别被害人出于个人私利或其他不可告人的目的，无事生非，陷害他人，制造虚假陈述诬告陷害他人。

4. 有的被害人出于个人的种种考虑，如前途、名誉、家庭关系、子女利益等等，羞于出口，不敢理直气壮地揭露犯罪，期望大事化小，小事化了。

5. 由于被害人出于亲情或者因请客送礼，或者受外力干扰，威胁恐吓，而作出了虚假陈述，等等。

因此，对于被害人的陈述，既不能盲目轻信，也不能随便否定，而必须采取谨慎的态度，认真地审查判断：

1. 审查被害人的思想品德与平时表现。

2. 审查被害人与犯罪嫌疑人、被告人的关系。

3. 审查被害人陈述的来源，也就是在什么时间、什么情况下提出控告的，是被害人亲自控告的，还是由其家长、老师或他人举报的，或者是由办案人员查到的。

4. 审查被害人陈述的形成过程，即被害人陈述的内容是他直接感知的，还是听别人说的，或者是自己想象、推测的。

5. 审查被害人陈述的内容与其他证据是否一致，有无矛盾。

6. 审查幼年被害人的陈述时，要注意幼年人的特点。总之，被害人陈述属于言词证据，对其证明力的确定有一定的难度，在审查的过程中，必须加强综合判断和实物证据的科学验证，不能只靠被害人的陈述定案。

第四节　犯罪嫌疑人、被告人的供述和辩解

一、犯罪嫌疑人、被告人的供述和辩解的概念和意义

犯罪嫌疑人、被告人的供述和辩解，是指犯罪嫌疑人、被告人就有关案件情况，向司法工作人员所作的陈述，即通常所说的口供。口供通常包括以下三种情形：

1. 犯罪嫌疑人、被告人承认自己犯罪并就有关事实所做的供述。即犯罪嫌疑人、被告人承认对他所控告的犯罪事实，并向公安司法机关讲清他实施犯罪的全部事实和情节。供述表现为自首、坦白和供认。犯罪嫌疑人的供述应当是出于自愿的，完全没有外力强迫的。

2. 犯罪嫌疑人、被告人说明自己无罪或罪轻的辩解。即犯罪嫌疑人、被告人否认自己有犯罪行为，或者虽承认自己犯了罪，但同时主张依法不应追

究刑事责任或者应当从轻、减轻或者免除处罚等而进行申辩和辩解，表现为否认、申辩、反驳、提供反证等。

3. 犯罪嫌疑人、被告人揭发、举报他人犯罪行为的陈述，也叫攀供。犯罪嫌疑人、被告人可能在承认自己犯罪之后，揭发共犯或举报他人有犯罪行为；也可能是否认自己犯罪而举报他人犯罪。犯罪嫌疑人、被告人揭发举报他人犯罪的动机是各种各样的。其中有的是经过政策法律教育之后，为了表示立功悔罪，有根有据的举报他人犯罪；有的是为了推脱自己的罪责，毫无根据地举报他人有犯罪行为，目的是为了报复、陷害他人，利用举报嫁祸于人。

由于犯罪嫌疑人、被告人在刑事诉讼中的特殊的诉讼地位，案件的结果同他有切身的利害关系，决定了犯罪嫌疑人、被告人的供述和辩解有以下主要特点：

1. 犯罪嫌疑人、被告人的供述和辩解可能是真实的，有可能全面、直接地反映案件事实情况。因为犯罪嫌疑人、被告人是案件的当事人，他对自己是否犯罪，罪行的轻与重以及犯罪的具体过程和情节，比任何人都知道得更清楚。因此，他所作的有罪供述，会更直接、更全面的反映其犯罪的动机、目的、手段、时间、地点、后果等事实情况；他所作的无罪或罪轻的辩解，也会提出一些具体的事实根据和申辩理由，使司法工作人员了解案件的全貌；他所作的揭发举报他人犯罪行为的陈述，可以反映其犯意的形成、犯罪的分工和具体实施犯罪的全过程，还可以反映其认罪态度和思想状况。因此，只要办案人员收集这种证据的方法对头，程序合法，充分而正确地运用好审讯策略，犯罪嫌疑人、被告人的供述和辩解就有可能是真实的。

2. 犯罪嫌疑人、被告人的供述和辩解虚假的可能性较大，往往真假混杂。犯罪嫌疑人、被告人作为刑事诉讼中被追诉的对象，他深知案件的处理结果与他有极大的利害关系，他在诉讼中是供述还是辩解，以及如何供述和辩解，都直接影响到公安司法机关对他的处理，因此，一般的规律是犯罪嫌疑人、被告人为了逃避法律制裁，往往要隐瞒罪行，避重就轻，或者否认犯罪的实施，甚至编造谎言，进行狡辩。此外，在少数情况下，犯罪嫌疑人、被告人出于某种目的和用意，或是为了掩盖某种私利，把本来不是犯罪的行为供认为犯罪，或是为了给亲戚开脱罪责，冒充犯罪人到公安司法机关投案自首，或是出于“哥们义气”，把别人的犯罪行为包揽在自己身上。基于上述原因，口供虚假的可能性较大，或者真真假假，真假混杂。这是口供不同于其他证据的又一特点。

3. 犯罪嫌疑人、被告人的供述和辩解易有反复性，随时可能翻供，甚至时时翻供。

犯罪嫌疑人、被告人的供述和辩解，对于全面分析研究案情，正确认定案件事实，公正处理案件，具有重要意义。

1. 犯罪嫌疑人、被告人的供述和辩解经查证属实，可以作为定案的根据，特别对认定犯罪的动机和目的有重要作用。

2. 犯罪嫌疑人、被告人的供述和辩解可以为发现和收集其他证据提供线索，也是审查和核实其他证据真伪的手段之一。

3. 犯罪嫌疑人、被告人的供述和辩解是衡量犯罪后态度的重要材料，对正确量刑有一定的作用。

4. 犯罪嫌疑人、被告人的供述和辩解是犯罪嫌疑人、被告人行使辩护权的重要方式。

为行使犯罪嫌疑人、被告人的辩护权，需要认真听取犯罪嫌疑人、被告人的供述和辩解。

二、犯罪嫌疑人、被告人的供述和辩解的收集、审查和判断

犯罪嫌疑人、被告人的供述和辩解主要通过讯问犯罪嫌疑人、被告人的方法获得，用笔录形式加以固定。

刑事诉讼法对待口供的原则是重证据、重调查研究，不轻信口供。在定案中必须坚持只有被告人供述，没有其他证据的，不能认定被告人有罪加以刑罚；没有被告人供述，证据充分确实的，可以认定被告人有罪和加以刑罚。

犯罪嫌疑人、被告人在诉讼中的地位和口供具有极大虚假的可能性，因而对犯罪嫌疑人、被告人供述和辩解进行审查判断是必要和重要的。

1. 从犯罪嫌疑人、被告人供述和辩解的动机方面，审查其真实性。

2. 审查口供是在什么情况下取得的。是犯罪嫌疑人、被告人主动陈述的；还是在其他同案人的威胁、引诱、欺骗的情况下陈述的。

3. 审查口供是否符合情理，有无反复和矛盾。

4. 对于共犯口供，应在逐个进行审查判断的基础上，还要注意对几个口供进行对比研究，审查各个犯罪嫌疑人、被告人对同一事实情况的口供是否一致，有无矛盾。

5. 审查口供和案内其他证据是否一致，有无矛盾。与其他证据进行对比分析，只有被其他证据证实的口供才能作为定案的根据。

在刑事诉讼中，特别是在侦查阶段是否赋予犯罪嫌疑人、被告人以沉默权的问题，已经成为我国诉讼法学界和司法工作人员关心的热点问题。沉默权是指犯罪嫌疑人、被告人所享有的不得被迫自证其罪，可以对司法工作人

员的讯问保持沉默的权利。这一权利从观念上来看源于英国“任何人无义务控告自己”的法谚。而制度上的沉默权，可溯及到英国17世纪的利尔伯恩案件。利尔伯恩被控告走私煽动叛乱的书籍，但他否认被指控的犯罪，在法庭审讯时拒绝宣誓和供述，因此而被定罪处刑。英国议会两院认为对利尔伯恩的判决违法并予以撤销，同时禁止在刑事诉讼中要求被告人宣誓作证。以此案为转机，被告的沉默权被承认为英国法的原则之一，此项原则被美国法所继承，美国《宪法第五修正案》规定，任何人不得在任何刑事案件中，被强迫作反对自己的证人。这一原则现在作为刑事诉讼的国际标准之一，被规定在联合国的一些国际性法律文件之中。我们应该以历史的眼光、发展的眼光正确看待沉默权。应该说沉默权问题是人类诉讼历史和证据法学历史发展过程的产物，它从封建专制时期刑讯逼供、强迫被告人自证其罪，到刑事被告人不负证明责任、不得强迫自证其罪，从而赋予被告人保持沉默的权利。这一历史性的变化，应该说是人类进步的表现，文明的表现。从防止司法专横、遏制刑讯逼供方面考虑，我们应该积极创造条件，确立沉默权。要从观念上加以转变，从立法上修改《刑事诉讼法》第93条关于“如实陈述”的规定，结合国情，适时地确立这一制度。

第五节　鉴定结论

一、鉴定结论的概念和意义

鉴定结论，是指专门机关就案件中的专门性问题，指派或聘请专门人员进行鉴定后所作的结论性的判断。

鉴定结论是一种独立的证据种类。鉴定结论和证人证言，虽然在证据分类上同属人证，但二者各有特点，其区别是：

1. 鉴定结论是鉴定人对于与案件事实有关的某些专门性问题进行鉴别、判断后所作出的结论。在鉴定过程中，鉴定人要运用自己的专门知识和技能。因此，鉴定结论是一种具有科学根据的意见。而证人证言是证人就其所知道的案件事实情况所作的陈述，是对案件事实的如实反映，而不是对案件事实的评断。

2. 鉴定结论是公安司法机关为解决案件中的专门性问题，指派或聘请鉴定人而作出的书面结论，由于鉴定人是公安司法机关有选择的指派或聘请的，具有可代替性，因而鉴定结论也具有可代替性。而证人证言因证人的不可代替性而具有不可代替性。

3. 鉴定结论的内容是鉴定人对案件中某些专门性问题所作的判断结论，而不是对有关事实作出的法律评价，并且是在案件发生后形成的。而证人证言是证人对案件事实所作的陈述，是在案件发生过程中形成的。

我国刑事诉讼中经常使用鉴定结论。根据刑事诉讼法规定，凡是为了查明案情需解决的专门性问题，都应当进行鉴定。刑事诉讼中需要鉴定的专门性问题很多，实践中经常需要鉴定解决的专门性问题主要有以下几种：

1. 法医鉴定。主要用于确定死亡原因、伤害情况等。

2. 司法精神病鉴定。目的在于确定犯罪嫌疑人、被告人、被害人、证人的精神状态是否正常，以便确定被鉴定人有无行为能力和责任能力。

3. 痕迹鉴定。包括对指纹、脚印、工具、枪弹、轮胎等痕迹进行鉴定，确定是否同一。

4. 化学鉴定。目的在于确定毒物等的化学性质和剂量对人体或其他物体的危害或伤害程度、伤害性质等。

5. 会计鉴定。确定账目表册是否真实，是否符合有关规定等。

6. 文件书法鉴定。用于确定文件的书写、签名是否伪造或同一等。

7. 其他鉴定。解决案件中的其他专门问题所进行的鉴定。比如建筑、交通运输、产品质量等方面的鉴定。随着科学技术的不断发展，需要鉴定的专门性问题日益增多，鉴定的范围会不断扩大。

鉴定结论对于揭露犯罪、证实犯罪，认定案件事实有十分重要的作用：

1. 鉴定结论是揭示某些物品、痕迹至关重要的手段。

2. 鉴定结论是确定死亡原因、伤害的轻重程度、事故原因、当事人生理和精神状态等专门性问题的主要依据。

3. 鉴定结论具有科学性和定量分析的特点，是审查和鉴别其他证据的重要手段。

二、鉴定人资格

鉴定人是指具有一定的专门知识，接受公安司法机关的指派或聘请，解决公安司法机关向他提出的某些专门性问题的人。鉴定人应具备以下基本条件：

1. 鉴定人必须具有解决某些专门性问题的专门知识和技能，能够对案件中的某种专门性问题作出科学的鉴定结论。

2. 鉴定人与案件没有利害关系，能够公正无私地进行鉴定。因为如果鉴定人是本案的当事人或者当事人的近亲属，或者本人或其近亲属与本案有利害关系，就不能进行公正的鉴定。因此，根据法律规定，符合法定回避条件的鉴定人不能充当本案的鉴定人。

3. 鉴定人还必须是自然人。机关、团体、企事业单位、医院、科研单位不能充当鉴定人。因为鉴定结论的结果是要由个人负责的，故意虚伪鉴定陷害他人或包庇犯罪嫌疑人、被告人的，要依法追究其法律责任，甚至刑事责任，而对机关、团体、企事业单位等难以追究法律责任，特别是刑事责任。

4. 鉴定人是由公安司法机关指派或聘请的、同本案没有利害关系的人。本案当事人无权聘请鉴定人。

鉴定人是一种独立的诉讼参与人，在执行鉴定职责时，依法享有的主要诉讼权利有：

1. 有权了解和查阅鉴定所必需的案件材料，要求补充鉴定材料。必要时可以参加勘验和检查。

2. 有权要求明确鉴定目的和要求。如果自己不能胜任鉴定工作，有权拒绝鉴定。

3. 有权独立地进行鉴定，不受外界干涉和影响。同一案件如果有几个鉴定人时，他们有权互相讨论，进行研究，共同作出一个鉴定结论。如果几个鉴定人意见不一致时，每个鉴定人都有权单独作出自己的鉴定结论。

4. 有权在开庭3日以前收到法院送达的出庭通知书。

5. 非专职鉴定人还有权要求补偿鉴定费用和必要的报酬。

鉴定人主要承担以下诉讼义务：

1. 鉴定人一经接受指派或聘请，应当根据公安司法机关的要求，认真负责，运用科学方法，按时作出鉴定结论并签名，以示对鉴定结论负责。没有正当理由不应拒绝鉴定。

2. 应当公正无私地完成鉴定任务，妥善保管鉴定材料，遵守鉴定纪律，故意作虚假鉴定的，要负法律责任。

3. 鉴定人接到法院的通知后，应当按时出庭。对审判人员、公诉人、当事人、辩护人、诉讼代理人就鉴定结论所提出的问题，应当如实回答。

三、鉴定结论的审查和判断

由于科学技术及生产力发展水平所限，并且存在影响鉴定结论真实的主客观因素，鉴定结论不能认为是科学的判决，因此鉴定结论和其他证据一样，必须经过办案人员的审查判断，确定其真实可靠以后，才能作为证据使用。

1. 审查鉴定人的主体资格。

2. 审查送交的鉴定材料是否确实、充分。

3. 审查鉴定所使用的鉴定方法是否科学，技术设备是否先进和完善。

4. 审查鉴定结论和案内其他证据有无矛盾。

5. 审查鉴定人是否受到外界的干扰、影响，有无徇私、受贿而故意作出虚假鉴定的情况。

6. 充分保护当事人对鉴定结论进行审查和要求重新鉴定的权利，以协助办案人员正确确定鉴定结论的证明力。根据《刑事诉讼法》第 121 条、第 156 条、第 157 条和第 158 条的规定，控辩双方经审判长许可，可以对鉴定人发问，对未到庭的鉴定人的鉴定结论应当当庭宣读，并听取控辩双方的意见。而且在审理的过程中，当事人和辩护人、诉讼代理人有权申请重新鉴定。

公安司法机关应当将用作证据的鉴定结论告知犯罪嫌疑人、被告人、被害人。如果犯罪嫌疑人、被告人、被害人提出申请，可以补充鉴定或者重新鉴定。人民法院在开庭审理时，鉴定结论必须当庭宣读，鉴定人一般应该当庭对鉴定内容和过程作出说明；对省级人民政府指定的医院作出的鉴定结论，经质证后，认为有疑问的、不能作为定案的根据的，可以另行聘请省级人民政府指定的其他医院或者专门鉴定机构进行补充鉴定或者重新鉴定。

第六节　勘验、检查笔录

一、勘验、检查笔录

勘验、检查笔录，是指办案人员对与案件有关的场所、实物、人身、尸体进行勘验、检查时，所作的文字记载。勘验、检查笔录要由勘验、检查人员和在场见证人签名。勘验、检查笔录就其实质而言，是一种固定、保全证据的方法和手段，其证明作用在于它固定和保全的内容同案件事实具有关联性。因此，对这种证据的基本要求，就是要客观、全面、准确地加以固定，不能有任何疏漏。

在刑事诉讼中，经常使用的勘验、检查笔录有：

1. 现场勘验笔录，对于客观、准确地反映现场的实际情况，证明犯罪案件的事实情节具有重要的意义。

2. 尸体检验笔录，有助于查明死亡原因、死亡时间、致死方法和手段。

3. 物证检验笔录，对于查明物证的性质、特征，证实犯罪，查明犯罪嫌疑人具有重要意义。

4. 人身检查笔录，有助于查明被害人、犯罪嫌疑人的某些特征、伤害情况、生理状态等。

5. 侦查实验笔录，有助于查明在一定条件下某一事件或现象是否发生以及后果如何。

勘验、检查笔录虽然与物证、书证和鉴定结论有着密切的联系，但是，它是一种独立的证据，与物证、书证和鉴定结论有明显的区别：

1. 勘验、检查笔录不同于物证。勘验、检查笔录虽然可能记载有物证资料，但它只是反映物证和保全物证的一种方法。比如，物证的特征、所处的空间位置、物证之间的外部联系等，并且它是在案件发生后由司法工作人员制作的。而物证是在案件发生过程中使用的实物或形成的痕迹。因此，勘验、检查笔录不是物证本身，与物证不同。

2. 勘验、检查笔录也不同于书证。勘验、检查笔录虽然是以其内容来证明案件事实的书面材料，因而与书证有些相似。但是，它与书证又有着本质的区别。因为，书证形成于案件发生之前或发生过程中，一般是由证人、被害人、犯罪嫌疑人提供的。而勘验、检查笔录是在案件发生之后，由司法工作人员通过勘验、检查客观地作出的一种“特殊的书面材料”。

3. 勘验、检查笔录也与鉴定结论不同。勘验、检查笔录与鉴定结论的对象，虽然在某种情况下是相同的，比如对人身的检查。但是，二者是有区别的。首先，二者制作的主体不同。勘验、检查笔录制作的主体是司法工作人员，而鉴定结论制作的主体是鉴定人。其次，二者运用的方法不同。勘验、检查笔录是司法工作人员运用自己的感官或器材直接观察和测量时所作的如实记录，不具有分析、判断的因素，而鉴定结论则是鉴定人运用其专门知识对某种特定事物进行检验、分析后所作的一种判断。

勘验、检查笔录是依照法定程序并运用一定的设备和技术手段对勘验检查情况的客观记载，客观性较强。其主要作用是固定证据及其所表现的各种特征，对于发现收集证据，确定侦查方向，揭露和证实犯罪，鉴别其他证据，都有重要意义。

二、勘验、检查笔录的审查和判断

办案人员依照法定程序进行勘验、检查所制作的笔录，一般来说，是比较客观、真实的，具有较强的证明力。但是，由于某些主观条件和客观因素的影响，笔录也可能发生差错。例如，勘验、检查中观察不仔细、责任心不强、业务水平不高等等，都会影响勘验、检查笔录的质量。审查判断勘验、检查笔录，主要从以下几方面进行：

1. 审查勘验、检查笔录的制作过程是否符合法律要求。

2. 审查勘验的现场和检查的对象是否被破坏、伪造。

3. 审查勘验、检查人员的工作责任心和业务水平。

4. 审查勘验、检查笔录和案件内其他证据是否一致，有无矛盾。必要时，也可以重新进行勘验和检查。

5. 在审判中当庭宣读，听取公诉人、当事人、辩护人和代理人的意见。

第七节　视听资料

一、视听资料的概念和意义

视听资料，是采用现代化技术手段，将可以重现案件原始声响、形象的录音录像资料和储存于电子计算机的有关资料及其他科技设备提供的信息，用来作为证明案件真实情况的资料。随着科学技术的发展，人们用录像、录音、电子计算机储存资料，或用其他技术手段提供信息，日益增多，视听资料列为一种独立的证据种类是势在必行、理所当然的。

根据当前的科技水平和视听资料的应用，按照不同的形式表现，可以把视听资料划为以下几种：

1. 录音资料。录音资料是运用声学、电学、机械学等方面的科学技术，把正在进行的演说、唱歌、对话、爆炸，自然声响、机械摩擦等声音如实地记录下来，然后经过播放，再现原来的声音，以证明案件的真实情况的证据。

2. 录像资料。录像资料是运用光电效应和电磁转换的原理，将事物运动、发展、变化的客观真实情况原原本本地录制下来，再经过播放，重新显示原始的形象，来证明案件真实情况的证据。

3. 电子计算机储存资料。这些资料是运用电子计算机的储存功能，把与犯罪有关的资料，编制成一定的程序，输入储存器内，一旦需要从这些资料中检查出某些信息时，就可以操纵输出设备，在终端显示器上显现出图像与数据，甚至打印出资料的全部内容，以证明案件的真实情况。

4. 运用专门技术设备得到的信息资料。这是指操纵专门技术设备检测被检对象，经过仪器的自身运动，显示出检测结果而得到的信息和数据，作为证明案件事实真相的科学依据。这种直接通过技术装置显示出来，作为认定案情的信息资料，是视听资料的一种新的表现形式。

视听资料是一种重要的诉讼证据。在现代刑事诉讼中的地位和作用越来越明显。其具体表现是：

1. 这种证据容量大，内容丰富，直观性强，可以接连不断地播放，具有高度的连续性。办案人员无论是侦查破案，还是定罪量刑，使用起来方便、可靠。

2. 这种证据同其他证据相比，由于客观性强，其准确性和可靠性比较大。

3. 这种证据也便于保存和使用，由于它体积小，重量轻，同其他证据相比，更易于保存。

二、视听资料的审查和判断

视听资料虽然具备较大的准确性和可靠性。但是，它也易于被伪造。例如，有关人员出于某种目的，对磁带或其他软件消磁或剪辑，甚至故意制造假现场后，再进行录像、录音。另外，技术设置本身不科学、不准确，使视听资料的证明力受到破坏，等等。因此，对视听资料的运用，司法工作人员、当事人及其辩护人、诉讼代理人也必须进行审查判断。

视听资料的形成是同先进的科学技术相联系的，对视听资料的审查同样也必须依靠现代科技手段。

对视听资料的审查，应当着重从以下几个方面进行：

1. 视听资料形成的时间、地点和周围环境。

2. 有无影响信息真实性的情况。

3. 视听资料的收集、保管过程，有没有伪造。

4. 视听资料的制作过程、有关设备和制作技术是否正常、科学。

5. 分析研究视听资料的内容，看有没有矛盾。

第九章　强制措施

刑事诉讼强制措施，是指一系列旨在保障刑事诉讼顺利进行的强制性方法。强制措施如果运用得当，能保障刑事诉讼活动的顺利进行；反之，则会粗暴侵犯公民的人身权利和财产权利。因此，强制措施的适用必须严格依照法律规定的条件和程序进行。

第一节　强制措施概述

一、强制措施的概念和意义

刑事诉讼中的强制措施，是指公安机关、人民检察院和人民法院为保障刑事诉讼的顺利进行，依法对犯罪嫌疑人、被告人所采取的在一定期限内暂时限制或剥夺其人身自由的法定强制方法和手段。

刑事诉讼强制措施具有以下几个特点：

1. 适用主体的特定性。刑事强制措施的适用主体是特定的，根据我国刑事诉讼法的规定，只有公安机关、人民检察院和人民法院可以成为强制措施的适用主体。此外，国家安全机关、军队保卫部门和监狱在侦查其管辖的刑事案件时，也有权实施强制措施。

2. 适用对象的特定性。即刑事强制措施只能适用于犯罪嫌疑人、被告人，其中包括现行犯和重大嫌疑分子，对其他诉讼参与人则不能适用。除此之外，刑事强制措施只是对人的行为，对物所采取的有关的强制性的诉讼行为如扣押等，不属于强制措施。

3. 适用目的的特定性。适用刑事强制措施的目的在于保障刑事诉讼活动的顺利进行，防止犯罪嫌疑人、被告人等逃避或妨碍侦查、起诉和审判活动的行为发生。因此，对没有上述行为的刑事被追诉者没有必要采取强制措施。

4. 实施的暂时性。刑事强制措施的实施不是无期限和无条件的，在诉讼过程中，各种强制措施本身是有期限的，期限届满，就应当解除该种强制措施；即使期限未满，根据案情的变化或者需要也要及时变更强制措施。当诉讼终结或者发现不应当追究犯罪嫌疑人、被告人的刑事责任时，也就不存在适用强制措施的需要。

合法地适用强制措施，对于刑事诉讼具有重大意义。具体表现在以下几个方面：

1. 在刑事诉讼中对犯罪嫌疑人、被告人适用强制措施，可以防止现行犯、犯罪嫌疑人、被告人逃避侦查、起诉和审判，如自杀、逃跑等活动。

2. 在刑事诉讼中对犯罪嫌疑人、被告人适用强制措施，可以有效防止犯罪嫌疑人、被告人给诉讼制造的阻碍，如毁灭或伪造证据，转移赃物或赃款等。

3. 在刑事诉讼中对犯罪嫌疑人、被告人适用强制措施，可以防止犯罪嫌疑人、被告人继续进行犯罪或者实施新的犯罪及其他危害社会的活动。

二、强制措施的性质与相关概念的区别

刑事诉讼强制措施具有程序意义，是司法机关在诉讼过程中所采取的程序性措施，实施刑事诉讼强制措施的目的在于防止犯罪嫌疑人、被告人逃避或妨碍侦查、起诉和审判，保证刑事诉讼活动的顺利进行，其本身具有保证性质，而不具有惩戒或制裁性质。因此，刑事强制措施既不同于刑罚和行政处罚，也不同于民事诉讼和行政诉讼的强制措施。

（一）强制措施与刑罚的区别

1. 法律性质和目的不同。强制措施的目的在于保证侦查、起诉和审判的顺利进行，具有程序性和诉讼性；而适用刑罚的目的是惩罚、教育和改造犯罪分子，使其尽快回归社会，具有明显的惩罚性和实体性。

2. 适用的对象不同。强制措施适用于尚未被法院判定为有罪的现行犯、犯罪嫌疑人和被告人；刑罚适用的对象是已经被法院判决为有罪的罪犯。

3. 有权适用的机关不同。有权适用刑事强制措施的机关是人民法院、人民检察院和公安机关；而刑罚只能由人民法院依法判处。

4. 稳定性不同。对犯罪嫌疑人、被告人适用强制措施后，可以根据案情的变化依法予以变更或者撤销，具有可变性；而刑罚相对稳定，一经作出，非经审判监督程序或者在执行中的法定程序不得变更。

5. 适用的时间不同。强制措施适用于刑事诉讼自立案到判决发生法律效力交付执行前的全过程；而刑罚适用于人民法院作出生效判决之后。

6. 适用的法律依据不同。适用强制措施的依据主要是刑事诉讼法；而适用刑罚的依据是刑法。

（二）强制措施与行政处罚的区别

行政处罚是国家行政管理机关对具有行政违法行为的公民、法人或其他组织依法给予的行政制裁。刑事强制措施与行政处罚都是以国家强制力为后盾，都是对被适用对象的人身自由进行一定程度的限制或剥夺。但是，它们之间有很大的区别，主要区别在于：

1. 性质不同。强制措施是为了保证刑事诉讼活动的顺利进行，是一种保证措施，具有程序意义；而行政处罚是一种法律制裁的方式，具有实体上的意义。

2. 适用的对象不同。强制措施适用于被追诉的犯罪嫌疑人、被告人，而行政处罚适用于违反行政法律规范的公民、法人或其他组织。

3. 有权适用的机关不同。强制措施只能由公安机关、人民检察院或人民法院依照法律的规定予以适用；行政处罚的适用主体是享有行政处罚权的国家行政机关。

4. 稳定性不同。强制措施可以根据诉讼的需要予以变更或撤销，具有相对的可变性；而行政处罚一经作出，非经法定程序不得变更。

5. 法律依据不同。适用强制措施的法律依据是刑事诉讼法；适用行政处罚的法律依据则是行政处罚法等行政法律规范。

（三）刑事诉讼强制措施与民事诉讼强制措施、行政诉讼强制措施的区别

在民事诉讼和行政诉讼中，都存在着强制措施及其适用的问题。刑事诉讼强制措施与民事诉讼强制措施、行政诉讼强制措施，都是诉讼为了保证诉讼活动的顺利进行所采取的强制措施，它们都是诉讼过程中的一种强制方式。但是，三者之间是有重大的区别的：

1. 性质不同。适用刑事强制措施的目的主要是保证诉讼活动的顺利进行，不具有制裁性质；而民事诉讼强制措施和行政诉讼强制措施不仅具有保证性质，还具有对妨碍诉讼活动的行为进行制裁的功能。

2. 适用的对象不同。刑事强制措施仅适用于被追诉的犯罪嫌疑人、被告人；民事诉讼强制措施、行政诉讼强制措施的适用对象包括：有妨害诉讼行为的当事人和其他诉讼参与人，以及对没有参加诉讼但妨碍诉讼活动顺利进行的案外人。

3. 有权适用的机关不同。刑事诉讼强制措施由公安机关、人民检察院和人民法院依照法律规定予以适用；而民事诉讼强制措施和行政诉讼强制措施的适用主体仅有人民法院。

4. 适用的阶段不同。刑事诉讼强制措施适用于立案、侦查、起诉和审判阶段；而民事诉讼强制措施和行政诉讼强制措施适用于审判阶段和执行阶段。

5. 种类不同。刑事诉讼强制措施有拘传、取保候审、监视居住、拘留和逮捕；民事诉讼强制措施有拘传、训诫、责令退出法庭和拘留；行政诉讼强制措施有训诫、责令具结悔过、罚款和拘留。虽然各强制措施中有些种类的名称相同，但是其性质、适用的对象、适用的条件是不同的。

（四）适用强制措施需要考虑的因素

适用任何一种强制措施，在客观上都是对公民人身自由的剥夺或者限制。如果适用不当，将会侵犯到公民基本的、合法的权利。因此，适用强制措施必须依照法律的规定严格进行。在实践中，公安司法机关适用强制措施应当考虑以下一些因素：

1. 必要性原则。实施刑事诉讼强制措施的目的在于防止犯罪嫌疑人、被告人逃避或妨碍侦查、起诉和审判，保证刑事诉讼活动的顺利进行，因此，并非任何一个刑事案件的犯罪嫌疑人和被告人都要适用强制措施。强制措施只有在必要时候才予以适用。

2. 适当性原则。各种强制措施是按照强制力度的大小依次排列的，各自有其适用的对象、条件和方法。在具体的案件中，对犯罪嫌疑人、被告人适用何种类、何力度的强制措施，应当根据犯罪嫌疑人、被告人所实施的犯罪行为与社会危害性大小之间的比例，犯罪嫌疑人、被告人的人身危险性大小来确定。一般来说，犯罪嫌疑人、被告人本身是惯犯、累犯、主犯，或者犯罪嫌疑人、被告人涉嫌实施的行为对社会的危害性大，就必须对其采取强制措施，而且是比较严厉的一种；反之，犯罪嫌疑人、被告人本身的危险性小，其实施的行为对社会危害性小，就适用较轻的强制措施或不必适用强制措施。

3. 公安司法机关对案件实施的调查情况和对证据的掌握程度。适用各种强制措施是有法律规定的条件的，公安司法机关通常根据对案件事实的掌握程度以及证据的搜集情况，来判明是否符合适用强制措施的法定条件。

除了上述因素外，在适用强制措施的过程中，如果上述因素发生变化导致需要变更或者撤销强制措施时，公安司法机关应当适时予以变更和撤销。

第二节 拘 传

一、拘传的概念和特征

拘传，是指公安机关、人民检察院或者人民法院对没有拘留、逮捕的犯罪嫌疑人、被告人，依法强制其到指定地点接受讯问的一种强制方法。拘传是强制措施中最轻微的一种。根据我国《刑事诉讼法》第 50 条、92 条以及相关司法解释的规定，拘传具有以下的特征：

1. 拘传是强制犯罪嫌疑人、被告人到案接受讯问的一种强制方法。这一特征使拘传与传唤相区别。传唤是指公安机关、人民检察院或人民法院使用传票通知刑事诉讼的当事人在指定的时间自行到指定的地点接受讯问的诉讼活动。拘传和传唤都是公安司法机关在刑事诉讼中的诉讼活动，但两者存在着明显的区别：（1）两者的适用对象不同。拘传只适用于犯罪嫌疑人和被告人；而传唤适用的对象比较广泛，可以适用犯罪嫌疑人、被告人、其他当事人如自诉人、被害人、附带民事诉讼的当事人。（2）两者性质不同。拘传是带有强制性的措施，如果犯罪嫌疑人、被告人抗拒拘传，可以使用械具；而传唤本身是通知的性质，不是强制措施，不具有强制性。

2. 拘传适用的对象是没有被拘留、逮捕的犯罪嫌疑人或被告人。对已经在押的犯罪嫌疑人或被告人，不必拘传，可以随时进行讯问。

3. 拘传适用的情形包括两种：⑴犯罪嫌疑人或被告人经过合法传唤，无正当理由拒不到案。所谓无正当理由是指被传唤人患有重病、出门在外等等。⑵公安司法机关根据案件的具体情况，依法可以不经传唤而直接拘传犯罪嫌疑人、被告人。可见，传唤不是拘传的必经程序，也就是说，公安司法机关可以根据案件的需要，不经传唤而径行拘传。在刑事诉讼中，公安司法机关一般考虑的因素是犯罪嫌疑人或被告人是否可能妨害侦查、起诉和审判的顺利进行，如是否有毁灭或隐匿证据等行为。

二、拘传的程序

根据刑事诉讼法以及司法解释的相关规定，适用拘传的具体程序是：

1. 由办案人员提出申请，经部门负责人审核同意后，报人民法院院长、人民检察院检察长或县（区）以上的公安机关负责人决定，并填写《拘传证》。《拘传证》的内容应包括：被拘传人的姓名、性别、年龄、籍贯、住址和工作单位，拘传的理由等。

2. 拘传的执行。拘传应当由侦查人员或者司法警察到被拘传对象所在地的县、市内进行。执行拘传的人员不得少于两人。拘传时，应当首先向被拘传人出示《拘传证》。对于抗拒拘传的犯罪嫌疑人、被告人，执行人员可以使用械具强制其到案接受讯问。

3. 拘传的时间。对犯罪嫌疑人、被告人拘传后应当立即进行讯问，讯问完毕后应立即释放。一次拘传的时间最长不得超过 12 小时，从被拘传者到案时开始计算。

4. 拘传的结果。对被拘传的人员进行讯问后，应根据案件的情况作出不同的处理：认为依法应当限制或剥夺其人身自由的，可以采取其他相应的强制措施；认为不适宜适用其他强制措施的，应立即释放，不得以连续拘传的方式变相拘禁犯罪嫌疑人、被告人。

第三节 取保候审

取保候审在美国、德国等国家一般被称为保释，在我国是指人民法院、人民检察院和公安机关对未被羁押的犯罪嫌疑人、被告人，依法责令其提出保证人或者缴纳保证金，以保证其不逃避和妨碍侦查、起诉和审判，并随传随到的一种强制方法。

一、取保候审的条件

（一）取保候审适用的对象

根据刑事诉讼法的有关规定，符合下列情形之一的犯罪嫌疑人、被告人是取保候审适用的对象：

1. 可能判处管制、拘役或者独立适用附加刑的。可能判处管制、拘役或者独立适用附加刑的，说明犯罪行为较轻，因此，应该适用较轻种类的强制措施。

2. 可能判处有期徒刑以上刑罚，采取取保候审不致发生社会危害性的。犯罪嫌疑人、被告人可能判处有期徒刑以上刑罚的，说明其罪行较重，但如果适用取保候审即可以防止社会危害性的发生，防止犯罪嫌疑人、被告人逃避或妨碍诉讼活动的，就不能采用较重的强制措施，如过失犯罪。

3. 应当逮捕，但患有严重疾病不宜羁押的，或正在怀孕、哺乳自己婴儿的犯罪嫌疑人、被告人。这两类犯罪嫌疑人、被告人由于身体的原因，其人身危害性已经减弱，从人道主义的角度出发，不应对其进行羁押。

4. 已被羁押的犯罪嫌疑人、被告人，公安司法机关在法定期限内不能结案，采取取保候审没有社会危害性的。

5. 公安机关申请逮捕犯罪嫌疑人、被告人，检察机关不批准逮捕的，需要复议、复核的；移交起诉后，检察机关决定不起诉，需要复议、复核的案件的犯罪嫌疑人，可以取保候审。

6. 对持有有效护照或者其他有效证件，可能出境逃避侦查，但不需要逮捕的犯罪嫌疑人，可以采取取保候审。

此外，根据最高人民检察院颁布的《人民检察院刑事诉讼规则》和公安部颁布的《公安机关办理刑事案件程序规定》的规定，对于累犯、犯罪集团的主犯，以自伤、自残的办法逃避侦查的犯罪嫌疑人、被告人，危害国家安全的犯罪、暴力犯罪，以及其他严重犯罪的犯罪嫌疑人、被告人，不得适用取保候审。

（二）被取保候审人在取保候审期间应当遵守的义务

《刑事诉讼法》第56条规定，被取保候审的犯罪嫌疑人在取保候审期间应当遵守的义务有：

1. 未经执行机关批准不准离开所居住的市、县。

2. 在传讯的时候及时到案。

3. 不得以任何形式干扰证人作证。

4. 不得毁灭、伪造证据或者串供。

对于违反法律义务的被取保候审的犯罪嫌疑人、被告人，执行机关可以依据案件的情况，或变更保证方式，或变更强制措施，或责令其具结悔过。

二、取保候审的种类

我国《刑事诉讼法》规定了取保候审的两种方式：保证人担保和财产保。对于同一犯罪嫌疑人、被告人决定取保候审的，不得同时使用保证人保证和保证金保证。

1. 保证人担保。保证人担保又称为人保，是指公安司法机关责令犯罪嫌疑人、被告人提出保证人并出具保证书，保证被保证人在取保候审期间不逃避和妨碍侦查、起诉和审判，并随传随到的保证方式。

作为保证人，必须具备以下条件：（1）与本案无关；（2）有能力履行保证义务；（3）享有政治权利，人身自由未受到限制；（4）有固定的住处和收入。此外，作为保证人应当处于保证人自愿，不愿意作保证人的不能确定为保证人。在取保候审期间，保证人不愿意继续承担保证或者丧失法定条件时，公安司法机关应当责令犯罪嫌疑人、被告人重新提出保证人或者变更为保证金的方式。

保证人在担保期间应当遵守的义务有：（1）监督被保证人遵守《刑事诉讼法》第56条的规定；（2）发现被保证人可能违反或者已经违反《刑事诉讼法》第56条规定的，应当及时向执行机关报告。

人保制度是以保证人的人格、信誉作担保，不涉及财物。保证人违反了法律规定的义务，会导致相应的法律后果。取保候审执行机关可以对违法的保证人进行罚款，若其行为构成犯罪，则追究其刑事责任。

2. 财产保。财产保又称保证金制度，是由犯罪嫌疑人、被告人缴纳一定数量的保证金作为担保的制度。财产保是我国刑事诉讼法修改后新增加的一种取保候审的方式。在实践中，有些保证人不能履行法律义务，对犯罪嫌疑人、被告人没有约束力，而常常有一些犯罪嫌疑人、被告人不能提供保证人。针对此情况，我国设立了财产保制度，完善了我国的取保候审方式，增强了适用性。

保证金制度中金额如何确定，法律没有明确的规定。按照最高人民检察院《人民检察院刑事诉讼规则》第 44 条的规定，保证金数额最低为1 000元。在实际确定保证金数额方面，应当综合考虑犯罪嫌疑人、被告人的社会危害性、可能判处刑罚的轻重、当地经济发展状况等因素。对于同一犯罪嫌疑人、被告人决定取保候审的，不得同时使用保证人保证和保证金保证。

三、取保候审的程序

1. 取保候审的决定。根据法律规定，人民法院、人民检察院和公安机关、国家安全机关是取保候审的决定机关。在程序上：其一是决定机关根据案件具体情况，直接决定适用取保候审；其二是犯罪嫌疑人、被告人及其法定代理人、犯罪嫌疑人、被告人在侦查阶段所聘任的律师提出申请，经审查符合取保候审的条件，决定取保候审。

以保证人形式取保候审的，决定机关应当要求保证人出具《保证书》，保证承担法律规定的义务，并告知法律义务及其违反义务应承担的法律后果。

以保证金形式取保候审的，保证金由公安机关统一收取和保管。

2. 取保候审的执行。取保候审的执行机关是公安机关或者国家安全机关，具体由被取保候审的犯罪嫌疑人居住地派出所执行。执行机关在执行取保候审时，应当告知被取保候审人应当遵守的规定及承担的义务，违反规定和义务所承担的法律后果。

在取保候审期间，执行机关发现被取保候审人有违反法律规定和义务的，应当根据情况处理：没收保证金的部分或全部，并区别情况，责令具结悔过、重新缴纳保证金、提出保证人或变更强制措施。对没收保证金的，报县级以上公安机关批准，并签发决定书。决定书应当在 7 日内向被取保候审人宣读。在取保候审期间，执行机关如果发现保证人违反有关规定，由县级以上公安机关决定对保证人罚款，并通知原决定机关；如果保证人的行为构成犯罪，应当追究其刑事责任。

被取保候审人如果对执行机关的没收保证金的决定不服，或保证人对执行机关对其罚款决定不服，可以在收到决定书后 5 日内向执行机关的上一级主管机关申请复核一次，上一级主管机关收到复核申请后，应当在 7 日内作出复核决定。

3. 取保候审的期限。人民法院、人民检察院和公安机关对犯罪嫌疑人、被告人取保候审最长不得超过12个月，在取保候审期间，不得中断对案件的侦查、起诉和审理。在司法实践中，公、检、法三机关实际将此解释为在诉讼的不同阶段各自采取取保候审最长不得超过12个月，对此，理论界存在争议。

取保候审期限届满，或者发现了有刑事诉讼法第15条规定不应当追究刑事责任情形的，或者案件已经办结的，原决定机关应当作出撤销取保候审的决定，并通知负责执行的公安机关。犯罪嫌疑人、被告人及其法定代理人、近亲属或者犯罪嫌疑人、被告人委托的律师及其他辩护人对人民法院、人民检察院或者公安机关采取取保候审措施超过法定期限，也有权要求解除取保候审。

第四节　监视居住

一、监视居住的概念

刑事诉讼中的监视居住，是指人民法院、人民检察院和公安机关对未被逮捕的犯罪嫌疑人、被告人，依法责令其不得擅自离开指定住所或者居所，并对其活动加以限制和控制的一种强制措施。

二、监视居住人的条件

（一）监视居住的条件

《刑事诉讼法》第51条规定了监视居住的适用条件，监视居住的适用对象、范围与取保候审基本相同。对符合法定条件的犯罪嫌疑人、被告人，公安司法机关既可以采用取保候审，也可以采用监视居住的强制措施，但只能择其一使用，而不能对同一人同时适用。在司法实践中，一般是在犯罪嫌疑人、被告人找不到保证人或不能交纳保证金时适用。在强制程度方面，监视居住的强制力度较取保候审更强，比逮捕较轻。此外，公安司法机关也可以根据案件情况和办案的需要直接对犯罪嫌疑人、被告人适用监视居住。

（二）被监视居住人在监视居住期间应遵守的法律规定

根据《刑事诉讼法》第57条的规定，被监视居住人在监视居住期间应当遵守以下规定：

1. 未经执行机关批准不得离开住处，无固定住处的，未经批准不得离开公安机关指定的居所。这里的“固定住处”是指犯罪嫌疑人、被告人在办案机关所在的市、县生活的合法住处；“指定的居所”是指公安机关根据案件情况，在办案所在的市、县内为被监视居住人指定的生活居所。如果被监视居住人有正当理由，要求离开住处或者指定的居所，须经公安机关批准。人民法院、人民检察院决定监视居住的，公安机关在作出决定前，应当征得决定机关同意。

在实践中需要注意的是，监视居住是一种强制被监视居住人人身自由的强制措施，而非剥夺被监视居住人的人身自由。因此，监视居住应当在犯罪嫌疑人、被告人的住处进行，犯罪嫌疑人、被告人没有住处的，可以另行指定居所，但是不得对监视居住人进行变相羁押。为了防止将被监视居住人变相羁押，法律规定了公安机关不得建立专门的监视居住场所，不得对犯罪嫌疑人、被告人在看守所、行政拘留所、留置室或者公安机关其他的工作场所执行监视居住。

2. 未经执行机关批准不得会见他人。这里的“他人”是指与被监视居住人共同居住的人，或由其聘请的律师以外的其他人。被监视居住的犯罪嫌疑人、被告人如果要会见他人，必须经过负责执行监视居住的公安机关的批准，方可会见。

3. 在传讯的时候及时到案。监视居住的目的之一就是防止犯罪嫌疑人、被告人逃避侦查、起诉和审判，保证刑事诉讼的顺利进行。因此，在接到公安司法机关传讯时，犯罪嫌疑人、被告人有义务及时到案。

4. 不得以任何形式干扰证人作证。

5. 不得毁灭、伪造证据或者串供。

(三) 被监视居住人违反规定的法律后果。

被监视居住的犯罪嫌疑人、被告人违反上述规定，情节严重的，将被取消监视居住，予以逮捕。根据公安部的有关规定，“情节严重”指具有下列情节：

1. 在监视居住期间逃跑的。

2. 以暴力、威胁方法干扰证人作证的。

3. 毁灭、伪造证据或者串供的。

4. 在监视居住期间又进行犯罪活动的。

5. 实施其他违反《刑事诉讼法》第57条规定的行为，情节严重的。

三、监视居住的程序

1. 监视居住的决定机关与执行机关。根据《刑事诉讼法》第50条的规定，有权决定监视居住的机关为公安机关、人民检察院和人民法院。监视居住的执行机关是公安机关，具体由被监视居住人住处或指定的居所所在地的派出所执行。

2. 监视居住的决定与执行程序。人民法院、人民检察院和公安机关认为应当对犯罪嫌疑人、被告人实施监视居住的，应提出意见报部门负责人审核，经法院院长、检察院检察长和公安机关负责人批准后，制作《监视居住决定书》。《监视居住决定书》中应当写明犯罪嫌疑人、被告人的姓名、住址等身份情况，被监视居住人应遵守的法律规定及违反规定的法律后果，执行机关的名称等内容，并向被监视居住人宣布。人民检察院、人民法院决定监视居住的，还应当将监视居住决定书和监视居住通知书送达执行机关。

执行机关如果发现被监视居住人有违反法律规定的行为的，应及时报告决定机关，以便考虑是否需要变更强制措施。

3. 监视居住的期限。根据《刑事诉讼法》第 58 条的规定，监视居住的期限最长不得超过 6 个月。在监视居住期间不得中断对案件的侦查、起诉和审判。监视居住期间届满或者发现不应当追究刑事责任的，原决定监视居住的机关应当立即解除监视居住，并通知执行机关。犯罪嫌疑人、被告人及其法定代理人或者犯罪嫌疑人、被告人委托的律师及其辩护人对于人民法院、人民检察院或者公安机关采取监视居住措施超过法定期限的，也有权要求解除监视居住。

解除监视居住或者变更强制措施的，应当做出撤销或者变更的决定，并制作决定书，送达执行机关执行。

第五节　拘　留

一、拘留的概念

刑事诉讼中的拘留，又称刑事拘留，是指公安机关、人民检察院在侦查过程中，遇到法定的紧急情况，对现行犯或重大嫌疑分子所采取的临时剥夺其人身自由的一种强制方法。

刑事拘留是公安机关和人民检察院在侦查过程中采取的一种紧急处置强制措施，刑事拘留的采用，可以防止现行犯或有重大嫌疑的人逃跑、自杀自残，以及串供、毁灭证据等危害诉讼活动的行为发生。同时，刑事拘留也有利于公安机关和人民检察院及时收集证据、查明案件。

二、拘留的条件

根据《刑事诉讼法》第61条的规定，公安机关对于现行犯或者重大嫌疑分子，如果有下列行为之一的，可以先行拘留：

1. 正在预备犯罪、实行犯罪或者在犯罪后即时被发觉的。
2. 被害人或者在场亲眼看见的人指认他犯罪的。
3. 在身边或者住处发现有犯罪证据的。
4. 犯罪后企图自杀、逃跑或者在逃的。
5. 有毁灭、伪造证据或者串供可能的。
6. 不讲真实姓名、住址、身份不明的。
7. 有流窜作案、多次作案、结伙作案重大嫌疑的。

另外，根据最高人民检察院《规则》第76条的规定，对符合《刑事诉讼法》第61条第4、5项规定，需要拘留犯罪嫌疑人的，人民检察院有权做出拘留决定。由于人民检察院自行侦查的案件都是国家工作人员犯罪的案件，这类犯罪主体区别于公安机关适用拘留的对象，即现行犯或者重大嫌疑分子，因此法律没有赋予人民检察院同公安机关一样广泛的决定拘留的权限。

综上所述，拘留必须具备的条件有两条：一是拘留的对象是现行犯或者重大嫌疑分子；二是具有法定的紧急情形，即具有上述七种情形中的一种。

三、拘留的程序

1. 拘留的决定程序。根据刑事诉讼法的规定，拘留的执行机关是公安机关。公安机关办案人员认为需要拘留犯罪嫌疑人的，应填写呈请拘留报告书，注明有关情况和理由，经县级以上公安机关负责人批准，签发《拘留证》；检察机关拘留犯罪嫌疑人的，由办案人员提出意见，部门负责人审核，检察长决定，再送达公安机关执行。

各级人大代表的人身自由，依法受到特别保护。根据《中华人民共和国全国人民代表大会和地方各级人民代表大会代表法》的规定，拘留担任本级人大代表的犯罪嫌疑人，应当立即向本级人大主席团或常委会报告；拘留担任上级人大代表的犯罪嫌疑人，应当立即报该代表所属的人民代表大会同级公安（检察）机关，并向该级人大主席团或常委会报告；拘留担任下级人大代表的犯罪嫌疑人，可直接向该代表所属的人大主席团或常委会报告。

2. 拘留的执行程序。公安机关执行拘留时，必须向被拘留人出示拘留证，并责令被拘留人在拘留证上签名（或盖章）捺指印。被拘留人拒绝签名或者盖章的，应加以注明。被拘留人如果抗拒拘留的，公安人员有权使用强制方法，包括使用警械和武器。

公安机关在异地执行拘留时，应当通知被拘留人所在地的公安机关，被拘留人所在地的公安机关应当在人力、物力上给予配合和支持。

决定拘留的机关在拘留后，除有碍侦查或无法通知外，应当把拘留的原因和羁押的处所在24小时内通知被拘留人的家属或单位。所谓有碍侦查，是指同案犯尚未被采取强制措施，闻讯后可能逃跑、隐匿、毁弃或者伪造证据的，可能相互串通，订立攻守同盟的；其他犯罪有待查证及还未采取相应措施的情况等。所谓无法通知，是指被拘留人不讲真实姓名、住址的；被拘留人无家属或者工作单位的情况等。在上述情况消除后，决定机关应当立即通知被拘留人的家属或其所在的单位。如没有在24小时内通知被拘留人家属或单位的，应当在拘留通知书中注明原因。

公安机关在拘留犯罪嫌疑人后，必须在拘留后的24小时以内对被拘留人进行讯问。如发现不应当拘留的时候，必须立即释放，发给释放证明。“不应当拘留的”是指：（1）犯罪行为没有发生，或者犯罪嫌疑人的行为不构成犯罪的；（2）虽有犯罪行为，但依法不应当追究刑事责任的；（3）虽有犯罪行为，但不是被拘留人所为的；（4）犯罪行为虽然为被拘留人所为，但该人不具备刑事诉讼法第61条规定的情形之一的。对需要逮捕而证据不足的，可以采取取保候审或者监视居住。经过讯问，办案人员认为被拘留人犯有严重罪行依法需要逮捕，但在拘留期限内无法收集到证据证明其犯罪事实因而达不到逮捕条件，且拘留期限届满，但如果释放犯罪嫌疑人可能其会继续危害社会或者有逃跑、串供、毁灭证据等妨碍侦查活动顺利进行可能的，应依法改用取保候审或者监视居住。经过讯问，办案人员认为应当对被拘留人进行逮捕的，应当按法律规定的期限和程序申请批准逮捕。

四、拘留的期限

拘留的期限分为三种情形：

1. 公安机关对被拘留的犯罪嫌疑人认为需要逮捕的，应当在拘留后的3日之内，提请人民检察院审查批准逮捕，人民检察院应当自接到公安机关提请批准书后的7日内做出批准逮捕或者不批准逮捕的决定。这种情形下的拘留期限为10天。在特殊情况下，提请审查批捕的时间可以延长1～4日，即拘留的最长期限是14天。

2. 对流窜作案、多次作案、结伙作案的重大嫌疑分子，提请批捕的时间可以延长至30日，即拘留的最长期限为37天。

3. 人民检察院对直接受理的案件中被拘留的犯罪嫌疑人，认为应当逮捕的，应当在10天之内作出决定，特殊情况下可以延长1～4日。在此种情形下，拘留的期限为10～14天。

公安机关、人民检察院拘留犯罪嫌疑人超过法定期限的，犯罪嫌疑人及其法定代理人、近亲属或者被拘留人委托的律师有权要求释放或者变更强制措施。

五、刑事拘留与行政拘留、司法拘留的区别

1. 刑事拘留与行政拘留。行政拘留，又称治安拘留，是依照行政法律法规规定，公安机关对违反行政法律规范的人，在短期内限制其人身自由的一种处罚。刑事拘留与行政拘留都是暂时剥夺被适用对象的人身自由，并且都由公安机关执行。两者的区别在于：(1) 法律性质不同。刑事拘留是刑事诉讼中的一种预防性措施，不具有惩罚性，不是一种惩罚手段；而行政拘留是对违反治安管理规定者的一种处罚，实质上是一种制裁手段，具有惩罚性；(2) 适用的对象不同。刑事拘留适用于符合法定情形的现行犯或重大嫌疑分子；行政拘留适用于违反治安管理规定，依法应当受到行政处罚的人员；(3) 适用的目的不同。刑事拘留适用的目的是保障刑事诉讼的顺利进行，防止犯罪嫌疑人或重大嫌疑分子妨碍侦查、起诉和审判活动；行政拘留的目的在于惩罚和教育行政违法人员；(4) 羁押期限不同。刑事拘留的羁押期限一般为10日，特殊情况下为14日，对流窜作案、多次作案、结伙作案的重大嫌疑分子的最长期限为37天。而行政拘留的一般为10日，最长不超过15日；(5) 适用的机关不同。公安机关和人民检察院都是刑事拘留的决定机关，公安机关是刑事拘留的执行机关，此时公安机关的法律地位是刑事司法机关；而行政拘留的决定机关和执行机关都是公安机关，此时公安机关的法律地位是行政执法机关。

2. 刑事拘留与司法拘留。司法拘留分为民事诉讼、行政诉讼中的司法拘留和刑事诉讼法第161条规定的司法拘留。民事诉讼、行政诉讼中的司法拘留是指人民法院对实施了妨碍民事诉讼或行政诉讼行为、情节严重的人所采取的在一定期间内剥夺其人身自由的制裁方法。刑事诉讼中的司法拘留是指人民法院对于严重违反法庭秩序的诉讼参与人、旁听人员所采取的在一定期限内剥夺人身自由的制裁方法。民事诉讼、行政诉讼中的司法拘留是诉讼中的强制措施，刑事诉讼中的司法拘留是一种司法处罚措施，它们实质上都是对已经妨碍了诉讼活动顺利进行的人所施加的制裁和处罚。

刑事拘留与司法拘留的目的都在于保障诉讼活动的顺利进行，都是暂时适用对象的人身自由，执行机关都是公安机关。但两者存在很大区别：(1)

适用的对象不同。刑事拘留适用的对象是符合法定情形的现行犯或者重大嫌疑分子；司法拘留适用的对象是实施严重危害民事、行政诉讼活动或刑事审判活动的人员，包括当事人、其他诉讼参与人以及案外人；（2）有权适用的机关不同。决定采用刑事拘留的机关是公安机关和人民检察院；而司法拘留的决定机关则是人民法院；（3）羁押期限不同。刑事拘留的羁押期限依照法律规定分别为10日、14日、37日；而司法拘留的羁押期限最长为15日；（4）法律后果不同。被刑事拘留人如果被法院判处拘役、管制以上刑罚的，其羁押期间在判决生效后可以折抵刑期；而司法拘留与判决的结果无关，不能折抵刑期；

第六节　逮　捕

一、逮捕的概念

逮捕，是指公安机关、人民检察院和人民法院在一定期限内依法剥夺犯罪嫌疑人、被告人的人身自由，予以羁押的一种强制措施。逮捕是刑事诉讼强制措施中最为严厉的一种。

二、逮捕的条件

根据《刑事诉讼法》第60条的规定，逮捕应当具备以下条件：

1. 有证据证明有犯罪事实发生。这是适用逮捕在案件事实方面必备的条件。“有证据证明有犯罪事实”是指同时具备以下情况：（1）有证据证明发生了犯罪事实；（2）有证据证明犯罪事实是犯罪嫌疑人、被告人实施的；（3）证明犯罪嫌疑人、被告人实施犯罪行为的证据已经查证属实。这里的犯罪事实既可以是单一的犯罪行为的事实，也可以是数个犯罪行为中任何一个犯罪行为的事实。

2. 可能判处徒刑以上的刑罚。这是适用逮捕时在刑事实体法方面的要求，即犯罪严重程度方面的条件。逮捕作为最严厉的一种强制措施，应当对实施犯罪行为的社会危害性较严重的犯罪嫌疑人、被告人，即对那些可能判处最低刑罚为有期徒刑以上刑罚的犯罪嫌疑人、被告人适用。对那些可能判处管制、拘役以下刑罚及可能免除刑罚的犯罪嫌疑人、被告人，其社会危害性相对较小，则不应当逮捕，如果有必要，可以采取取保候审或者监视居住的强制措施。当然，这里的“可能判处徒刑以上刑罚”只是根据已有的证据并比照刑法的规定所作出的最初判断，而不是人民法院最终判断适用的刑罚。

3. 采取取保候审、监视居住等方法不足以防止其社会危险性，而有逮捕必要的。这是从被逮捕对象的人身危险性的角度来说的。由于逮捕是最严厉的强制措施，因此只有在确有必要时才能适用。具体来说，具备下列情形之一的，可以认为有逮捕的必要：（1）可能继续实施犯罪行为，危害社会的；（2）可能毁灭、伪造证据、干扰证人作证或者串供的；（3）可能自杀或逃跑的；（4）可能实施打击报复行为的；（5）可能有碍其他案件侦查的；（6）其他可能发生社会危险性的情形。即使犯罪嫌疑人、被告人符合上述两个条件，但如果其人身危害性不大，采取取保候审、监视居住即可防止其继续犯罪、逃跑、自杀、串供等干扰诉讼进行的行为时，则不应当对其适用逮捕。

犯罪嫌疑人、被告人必须同时具备以上三个条件，缺一不可。

根据刑事诉讼法第60条第2款的规定，对符合上述条件，应当逮捕的犯罪嫌疑人、被告人，如果患有严重疾病，或者正在怀孕、哺乳自己婴儿的妇女，可以采取取保候审、监视居住的方法。这里立法采取可以而非应当，说明根据案情的需要，对上述两类人也可以加以逮捕。

此外，根据刑事诉讼法第56条、第57条的规定，以及最高人民法院的司法解释，对违反取保候审、监视居住义务，情节严重的犯罪嫌疑人、被告人，应当予以逮捕。

三、逮捕的机关

由于逮捕是最严厉的一种刑事强制措施，如果行使不当，最容易侵犯公民的合法权益，因此，我国宪法和法律对逮捕的机关作了严格的限定。我国《宪法》第37条第2款规定："中华人民共和国公民的人身自由不受侵犯。任何公民，非经人民检察院批准或者决定或者人民法院决定，并由公安机关执行，不受逮捕。"《刑事诉讼法》第59条规定："逮捕犯罪嫌疑人、被告人，必须经过人民检察院批准或者人民法院决定，由公安机关执行。"以上法律规定说明，逮捕的权力专属于公安机关、人民检察院和人民法院，其他任何机关、团体和个人都没有这种权力。

在公、检、法三机关中，逮捕权的决定和执行有着明确的分工。具体说：

1. 批准或者决定逮捕的机关是人民检察院和人民法院。人民检察院批准逮捕，是指公安机关对自己侦查的案件，认为需要逮捕犯罪嫌疑人、被告人的，应当依法提请人民检察院批准。人民检察院决定逮捕，是指人民检察院对自己直接侦查的案件，认为需要逮捕犯罪嫌疑人、被告人的，自行决定逮捕。人民法院决定逮捕，是指人民法院在受理刑事案件过程中，根据案情认为需要逮捕犯罪嫌疑人、被告人的，自行做出决定。例如，在公诉案件中，被告人并未在押，人民法院在审理过程中发现有逮捕的必要的，可以自行决定逮捕。

2. 执行逮捕的机关是公安机关，即无论是人民检察院批准或决定逮捕，还是人民法院决定逮捕的，逮捕都必须交由公安机关执行。

四、逮捕的程序

（一）批准逮捕的程序

1. 提请逮捕。公安机关要求逮捕犯罪嫌疑人的，应当写出提请批准逮捕书，连同案卷材料、证据，一并移送同级人民检察院审查批准。提请批准书中应写明犯罪嫌疑人的姓名、性别、年龄、住址、职业等基本情况，其犯罪事实和证明其犯罪事实的证据。人民检察院在必要时，可以派人参加公安机关对于重大案件的讨论。公安机关可以要求检察院派人参加，人民检察院作为国家的法律监督机关也有权主动提出参加。

2. 审查、批准逮捕。人民检察院依法对提请批准逮捕的案件进行审查，审查的中心内容应当是案卷材料是否齐全，是否符合逮捕的三个条件。人民检察院对公安机关提请批准逮捕的案件进行审查，具体由审查部门办理。审查的过程一般采取个人阅卷、集体讨论、检察长决定，重大案件应提交检察委员会集体讨论通过，如果意见不一致，实行少数服从多数的原则。

人民检察院经过审查后，应当根据情况作出两种处理决定：（1）对犯罪嫌疑人符合刑事诉讼法第 61 条规定逮捕条件的，应当作出批准逮捕的决定，并制作批准逮捕决定书，连同案卷材料送达公安机关；（2）对于不符合逮捕条件的，做出不批准逮捕决定，并制作不批准逮捕决定书，说明不批准逮捕的理由，连同案卷材料等退回公安机关。需要补充侦查的，应当同时通知公安机关。但是，人民检察院不得自行补充侦查。

公安机关如果认为人民检察院不批准逮捕的决定有错误，可以向同级人民检察院要求复议。人民检察院应当另行指派审查批捕部门的办案人员复议，并在收到公安机关的复议书和案卷材料后 7 日内作出是否变更的决定，并将复议结果通知公安机关。如果人民检察院仍坚持不批准逮捕的决定的，公安机关还可以在收到复议决定书后 5 日内向上级人民检察院申请复核。上级人民检察院应当在收到提请复核意见书和案卷材料后 15 日内做出是否变更的决定，并通知下级人民检察院、公安机关。上级人民检察院的复核决定是最终的决定，公安机关及下级人民检察院必须执行。在公安机关申请复议或复核期间，如果犯罪嫌疑人已被拘留的，应当立即释放。

人民检察院对公安机关移送提请批准逮捕的案件，应当在法律规定的期限内办理。人民检察院对犯罪嫌疑人已被刑事拘留的案件，应自接到公安机关提请批准逮捕书后的7日之内，作出批准或者不批准逮捕的决定；对犯罪嫌疑人未被拘留的，应当在接到提请逮捕书后的15日内做出是否批准逮捕的决定，重大、复杂的案件，不得超过20日。

人民检察院在审查批捕工作中，如果发现公安机关的侦查工作有违法情况，如刑讯逼供、非法拘禁或者非法搜查、扣押等，应当通知公安机关予以纠正，公安机关应当立即予以纠正，并将纠正的情况及时通知人民检察院。

（二）决定逮捕的程序

根据刑事诉讼法的规定，人民检察院或者人民法院在办理案件过程中，如果认为犯罪嫌疑人、被告人应当逮捕的，有权作出逮捕决定。

1. 人民检察院决定逮捕的程序。人民检察院办理的自侦案件，需要逮捕犯罪嫌疑人的，由侦查部门填写逮捕犯罪嫌疑人意见书，连同案卷材料一并送交本院侦查批捕部门审查。人民检察院侦查部门对已被拘留的犯罪嫌疑人报捕的，应当在3日内提出，特殊情况下移送审查的时间可以延长1~4日；审查批捕部门在接到逮捕犯罪嫌疑人意见书后，应当在7日内提出意见，经检察长或者检察委员会决定逮捕或者不予逮捕。对于犯罪嫌疑人未被拘留的，应当在审查逮捕部门接到逮捕犯罪嫌疑人意见书后的15日内由检察长或者检察委员会决定逮捕或者不予逮捕。

决定逮捕的，审查批准逮捕部门应当制作逮捕决定书，连同案卷材料送交侦查部门，由侦查部门通知公安机关执行，必要时人民检察院可以协助执行。决定不逮捕的，应当制作不逮捕决定书，连同案卷材料退交侦查部门，并将已拘留的犯罪嫌疑人立即释放，需要继续侦查的，可以采取其他强制措施。

2. 人民法院决定逮捕的程序。人民法院决定逮捕的被告人有两种情形：(1) 对于直接受理的自诉案件，人民法院认为被告人符合逮捕条件，应当逮捕的，由院长或者审判委员会讨论决定，制作逮捕决定书，送交公安机关执行；(2) 对于人民检察院提请公诉的案件，被告人未在押的，如果人民法院在审理案件的过程中，认为被告人符合逮捕条件的，也可以决定逮捕。

根据我国法律规定，如果被逮捕的犯罪嫌疑人、被告人是县级以上人大代表，人民检察院或者人民法院应当报请人大代表所在的人民代表大会主席团或者常务委员会批准，方可决定逮捕。

（三）执行逮捕的程序

1. 法律规定，执行逮捕的机关是公安机关。公安机关接到人民检察院《批准逮捕决定书》、《决定逮捕通知书》或者人民法院的《逮捕决定书》后，由县级以上公安机关负责人签发《逮捕证》，逮捕证中应写明经何检察院批准或决定或者经何法院决定，派何人对居住在何地的何人进行逮捕。公安机关应指派两个以上的执行人员具体执行。

2. 公安机关执行逮捕时，必须向被逮捕人出示逮捕证，并宣布依法对其实行逮捕。被逮捕人应当在逮捕证上签名（盖章），捺手印。拒绝签名的，执行逮捕的人员应当予以注明。被逮捕人如果拒捕，执行人员有权使用适当的强制方法，必要时可以使用械具、武器。

对于人民检察院批准或者决定逮捕以及人民法院决定逮捕的，公安机关执行完毕后，应当及时将执行回执送达检察院或者法院。由于被逮捕人死亡、逃跑或者其他原因，不能执行逮捕或者逮捕未获的，公安机关也应当将回执送达原批准或者决定逮捕的人民检察院或者人民法院，并注明未执行的原因，以便采取相应的措施。

3. 人民法院、人民检察院对于各自决定逮捕的人，公安机关对于经人民检察院批准逮捕的人，必须在实行逮捕后 24 小时内对被逮捕人进行讯问。在发现不应当逮捕的时候，必须立即释放被逮捕人，发给释放证明。如果需要采取其他强制措施的，应当立即采取其他强制措施。公安机关释放被逮捕的人或者变更强制措施的，应当通知原批准逮捕的检察机关。

4. 在实行逮捕后，除有碍侦查或者无法通知的情况以外，公安机关应在 24 小时以内，把逮捕的原因和羁押的处所通知被逮捕人的家属或者他的所在单位。人民检察院或人民法院自行决定逮捕的，应由人民检察院或人民法院通知。不便通知的，应当在案卷中注明。

5. 公安机关在异地执行逮捕时，应当通知被逮捕人所在地的公安机关，被逮捕人所在地的公安机关应当予以配合、协助。这一规定体现了公安系统在刑事诉讼中的相互合作。

6. 被逮捕羁押的犯罪嫌疑人、被告人及其法定代理人、近亲属或者犯罪嫌疑人、被告人委托的律师及其他辩护人，有权申请取保候审或监视居住。有权决定机关在收到申请之日起 7 日内进行审查，并做出决定。同意取保候审的，依法办理取保候审手续；不同意的，应当告知申请人，并说明不同意的理由。

犯罪嫌疑人、被告人被逮捕羁押的案件，不能在刑事诉讼法规定的侦查、审查起诉或者审判期限内办结的，应当对其解除羁押，采取取保候审或者监视居住的强制措施。对于超过法定羁押期限的，犯罪嫌疑人、被告人及其法定代理人、近亲属或者犯罪嫌疑人、被告人委托的律师及其他辩护人有权要求解除逮捕措施。

第十章　附带民事诉讼

第一节　附带民事诉讼的概念、意义和条件

一、附带民事诉讼的概念

附带民事诉讼又称刑事诉讼附带民事诉讼，是指司法机关在刑事诉讼过程中，在解决被告人刑事责任的同时，附带解决由遭受物质损失的被害人或者人民检察院所提起的、由于被告人的犯罪行为所引起的物质损失的赔偿而进行的诉讼。由于这种损害赔偿的诉讼请求是在刑事诉讼中提出的，又是在刑事诉讼中附带解决的，因此称做附带民事诉讼。

附带民事诉讼实质上是一种民事诉讼。因为附带民事诉讼所要解决的是民事赔偿的问题，赔偿的确定，适用民事实体法律规范的调整。同时，附带民事诉讼是一种特殊的民事诉讼。当被告人的犯罪行为触犯了刑法，并且使被害人遭受物质损失，从而引起民事赔偿问题，并在刑事诉讼过程中予以解决。被告人的犯罪行为导致出现了两种不同性质的诉讼，而这两种诉讼又存在内在的联系。所以，在刑事诉讼中附带解决民事诉讼的问题，除了必须遵守刑事诉讼法、刑法、最高人民法院相关的解释外，还应当遵守民法通则、民事诉讼法。此外，最高人民法院 2000 年 12 月 19 日公布施行的《关于刑事附带民事诉讼范围问题的规定》也是司法实践中的重要依据。

二、附带民事诉讼的意义

解决因被告人的犯罪行为所造成的损害赔偿问题，由于诉讼理论与法律传统的不同，世界各国大致有两种模式。大陆法系国家通常采用刑事附带民事诉讼的方法，即允许被害人在刑事诉讼中提出民事赔偿的请求。比较之下，英美法系国家基于不同的诉讼理论，不允许被害人在刑事诉讼中对刑事被告人提出民事赔偿请求。我国的司法制度较为接近大陆法系国家，加之采用附

带民事诉讼在司法实践中具有优点，因此我国实行刑事诉讼附带民事诉讼的法律制度。①

采用附带民事诉讼具有重要的意义：

1. 附带民事诉讼有利于保护国家、集体和公民的财产。在追究被告人的刑事责任的同时，解决了因被告人的犯罪行为所造成的财产损害问题，使国家、集体、个人的物质损失或经济损失得到补偿，从而保障了国家、集体和个人的财产利益。

2. 附带民事诉讼制度有利于提高诉讼的效率，节省司法资源。在刑事诉讼中附带解决民事诉讼，可以将两个有内在联系的诉讼一并进行，节省了人力、物力、财力，减少了办案时间，同时，便于当事人进行诉讼，减少了当事人的诉累。

3. 在刑事诉讼中附带解决民事赔偿，有利于法院准确认定案件事实，正确及时处理案件，从而避免因不同审判组织分别进行审判可能对同一案件事实得出矛盾的结论，有利于维护法律和法院的权威。

三、附带民事诉讼成立的条件

根据刑事诉讼法的规定和附带民事诉讼的特点，附带民事诉讼成立的条件包括以下几个方面：

1. 附带民事诉讼以刑事诉讼为前提。附带民事诉讼是在刑事诉讼过程中提出，并在刑事诉讼中一起解决，因此，附带民事诉讼的提起必须以刑事诉讼的存在为前提条件。如果没有刑事诉讼的存在，也就不存在附带民事诉讼的提出。应当注意的是，附带民事诉讼是以刑事诉讼的存在为前提，即被告人的行为被指控为犯罪，而不是以对被告人是否科处刑罚为前提。通常情况下，被告人的行为构成犯罪，应当根据法律科处刑罚，但是在有些情况下，被告人的行为虽然已经构成犯罪，但根据法律规定不需要判处刑罚或者可以免除刑罚，在此类刑事诉讼中，被告人的犯罪行为给被害人造成物质损失的，被害人仍然可以提起附带民事诉讼。通常情况下，人民法院应当对以下几种情况的附带民事诉讼请求做出实体裁判：（1）经审理确认被告人的行为构成犯罪，被告人的行为又给民事原告人造成损害应负赔偿责任的；（2）经审理确认被告人的行为不构成犯罪，但其违法行为给民事原告人造成损害应负赔偿责任的；（3）经审理确认被告人虽然给民事原告人造成损害，但因患有精神病或未成年而无刑事责任能力，应由其监护人负赔偿责任。

---

① 参见樊崇义主编：《刑事诉讼法学》，中国政法大学出版社，2002年第1版，第342~343页。

2. 附带民事诉讼必须在刑事诉讼过程中提起。附带民事是在刑事诉讼过程中解决民事赔偿的问题，因此，从附带民事诉讼提起的时间上看，必须在刑事诉讼过程中提出。如果有权提起的主体在刑事诉讼终结后才提出民事诉讼，此时的民事诉讼已经无法在刑事诉讼过程中予以解决，而应当构成一个独立的民事诉讼。

3. 被害人的物质损失是被告人的犯罪行为直接造成的。被害人在附带民事诉讼中提出要求赔偿的损失，必须是由于被告人的犯罪行为直接造成的，即被害人的物质损失与被告人的犯罪行为之间有直接因果关系。

附带民事诉讼中的“物质损失”，是指被害人的人身、财产遭受犯罪行为的侵害所遭受的损失。最高人民法院的《关于刑事附带民事诉讼范围问题的规定》对附带民事诉讼的赔偿请求范围作了界定：(1) 因人身权利受到犯罪侵犯而遭受物质损失或者财物被犯罪分子毁坏而遭受物质损失的，可以提起附带民事诉讼。对于被害人因犯罪行为遭受精神损失而提起附带民事诉讼的，人民法院不予受理。此条规定排除了我国刑事附带民事诉讼中的精神损害赔偿的范围。在国际上，许多国家在立法上都确认了附带民事诉讼的赔偿范围包括精神方面的损害。例如，法国《刑事诉讼法》第 3 条第 2 款规定：“民事诉讼应包括作为起诉对象的罪行所造成的物质的、肉体的和精神的全部损失。”德国刑事诉讼法规定，“因侮辱和伤害身体”而受到的损失在附带民事诉讼赔偿请求的范围内。[①] 我们认为，随着社会的发展和我国立法的完善，我国将会扩大附带民事诉讼的赔偿请求范围，把因被告人的犯罪行为遭受的精神损害纳入其中。(2) 被害人因犯罪行为遭受的物质损失，是指被害人因犯罪行为已经遭受的实际损失和必然遭受的损失。

根据最高人民法院的《关于刑事附带民事诉讼范围问题的规定》，犯罪分子非法占有、处置被害人财产而使其遭受物质损失的，人民法院应当依法予以追缴或者责令退赔。经过追缴或者退赔仍不能弥补损失，被害人向人民法院民事审判庭另行起诉民事诉讼的，人民法院可以受理。所以，犯罪分子非法占有、处置被害人财产而使其遭受的物质损失，不可以提起附带民事诉讼。

第二节　附带民事诉讼的当事人

附带民事诉讼的当事人，包括附带民事诉讼的原告人和附带民事诉讼的被告人。

---

① 参见樊崇义主编：《刑事诉讼法学》，中国政法大学出版社，2002 年第 1 版，第 342 页。

一、附带民事诉讼的原告人

附带民事诉讼的原告人，是指在刑事诉讼中过程中，以自己名义向司法机关提起附带民事诉讼，要求赔偿民事损失的人。通常指受害公民、法人和其他组织。

根据《刑事诉讼法》第77条规定和最高人民法院的有关解释，有权提起附带民事诉讼的人和单位有：

1. 因犯罪行为而遭受物质损失的被害公民。因被告人的犯罪行为而遭受物质损失的被害公民，可以在刑事诉讼过程中提出赔偿请求，这也是附带民事诉讼中最常见的原告人。

2. 因犯罪行为而遭受物质损失的被害法人和其他组织。法人和企事业单位、机关、团体等其他组织应被告人的犯罪行为遭受物质损害时，在刑事诉讼过程中，有权向人民法院提出赔偿请求。综上所述，我国刑事诉讼中的被害人应从广义上去理解，被害人包括被害的公民和被害的法人或其他组织。例如盗窃案件中，因盗窃行为遭受物质损害的法人或企事业单位、机关、团体等其他组织即是被害人。

3. 已死亡被害人的近亲属。被害人已经死亡的，被害人的近亲属可以提起附带民事诉讼。根据刑事诉讼法的规定，近亲属是指夫、妻、父、母、子、女、同胞兄弟姐妹。被害人的近亲属与被害人之间具有血缘关系或者婚姻关系，且依法继承被害人的财产。从理论上说，被害人死亡，其民事能力终止，但其民事权利仍应当依法受到保护。因此，被害人因犯罪行为所受的物质损失，在其死亡后转化为其继承人的损失。被害人的近亲属是作为继承人来行使被害人的权利，提起附带民事诉讼。

4. 无行为能力或者限制行为能力被害人的法定代理人。无行为能力或者限制行为能力的被害人因其自身能力的限制，仅依靠自身无法真正维护自身的合法利益。因被害人无行为能力或者行为能力受到限制而由其法定代理人提起附带民事诉讼，有利于保护被害人的合法权益。

5. 人民检察院。如果是国家、集体财产遭受损失，受损失的单位未提起附带民事诉讼，人民检察院在提起公诉的时候，可以提起附带民事诉讼。人民检察院在刑事诉讼中不仅是公诉机关，而且是法定的监督机关，担负着维护国家法制统一的任务以及保护国家集体财产和经济利益的职责。因此，在国家、集体财产遭受犯罪行为侵犯而造成经济损失时，检察机关在依法追究被告人的刑事责任的同时，有权提起附带民事诉讼，以挽回国家、集体的经济损失。此时，检察机关不仅是公诉机关，也是附带民事诉讼的原告人，享有除和解或调解之外的原告人的诉讼权利。

有权提起附带民事诉讼的人放弃诉讼权利的，应当准许，并记录在案。

二、附带民事诉讼的被告人

附带民事诉讼的被告人，是指在刑事诉讼中，因其犯罪行为造成的损失依法负有赔偿责任，而被附带民事诉讼的原告人起诉要求赔偿物质损失的人。附带民事诉讼的被告人通常就是刑事诉讼被告人本人，也可以是依法赋予赔偿责任的其他人。

根据刑事诉讼法和最高人民法院《关于执行刑事诉讼若干问题的解释》的规定，附带民事诉讼中依法负有赔偿责任的人包括：

1. 刑事被告人及没有被追究刑事责任的其他共同致害人。首先刑事被告人通常是附带民事诉讼的被告人。因刑事诉讼被告人的行为给公民、法人或其他组织造成财产损失，应当承担相应的赔偿责任，此时，刑事诉讼的被告人又是附带民事诉讼的被告人。刑事诉讼被告人的范围包括公民、法人和其他组织。其次，刑事诉讼的被告人不仅包括被追究刑事责任的人，也包括没有被追究刑事责任的其他共同致害人。其他致害人虽然没有被追究刑事责任，但因其致害行为造成的物质损害，仍然要承担赔偿责任，成为附带民事诉讼的被告人。

2. 未成年或患有精神病的刑事被告人的监护人。未成年或患有精神病的刑事被告人因其致害行为造成物质损害，也是未成年或患有精神病的刑事被告人的监护人未尽到监护职责的表现。因此，监护人应当承担因未成年或患有精神病的刑事被告人致害行为造成的物质损害的赔偿责任，成为附带民事诉讼的被告人。

3. 已被执行死刑的罪犯的遗产继承人。遗产继承人虽然没有实施致害行为，但因其继承了已被执行死刑的罪犯的遗产，就必须承担犯罪人应当承担的赔偿责任，成为附带民事诉讼的被告人。

4. 共同犯罪案件中，案件审结前已死亡的被告人的遗产继承人。按照刑事诉讼法的规定，被告人死亡的不追究刑事责任。但是其致害行为给被害人造成物质损失，仍然要承担赔偿责任。被告人死亡，由其继承人继承了遗产，同时也承担了死亡的被告人所应当承担的赔偿责任，因而遗产继承人成为了附带民事诉讼的被告人。

5. 其他对刑事被告人的犯罪行为依法应当承担民事赔偿责任的单位和个人。

附带民事诉讼的成年被告人，应当承担赔偿责任，如果其亲属自愿代为承担，司法机关应当准许。这里所说的附带民事诉讼的成年被告人的亲属不是附带民事诉讼中依法负有赔偿责任的人。

第三节　附带民事诉讼的程序

一、附带民事诉讼的提起

（一）附带民事诉讼的起诉条件

附带民事诉讼的起诉条件相似于民事诉讼的起诉条件，但有所区别。附带民事诉讼起诉的条件是：

1. 提起附带民事诉讼的原告人、法定代理人符合法定条件。提起附带民事诉讼的原告人、法定代理人必须符合法律规定的条件，即附带民事诉讼的原告人、法定代理人是因犯罪行为而遭受物质损害的被害人、已经死亡的被害人的近亲属、无行为能力或限制行为能力被害人的法定代理人，或者当国家、集体财产遭受损失，受损失的单位未提起附带民事诉讼，人民检察院在提起公诉的时候，可以作为原告人提起附带民事诉讼。

2. 有明确的被告人。提起附带民事诉讼，必须向法院明确指出侵犯其合法权益并负有赔偿责任的对方当事人，即被告人。

3. 有请求赔偿的具体要求和事实根据。提起附带民事诉讼，必须有具体的要求人民法院予以保护的内容，以及提出请求所依据的事实和理由，以便在诉讼中证明其诉讼请求的正当性。

4. 被害人的物质损失是由被告人的犯罪行为造成的。附带民事诉讼提起的前提是被害人的物质损害与被告人的犯罪行为之间存在因果关系，即被告人的犯罪行为直接给被害人造成了物质损害。如果被害人的物质损害主要不是因被告人的犯罪行为造成或者是由于被告人的合法行为所造成的，则不能提起附带民事诉讼。

5. 属于人民法院受理附带民事诉讼的范围。提起附带民事诉讼的案件必须是由人民法院主管和管辖的案件，如果该案件不属于法院主管或者管辖权错误，则法院不能对该案件行使审判权。

（二）附带民事诉讼提起的期间

依照刑事诉讼法的规定，提起附带民事诉讼的期间是“在刑事诉讼过程中”。那么，这里所说的刑事诉讼的过程是指刑事诉讼的全过程，还是指刑事诉讼的某一阶段或者某几个阶段。现代刑事诉讼与传统的诉讼不同，刑事诉讼的全过程是指立案后的全部过程，具体包括了侦查、起诉、一审、二审，直至判决生效交付执行。可见，附带民事诉讼不可能在立案之前提出，在立案之前，刑事诉讼还没有开始，刑事案件是否成立还不能确定，此时还不具备提起附带民事诉讼的条件；附带民事诉讼也不可能在一审刑事案件审判完毕后提出，在此阶段提出附带民事诉讼，导致附带民事诉讼的审级与刑事诉讼的审级不能同步，与设立附带民事诉讼的立法原意不符，失去了提起附带民事诉讼的意义。因此，附带民事诉讼提起的期间应当界定在刑事诉讼的某些阶段上，而不是指刑事诉讼的全过程。

根据《刑事诉讼法》和最高人民法院的司法解释，附带民事诉讼应当在刑事案件立案以后第一审判决宣告以前提起。有权提起附带民事诉讼的人在第一审判决宣告以前没有提起的，不得再提起附带民事诉讼，但可以在刑事判决生效后另行提起民事诉讼。

在侦查、审查起诉阶段，有权提起附带民事诉讼的人向公安机关、人民检察院提出赔偿要求，已经公安机关、人民检察院记录在案的，刑事案件起诉后，人民法院应当按附带民事诉讼案件受理；经公安机关、人民检察院调解，当事人双方达成协议并已给付，被害人又坚持向法院提起附带民事诉讼的，人民法院也可以受理。但是，对于那些被害人无法提供证据证明被告人确有财产可供赔偿的，人民法院可以裁定驳回。

如果是国家、集体财产遭受损失，受损失的单位未提起附带民事诉讼，人民检察院在提起公诉的时候，可以提起附带民事诉讼。

自诉案件中的被害人，应当在提起自诉后直接向人民法院提起附带民事诉讼。

（三）附带民事诉讼提起的方式

关于附带民事诉讼的提起的方式，根据《刑事诉讼法》和最高人民法院的司法解释，提起附带民事诉讼一般应当提交附带民事诉状，书写诉状确有困难的，也可以口头起诉。但检察院提起附带民事诉讼的，只能用书面形式，不能用口头形式。审判人员应当对原告人的口头诉讼请求详细询问，并制作笔录，向原告人宣读；原告人确认无误后，应当签名或者盖章。

二、附带民事诉讼的审理程序

（一）审理前的准备

人民法院受理刑事案件后，可以告知因犯罪行为遭受物质损害的被害人、已死亡被害人的近亲属、无行为能力或者限制行为能力被害人的法定代理人，有权提起附带民事诉讼。

人民法院收到附带民事诉讼状后，应当进行审查，并在 7 日以内决定是否立案。对于符合《刑事诉讼法》第77条第1款、第2款规定以及附带民事诉讼的起诉条件的，应当受理；不符合的，应当裁定驳回起诉。

人民法院受理附带民事诉讼后，应当在5日内向附带民事诉讼的被告人送达附带民事诉讼起诉状副本，或者将口头起诉的内容及时通知附带民事诉讼的被告人，并制作笔录。被告人是未成年人的，应当将附带民事诉讼起诉状副本送达其法定代理人，或者将口头起诉的内容通知其法定代理人。人民法院送达附带民事起诉状副本时，应当根据刑事案件审理的期限，确定被告人或者其法定代理人提交民事答辩状的时间。

（二）附带民事诉讼的保全和先予执行

1. 附带民事诉讼的保全。《刑事诉讼法》第77条第3款规定："人民法院在必要的时候，可以查封或者扣押被告人的财产。"附带民事诉讼的保全是指人民法院在审理附带民事诉讼案件的过程中，为了保证将来发生法律效力的判决得到切实执行，而对被告人的财产采取一定的强制措施。

根据我国民事诉讼法的有关规定，人民法院采取诉讼保全措施，必须符合一定的条件：（1）诉讼争议具有财产给付内容；（2）确实存在因各种主客观原因可能使人民法院将作出的判决难以或者不能实现的情况；（3）保全的范围只限于诉讼请求的范围或者与本案有关的财物。保全的措施有：查封、扣押、冻结、责令提供担保，以及其他法律允许的方法。对于查封、扣押的物品，在不宜长期保存的情况下，可以变卖，保存价款。

如果被害人在侦查或者审查起诉阶段提起附带民事诉讼的请求，为了保证将来法院关于民事部分判决的执行，侦查机关、人民检察院可以参照审判阶段诉讼保全的有关规定，采取必要的保全措施。应当注意的是，在查封或者扣押过程中，不能查封或者扣押被告人享有所有权以外的他人的财产，即附带民事诉讼的保全范围只能是被告人的个人的财产，而且以能够赔偿原告人的实际损失为限。①

2. 附带民事诉讼的先予执行。附带民事诉讼的先予执行是指人民法院受理附带民事诉讼案件后，做出终局判决前，根据民事原告人的请求，决定民事被告人先给付民事原告人一定款项或特定物并立即执行的措施。附带民事诉讼的先予执行必须具备法定条件，并且司法机关认为确有必要，同时不影响刑事诉讼的顺利进行。例如，伤害案件，不先行给付医药费，被害人就无法人院治疗的；杀人或伤害致死的案件，不先行给付丧葬费，就无法料理被害人丧葬事宜的。采取先行给付需要考虑被告人的实际履行能力，兼顾保护

① 樊崇义主编：《刑事诉讼法学》，中国政法大学出版社，2002年第1版，第347页。

被告人的合法权益。[①]

（三）附带民事诉讼的调解

人民法院在审理附带民事诉讼时，除人民检察院提起的以外，可以调解。调解应当在自愿合法的基础上进行。经调解达成协议的，审判人员应当及时制作调解书。调解书经双方当事人签收后即发生法律效力。调解达成协议并当庭执行完毕的，可以不制作调解书，但应当记入笔录，经双方当事人、审判人员、书记员签名或者盖章即发生法律效力。

经调解无法达成协议或者调解书在签收前当事人反悔的，附带民事诉讼应当同刑事诉讼一并开庭审理。

（四）审理上与刑事案件的协调

《刑事诉讼法》第78条规定："附带民事诉讼应当同刑事案件一并审判，只有为了防止刑事案件审判的过分迟延，才可以在刑事案件审判后，由同一审判组织继续审理附带民事诉讼。"该规定明确了附带民事诉讼案件的审理原则，即"一并审理"是原则，"分开审理"是例外。

1. 一般情况下，附带民事诉讼应当与刑事诉讼一并审理。一并审理是附带民事诉讼审理的原则，是指附带民事诉讼与刑事诉讼在同一程序中进行，一并开庭审理，一并判决。开庭审理时，一般应当分阶段进行，先审理刑事部分，然后审理附带民事部分。

2. 当附带民事诉讼的解决可能影响到刑事诉讼的及时处理时，才允许先解决刑事诉讼，再解决民事诉讼。刑事诉讼大多都涉及被告人的人身权利，不能久拖不决，所有刑事诉讼法规定了严格的期间。而附带民事有时候却难与刑事诉讼同步进行，例如，对于被害人遭受的物质损害或被告人的赔偿能力一时难以确定，或者附带民事诉讼的当事人因故不能到庭等等情况，都会导致附带民事诉讼难与刑事诉讼的审理同步。为了防止附带民事诉讼的解决影响刑事诉讼处理的效率，法律允许人民法院在审判刑事诉讼后，再继续审理附带民事诉讼部分。

3. 在刑事诉讼与附带民事诉讼分开进行审理时，附带民事诉讼应当在刑事案件审判后，由同一审判组织继续审理。如果同一审判组织的成员确实无法继续参加审判的，可以更换审判组织的成员。

人民法院认定被告人的行为不构成犯罪的，对已经提起的附带民事诉讼，经调解不能达成协议的，应当一并作出刑事附带民事判决。

---

① 樊崇义主编：《刑事诉讼法学》，中国政法大学出版社，2002年第1版，第347页。

（五）审理中的程序处理

在附带民事诉讼案件的审理中，被告人已经赔偿被害人物质损失的，人民法院可以作为量刑情节予以考虑。

犯罪分子非法占有、处置被害人财产而使其遭受物质损失的，人民法院应当依法予以追缴或者责令退赔。被追缴、退赔的情况，人民法院可以作为量刑情节予以考虑。经过追缴或者退赔仍不能弥补损失，被害人向人民法院民事审判庭另行提起民事诉讼的，人民法院可以受理。

在附带民事诉讼开庭审理过程中，附带民事诉讼的原告人经人民法院传票传唤，无正当理由拒不到庭的，或者未经法庭许可中途退庭的，应当按自行撤诉处理。

（五）附带民事诉讼的法律适用

人民法院审判附带民事诉讼案件，除适用刑法、刑事诉讼法外，还应当适用民法通则、民事诉讼法的有关规定。

（六）附带民事诉讼的执行

人民法院审理附带民事诉讼案件，依法判决后，查明被告人确实没有财产可供执行的，应当裁定中止或者终结执行。附带民事诉讼判决中财产的执行，依照民事诉讼法和最高人民法院的有关规定办理。

对附带民事诉讼的判决、裁定有执行财产内容的被告人，如在本地无财产可供执行，原判人民法院可以委托其财产所在地人民法院代为执行。代为执行的人民法院执行后或者无法执行的，应当将有关情况及时通知委托的人民法院。需要退赔的财产，应当由执行的人民法院移交委托的人民法院依法退赔。

第十一章　期间、送达

第一节　期　间

一、期间的概念和意义

刑事诉讼期间，是指法律规定的人民法院、人民检察院、公安机关和诉讼参与人进行刑事诉讼活动所必须遵守的时间期限。法律规定的刑事诉讼的期间有两大部分：一是公安司法机关应当遵守的期间；二是当事人及其他诉讼参与人应当遵守的期间。

期间，是刑事诉讼法从时间上规范诉讼行为的重要措施，是诉讼活动严肃性和强制性的体现，具有重要的意义：

1. 有利于增强公安司法机关及其工作人员的诉讼法制观念和责任感，督促其提高工作效率，防止诉讼拖延，保证诉讼活动的顺利进行。

2. 有利于当事人和其他诉讼参与人进行诉讼活动，及时行使诉讼权利，履行诉讼义务，配合公安司法机关依法进行刑事诉讼活动，正确处理案件。

3. 有利于保证诉讼活动的严肃性，保证法律的统一实施。期间的规定并不是单纯的时间规定，而是诉讼活动强制性的体现。公安司法机关必须严格按照法律规定的期间来进行诉讼活动，违反期间的规定是违法行为，要受到法律的追究，承担相应的法律后果。刑事诉讼法对期间作明确具体的规定，有利于防止公安司法机关各行其是，保证了法律的统一实施。

4. 保障及时惩罚犯罪。刑事诉讼法的基本目的之一是保证刑法的正确实施，惩罚犯罪。刑事诉讼法关于期间尤其是公案司法机关办案的规定，可以促使公安司法机关在法定的期限内办结案件，使实施犯罪行为的犯罪人及时受到应有的惩罚。

二、期间的计算

1. 期间的计算单位。我国刑事诉讼的期间以时、日、月为计算单位。以时计算的如公安机关、人民检察院对于被拘留的人应当在拘留后的24小时以内进行讯问。以日计算的如适用简易程序审理的案件，人民法院应当在受理后20日以内审结。以月计算的如人民检察院对公安机关移送审查起诉的案件，应当在1个月以内作出决定；重大复杂的案件，可以延长半个月。

2. 期间的计算方法。对于期间的计算主要应当遵循以下原则：（1）期间开始的时和日不计算在期间以内。例如不服判决的上诉和抗诉的期限为10天，这10天的期间应当从接到判决书的第2日起计算；（2）对于法定期间的计算，不包括路途上的时间。这一规则不仅适用于路途较远的当事人，而且也适用于公安司法机关。例如，当事人的住处或者工作地如果距离公安司法机关比较远，他们为参加诉讼在路途上所花费的时间，应当从法定期间内扣除。公安机关在异地执行拘留后带回本地，则返回途中所需的时间就不能计算在拘留后应当在24小时以内讯问的时间内；（3）上诉状或者其他诉讼文件在期满前已经交邮的，应当以交邮的时间即当地邮局盖邮戳的时间为准，而不能以邮件到达的时间为准。如果交邮的时间是在法定期限以内，邮件到达司法机关的时间已过了法定期限，也不算过期。

但是，为了保证诉讼活动的及时进行，节假日应当计算在期间以内。期间届满之日如果是法定节假日的，应当顺延至法定节假日后的第一个工作日，但对于被告人或者犯罪的在押期间，应当至期间届满之日为止，不得因节假日而延长在押期限。

3. 期间计算的特殊规定。针对诉讼过程中可能出现的一些特殊情况，刑事诉讼法规定了特殊情况下诉讼期间的计算：（1）在侦查期间，发现犯罪嫌疑人有重要罪行的，自发现之日起依照刑事诉讼法第124条的规定重新计算侦查羁押期限。犯罪嫌疑人不讲真实姓名，住址、身份不明的，侦查羁押期限自查清身份之日起计算，但是不得停止对其犯罪行为的侦查取证；（2）对于补充侦查的案件，补充侦查完毕移送人民检察院后，人民检察院重新计算审查起诉期限；（3）人民检察院审查起诉的案件，改变管辖的，从改变后的人民检察院收到案件之日起计算审查起诉期限；（4）人民法院改变管辖的案件，从改变后的人民法院收到案件之日起计算审理期限；（5）人民法院审判案件过程中，人民检察院补充侦查的案件，补充侦查完毕移送人民法院后，人民法院重新计算审理期限；（6）人民检察院审查起诉和人民法院审理的公诉案件，犯罪嫌疑人、被告人没有被羁押的，不受刑事诉讼法规定的审查起诉期限、审判期限的限制，但是不得中断对案件的审查或审理；（7）对犯罪嫌疑人作精神病鉴定的期间不计入办案期限。

4. 期间的恢复。刑事诉讼期间的恢复，是指诉讼当事人因某种特殊的原因未能在法定期间内进行特定的诉讼活动，经人民法院准许，可以继续进行这种诉讼活动。《刑事诉讼法》第80条规定："当事人由于不能抗拒的原因或者有其他正当理由而耽误期限的，在障碍消除后5日以内，可以申请继续进行应当在期满以前完成的诉讼活动。前款申请是否准许，由人民法院裁定。"根据这一规定，期间恢复的条件是：（1）只有当事人才可以提出恢复诉讼期间的申请，其他诉讼参与人无权提出这种申请；（2）当事人未能在法定期间内完成特定的诉讼行为，是由于不能抗拒的原因或者有其他正当理由。例如，患有严重疾病，未收到诉讼文书，遭受车祸等；（3）当事人的申请应当在妨碍其遵守法定期间内的原因消除后5日以内，向审判本案的人民法院提出；（4）必须经人民法院裁定允许。人民法院在接到当事人的申请后，经过审查，认为当事人申请中所述情况真实，超过法定期间确实具有不可抗拒的原因或者其他正当理由，应当裁定运行其继续进行在原期间内未完成的诉讼活动。如果认为当事人不是因为不能抗拒的原因或者具有其他正当理由而耽误期限的，则裁定驳回。

三、法定期间

法律一般明确对刑事诉讼的期间进行规定，此类期间称为法定期间，这种期间的开始是基于某种诉讼行为的实施或法律事实的发生。此外，特殊情况下可以由公安司法机关指定，此类期间称为指定期间。概括来说，刑事诉讼法关于各种诉讼活动的法定期间主要有：

1. 强制措施期间。对犯罪嫌疑人、被告人拘传持续的时间最长不得超过12小时。对犯罪嫌疑人、被告人取保候审最长不得超过12个月；监视居住最长不得超过6个月。拘留或逮捕犯罪嫌疑人、被告人后，除有碍侦查或者无法通知的情形以外，拘留或逮捕机关应当在24小时以内把拘留或逮捕的原因和羁押处所通知被拘留人或被逮捕人的家属或所在单位；应当在24小时内对被拘留人或被逮捕人进行讯问。公安机关对被拘留的人认为需要逮捕的，应当在拘留后3日内提请人民检察院审查批准，特殊情况下，可以将提请审查批准的时间延长1～4日；对于流窜作案、结伙作案、多次作案的重大嫌疑分子，提请审查批准逮捕的时间可以延长至30日。人民检察院在接到公安机关提请批准逮捕书后，应当在7日以内做出批准或不批准的决定。人民检察院自行侦查的案件中，对被拘留的人需要逮捕的，应当在拘留后10日内作出决定；特殊情况下，决定逮捕的时间可以延长1~4日。

2. 委托律师及其他辩护人、诉讼代理人的期间。犯罪嫌疑人在被侦查机关第一次讯问后或者采取强制措施之日起，可以聘请律师为其提供法律帮助。公诉案件自案件移送审查起诉之日起，犯罪嫌疑人有权委托辩护人；被害人及其法定代理人或近亲属、附带民事诉讼当事人及其法定代理人有权委托诉讼代理人；人民检察院自收到移送审查起诉的材料之日起3日以内，应当告知犯罪嫌疑人有权委托辩护人；应当告知被害人及其法定代理人或近亲属有权委托诉讼代理人。自诉案件的被告人有权随时委托辩护人；自诉人及其法定代理人、附带民事诉讼的当事人及其法定代理人有权随时委托诉讼代理人。人民法院自受理自诉案件之日起3日以内，应当告知被告人有权委托辩护人；应当告知自诉人及其法定代理人、附带民事诉讼的当事人及其法定代理人有权委托诉讼代理人。

3. 侦查羁押期间。对犯罪嫌疑人逮捕后的侦查羁押期限不得超过2个月。案情复杂、期限届满不能终结的案件，可以经上一级人民检察院批准延长1个月。对交通十分不便的边远地区的重大复杂案件，重大的犯罪集团案件，流窜作案的重大复杂案件，犯罪涉及面广、取证困难的重大复杂案件在上述期限内不能侦查终结的，经省、自治区、直辖市人民检察院批准或者决定，可以延长2个月。对犯罪嫌疑人可能判处10年有期徒刑以上刑罚，按照前述规定延长2个月，期限届满后仍不能侦查终结的，经省、自治区、直辖市人民检察院批准或者决定，可以再延长2个月。公安机关对案件提请延长羁押期限时，应当在羁押期限届满7日前提出，并书面呈报羁押期限案件的主要案情和延长羁押期限的具体理由，人民检察院应当在羁押期限届满前做出决定。因为特殊原因，在较长时间内不宜交付审判的特别重大复杂的案件，由最高人民检察院报请全国人大常委会批准延期审理。最高人民检察院直接立案侦查的案件，符合《刑事诉讼法》第124条、第126条和第127条规定的条件，需要延长犯罪嫌疑人侦查羁押期限的，由最高人民检察院依法决定。

4. 审查起诉期间。人民检察院对公安机关移送审查起诉的案件，应当在1个月以内做出决定；重大复杂的案件，可以延长半个月。根据最高人民检察院的规定，对于退回公安机关补充侦查的案件，应当在1个月以内补充侦查完毕，补充侦查以两次为限；人民检察院在审查起诉中决定自行侦查的，应当在审查起诉期限内侦查完毕。

5. 对不起诉决定的申诉期间。被害人如果不服不起诉决定的，可以自收到决定书后7日以内向上级人民检察院申诉，也可以不经申诉，直接向人民法院起诉。被不起诉人如果对于人民检察院因“犯罪情节轻微，依照刑法规定不需要判处刑罚或者免除刑罚”而做出的不起诉决定不服，可以自收到决定书7日以内向人民检察院申诉。

6. 一审诉讼活动期间。人民法院应当至迟开庭10日以前将人民检察院的起诉书副本送达被告人；应当在开庭3日以前将开庭的时间、地点通知人民检察院；将传票和通知书至迟在开庭3日以前送达当事人、辩护人、诉讼代理人、证人、鉴定人和翻译人员。在法庭审判过程中，人民检察院建议补充侦查的，应当在1个月以内补充侦查完毕。人民法院审判公诉案件，应当在受理后1个月以内宣判，至迟不得超过1个半月。对于交通十分不便的边远地区的重大复杂案件、重大的犯罪集团案件、流窜作案的重大复杂案件，犯罪涉及面广、取证困难的重大复杂案件，在上述期限内不能审结的，经省、自治区、直辖市高级人民法院批准或者决定，可以再延长1个月。适用简易程序审理的案件，应当在受理后20日以内审结。

适用普通程序审理的被告人被羁押的自诉案件，应当在被告人被羁押后1个月内宣判，最迟不得超过1个半月。有刑事诉讼法第126条规定情形之一的，经省、自治区、直辖市高级人民法院批准或者决定，可以再延长1个月。适用普通程序审理的被告人未被羁押的自诉案件，应当在立案后6个月以内宣判。有特殊情况需要延长审理期限的，经本院院长批准，可以延长3个月。

7. 上诉、抗诉期间。不服一审判决的上诉和抗诉的期限为10日，不服第一审裁定的上诉和抗诉的期限为5日。被害人及其法定代理人不服地方各级人民法院第一审的判决的，自收到判决书后5日以内，有权请求人民检察院提出抗诉。人民检察院自收到被害人及其法定代理人的请求后5日以内，应当做出是否抗诉的决定，并且答复请求人。

8. 二审诉讼活动期间。上诉人通过原审法院提出上诉的，原审人民法院应当在3日以内将上诉状连同案卷、证据移送上一级人民法院，同时将上诉状副本送交同级人民检察院和对方当事人；当事人直接向第二审人民法院提出上诉的，第二审人民法院应当在3日以内将上诉状交原审人民法院送交同级人民检察院和对方当事人。第二审人民法院必须在开庭10日以前通知人民检察院查阅案卷。第二审人民法院受理上诉、抗诉案件，应当在1个月以内审结，至迟不得超过1个半月。对于交通十分不便的边远地区的重大复杂案件、重大的犯罪集团案件、流窜作案的重大复杂案件，犯罪涉及面广、取证困难的重大复杂案件，在上述期限内不能审结的，经省、自治区、直辖市高级人民法院批准或者决定，可以再延长1个月。但是最高人民法院受理的上诉、抗诉案件，由最高人民法院决定。

9. 再审期间。人民法院按照审判监督重新审判的案件，应当在做出提审、再审决定之日起3个月以内审结，需要延长期限的，经本院院长批准，可以延长3个月，但再审期总共不得超过6个月。接受抗诉的人民法院按照审判监督程序审判抗诉的案件，审理期限适用上述规定；对需要指令下级人民法院再审的，应当自接受抗诉之日起1个月以内做出决定，下级人民法院审理案件的期限适用上述的规定。

10. 死刑执行期间。下级人民法院接到最高人民法院或者高级人民法院执行死刑的命令后，应当在7日以内交付执行。

11. 人民检察院对暂予监外执行和减刑、假释裁定提出意见的期间及有关机关做出处理的期间人民检察院认为暂予监外执行不当的，应当自接到通知后1个月以内将书面意见送交批准暂予监外执行的机关，批准暂予监外执行的机关接到人民检察院的书面意见后，应当立即对该决定进行重新核查。人民检察院认为人民法院减刑、假释的裁定不当，应当在收到裁定书副本后20日以内，向人民法院提出书面纠正意见。人民法院应当在收到纠正意见后1个月以内重新组成合议庭进行审理，做出最终裁决。

第二节　送　达

一、送达的概念和特点

刑事诉讼中的送达，是指公安机关、人民检察院和人民法院按照法定程序和方式将诉讼文件送交诉讼参与人和有关单位的诉讼活动。作为法律规定的一种诉讼活动，送达具有以下几个特征：

1. 送达的主体只能是公安机关、人民检察院和人民法院。送达是公安机关、人民检察院和人民法院在诉讼中履行其职责而进行的诉讼活动，是公安司法机关将有关诉讼文书送交给诉讼参与人。因此，诉讼参与人向公安机关、人民检察院或者人民法院递交诉讼文书或者其相互之间传递诉讼文书的行为，不是刑事诉讼中的送达。

2. 送达的内容是诉讼文件。其中，公、检、法三机关制作的诉讼文件是送达的主要内容，例如，传票、起诉书、通知书、不起诉决定书、判决书、裁定书、调解书等等。

3. 对送达的程序和方式法律有明确的规定。实施送达行为，必须严格依照法律规定的程序和方式进行，否则不能产生送达的法律效力。

二、送达程序

根据《刑事诉讼法》第 81 条的规定，诉讼文件的送达应遵循下列程序：

1. 传票、通知书和其他诉讼文件的送达，应当直接交给收件人本人，收件人本人应当在送达回证上记明收到的日期，并且签名或者盖章。收件人在送达回证上签收的日期为送达的日期。

如果收件人本人不在，可以交给他的成年家属或者所在单位的负责人代收，代收人应当在送达回证上记明收到的日期，并且签名盖章。代收人在送达回证上签收的日期为送达的日期。

2. 收件人本人或者代收人拒绝接收或者拒绝签名、盖章的时候，送达人可以邀请他的邻居或者其他见证人到场，说明情况，把文件留在其住处，在送达回证上注明拒绝的事由、送达的日期，由送达人签名，即认为已经送达。

3. 根据最高人民法院的规定，直接送达诉讼文件有困难的，可以委托收件人所在地的人民法院代为送达，或者邮寄送达。委托送达的，应当将委托函、委托送达的诉讼文件及送达回证，寄送收件人所在地的人民法院。受委托的人民法院收到委托送达的诉讼文件，应当登记，并由专人及时送交收件人，然后将送达回证及时退回原人民法院。受委托的人民法院无法送达时，应将无法送达的原因及时告知原人民法院，并将诉讼文件及送达回证退回。

4. 邮寄送达的，应当将诉讼文件、送达回证挂号邮寄给收件人。挂号回执上注明的日期为送达的日期。

5. 对于某些特殊的收件人，可以通过有关部门将诉讼文件转交给收件人。(1) 诉讼文件的收件人是军人的，可以通过所在部队团级以上单位的政治部门转交；(2) 收件人正在服刑的，可以通过所在监狱或者其他执行机关转交；(3) 收件人正在劳动教养的，可以通过劳动教养单位转交。代为转交的部门、单位收到诉讼文件后，应当立即交收件人签收，并将送达回证及时退回送达的人民法院。

送达人不按照法律要求送达，致使诉讼活动不能顺利进行的，应当由送达人负责。如果已经合法送达，收件人本人不按照文件的要求执行的，由此产生的法律后果，应由收件人本人负责。

三、送达回证

送达回证，又称送达证、送达证书，是指公安司法机关依法将诉讼文书送达收件人的证明文书，即送达活动的凭证。送达回证的内容包括：送达机关和送达文件的名称，被送达人姓名（名称）、职业、职务、住所地或者经常居住地，送达方式，送达人和被送达人签名、盖章、签收日期等。

送达回证是送达人完成送达任务的凭证，也是被送达人接收或者拒收所送达的诉讼文件的证明，同时，也是检查公、检、法三机关是否按照法定程序和方式送达诉讼文件、认定当事人及其他诉讼参与人的诉讼行为是否有效、计算各类期间的基本依据。

第十二章　刑事诉讼的中止和终止

第一节　刑事诉讼的中止

一、刑事诉讼中止的概念和功能

刑事诉讼的中止，是指在刑事诉讼过程中，由于发生某种情况或法定原因，影响诉讼的正常进行而将诉讼暂时停止，待中止的情况消失后，再恢复诉讼的制度。

正常情况下，刑事公诉案件自立案起，自诉案件自人民法院受理以后，应当按照诉讼程序不间断地进行下去，直到人民法院作出的判决、裁定生效并交付执行。但是，刑事诉讼是一个牵扯到很多因素的复杂过程，在诉讼中有时会出现一些特殊的情况或客观障碍，致使诉讼无法进行下去，也无法终结诉讼。如在侦查阶段，凡是有条件进行的侦查工作已经完成，犯罪嫌疑人却因潜逃而下落不明；在审判阶段，被告人因患精神病或者其他严重疾病不能接受审判等等。此时，需要中断诉讼的正常进程，将诉讼暂时予以不定期的停止，待引起诉讼中止的原因消失或客观障碍得到排除后，再继续进行诉讼，这种制度就是诉讼的中止。刑事诉讼中，诉讼中止的情况可以发生在各个阶段。

刑事诉讼法规定诉讼中止，以法律认可的形式使无法进行下去的诉讼处于一个相对确定的状态，其意义在于：一是可以维护刑事诉讼的严肃性；二是有利于维护当事人的合法权益；三是可以使公安司法机关集中力量办理其他的刑事案件。

二、刑事诉讼中止的情形

关于刑事诉讼中止的情形，刑事诉讼法没有明确规定。外国刑事诉讼立法一般都明确规定了刑事诉讼的中止情形。例如，德国《刑事诉讼法》第 205

条规定，由于被告人不到或者由于被告方面的其他阻碍致使在相当的时期内不能开庭审判时，法庭可以裁定暂停诉讼程序。第206条规定，遇到诉讼程序在审判开始后受到显然的阻碍时，法庭可以做出审判外的裁定，中止诉讼程序。原苏联刑事诉讼法典中也有关于中止侦查、中止受理情形的详细规定。[①]

根据最高人民法院的多次批复和司法解释，刑事诉讼中止的情形有：

1. 在侦查阶段，有条件进行的侦查工作已经完成，如果犯罪嫌疑人下落不明，又不够通缉条件，应当暂时中止诉讼。如果犯罪嫌疑人应当逮捕，则应当组织追捕和通缉，而不能作中止诉讼处理。

2. 在侦查、起诉阶段，应当进行的侦查工作已经完成，确认犯罪嫌疑人、被告人的行为构成犯罪并应当承担刑事责任，而犯罪嫌疑人、被告人因患有精神病或其他严重疾病，不能接受讯问，应当暂时中止诉讼。如果犯罪嫌疑人、被告人虽患有精神病或其他严重疾病，但应当进行的侦查、调查工作尚未完成，则不能中止诉讼，而应当在对犯罪嫌疑人、被告人进行医疗的同时，继续进行其他诉讼活动。

3. 在审判阶段，应当或者可以中止审理的情况主要有以下几种：(1) 被告人在审理过程中患精神病或其他严重疾病，不能承受审问的；(2) 自诉人在审判期间因患有精神病或其他严重疾病不能参加诉讼，其代理人也不能代理诉讼的；(3) 在法庭审理期间被告人潜逃或者隐匿的。这是指被取保候审、监视居住的被告人在法庭审理期间潜逃，也适用于从羁押场所脱逃或者在押解途中脱逃的被告人。

4. 当事人有正当理由，要求暂时停止诉讼。例如，过失犯罪的被告人或自诉人必须在限定的时间内参加某项具有重大意义的活动等，经正在办案的专门机关审查同意，可暂时中止正在进行的诉讼。

决定是否中止刑事诉讼，应根据诉讼中止所处的不同阶段，分别由公安机关、人民检察院、人民法院以决定或裁定的方式予以确定，并通知有关机关和当事人。共同犯罪的案件，如果只有部分犯罪嫌疑人、被告人符合诉讼中止的条件，则只对这部分人中止诉讼，另案处理；对其他人的刑事诉讼活动则仍可照常进行。诉讼中止的期间不计入侦查、起诉和审判的期限。

中止审理与延期审理都是刑事诉讼中由法庭决定暂停审理的制度，但两者有明显的区别：(1) 中止审理与延期审理的理由不同。中止审理的原因主要是因为与案件有直接利害关系的当事人不能到庭，尤其是被告人因故不能

① 樊崇义主编：《刑事诉讼法学》，中国政法大学出版社，2002年第1版，第323页。

到庭受审，才决定中止案件的审理。而延期审理是因故不能按照原定的开庭时间进行审理，或者是在开庭后因故不能继续进行审理而决定顺延审判的时间，当影响开庭审理的原因消失后，再继续开庭的情况。在诉讼中，延期审理是一种比较常见的情况，例如，人民法院在审理案件的过程中，发现需要通知新的证人到庭，或者需要调取新的证据，或者需要重新鉴定、勘验的，可以决定延期审理。再如人民检察院发现提起公诉的案件需要补充侦查，提出建议由法院决定延期审理的情况。（2）中止审理是停止审理程序，因此中止审理的期间不计入审判期限；而延期审理只是中断审理的具体时间，不是停止审判程序，所以延期审理的期间一般计入审判期限。但是，根据《刑事诉讼法》第 165 条和 168 条的规定，检察人员发现提起公诉的案件需要补充侦查，提出建议由法庭决定延期审理的案件，人民检察院应当在 1 个月内补充侦查完毕。人民检察院补充侦查的案件，补充侦查完毕移送人民法院后，人民法院重新计算审理期限。

第二节 刑事诉讼的终止

一、刑事诉讼终止的概念

刑事诉讼终止，是指在立案后至判决生效以前，由于出现某种法定的情况，致使诉讼没有必要或者不可能继续进行，从而结束诉讼的制度。

刑事诉讼要解决的核心问题是被告人的刑事责任，在诉讼过程中，如果出现法律规定不需要追究被告人刑事责任的情况，或者因被告人死亡而失去追究的对象，诉讼继续进行下去就没有了意义。在此情况下，应当及时终止诉讼，以维护法律的严肃性，避免办案人员无效劳动，节省人力物力，节省司法资源。与此同时，及时终止诉讼，可以使有关当事人及时从诉讼中解脱出来，减少讼累，维护其合法权益。

诉讼终止与诉讼中止都是有权司法机关根据法定的条件和程序对刑事诉讼进程所作的调整。目的是为了保障刑事诉讼的严肃性，提高诉讼效率，节约司法力量，保障涉案当事人的合法权益。但是两者之间也存在区别：

1. 适用的条件不同。诉讼终止适用于依法没有必要继续进行，或依法不应继续进行的各种情况；诉讼中止则适用于因发生某种障碍而使得诉讼无法继续进行的某些特殊情况。

2. 两者的结果不同。诉讼终止是终结案件，不再追诉，表明犯罪嫌疑人、被告人不应当或不需要承担刑事责任；诉讼中止则只是暂停诉讼，待障碍消失以后继续进行诉讼，犯罪嫌疑人是否被继续追诉或被告人是否应当承担刑事责任，都有待相应阶段的办案机关通过进一步的诉讼活动确定。

3. 适用的程序不同。诉讼终止，根据具体情况分别由办案机关作出撤销案件或不起诉的决定，或终止审理的裁定。诉讼中止，则由办案机关作出诉讼中止的决定。诉讼终止应当制作正式的法律文书，送达犯罪嫌疑人、被告人及他们所在单位和家属。如果犯罪嫌疑人、被告人在押，必须发给释放证明；诉讼中止只需将决定记录在案，并通知有关单位或个人，无需制作正式的法律文书。

二、刑事诉讼终止的情形

我国刑事诉讼法没有诉讼终止的概念，但是第 15 条规定："有下列情形之一的，不追究刑事责任，已经追究的，应当撤销案件，或者不起诉，或者终止审理，或者宣告无罪：（1）情节显著轻微、危害不大，不认为是犯罪的；（2）犯罪已过追诉时效期限的；（3）经特赦令免除刑罚的；（4）依照刑法告诉才处理的案件，没有告诉或者撤回告诉的；（5）犯罪嫌疑人、被告人死亡的；（6）其他法律规定免予追究刑事责任的。"第 15 条的规定实质上是法定的审判阶段诉讼终止的情形。目前我国刑事诉讼法规定的诉讼终止仅限于审判阶段，表现为终止审理。在侦查起诉和提起公诉阶段，查明具有第 15 条规定的几种情形时，应当分别做出撤销案件或者不起诉的决定。即在侦查和起诉阶段，对于法律规定不予追究刑事责任的情形，应当以撤销案件或不起诉的方式来终结诉讼，而不需要另外再作终止诉讼的处理。此外，在审判阶段，除第 15 条第 1 项规定的情形外，对于其他五种情形，应当裁定终止审理。对于第 1 项规定的情形，应当宣告无罪。

第　三　编

分　　论

第十三章　立　案

第一节　立案的概念和意义

一、立案的概念

刑事诉讼中的立案，是指公安机关、人民检察院和人民法院对自己发现的案件材料和接受控告、举报、报案、自首等材料，依照各自的管辖范围进行审查，判明是否有犯罪事实存在及是否需要追究刑事责任，并决定是否作为刑事案件进行侦查或提交审判的诉讼活动。

刑事诉讼中的立案有以下特征：

1. 立案的权力属于公安机关、人民检察院和人民法院。按照刑事诉讼法的规定，只有公安机关、人民检察院和人民法院才有立案的权力和职责，其他任何单位和个人都无权立案。如果违法私自立案，对公民的人身权利造成损害，应当依法追究刑事法律责任。

2. 立案是刑事诉讼中的独立诉讼阶段。立案作为刑事诉讼中的一个独立的阶段，有其特定的任务。立案阶段的任务就是决定是否开始刑事诉讼的程序。具体而言，就是法定的立案机关根据报案、控告、举报、自首等材料，判断有无犯罪事实和是否需要追究刑事责任，从而决定是否将案件交付侦查或者审判。

3. 立案是刑事诉讼开始的必经程序。公安司法机关对任何犯罪行为进行追究，都必须首先依法立案。只有经过立案这一法定程序，案件才能进入刑事诉讼的轨道，司法机关的侦查、起诉和审判活动才具有合法的依据。

在外国的刑事诉讼法律中，绝大多数没有刑事诉讼开始的专门程序或者没有把立案作为一个独立的阶段。如英国和美国，法律没有专门规定刑事诉讼开始的程序，实施逮捕一般视为刑事诉讼的开始。又如，法国虽然规定开始刑事诉讼有办理一定的手续，但没有把它规定为一个独立的程序。当然，在有些国家，如在前苏联、东欧国家和蒙古等国家的立法中，对开始刑事诉讼的规定了专门的程序，并作为一个独立的程序来对待。我国刑事诉讼法中关于立案的规定借鉴了前苏联等国家的经验，将立案作为刑事诉讼的开端且是一个独立的程序来对待。[①]

二、立案的意义

1. 立案是刑事诉讼的开端和必经程序。刑事诉讼的每一个程序，并不是每一个案件都必须经过的。例如，在公诉案件中，人民检察院侦查终结发现不应当追究刑事责任，依法撤销案件，从而终结已经开始的诉讼程序。又如，刑事案件经过一审判决后，被告人在法定期间内不上诉，人民检察院不抗诉，案件就不经过二审程序。而立案是刑事诉讼的必经程序，也就是说，每一个案件都要经过立案程序，其他诉讼程序才能依次进行。

2. 公安司法机关正确、及时地做出立案和不立案的决定，有利于迅速揭露、证实犯罪和打击犯罪，保障无罪的人不受刑事追诉，保护公民的合法权益。对于已经实施或预备实施或者正在实施的行为，并需要追究刑事责任的，公安司法机关一经发现即迅速组织力量，依法进行侦查审判活动，以期有效地制止犯罪，体现了司法机关打击犯罪的积极主动性。此外，公安司法机关通过立案前的审查活动，明确不具有犯罪事实或者依法不应当追究刑事责任的不予立案，保障无罪的人不受刑事追诉，从而防止和避免错案，保护公民的合法权益不受侵犯。

3. 立案是评价社会治安形势和进行正确决策的重要依据。通过立案，公安机关、人民检察院和人民法院可以分析研究不同时期的犯罪情况和犯罪动向，总结犯罪特点、规律以及工作经验，采取相应对策以指导司法实践，有利于制止和预防犯罪，加强社会治安综合治理。

第二节　立案的材料来源和立案条件

一、立案的材料来源

立案的材料是指有关犯罪事实和犯罪嫌疑人存在的线索和有关的证据材料。这些线索和材料是公安司法机关立案或者不立案的根据。根据我国刑事诉讼法的规定和司法实践，立案材料的来源有以下几个方面：

---

① 樊崇义主编：《刑事诉讼法学》，中国政法大学出版社，2002年第1版，第202～203页。

1. 公安机关或者人民检察院直接发现的犯罪事实或犯罪嫌疑人。根据《刑事诉讼法》第83条的规定："公安机关或者人民检察院发现犯罪事实或者犯罪嫌疑人，应当按照管辖范围，立案侦查。"这一规定强调了公安司法机关发现犯罪事实和犯罪嫌疑人的主动性。在司法实践中，公安机关、人民检察院处于同犯罪作斗争的第一线，要经手处理大量的案件。在处理案件和日常的工作中，公安机关和人民检察院一旦发现各种犯罪事实和行为，都应当依照各自的管辖范围立案侦查；对不属于自身管辖范围内的事项，也应当及时移送，以保证准确及时地惩罚和打击犯罪。因此，公安机关或者人民检察院直接发现的犯罪事实或犯罪嫌疑人是立案材料的重要来源。

2. 单位或者个人的报案或举报。《刑事诉讼法》第84条第1款规定："任何单位和个人发现有犯罪事实或者犯罪嫌疑人，有权利也有义务向公安机关、人民检察院或者人民法院报案或者举报。"报案是指机关、团体、企事业单位或者公民（包括被害人）发现犯罪事实后，立即向公安司法机关报告的行为。举报是指被害人以外的机关、团体和企事业单位或者公民向公安司法机关揭露、报告犯罪嫌疑人及其犯罪事实的行为。报案与举报相比较而言，报案提供的犯罪事实、证据材料简单笼统，不能明确指出犯罪嫌疑人是谁；而举报不仅能报告犯罪事实的发生，而且能提供明确的犯罪嫌疑人，其材料比报案更加详细。

对犯罪事实或犯罪嫌疑人进行报案或举报，是机关、团体、企事业单位和公民依法享有的合法权益，也是一项重要的法律义务。对于公民或者单位的报案和举报，公安机关、人民检察院和人民法院都应当接受，对不属于自己管辖的应当及时移送；对不属于自己管辖的且要采取紧急措施的，应当在采取紧急措施后及时移送。公民或者单位的报案或者举报可以口头或者书面的方式提出，以便于公民或者单位举报、报案，有利于打击犯罪。在司法实践中，单位或者个人的报案或者举报是最普遍，最重要的立案材料来源。

3. 被害人的报案和控告。《刑事诉讼法》第84条第2款规定："被害人对侵犯其人身、财产权利的犯罪事实或者犯罪嫌疑人，有权向公安机关、人民检察院或者人民法院报案或者控告。"控告是指遭受犯罪行为侵害的公民或者单位，向司法机关指控犯罪，请求追究刑事责任的行为。被害人作为遭受犯罪行为直接侵害的对象，一方面具有追究犯罪的强烈愿望和积极性；另一方面，在许多案件中，被害人与犯罪嫌疑人有过直接接触，能够提供较为详细、具体的关于犯罪事实和犯罪嫌疑人的情况和线索。所以，被害人的报案或者控告也是立案材料的主要来源。

控告和举报既有联系又有区别，控告与举报都是控诉犯罪嫌疑人的犯罪事实，控告主要由受犯罪行为直接侵害的被害人提出，而举报人的范围更广泛，绝大多数与案件无直接的利害关系。

此外，《刑事诉讼法》第88条规定："对于自诉案件，被害人有权向人民法院直接起诉。被害人死亡或者丧失行为能力的，被害人的法定代理人、近亲属有权向人民法院起诉，人民法院应当依法受理。"因此，自诉人的起诉是立案材料的来源之一。

4. 犯罪人的自首。自首，是指犯罪嫌疑人在犯罪以后自动投案，如实交代自己的犯罪事实的行为。根据《刑事诉讼法》第84条第3、4款规定，犯罪人向公安司法机关自首的，都应当接受。对于不属于自己管辖的应当移送主管机关处理；对于不属于自己管辖而又必须采取紧急措施的，应当先采取紧急措施，然后移送主管机关。由于刑法规定对自首者可以从轻、减轻或免除处罚，因此，司法实践中犯罪人实施犯罪后自首的情况较多。根据最高人民法院的司法解释，犯罪人向所在单位、城乡基层组织或者其他有关负责人投案的；犯罪人因病、伤或者为了减轻犯罪后果，而委托他人代为投案的；或者先以电报、信件方式投案的，都应视为自首。[①] 可见，自首也是立案材料的重要来源。

除上述的立案材料来源以外，上级机关交办的案件、有关机关移送的案件也是刑事诉讼立案的重要材料来源。

二、立案的条件

立案条件，是指立案的法定理由和根据。《刑事诉讼法》第86条规定："人民法院、人民检察院或者公安机关对于报案、控告、举报和自首的材料，应当按照管辖范围，迅速进行审查，认为有犯罪事实需要追究刑事责任的时候，应当立案；认为没有犯罪事实，或者犯罪事实显著轻微，不需要追究刑事责任的时候，不予立案，并且将不立案的原因通知控告人。控告人如果不服，可以申请复议。"根据此法律规定，立案必须同时具备两个条件：

1. 有犯罪事实。有犯罪事实，也称事实条件，是指危害社会的行为已经发生，而且危害社会的行为已达到犯罪的程度，具备犯罪构成的要件。具体来说，一是在刑事诉讼中，需要立案追究的，必须是依照刑法规定构成犯罪的行为，即在立案过程中界定罪与非罪的界限；二是必须有一定的证据材料证明犯罪事实确已发生，而不是出于侦查、检察、审判人员的主观臆断。当

① 参见最高人民法院1998年4月6日《关于处理自首和立功具体应用法律若干问题的解释》，转引自陈光中主编：《刑事诉讼法学》，中国政法大学出版社，1998年第1版，第273页。

然，这些证据只要能够证明犯罪事件已经存在即可。至于整个犯罪的过程、犯罪的情节等具体的情况，是立案后的侦查或者审理阶段需要查明的事实。需要注意的是，法律在此表述为“认为有犯罪事实”这与人民法院的最终定罪量刑是不同的。

2. 需要追究刑事责任。需要追究刑事责任，也称法律条件。需要追究刑事责任是指根据刑事法律规定，对实施犯罪行为的行为人有追究刑事责任的必要。立案的目的是追究犯罪行为的刑事责任，并通过立案后的侦查、起诉和审判活动来揭露犯罪、惩罚犯罪和打击犯罪。因此，对于法律规定不需要追究刑事责任的行为，就缺乏立案的法定条件。具体来说，对于依照法律规定不需要追究刑事责任的情形，即属于刑事诉讼法第 15 条规定的情形之一的，公安司法机关不应当追究刑事责任，不予立案。

同时，具备有犯罪事实、需要追究刑事责任的条件是刑事诉讼法规定的进行立案的要求。在司法实践中，立案机关对各自管辖的刑事案件，分别或联合制定了一些具体标准，这是立案总体要求的具体化。因此，对于某个具体的案件是否可以立案，除了具备刑事诉讼法的总体要求外，还应当结合具体的标准作出判断。

自诉案件的立案与公诉案件的立案不同，它同起诉和受理相重合，并同审判相连接。自诉人起诉后，只要符合立案条件，人民法院就应当立案受理并进行审判。自诉案件的立案除应具备上述两个条件，根据最高人民法院司法解释的规定，还应当具备下列条件：（1）案件属于自诉案件的范围；（2）案件属于该人民法院管辖；（3）刑事案件的被害人告诉的；（4）有明确的被告人、具体的诉讼请求和能证明被告人犯罪事实的证据。如果属于《刑事诉讼法》第 170 条第 3 项规定的自诉案件，立案的条件还应当符合《刑事诉讼法》第 86 条、第 145 条的规定。

第三节 立案的程序

立案程序，是指公安机关、人民检察院或者人民法院对立案材料接受、审查和处理过程中应当遵守的法定步骤、方式和方法。

一、对立案材料的接受

根据刑事诉讼法规定，公安机关、人民检察院或者人民法院对于任何单位、个人和被害人的报案、举报和控告以及犯罪人的自首，都应当接受，不得推诿或者拒绝。接收后，经过审查，对于不属于自己管辖范围内的，应当移送主管机关处理，并且通知报案人、控告人、举报人和自首的犯罪人；对于不属于自己管辖又必须采取紧急措施的，应当先采取紧急措施，以防止犯罪人逃跑、自杀、行凶等逃避或者妨碍诉讼活动的行为发生，然后再移送主管机关处理。在司法实践中，公安机关和人民检察院对立案材料的接受称为受案。

对于自诉案件，被害人有权直接向人民法院起诉。被害人死亡或者丧失行为能力的，被害人的法定代理人、近亲属有权向人民法院起诉，人民法院应当受理。此外，根据《刑事诉讼法》第 170 条第 3 款规定，被害人有证据证明被告人侵犯自己人身、财产权利的案件，公安机关、人民检察院本应追究被告人的刑事责任，但作了不立案、不起诉或不追究刑事责任的决定，被害人直接向人民法院递交有关犯罪事实材料要求起诉的，如果符合法律规定的公诉转化为自诉的条件，人民法院应当受理。

为了便于单位、个人以及被害人行使报案、控告、举报权，有利于群众及时同犯罪作斗争，保护国家、社会和公民个人的合法权益，法律规定，报案、控告、举报既可以书面方式提出，也可以口头方式提出，两种方式具有同等的法律效力。接受口头报案、控告、举报的公安人员、检查人员和审判人员，应当就报案、控告、举报的内容认真、详细地写成笔录，经宣读无误后，由报案人、控告人、举报人签名或者盖章。对于单位报案、控告、举报的，应当由单位加盖公章，并由单位负责人签名或者盖章，以便查证和防止诬告陷害。对于犯罪人的自首，接受的司法人员应当将犯罪人投案自首的时间、地点以及其供述的犯罪行为发生的过程、情节、手段、后果等写成笔录，并经宣读无误后，由自首人签名或者盖章。

为了保证控告、举报的真实性，法律明确规定，接受控告、举报的工作人员，应当向控告人、举报人说明诬告应负的法律责任。对于故意捏造事实、伪造证据，有意诬告的，我国刑法规定了相应的刑事法律责任。但是，只要不是捏造事实，伪造证据，即使控告、举报的事实有出入，甚至是错告，也要和诬告严格进行区分。

为了保护人民群众同犯罪作斗争的积极性，《刑事诉讼法》第 85 条第 3 款规定："公安机关、人民检察院或者人民法院应当保障报案人、控告人、举报人及其近亲属的安全。报案人、控告人、举报人如果不愿公开自己的姓名和报案、控告、举报的行为，应当为他保守秘密。"根据这一规定，司法机关依法应当保障报案人、控告人、举报人及其近亲属的安全。当他们的安全由于报案、控告、举报行为而受到威胁时，司法机关应当主动采取保护措施或者接受申请采取相应的保护措施。对于对报案人、控告人、举报人及其近亲属进行威胁、侮辱或者打击报复，应当严肃查处，对构成犯罪的应当依法追究刑事法律责任。对于报案人、控告人、举报人不愿公开自己的姓名的，司法机关应当在侦查、起诉、审判阶段以及诉讼终结后为他们保守秘密，以防止打击报复的行为发生，同时解除报案人、控告人、举报人的思想顾虑。

公安机关、人民检察院、人民法院受理报案、控告、举报或者犯罪人自首的，应当由受理的工作人员填写《受理刑事案件登记表》。

二、对立案材料的审查

根据《刑事诉讼法》第86条的规定，人民法院、人民检察院或者公安机关，对于报案、控告、举报和自首的材料，应当按照管辖范围迅速进行审查。对立案材料的审查，在人民检察院自行侦查的案件中称为初查。人民法院、人民检察院、公安机关对立案材料审查，是及时立案的关键，其审查结果直接关系到三机关是否作出立案或者不立案的决定。因此，对立案的材料审查，是立案程序中最主要的工作。

人民法院、人民检察院、公安机关对于立案材料审查的内容，主要是案件是否属于本部门管辖，是否符合立案条件。对立案材料审查的方法，通常是根据已掌握的材料和证据，确认有犯罪事实存在且依法应当追究刑事责任的，应当迅速做出立案决定；对于经过审查认为证据不足的，情况不明，或对立案材料尚有疑问的，可以要求报案人、控告人、举报人补充材料或者进一步说明情况。同时，公安司法机关也可以派员自行调查、收集证据，必要时可以采取勘验、检查、查询、鉴定、询问知情人等一般调查方法。但是，公安司法机关在此时进行调查，除性质特殊如暴力性犯罪，情况紧急外，不能采取限制被查对象人身、财产权利的侦查措施。

对于立案材料的审查，只要求所取得的证据材料在一定程度上能够证明有犯罪事实的发生，并且依法需要追究刑事责任时，就应当做出立案的决定。因此，在司法实践中，针对为了提高刑事案件的破案率，不破案就不立案，“先破后立”的倾向，有关机关应当予以纠正。

三、对立案材料的处理

公安机关、人民检察院和人民法院对立案材料进行审查后，根据事实和法律所做出立案或者不立案的决定，即是三机关对立案材料的处理程序。

1. 立案。公安机关、人民检察院、人民法院经过对案件的审查，认为符合立案的条件时，应当由办案人员写出决定立案的报告书或者填写《立案报告表》。立案报告书的内容包括：立案机关的名称、材料的来源和案由、案发的时间和地点、犯罪事实、现有的证据材料、立案的法律根据和初步意见、立案的时间、承办人的姓名等基本情况。

承办人将写好的立案报告书或者《立案报告表》连同有关的证据材料，送本机关有关主管领导审批。经批准后，填写《立案决定书》，并由负责审批人签名或者盖章，以标志正式立案。

2. 不立案。公安机关、人民检察院、人民法院经过对案件的审查，认为不符合立案条件的，做出不立案的决定，并将不立案的原因通知控告人。控告人如果不服，可以申请复议。主管机关应当在法定的期限内进行复议，并将复议结果及时通知控告人。

在司法实践中，凡是公民举报，除不具名或具假名、不写明地址而无法答复的外，公安机关、人民检察院和人民法院都应给以举报人答复。答复可以采用电话、书面或面谈等方式。举报人如对不立案的决定有异议，可以向受理机关申请复议一次。通过答复形式将查处的结果告知举报人，可以使立案工作处于群众的监督之下，增加举报工作的透明度，促进办案质量的提高。

四、立案监督

立案监督是指人民检察院对公安机关立案的活动是否合法所进行的监督。立案是刑事诉讼程序中的独立的诉讼阶段，人民检察院依法对刑事诉讼实行法律监督，自然包括对立案活动的监督。在司法实践中，存在着有案不立，有罪不究，以行政处罚、经济处罚、治安处罚代替刑事追究的问题。此类问题的存在，不仅损害了法律的尊严和权威，而且让犯罪分子逃脱法律的制裁，危害社会的秩序和国家人民财产的安全。① 由此，刑事诉讼法针对这一问题，赋予人民检察院对公安机关的立案活动进行监督的权力。

《刑事诉讼法》第 87 条规定："人民检察院认为公安机关对应当立案侦查的案件而不立案侦查的，或者被害人认为公安机关对应当立案侦查的案件而不立案侦查，向人民检察院提出的，人民检察院应当要求公安机关说明不立案的理由。人民检察院认为公安机关不立案理由不能成立的，应当通知公安机关立案，公安机关接到通知后应当立案。"根据这一规定，人民检察院对的立案活动进行监督，主要通过人民检察院的检察业务活动以及被害人的申诉等途径发现问题。

人民检察院发现公安机关对应当立案侦查的案件不立案侦查的，由审查

---

① 参见陈光中主编：《刑事诉讼法学》，中国政法大学出版社，1998 年第 1 版，第 280 页。樊崇义主编：《刑事诉讼法学》，中国政法大学出版社，2002 年第 1 版，第 209 页。

逮捕部门审查，在审查时，应当要求公安机关说明不立案的理由，并可以要求被害人提供有关材料，必要时可以开展有关的调查工作。公安机关在收到人民检察院《要求说明不立案的理由通知书》后 7 日内，应当将说明情况书面答复人民检察院。人民检察院认为公安机关不立案理由不能成立，经检察长或者检察委员会决定，发出《通知立案书》，并将有关证明应当立案的材料移送公安机关。公安机关在收到《通知立案书》后，应当在 15 日内决定立案，并将立案决定书送达人民检察院。人民检察院经过审查，认为公安机关不立案的理由成立，案件确实不符合立案的条件的，应当在 30 日内将不立案的理由和根据告知被害人。

人民检察院通知公安机关立案的，应当依法对通知的执行进行监督。人民检察院通知公安机关立案，公安机关不予立案的，发出通知的人民检察院应当将案件情况报告上一级人民检察院。上一级人民检察院经审查认为应当立案的，应当通知同级公安机关立案。如果属于国家机关工作人员利用职权实施的重大犯罪案件，经省级以上人民检察院决定，人民检察院可以直接立案。

第十四章　侦　查

第一节　侦查的概念、任务和意义

一、侦查的概念

侦查是指特定的司法机关在办理刑事案件过程中，为证实、查明犯罪事实和缉获犯罪人而依法采取的专门调查工作和有关的强制措施。我国《刑事诉讼法》第82条第1项规定："侦查是指公安机关、人民检察院在办理案件过程中，依照法律进行的专门调查工作和有关的强制措施。"

侦查是我国刑事诉讼程序中的一个独立的诉讼阶段，在刑事诉讼中具有重要作用。侦查有以下的特点：

1. 侦查的主体是特定的司法机关。根据我国《刑事诉讼法》第82条第1项的规定，侦查的主体是公安机关、人民检察院。此外，《刑事诉讼法》第4条、第225条规定，国家安全机关依照法律规定，办理危害国家安全的刑事案件时，可以行使与公安机关相同的侦查权；对于军队内部发生的刑事案件，罪犯在监狱内犯罪的案件，分别由军队保卫部门和监狱进行侦查。可见，在我国刑事诉讼中，享有侦查权的主体是特定的，只有公安机关、人民检察院和法律特别授权的主体才能行使侦查权，除此以外，其他任何机关、团体和个人都无权行使侦查权。

我国法律规定的侦查机关与外国的情况不同。在英美法系国家，侦查主要是由警察来负责；在大陆法系的一些国家，检察机关兼负侦查犯罪、提起公诉及支持公诉的职责，在某些情况下，警察机关是作为检察机关的辅助机关而存在的，协助检察机关或受检察机关的指挥、命令侦查犯罪。[①]

2. 侦查的内容和方式是特定的。侦查活动的内容是根据法律规定的专门

① 樊崇义主编：《刑事诉讼法学》，中国政法大学出版社，2002年第1版，第211页。

调查工作和有关的强制性措施。具体而言，专门调查工作是指刑事诉讼法规定的讯问犯罪嫌疑人，讯问证人、讯问被害人，勘验、检查，搜查，扣押物证、书证，鉴定，通缉等诉讼活动。这种调查工作与人民法院在审理案件过程中所进行的勘验、检查，搜查，扣押物证、书证，鉴定等调查工作不同，后者是基于调取核实证据的需要，属于审判中的调查活动，而不属于侦查活动的范畴。侦查活动中的强制措施是侦查过程中侦查机关所采取的包括拘传、取保候审、监视居住、拘留、逮捕在内的强制性方法。侦查中所采取的强制措施，是为了保证侦查活动的顺利进行，是侦查过程中不可缺少的手段，具有侦查性质。

3. 侦查活动必须严格依照法律规定进行。刑事诉讼法对侦查活动的内容、方式、程序、有关注意的事项都作了明确的规定。侦查机关在进行侦查活动时，应当严格依照法律规定行使侦查权，确实保障公民的合法权益不受侵害，以实现侦查的目的，完成侦查的任务。

二、侦查的任务

侦查的基本任务应当是与刑事诉讼的任务相一致的。同时，侦查是刑事诉讼过程中的一个独立的阶段，决定了侦查有其具体的特定的任务。具体来说，侦查的任务有以下几个方面：

1. 收集并核实证据。证据是贯穿刑事诉讼活动的一条主线。公安司法机关的刑事诉讼活动都离不开证据。立案以后，侦查机关及时通过勘验、检查、搜查、扣押、鉴定和询问证人、被害人等侦查行为发现、收集和调取有关案件的各种证据材料，从而为对犯罪嫌疑人的有罪起诉打下了良好的基础。与此同时，侦查机关对已收集、调取的证据材料进行认真地审查、核实，保证了侦查阶段的办案质量。因此，收集并核实证据是侦查工作的首要任务。

2. 查明犯罪事实。在侦查程序中，侦查活动始终围绕着查明犯罪事实来展开。侦查机关在发现、收集和调取有关案件的各种证据材料的基础上，对于犯罪案件，应当查明犯罪性质、犯罪方法、犯罪造成的危害后果等犯罪事实。

3. 确定犯罪嫌疑人。对于犯罪案件，确定犯罪嫌疑人对于准确打击犯罪，保障无罪的人不受刑事追究，具有重要意义。对于查获的犯罪嫌疑人或者现行犯，应当适时采取取保候审、拘留、逮捕等强制措施，防止犯罪嫌疑人或者现行犯继续进行犯罪活动或者逃避侦查、起诉和审判。

三、侦查的意义

侦查是刑事诉讼中独立的诉讼阶段，是公诉案件的必经程序。在公诉案件中，侦查是提起起诉和审判程序启动的前提。

1. 侦查是与犯罪行为作斗争的重要手段。侦查的目的与刑事诉讼目的相一致，即为了迅速准确地查明案情，追究犯罪人的刑事责任，保护国家、集体和公民个人的合法权益，保障无罪的公民免受刑事追诉。在刑事诉讼过程中，要准确、及时地查清案件事实，查获犯罪嫌疑人，收集确实、充分的证据，就必须依靠强有力的侦查工作。侦查工作的顺利进行，将完成刑事诉讼法打击犯罪、保护人民，保障社会稳定的任务。所以，侦查是与犯罪行为作斗争的重要手段。

2. 侦查是提起公诉和审判的基础和前提。侦查是刑事诉讼的独立和必经的程序。对公诉案件来说，没有侦查就没有起诉，没有起诉就没有审判，侦查活动为起诉和审判程序的启动和进行奠定了基础。司法实践表明，证明犯罪嫌疑人有罪、无罪、罪重、罪轻的证据，绝大多数是在侦查中收集的。侦查工作不仅能够收集充分、确实的证明犯罪事实存在的证据，而且还能证明谁是犯罪嫌疑人及其犯有何罪、罪重与罪轻的事实。因此，侦查活动的顺利进行，直接为起诉和审判活动创造着良好的条件。

3. 侦查是进行社会综合治理的有力措施。侦查不仅是与犯罪作斗争的重要手段，而且在预防犯罪，搞好社会综合治安治理中起着重要作用。一方面，通过侦查活动，可以打击和制止犯罪活动，掌握犯罪的规律和特点，从而为制定预防犯罪的有效对策提供基础；另一方面，通过侦查活动，可以教育群众，遵守法律，积极同犯罪行为作斗争，达到社会治安综合治理的良好效果。

第二节　侦查行为

侦查行为是指侦查机关在办理案件过程中，依照法律规定进行的各种专门调查工作。刑事诉讼法规定的侦查行为主要有以下的几种：

一、讯问犯罪嫌疑人

1. 讯问犯罪嫌疑人的概念和意义。讯问犯罪嫌疑人，是指侦查人员依照法定程序，以言词方式就案件事实和其他与案件有关情况向犯罪嫌疑人进行讯问的一种侦查行为。

讯问犯罪嫌疑人是刑事案件中的必经程序，在侦查活动中具有重要的作用。通过讯问犯罪嫌疑人，侦查人员可以收集和核实证据，查明案件事实，确认犯罪的情节轻重，同时，有利于侦查人员发现新的犯罪线索和其他应当追究刑事责任的犯罪分子；此外，询问犯罪嫌疑人，听取犯罪嫌疑人的供述，有利于保护犯罪嫌疑人的辩护权，避免无罪的人不受刑事追究。

2. 讯问犯罪嫌疑人的程序。讯问犯罪嫌疑人应当严格遵守下列程序：(1) 讯问犯罪嫌疑人，必须由人民检察院、公安机关等的侦查人员负责进行，其他任何机关、团体和个人都无权讯问。讯问的时候，侦查人员不得少于2人。(2) 对不需要拘留、逮捕的犯罪嫌疑人，可以传唤到犯罪嫌疑人所在市、县内的指定地点或者到其住处进行讯问，但是应当出示公安机关或者人民检察院的证明文件。传唤犯罪嫌疑人应当用传唤通知书。犯罪嫌疑人经合法传唤，无正当理由而不到案的，可以拘传。也可以不经传唤，直接拘传犯罪嫌疑人。一次传唤或者拘传持续的时间最长不得超过12小时。不得以连续传唤、拘传的形式变相拘禁犯罪嫌疑人。(3) 对已被拘留或逮捕的犯罪嫌疑人，第一次讯问应当在拘留或逮捕后的24小时内进行，讯问应当在羁押场所或者侦查机关进行。在发现犯罪嫌疑人不应当拘留或逮捕时，应当立即释放，并发给释放证明。如果需要逮捕而证据还不充分时，可以采取取保候审或者监视居住。(4) 侦查人员在讯问犯罪嫌疑人的时候，应当首先讯问犯罪嫌疑人是否有犯罪行为。如果犯罪嫌疑人承认有犯罪行为，即让其陈述有罪的情节；如果犯罪嫌疑人否认有犯罪事实，则让其作无罪的辩解，然后根据其陈述向其提出问题。对于同案犯罪嫌疑人的讯问，应当分别进行，避免相互串供。(5) 我国法律没有规定犯罪嫌疑人在侦查人员讯问时有保持沉默的权利。对侦查人员的提问，犯罪嫌疑人应当如实回答，但是对与本案无关的问题，有权拒绝回答。是否与本案无关，应当以是否对查明本案的全部事实情节有实际意义或证据价值为准。(6) 讯问聋、哑犯罪嫌疑人，应当有通晓聋、哑手势的人参加，并且将这种情况记入笔录；犯罪嫌疑人如果不通晓当地通用语言文字或者是外国人，讯问时，应当为其翻译；讯问未成年犯罪嫌疑人时，可以通知其法定代理人到场。(7) 讯问犯罪嫌疑人应当制作讯问笔录。笔录应当交犯罪嫌疑人核对，对于没有阅读能力的，应当向他宣读。如果纪录有遗漏或差错，犯罪嫌疑人可以提出补充或改正。犯罪嫌疑人承认笔录没有错误后，应当签名或盖章，侦查人员也应当在笔录上签名。犯罪嫌疑人请求自行书写供述的，应当准许。必要时，侦查人员也可以要求犯罪嫌疑人亲笔书写供词。(8) 讯问犯罪嫌疑人，严禁刑讯逼供或以威胁、引诱、欺骗以及其他非法方法获取供述。对侦查人员侵犯其诉讼权利的违法行为，犯罪嫌疑人有权提出控告；构成犯罪的，应当依法追究其刑事责任。

3. 侦查中犯罪嫌疑人的律师聘请。(1) 根据《刑事诉讼法》的第96条和最高人民法院等六机关1998年1月19日《关于刑事诉讼法实施中若干问题的规定》的规定，侦查中犯罪嫌疑人聘请律师的程序和方法为：犯罪嫌疑人在第一次被讯问后或采取强制措施之日起，可以聘请律师为其提供法律咨询，代理申诉、控告；犯罪嫌疑人在第一次被讯问后或采取强制措施之日起，公安机关应当告知犯罪嫌疑人有权聘请律师为其提供法律咨询，代理申诉、控告。(2) 犯罪嫌疑人聘请律师的，可以自己聘请，也可以由其亲属代为聘请。在押的犯罪嫌疑人提出聘请律师的，看守机关应当及时将请求转达办理案件的有关侦查机关，侦查机关应当及时向其所委托的人员或者所在的律师事务所转达该项请求。犯罪嫌疑人仅有聘请律师的要求，但提不出具体对象的，侦查机关应当及时通知当地律师协会或者司法行政机关为其推荐律师。对于涉及国家秘密的案件，犯罪嫌疑人聘请律师，应当经侦查机关批准。所谓涉及国家秘密的案件，是指案情或者案件性质涉及国家秘密的案件，不能因刑事案件侦查过程中的有关材料和处理意见需要保守秘密而将其作为涉及国家秘密的案件。(3) 律师在侦查阶段，根据法律的规定，可以为犯罪嫌疑人提供一般的法律帮助，包括为犯罪嫌疑人提供法律咨询，代为申诉或者控告，依法会见犯罪嫌疑人，向侦查机关了解犯罪嫌疑人涉嫌的罪名等等。(4) 律师提出会见犯罪嫌疑人的，应当在48小时内安排会见，对于组织、领导、参加黑社会性质组织罪，组织、领导、参加恐怖活动组织罪或者走私犯罪、毒品犯罪、贪污贿赂罪等重大复杂的两人以上的共同犯罪案件，律师提出会见犯罪嫌疑人的，应当在5日内安排会见。(5) 对于涉及国家秘密的案件，律师会见在押的犯罪嫌疑人，应当经侦查机关批准。对于不涉及国家秘密的案件，律师会见犯罪嫌疑人不需要经过批准。不能以侦查过程需要保密作为涉及国家秘密的案件不予批准。律师要求会见在押犯罪嫌疑人的，侦查机关根据案件情况和需要可以派员在场。(6) 在押的犯罪嫌疑人聘请的律师为其申请取保候审并符合法定条件的，应当依法办理取保候审手续；犯罪嫌疑人聘请的律师要求了解犯罪嫌疑人涉嫌罪名的，侦查人员应当如实介绍涉嫌罪名。

二、询问证人、被害人

1. 询问证人的概念和意义。询问证人，是指侦查人员依照法定程序以言词方式向证人了解案件情况的一种侦查行为。

询问证人是侦查人员进行较多的一种侦查行为，证人证言也是我国刑事诉讼中重要的证据种类。因此，询问证人有助于侦查人员发现和收集证据，及时查明案件事实真相、查获犯罪嫌疑人，揭露、证实犯罪。

2. 询问证人的程序。根据刑事诉讼法的规定，询问证人应当遵守下列程序：(1) 询问证人只能由公安机关、人民检察院的侦查人员进行。(2) 侦查人员询问证人，可以到证人所在单位或者住处进行，但是必须出示人民检察院或者公安机关的证明文件。在必须的时候，也可以通知证人到人民检察院或者公安机关提供证言。询问证人的地点选择，应当遵循既有利于询问的顺利、有效进行，又便于证人作证的原则。因此，只有在必要时，即存在需要保守国家和侦查秘密，或者保证证人的安全，或防止外界干扰等情况时，才能通知证人到人民检察院或者公安机关接受询问。(3) 侦查人员询问证人，应当分别进行，并分别制作笔录。避免采用开座谈会或集体讨论的方式进行，以防止证人之间的相互影响，保证证人证言的真实性。(4) 询问证人时，侦查人员应当告知其应当如实地提供证据、证言和有意作伪证或者隐匿罪证要负的法律责任。(5) 询问不满18周岁的未成年证人，可以通知其法定代理人到场。询问聋、哑证人，应当有通晓聋、哑手势的人做翻译，并将这种情况记入笔录；询问不通晓当地通用语言文字的人或外国人，应当为其聘请翻译人员。(6) 询问证人，侦查人员应当注意适当的方式。一般应先让证人就他所知道的案件情况作连续的详细叙述，问明其所述事实来源和根据，然后，针对陈述不清的重要问题进行提问。侦查人员提出的问题应当明确易懂。侦查人员不得以暴力、胁迫、引诱、欺骗、暗示等非法方式获取证人证言。(7) 询问证人，应当制作笔录。询问结束后，交证人核对或者向他宣读。如果记载有遗漏或差错，证人可以要求补充或者改正。证人确认笔录无误后，证人和侦查人员都应当在笔录上签名或盖章。如果证人愿意提供书面证言，应当允许。必要时，侦查人员也可以让证人亲笔书写证词。但是，书面证言或书面陈述不能代替口头询问。(8) 侦查机关应当保障证人依法享有的诉讼权利，保障证人及其近亲属的安全。对于证人及其近亲属进行威胁、侮辱、殴打或者打击报复，构成犯罪的，应依法追究刑事责任，尚不够刑事责任处罚的，依法给予治安管理处罚。

3. 询问被害人的概念和程序。询问被害人，是指侦查人员依照法定程序，以言词方式向直接遭受犯罪行为侵害的人就其所受侵害及犯罪嫌疑人的有关情况进行调查的侦查活动。

《刑事诉讼法》第100条规定，询问被害人适用询问证人的规定。但是，被害人与证人具有不同的诉讼地位，被害人是当事人，与案件的处理有直接利害关系。因此，在询问被害人时，既要认真听取被害人的陈述，又要注意分析是否合乎情理，有无夸大或者虚构。对于被害人的个人隐私应当为其保密，对于被害人的人身安全，也应当采用有效措施予以保护。

三、勘验、检查

1. 勘验、检查的概念和意义。勘验、检查，是指侦查人员对与犯罪有关的场所、物品、尸体、人身等进行勘验和检验，以发现、收集和固定犯罪活动所遗留下来的各种痕迹和物品的一种侦查行为，勘验、检查的性质虽然相同，但适用对象有所区别，勘验的对象是现场、物品和尸体，而检查的对象则是活人的身体。

勘验、检查是侦查中获取侦查线索和犯罪证据材料的一个重要途径。勘验和检查的任务在于发现、收集和固定犯罪的痕迹和证物，分析研究作案的手段和犯罪情况，判断案件性质，确定侦查范围和方向，并为进一步查清案情提供依据。

2. 勘验、检查的种类和程序。勘验、检查的种类有：现场勘验、物证检验、尸体勘验、人身检查和侦查实验 5 种。

(1) 现场勘验。现场勘验是侦查人员对发生犯罪案件的地点和留有犯罪痕迹的场所所进行的勘验和检查的一种侦查活动。

由于案发现场是犯罪分子实施犯罪行为的地点或者其他遗留与犯罪有关的痕迹和物品的场所，是犯罪证据比较集中的地方，所以，在现场进行的勘验工作对于侦破整个案件具有十分重要的意义。为此，《刑事诉讼法》第 102 条规定："任何单位和个人，都有义务保护犯罪现场，并且立即通知公安机关派员勘验。"侦查人员接到报案后，应当迅速赶到案发现场，并保护好现场。

侦查人员进行现场勘验时，必须持有公安机关或人民检察院的证明文件。必要时可以指派或聘请具有专门知识的人在侦查人员的主持下进行勘验。为了保证勘验的客观公正性，还应要求两名与案件无关的公民作为现场见证人。

侦查人员在现场勘验时，应当认真观察现场物品的状态等情况，发现和收集同案件有关的各种证据，采取各种技术手段及时固定和保全各种证据。同时，侦查人员应当及时向现场周围的群众、被害人、目睹人、报案人等进行调查访问，以便了解案发前和案发时现场的状况。

勘验现场应当制作笔录，拍摄现场照片和绘制现场图。侦查人员、参加勘验的其他人员和见证人都应当在笔录上签名或盖章。

(2) 物证检验。物证检验是指侦查人员对侦查过程中收集到的物证进行检查和验证，以确定该物证与案件事实之间关系的一种侦查活动。

物证的检验应当及时、认真、细致，尤其注意检查其与案件有关的重要特征，如果需要专门技术人员进行检验和鉴定的，应当指派或聘请有专门知识的鉴定人进行。

物证检验应当制作笔录，笔录应当详细记载物证的特征。参加检验的人员和见证人均应在笔录上签名或者盖章。

(3) 尸体检验。尸体检验是指在侦查人员主持下，由公安机关指派或聘请的法医或医师对尸体进行尸表检验或尸体解剖的一种侦查活动。尸体检验的目的在于确定死亡的原因和时间，致死的工具、致死的手段和方法，为判明案件性质和查明案情提供线索。

尸体检验分为尸表检验和尸体解剖。尸表检验是对尸体在现场上的位置、姿势、尸体上的伤痕和尸体衣着，附着物以及尸体的变化等的检验。尸体解剖是指对尸体内部器官进行的检验。刑事诉讼法规定，对于死因不明的尸体，经县级以上公安机关负责人批准，可以解剖尸体或者开棺检验，并且通知死者家属到场。对于身份不明的尸体，无法通知死者家属的，应当在笔录中注明。

尸体检验的情况，应当详细制作笔录，并由侦查人员、法医或医师签名或者盖章。

(4) 人身检查。人身检查是指侦查人员为了确定被害人、犯罪嫌疑人的某些特征、伤害情况或者生理状态，依法对其身体进行检查的一种侦查活动。

刑事诉讼法规定，对被害人、犯罪嫌疑人进行人身检查，应当由侦查人员进行。必要时也可以在侦查人员的主持下，聘请法医或医师进行。检查时，必须遵守有关法律规定，不得侮辱被害人、犯罪嫌疑人的人格或有其他非法行为。对犯罪嫌疑人进行人身检查，侦查人员认为必要时，可以强制进行。但是，对被害人的人身检查不得强制进行。检查妇女的身体，应当由女工作人员或者医师进行。

人身检查应制作笔录，并由侦查人员和进行检查的法医或医师以及见证人签名或盖章。

(5) 侦查实验。侦查实验是指侦查人员为了确定和判明与案件有关的某一特定的事实或行为在某种情况下能否发生或怎样发生，而按照原来的条件进行实验的一种侦查活动。

刑事诉讼法第 108 条规定："为查明案情，在必要时候，经公安局长批准，可以进行侦查实验。"可见，侦查实验并非一切案件都适用，只有在不进行实验无法确定案件事实时候才采用。

侦查实验应当由侦查人员进行，并应当有见证人在场。在必要时也可以聘请具有专门知识的人参加，也可以要求犯罪嫌疑人、被害人、证人参加。进行侦查实验时，禁止一切足以造成危险、侮辱人格或者有伤风化的行为。

侦查实验应当制作笔录，实验中所拍摄的照片和绘图等应当附后。侦查实验笔录应当由参加侦查实验的人员签名或者盖章。

(6) 复验、复查。《刑事诉讼法》第107条规定:“人民检察院审查案件的时候,对公安机关的勘验、检查,认为需要复验、复查时,可以要求公安机关复验、复查,并且可以派检察人员参加。”

复验、复查应制作笔录,并由参加复验、复查的人员签名或者盖章。复验、复查可以退回公安机关进行,也可以由人民检察院自己进行。

四、搜　查

1. 搜查的概念和意义。搜查,是指侦查人员对犯罪嫌疑人以及可能隐藏犯罪或者罪证的人的身体、物品、住处和其他有关地方进行搜寻、检查的一种侦查行为。搜查的目的是收集犯罪证据、查获犯罪人。

搜查是侦查机关同犯罪作斗争的一种重要手段,对于侦查机关及时发现、收集证据,弄清犯罪事实和查获犯罪嫌疑人有着重要意义。

2. 搜查的程序,搜查直接关系到公民的人身自由和住宅不受侵犯的权利。我国宪法规定,公民的人身自由和住宅不受侵犯,禁止非法搜查公民的身体或者非法搜查、非法入侵公民的住宅。因此,搜查行为必须严格按照法律规定的程序进行。(1) 搜查由公安机关或者人民检察院的有关负责人批准,由侦查人员执行。(2) 搜查的目的是收集证据、查获犯罪人。由此,法律规定搜查的对象和范围,既可以是犯罪嫌疑人,也可以是可能隐藏罪犯或者犯罪证据的人;既可以对人身进行,也可以对被搜查人的住处、物品和其他有关场所进行。(3) 进行搜查时,必须向被搜查人出示搜查证,否则,被搜查人有权拒绝搜查。但是,侦查人员在执行逮捕、拘留的时候,遇有紧急情况,不另用搜查证也可以进行搜查。(4) 任何单位和个人,都有义务按照公安机关和人民检察院的要求,交出可以证明犯罪嫌疑人有罪或者无罪的物证、书证、视听资料。(5) 搜查时,应当有被搜查人或者他的家属、邻居,或者其他见证人在场。搜查妇女的身体,应当由女工作人员进行。(6) 搜查的情况应当写成笔录,由侦查人员和被搜查人员或者他的家属、邻居或者其他见证人签名或盖章。如果被搜查人在逃,或者其家属拒绝签名、盖章的,应当在笔录上注明。

五、扣押物证、书证

1. 扣押物证、书证的概念和意义。扣押物证、书证,是指侦查机关依法强制扣留与案件有关的物品、文件、款项的一种侦查行为。

扣押物证、书证的目的在于取得和保全能够证明犯罪嫌疑人有罪或者无罪、罪重或者罪轻的证据，防止其发生毁弃、丢失或被隐藏等现象，保证侦查人员依法扣押的物证、书证在认定案件事实，揭露、证实犯罪，保障无罪公民不受刑事追诉方面发挥应有的作用。

2. 扣押物证、书证的程序：（1）扣押的范围仅限于与查明案件有关的具有证据意义的各种物品、文件，对与案件无关的物品、文件不得扣押。对违禁品，无论是否与本案有关，都应先行扣押，然后交有关部门处理。（2）扣押物证、书证只能由公安机关和人民检察院依法进行。侦查人员如果是在勘验、检查和搜查中发现需要扣押的物品、文件时，凭勘查证和搜查证即可予以扣押；如果是单独进行扣押，则应持有侦查机关的证明文件。（3）对于扣押的物品和文件，应当会同在场见证人和被扣押物品持有人查点清楚，当场开列清单一式两份，由侦查人员、见证人和持有人签名或者盖章， 份交给持有人，另一份附卷备查。持有人及其家属在逃或者拒绝签名时，不影响扣押的进行，但应当在扣押清单上注明。对于决定扣押而不便提取的物品，应当现场加封，责成专人负责保管。（4）对于扣押的物品、文件，侦查机关应当妥善保管或者封存，不得使用、损毁或丢弃。对于不能存入卷宗的物证，应当拍成照片；容易损坏、变质的物证、书证，应当用笔录、绘图、照相、录像等方法加以保全。（5）侦查人员认为需要扣押犯罪嫌疑人的邮件、电报时，经公安机关或人民检察院的批准，即可通知邮电机关将有关的邮件、电报检交扣押。不需要继续扣押时，应当立即通知邮电机关。（6）公安机关、人民检察院根据侦查犯罪的需要，可以依照规定查询、冻结犯罪嫌疑人的存款、汇款。犯罪嫌疑人的存款、汇款已被冻结的，不得重复冻结，但可以要求有关银行、邮电部门在解冻前通知公安机关和人民检察院。（7）公安机关和人民检察院不能扣划存款、汇款。对于在侦查、审查起诉中犯罪嫌疑人死亡，对犯罪嫌疑人的存款、汇款应当依法予以没收或者返还被害人的，可以申请人民法院裁定通知冻结犯罪嫌疑人存款、汇款的金融机构上缴国库或者返还被害人。（8）对于扣押的物品、文件、邮件、电报或者冻结的存款、汇款，经查明确实与案件无关的，应当在3日以内解除扣押、冻结，退还原主或者原邮电机关。

六、鉴 定

1. 鉴定的概念和意义。鉴定是指侦查机关为了查明案情，指派或聘请具有专门知识的人，就案件中某些专门性问题进行科学鉴别和判断并作出鉴定结论的一种侦查行为。

鉴定的范围是很广泛的。凡是与刑事案件有关的能证明被告人有罪或者无罪的各种物品、文件、痕迹、人身、尸体等，都可能进行鉴定。侦查中经常采用的鉴定有：法医鉴定、刑事科学技术鉴定、司法精神病学鉴定、文物鉴定、司法会计鉴定、化学鉴定、一般技术鉴定。

鉴定对于侦查机关鉴别案件证据的真伪，查明案件事实真相，认定案件性质，查获犯罪嫌疑人，具有十分重要的作用。

2. 鉴定的程序。为了保证客观、公正地进行鉴定，侦查机关指派或者聘请的鉴定人必须具有解决本案中的专门性问题的知识和技能，并且与本案当事人没有利害关系或其他可能影响公正鉴定情况的人。对人身伤害的医学鉴定有争议需要重新鉴定或者对精神病的医学鉴定，由省级人民政府指定的医院进行。

侦查机关应当为鉴定人提供必要的条件，及时向鉴定人送交鉴定所需要的有关检材和对比样本等原始材料，介绍与鉴定有关的情况，并且提出明确的鉴定要求，但是不得暗示或者强迫鉴定人做出某种鉴定结论。鉴定人故意做虚假鉴定的，应当承担法律责任。

鉴定人应当按照鉴定规则进行鉴定。鉴定后，应当出具鉴定结论。鉴定结论必须对提出鉴定的问题作出明确的回答，不能模棱两可。鉴定结论应当由鉴定人签名。鉴定人有若干人时，鉴定人对同一问题的鉴定结论有不同意见时，可以分别提出自己的鉴定意见，分别签名。

对人身伤害的医学鉴定有争议需要重新鉴定或者对精神病的医学鉴定，鉴定结论除了鉴定人签名外，还应当加盖医院的公章。

侦查机关应当将用作证据的鉴定结论告知犯罪嫌疑人、被害人，如果犯罪嫌疑人、被害人提出申请，可以补充鉴定或者重新鉴定。

七、通　缉

1. 通缉的概念。通缉，是指公安机关缉拿依法应当逮捕而在逃的犯罪嫌疑人的一种侦查行为。通缉是公安机关内部通力合作、协同作战，及时制止和打击犯罪，保证侦查工作的顺利进行的一种重要手段，也是公安机关动员和依靠群众同犯罪作斗争的一种有效形式。

2. 通缉的程序：(1) 被通缉的对象必须是依法应当逮捕而又在逃的犯罪嫌疑人。在押的犯罪嫌疑人在羁押期间逃跑的，或者应当逮捕但由于某种原因而改用监视居住、取保候审的犯罪嫌疑人逃跑的，可以采取通缉措施。(2) 通缉令只能由县级以上公安机关发布，其他任何机关、团体、单位、组织和个人都无权发布通缉令。人民检察院在自侦案件中，需要追捕在逃犯罪嫌疑人时，经检察长批准，做出通缉决定后，通知公安机关，由公安机关发布通缉令。(3) 县级以上公安机关在自己管辖的地区以内，可以直接发布通缉令，如果超出自己管辖的地区，应当报请有权决定的上级机关发布。(4) 通缉令中应当写明被通缉人的姓名、别名、曾用名、绰号、性别、年龄、民族、籍贯、出生地、户籍所在地、居住地、职业、身份证号码、衣着和体貌特征，并附被通缉人近期照片，可以附指纹及其他物证的照片。没有照片的，应详细写其体貌特征。除了必须保密的事项以外，应当写明发案的时间、地点和简要案情。通缉令必须加盖发布机关的公章。(5) 有关公安机关接到通缉令后，应当及时采取各种有效措施，布置缉查。抓获犯罪嫌疑人后，应当迅速通知通缉令发布机关，并报经抓获地县级以上公安机关负责人批准后，凭通缉令羁押。原通缉令发布机关应当立即进行核实，依法处理。(6) 被通缉的犯罪嫌疑人被捕归案、自动投案，或者通缉原因已经消失而无通缉必要的，发布通缉令的公安机关应当立即在原发布范围内通知撤销通缉令。

第三节 侦查终结

一、侦查终结的概念和意义

侦查终结，是指侦查机关对立案侦查的案件，经过一系列的侦查活动，根据已经查清的案件事实和确实、充分的证据及有关法律的规定，足以认定犯罪嫌疑人是否有罪和应否对其追究刑事责任而决定结束侦查，并对案件依法作出处理或提出处理意见的一种诉讼活动。

侦查终结是对已经开展的各种侦查活动和侦查工作进行审核和总结的结束程序，亦是侦查程序中的最后一个阶段。正确及时的侦查终结，可以为人民检察院提起公诉做好准备，并为人民法院审判奠定基础，是依法应当受到刑事追究的犯罪分子受到应有的惩罚，同时也可以为无罪的人和依法不应当受到刑事追究的人不受刑事追究及时作出处理，保护公民的合法权益。

二、侦查终结的条件

对于公安机关侦查的案件和人民检察院自行侦查的案件，侦查终结的条件是:

1. 案件事实已经查清。案件事实清楚要求有权侦查机关查清犯罪嫌疑人有罪或者无罪、罪重或罪轻全部事实和情节。

2. 证据确实、充分。证据确实、充分要求侦查机关对证明案件事实和情节的证据材料都反复核对无误，并且证据与证据之间没有矛盾，能够相互印证，形成一个完整的证明体系，排除其他可能，得出惟一的结论，确认犯罪嫌疑人有罪或者无罪，罪重或者罪轻。

3. 法律手续完备。法律手续完备要求侦查机关在侦查中的专门调查工作和有关的强制措施都要有完整、齐备的法律手续。法律手续完备是衡量侦查机关的侦查活动是否严格依法进行的标准之一。

三、侦查终结的处理

公安机关侦查终结的案件，应当做到犯罪事实清楚，证据确实、充分，并且写出“起诉意见书”，连同案卷材料、证据一并移送同级人民检察院审查决定是否提起公诉。

公安机关在侦查过程中，发现犯罪嫌疑人无罪或符合《刑事诉讼法》第15条的规定，应当撤销案件；犯罪嫌疑人已被逮捕的，应当立即释放，发给释放证明，并且通知原批准逮捕的人民检察院。

此外，在实践中经常遇到这种情况，犯罪嫌疑人在被采取强制措施法定期限内，案件事实未查清，定罪证据未达到确实、充分要求。这类案件如何处理，刑事诉讼法没有明文规定，但根据疑案从无的精神，对犯罪嫌疑人应加以释放或解除其强制措施。

四、侦查中的羁押期限

侦查中的羁押期限，是指犯罪嫌疑人在侦查中被逮捕以后到侦查终结的期限。根据刑事诉讼法和相关规定，侦查中的羁押期限有如下规定：

1.《刑事诉讼法》第124条规定，对犯罪嫌疑人逮捕后的侦查羁押期限不得超过12个月。案情复杂、期限届满不能终结的案件，可以经上一级人民检察院批准延长1个月。

2.《刑事诉讼法》第126条规定，下列案件在《刑事诉讼法》第124条规定的期限届满仍不能侦查终结的，经省、自治区、直辖市人民检察院批准或决定，可以延长2个月：（1）交通十分不便的边远地区的重大复杂案件；（2）重大的犯罪集团案件；（3）流窜作案的重大复杂案件；（4）犯罪涉及面广，取证困难的重大复杂案件。

3.《刑事诉讼法》第127条规定，对犯罪嫌疑人可能判处10年有期徒刑以上刑罚，依照《刑事诉讼法》第126条规定延长期限届满，仍不能侦查终结的，经省、自治区、直辖市人民检察院批准或决定，可以再延长2个月。

4.《刑事诉讼法》第125条规定，因为特殊原因，在较长时间内不宜交付审判的特别重大复杂的案件，由最高人民检察院提请全国人民代表大会常务委员会批准延期审理。这里的特殊原因是指政治原因或者其他特别的原因。

公安机关对案件提请延长羁押期限时，应当在羁押期限届满 7 日前提出，并书面呈报延长羁押期限案件的主要案情和延长羁押期限的具体理由，人民检察院应当在羁押期限届满前作出决定。

最高人民检察直接立案侦查的案件，符合《刑事诉讼法》第 124 条、第 126 条和第 127 条规定的条件，需要延长犯罪嫌疑人侦查羁押期限的，由最高人民检察院依法做出决定。

5. 不计入原有侦查羁押期限的几种情况：（1）在侦查期间，发现犯罪嫌疑人另有重要罪行的，自发现之日起依《刑事诉讼法》第 124 条的规定重新计算侦查羁押期限。重新计算侦查羁押期限的，由公安机关决定，不再经人民检察院批准。但须报人民检察院备案，人民检察院可以进行监督。（2）犯罪嫌疑人不讲真实姓名、住址，身份不明的，侦查羁押期限自查清其身份之日起计算，但不得停止对其犯罪行为的侦查取证。对于犯罪事实清楚，证据确实、充分的，也可以按其自报的姓名移送人民检察院审查起诉。（3）对被羁押的犯罪嫌疑人做精神病鉴定的时间，不计入侦查羁押期限，其他鉴定时间则应当计入羁押期限。对于因鉴定时间较长，办案期限届满仍不能终结的案件，自期限届满之日起，应当对被羁押的犯罪嫌疑人变更强制措施，改为取保候审或者监视居住。

第四节 人民检察院对直接受理案件的侦查

人民检察院依照刑事诉讼法的规定，对部分刑事案件行使侦查权。人民检察院直接受理侦查的案件，又称自侦案件。刑事诉讼法所规定的有关侦查讯问均适用于自侦案件。但是，由于人民检察院法律监督地位和自侦案件所具有的特殊性，刑事诉讼法对人民检察院在自侦案件中的侦查作了以下一些特殊的规定。

一、人民检察院在直接受理的案件中的侦查权限及期限

《刑事诉讼法》第 132 条规定，人民检察院直接受理的案件中符合《刑事诉讼法》第 60 条、第 61 条第 4 项和第 5 项规定情形，需要逮捕、拘留犯罪嫌疑人的，由人民检察院做出决定，公安机关执行。必要时，人民检察院可以协助公安机关执行。根据这一规定，法律赋予了人民检察院决定拘留权。

人民检察院对决定拘留的犯罪嫌疑人，应当在拘留后的 24 小时以内进行讯问。在发现不应当拘留的时候，必须立即释放，发给释放证明。对需要逮捕而证据还不充足的，可以采取取保候审或监视居住。

人民检察院对于直接受理的案件中被拘留的人，认为需要逮捕的，应当在10日以内做出决定。在特殊情况下，决定逮捕的时间可以延长1～4日。

二、人民检察院侦查终结的处理与程序

《刑事诉讼法》第135条规定："人民检察院侦查终结的案件，应当作出提起公诉、不起诉或者撤销案件的决定。"根据这一规定，人民检察院侦查终结后分别按三种情况进行处理：

1. 经过侦查，人民检察院认为犯罪事实清楚，证据确实、充分。足以认定犯罪嫌疑人构成犯罪，依法应当追究刑事责任的，直接作出提起公诉的决定，按照审判管辖的规定，向人民法院提起公诉。

2. 经过侦查，人民检察院认为犯罪事实清楚，证据确实。充分，足以认定犯罪嫌疑人构成犯罪，但犯罪情节轻微，依照刑法规定不需要判处刑罚或者应当免除刑罚的，可以作出不起诉的决定。

3. 经过侦查，有足够的证据证明不应当对犯罪嫌疑人追究刑事责任的，应当撤销案件。如果犯罪嫌疑人已被逮捕的，应当立即释放，发给释放证明。

人民检察院侦查终结，对于符合提起公诉或不起诉条件的案件，由侦查部门写出侦查终结报告，并且制作"起诉意见书"或"不起诉意见书"，连同其他案卷材料一并移送审查起诉部门，由审查起诉部门进行审查，再根据审查起诉的程序，作出提起公诉或不起诉的决定。

人民检察院侦查终结，应当撤销案件的，侦查部门应当制作"撤销案件意见书"，直接报请经检察长或检察委员会讨论作出决定。人民检察院撤销案件的决定，应当分别送达犯罪嫌疑人所在的单位和犯罪嫌疑人。如果犯罪嫌疑人在押，应当书面通知公安机关依法释放。

第五节　补充侦查

一、补充侦查的概念和意义

补充侦查，是指公安机关或者人民检察院依照法定程序，在原有侦查工作的基础上继续进行调查、补充证据的一种诉讼活动。

补充侦查并非每一个刑事案件都必须经过的诉讼程序，它是在原有侦查工作没有完成侦查任务的前提下继续进行的侦查活动，只适用于事实不清、证据不足或者尚有遗漏罪行、遗漏同案犯罪嫌疑人的案件。如果原有的侦查工作已经达到侦查目的和要求，侦查任务已经完成，就不存在补充侦查的问

题。正确、及时地进行补充侦查，对于公安机关、人民检察院和人民法院查清全部案件事实，客观、公正地处理案件具有重要意义。

根据刑事诉讼法的规定，补充侦查有退回补充侦查和自行补充侦查两种形式。退回补充侦查是决定补充侦查的人民检察院将案件退回给原侦查机关或部门进行的补充侦查。自行补充侦查是决定补充侦查的人民检察院不再将案件退回公安机关而由本院的侦查部门进行的侦查。依照法律和有关的司法解释，在审查批捕阶段，只能采取退回补充侦查的方式；在审查起诉阶段和法庭审理阶段，可以采取退回或者补充侦查的方式。

二、不同诉讼阶段的补充侦查

根据《刑事诉讼法》第 140 条、第 165 条和第 166 条的规定，补充侦查在程序上有三种情况：

1. 审查批捕阶段的补充侦查。《刑事诉讼法》第 68 条规定，人民检察院对于公安机关提请批准逮捕的案件进行审查后，对于不批准逮捕的，人民检察院应当说明理由；需要补充侦查的，应当同时通知公安机关。根据这一规定，审查批捕时的补充侦查由人民检察院通知公安机关进行，补充侦查的通知是和不批准逮捕的决定同时作出的。另外，依照相关的司法解释的规定，在审查批捕阶段，人民检察院“不另行侦查”。

2. 审查起诉阶段的补充侦查。《刑事诉讼法》第 140 条规定，人民检察院审查案件，对于需要补充侦查的，可以退回公安机关补充侦查，也可以自行侦查。对于补充侦查的案件，应当在 1 个月以内补充侦查完毕。补充侦查以两次为限。补充侦查完毕移送人民检察院后，人民检察院重新计算审查起诉期限。对于补充侦查的案件，人民检察院仍然认为证据不足，不符合起诉条件的，可以作出不起诉的决定。

审查起诉阶段的补充侦查，由人民检察院决定。对于公安机关侦查终结，需要补充侦查时，既可以决定将案件退回公安机关补充侦查，也可以决定自行侦查，必要时，可以要求公安机关协助。但是，对于人民检察院自行侦查终结的案件需要补充侦查的，则不能退回公安机关补充侦查。

3. 法庭审理阶段的补充侦查。《刑事诉讼法》第 165 条第 2 项和第 166 条规定，在法庭审理过程中，检察人员发现提起公诉的案件需要补充侦查，并提出建议的，人民法院可以延期审理。人民检察院应当在 1 个月内补充侦查完毕。依照最高人民检察院《规则》第 349 条规定，人民检察院的建议不得超过两次。根据这一规定，法庭审理时的补充侦查决定权在人民检察院，而不在人民法院，人民法院不再主动提出并决定补充侦查。

第十五章 起 诉

起诉，是刑事诉讼法中的一项重要制度。在刑事诉讼法中，起诉是指人民检察院或者被害人以及其他依法有权请求人民法院确认刑事责任是否存在和适用刑罚权对犯罪进行惩罚的团体或个人，以书面或口头的方式对犯罪人提出指控，要求人民法院对犯罪进行确认并追究犯罪者刑事责任的行为。根据刑事诉讼法的有关规定，我国刑事起诉分为自诉和公诉两种，是追究刑事犯罪的两种控诉形式，二者互相补充，构成了我国刑事起诉的完整体系。从有权追诉犯罪嫌疑人的刑事责任，将其提交人民法院进行审判的机关和个人来说，公诉和自诉的诉讼宗旨是相同的，但二者毕竟是两种不同性质的追诉形式，在追诉的主体、追诉的客体以及追诉的原则等方面均有区别，不能将它们混为一谈。

第一节 公诉的一般理论

一、公诉的概念

在我国刑事诉讼中，公诉是指行使国家公诉权的人民检察院，对公安机关侦查终结移送起诉的案件或者对自行侦查终结的案件，经过全面审查，确认侦查阶段所收集的证据已经确实、充分，犯罪嫌疑人的行为已经构成犯罪，依法应当追究刑事责任而提请人民法院审判的一项诉讼活动。提起公诉是我国刑事诉讼程序中的重要阶段，是人民检察院的重要职权。从性质上来看，公诉是代表国家行使追诉权的人民检察院向行使国家审判权的人民法院提出的一种诉讼请求，其内容是要求人民法院通过审判确定被告人犯有被指控的罪行并给予相应的刑事制裁；从权力上来看，除自诉案件外，向审判机关控告犯罪，要求惩罚犯罪是国家赋予专门法律监督机关人民检察院专属行使的重要职权；从诉讼职能上来看，公诉活动属于行使现代刑事诉讼三大主要职能之一的控诉职能，即由国家专门机关对危害国家利益、社会利益和公民个人利益的犯罪行为代表国家提出控告，进行追究，其目的是要求审判机关对犯罪进行处罚；从程序上来看，提起公诉是刑事诉讼中的一个独立的诉讼阶段，是连接侦查与审判的纽带，是公诉案件的必经程序。

公诉是在刑事诉讼的历史发展中产生的。在刑事诉讼初期，起诉由私人进行，对犯罪是否追究在很大程度是取决于被害人的个人意志。后来，统治阶级为了加强惩罚危害国家利益和统治秩序的犯罪，开始由专门的国家机关来担任起诉职能，逐步形成公诉制度。在现代各国刑事诉讼中，对犯罪的追诉制度有三种不同的模式：一是英美法系国家和日本，采取国家垄断起诉制度，即只有公诉，没有被害人自诉；二是大陆法系国家，采取公诉为主和附诉为辅的制度，即绝大多数案件由国家起诉，少量案件被害人可以起诉，但被害人只能启动审判程序，而审判程序一旦开启，检察官便要接管诉讼，被害人则转为附诉人；三是我国采取的公诉为主，自诉为辅的制度，即绝大多数案件由检察机关起诉，少量案件可以由被害人或其法定代理人起诉，但他们起诉后，检察机关并不接管诉讼。在我国刑事诉讼中，公诉的概念应当从两个方面来理解：一是作为一项诉讼活动，仅指人民检察院代表国家向人民法院提起诉讼，要求对被告人进行审判的活动；二是作为一个诉讼阶段，则不仅包括人民检察院向人民法院提起诉讼的活动，而且也包括人民检察院对公安机关移送起诉的案件以及自行侦查终结的案件进行审查，根据法律规定及案件有关情况，作出提起公诉、不起诉以及补充侦查的决定的全部过程。

二、提起公诉的任务

人民检察院提起公诉，作为一个诉讼阶段，它既是人民检察院对侦查活动是否合法实行监督，又是代表国家行使公诉权的体现，还是人民法院进行审判的依据。因此，提起公诉的任务主要是：

1. 依法对公安机关移送起诉或自行侦查终结的案件，进行全面审查，以保证办案的质量。

2. 根据案件事实和国家法律的规定，对案件作出提起公诉、不起诉或者补充侦查的决定。

3. 对公安机关、人民检察院刑事侦查部门的侦查活动是否合法实行监督，发现违法情况，及时纠止和处理，以实现法律监督职能。

4. 对于决定提起公诉的案件，做好出庭支持公诉的准备工作，对于决定不起诉或者撤销案件的，做好善后工作和接受申诉及处理工作。

三、提起公诉的重要意义

提起公诉是人民检察院依法独立行使检察权的重要职责，在刑事诉讼中具有极其重要的意义。

1. 通过对犯罪的追究和制裁，保护国家、集体利益和公民个人的合法权益。通过提起公诉，将被告人提交人民法院进行审判，使犯罪分子受到应有的惩罚，使国家、集体遭受的财产损失得以挽回，使公民的人身、财产等合法权益得到切实保护。

2. 可以对侦查工作实行有效的监督。人民检察院在提起公诉阶段，通过审查起诉，即对案件事实、证据及相应的法律手续等进行认真、细致的审查、调查或做必要的复验、复查，了解侦查活动是否合法，法律手续是否完备，从而可以对侦查工作实行有效的监督。

3. 可以为审判奠定基础。世界各国的刑事诉讼，一般都将“不告不理”作为通行的原则。非经有起诉权的国家机关和个人起诉，法院不得主动追究犯罪。在我国刑事诉讼中，实行控审职能分离的制度，执行控诉职能的是人民检察院和被害人，执行审判职能的专门机关是人民法院。对于公诉案件，人民检察院是专门的公诉机关，人民法院是在人民检察院正式提起公诉后，才能开始进行各项诉讼活动。不仅如此，人民法院的审判活动还要受起诉内容的制约，对于未起诉的犯罪事实，原则上不能进行审理。同时，提起公诉的质量直接关系到案件事实是否清楚，证据是否确实、充分，能否做出正确的裁判。因此，做好提起公诉工作，可以为审判活动的顺利进行奠定基础。

4. 可以使不应当被提起公诉的人免受刑事审判。提起公诉是侦查与审判之间的一个独立诉讼阶段，起到承上启下的桥梁作用。因此，它既可以沟通侦查与审判的诉讼渠道，使犯罪分子受到应得的惩罚，也可以通过决定对犯罪嫌疑人不起诉或者撤销案件，终止诉讼，使不应被追究刑事责任或无罪的人不再受到刑事追究，以保障他们的合法权益。

四、提起公诉的条件

公诉是人民检察院代表国家向犯罪嫌疑人提出控告，要求人民法院通过审判追究被告人刑事责任的活动。它表明被告人正受到国家的刑事追究，将面临人民法院的刑事审判并可能被判处刑罚。因此，直接关系到公民的人身权利和其他合法权益。为了保证起诉质量，正确行使国家刑事追诉权，防止因错诉使无罪的人受到刑事审判，法律对起诉作了明确的规定和严格的限制。根据《刑事诉讼法》第 141 条的规定，并从各国的立法情况来看，凡决定提起公诉的案件必须同时具备下列条件：

1. 犯罪嫌疑人的行为已经构成犯罪。公诉的目的是要求审判机关追究犯罪，是实行国家刑罚权的活动，而国家刑罚权的有无及发生，首先取决于犯罪嫌疑人是否有犯罪行为或者其行为是否构成犯罪。因此，公诉的首要条件是犯罪事实已经查清，证据确实、充分，犯罪嫌疑人被指控的行为已构成犯罪，这是决定起诉的基本依据。这就要求案件中犯罪的时间、地点、手段、后果、动机、目的、过程等全部事实和主要情节，均已查清，不应遗漏任何应当追究刑事责任的人和犯罪事实。证明全部犯罪事实和主要情节的证据不仅要有一定数量，即足以证明上述事实和情节的证据量，而且要真实可靠，足以确认案件客观真实。这在世界各国都是共同的。

2. 有证据证明犯罪行为系犯罪嫌疑人所实施。指控的犯罪行为与犯罪嫌疑人这一特定对象之间必须有紧密联系。如果只确定有犯罪事实存在，却不能证明是犯罪嫌疑人所为，同样不能对犯罪嫌疑人提出控诉。

3. 依法应当追究犯罪嫌疑人刑事责任。公诉权是基于国家对犯罪行为的刑罚权而产生的诉讼上的刑罚请求权。因此，还要具备依法应当追究犯罪嫌疑人的刑事责任，即只有犯罪嫌疑人的行为已经构成犯罪并应到刑罚处罚时才能提起公诉。

第二节 提起公诉的程序

一、审查起诉

审查起诉，是人民检察院的专有职权。我国《刑事诉讼法》第 136 条规定："凡需要提起公诉的案件，一律由人民检察院审查决定。"可见，审查起诉是公诉权的重要组成部分，其他任何机关、团体和个人均无权行使这项权力。

（一）审查起诉的概念

所谓审查起诉，是指人民检察院在公诉阶段，为了确定公安机关侦查终结移送起诉的刑事案件以及人民检察院自行侦查终结的刑事案件是否应当提起公诉，而对侦查机关确认的犯罪事实和证据、犯罪性质和罪名进行全面的审查及核实，并决定是否交付人民法院进行审判的一项诉讼活动。审查起诉是人民检察院决定是否起诉的必经程序，是实现人民检察院公诉职能的一项最基本的准备工作，也是人民检察院对侦查活动实行法律监督的一项重要措施，是保证案件质量的关键环节。因此，它对保证人民检察院正确地提起公诉，发现和纠正侦查活动中的违法行为，具有重要意义。

人民检察院审查起诉的案件有以下来源：一是由公安机关侦查终结移送提起公诉的案件；二是人民检察院的侦查部门侦查终结移送起诉部门提起公诉的案件。人民检察院通过审查起诉，全面核实事实和证据，既可以有效地检验自身批捕工作的质量，提高业务水平，又可以充分履行侦查监督职能，检查侦查活动是否合法，有关的法律手续是否完备，进而为法院的审判工作打下一个良好的基础。

人民检察院在收到公安机关移送审查起诉的案件以及人民检察院审查起诉部门在收到检察院侦查部门移送审查起诉案件时，应当首先进行形式审查以决定是否受理。形式审查的内容包括：形式审查是否属于本院管辖；起诉意见书以及案卷材料是否齐备；案卷装订、移送是否符合有关要求和规定，诉讼文书、技术性鉴定材料是否单独装订成卷等；对作为证据使用的实物是否随案移送，移送的实物与物品清单是否相符；犯罪嫌疑人是否在案以及采取强制措施的情况等。

人民检察院对于公安机关移送审查起诉的案件，应当在7日内进行审查，审查的期限计入人民检察院审查起诉期限。经审查后，应区分不同情况做如下处理：(1）对具备受理条件的，应依法受理；(2）对移送的案件材料不符合要求的，要妥善处理；(3）对起诉意见书、案卷材料不齐备，对作为证据使用的实物未移送的，或者移送的实物与物品清单是不相符的，应当要求移送机关在3日内补送；(4）对于案卷装订不符合要求的，应当要求重新分类装订后移送审查起诉；(5）对于犯罪嫌疑人不在案的，应当要求公安机关在采取必要措施保证犯罪嫌疑人到案后移送审查起诉；(6）对于共同犯罪案件的部分犯罪嫌疑人在逃的，应当要求公安机关在采取必要措施保证在逃犯罪嫌疑人到案后另案移送审查起诉，对在案的犯罪嫌疑人审查起诉应当照常进行。人民检察院审查起诉部门受理本院侦查部门移送审查起诉的案件，参照上述程序进行。

(二）审查起诉的内容

人民检察院受理移送审查起诉案件，应当指定检察员或者经检察长批准代行检察员职务的助理检察员办理，也可以由检察长办理。根据《刑事诉讼法》第137条的规定，人民检察院审查案件的时候必须查明：(1）犯罪嫌疑人身份状况是否清楚，包括姓名、性别、国籍、出生年月日、职业和单位等；(2）犯罪事实、情节是否清楚，认定犯罪性质和罪名的意见是否正确，有无法定的从重、从轻、减轻或者免除处罚的情节，共同犯罪案件的犯罪嫌疑人在犯罪活动中的责任认定是否恰当；(3）证据材料是否确实、充分，是否随案移送，不宜移送的证据清单、复制件、照片或者其他证明文件是否随案移送；(4) 有无遗漏罪行和其他应当追究刑事责任的人，是否属于不应当追究刑事责任的；(5) 有无附带民事诉讼，对于国家、集体财产遭受损失的，是否需要由人民检察院提起附带民事诉讼；(6) 采取的强制措施是否适当；(7) 侦查活动是否合法；(8) 与犯罪有关的财物是否扣押、冻结并妥善保管，以供核查。对被害人合法财产的返还和对违禁品或者不宜长期保存的物品的处理是否妥当，移送的证明文件是否完备。

(三) 审查起诉的步骤和方法

根据刑事诉讼法的有关规定和司法实践经验，人民检察院审查起诉的步骤和方法主要是：

1. 审阅案卷材料。审查起诉意见书等综合材料，以便对犯罪嫌疑人的一般情况、案情以及认定犯罪的法律依据等有个概括的了解，然后仔细查阅卷宗中的各种证据材料，看其内容是否确实可靠，所确定的事实、情节是否有充分可靠的证据，认真做好阅卷笔录。

2. 认真复核事实和证据。如果发现与案件有关的事实、情节不清楚，证据不充分或者证据与案件事实之间以及证据与证据之间存在矛盾等情况，应重点复核，并采取如下方法：(1) 讯问犯罪嫌疑人。这是人民检察院审查案件必经的法定程序，人民检察院通过讯问犯罪嫌疑人，可以对其进行直接的观察了解，听取其供述和辩解，有助于弥补侦查工作的不足，有利于对案件事实和情节进一步了解，搞清侦查时尚未查清的疑点，甚至发现遗漏的犯罪嫌疑人。同时，还可以对侦查工作实行监督，进一步保护犯罪嫌疑人行使各项诉讼权利；(2) 询问被害人。被害人是案件的当事人，案件如何认定处理，直接关系到被害人的切身利益能否得到有效保护。同时，被害人又是受犯罪行为直接侵害的人，对案情一般有比较全面详细的了解。为此，人民检察院必须采用适当的方式，对其进行询问，听取其意见；(3) 听取犯罪嫌疑人、被害人委托的人的意见。为了切实维护当事人的合法权益，人民检察院应增强审查案件的透明度，听取各方面的意见，包括听取犯罪嫌疑人、被害人委托的人的意见，以便全面核实事实和证据，作出正确决定；(4) 询问证人。以直接言词的方法，听取证人陈述，是核实证据的重要方法。通过询问证人，既可以判断证言本身的真实可靠性，也可以将证言与其他证据进行对照分析，以判明真伪；(5) 重新鉴定、勘验和检查。人民检察院在审查起诉中，如果认为公安机关的鉴定、勘验或者检查需要复验、复查的，可以要求公安机关复验、复查或者自己重新进行勘验、检查，以确保鉴定、勘验和检查结论的真实可靠性。

3. 补充侦查。补充侦查并非人民检察院对案件审查后的处理结果，而是侦查终结后，审查起诉中补充性调查事实和收集证据的活动。对于补充侦查的案件，人民检察院可以根据不同情况，作出提起公诉或者不起诉的决定。补充侦查有两种情形，一是由人民检察院自行侦查。至于在何种情况下由人民检察院自行补充侦查，要由人民检察院根据自身工作能力、工作任务以及案件难易程度、需要补充侦查的内容等因素综合考虑，作出决定；二是由人民检察院退回公安机关补充侦查。根据司法实践经验，退回公安机关补充侦查的案件包括：（1）主要事实不清，证据不足的；（2）遗漏了犯罪嫌疑人的罪行；（3）遗漏了同案犯的。具备上述条件之一的，就可以退回补充侦查。根据法律规定，补充侦查的期限为一个月，补充侦查的次数以二次为限。法律对于补充侦查的期限和次数作出明确规定，是查清案件事实的需要，也是人权保障的必然要求，同时还体现了诉讼经济原则。案件经补充侦查完毕后，人民检察院重新计算审查起诉期限。人民检察院对于补充侦查的案件审查后，如果认为犯罪事实清楚，证据确实充分，依法应当追究刑事责任的，应当作出起诉决定。如果仍然认为证据不足，不符合起诉条件，可以作出不起诉的决定。对于公安机关移送审查起诉的案件，发现犯罪嫌疑人没有违法犯罪行为的，应当书面说明理由，将案卷退回公安机关处理；发现犯罪事实并非犯罪嫌疑人所为的，应当书面说明理由，将案卷退回公安机关并建议公安机关重新侦查。如果犯罪嫌疑人已经被逮捕，应当撤销逮捕决定，通知公安机关立即释放。人民检察院审查起诉部门对于本院侦查部门移送审查起诉的案件，发现没有违法犯罪行为，或者发现犯罪事实并非犯罪嫌疑人所为的，应当退回本院侦查部门，建议做撤销案件处理。但对于属于有犯罪事实而非该追诉者所为的，应当建议侦查部门重新侦查。

4. 在法定期限内，依法作出提起公诉、不起诉的决定。根据《刑事诉讼法》第138条规定，人民检察院对于公安机关以及其他侦查机关移送审查起诉的案件，应当在一个月以内作出决定，重大、复杂的案件，可以延长半个月。因此，检察人员对案件经过一系列审查活动，查清全部案件事实以后，应当拟写《案件审查意见书》，根据审查的具体情况，提出起诉或者不起诉以及是否需要提起附带民事诉讼的意见，报请审查起诉部门负责人审核，审查起诉部门负责人对案件进行审核后，应当提出审核意见，报请检察长或者检察委员会在法定的期限内决定起诉或者不起诉。

二、作出起诉决定

我国《刑事诉讼法》第141条规定："人民检察院认为犯罪嫌疑人的犯罪

事实已经查清，证据确实、充分，依法应当追究刑事责任的，应当作出起诉决定，按照审判管辖的规定，向人民法院提起公诉。”可见，提起公诉决定，是指人民检察院对于侦查终结的案件，在审查后认为犯罪事实清楚，证据确实、充分，依法应当追究刑事责任的，作出将案件交付人民法院审判的决定。有权提起公诉的机关是人民检察院。其他任何机关、团体或个人，都无权代表国家行使公诉权，而且也不能干涉人民检察院行使公诉权。人民检察院对公安机关侦查终结移送的案件，以及自行侦查终结的案件，经审查认为符合起诉条件的，应当向人民法院提起公诉。即使公安机关要求不起诉的，也可以向人民法院提起公诉。人民检察院应当向同级人民法院提起公诉。按照审判管辖的规定，案件属于上级人民法院管辖的，人民检察院应将案件报送上级人民检察院，由上级人民检察院审查决定后，向有管辖权的同级人民法院提起公诉。如果案件属于下级人民法院管辖的，应当将案件移送下级人民检察院，由下级人民检察院向同级人民法院提起公诉。

人民检察院决定提起公诉的，必须制作起诉书。起诉书是人民检察院代表国家指控犯罪嫌疑人已构成犯罪，要求人民法院依法对案件进行审判，追究犯罪嫌疑人刑事责任的法律文书。它是人民检察院所作的提起公诉决定的法定表现形式，也是人民法院对案件受理审判的合法依据。起诉书的主要内容包括四个部分，即：第一部分为首部，主要内容有标题、被告人的基本情况、案由和案件来源等情况；第二部分为犯罪事实和证据部分。此为核心部分，要写明被告人的罪名、罪状、罪证以及认罪态度等情况；第三部分为结论部分，应写明人民检察院对被告人犯罪事实的分析、认定，触犯的刑法条款以及起诉的理由和根据。这部分结束时，还应当写明受诉的人民法院，并由检察员（长）署名；第四部分为附项，人民检察院提起公诉时，应写明被告人的住址或羁押的处所，并将起诉书连同证人名单、证据目录以及主要证据复印件、照片以及随案移送的赃物、证物等一并移送人民法院。凡公诉案件，人民检察院应当提供足够数量的起诉书副本，交由人民法院转发犯罪嫌疑人及其辩护人。有被害人的公诉案件，起诉书副本也应送给被害人。如果是适用普通程序审判的案件，应当依照《刑事诉讼法》第 150 条的规定向人民法院移送有关材料；如果是建议适用简易程序审判的案件，则应当移送全部卷宗材料。

三、出庭支持公诉

出席法庭参与审判活动是检察机关、检察官职能的突出体现，它可以使检察机关、检察官进入一个由控诉、辩护和审判三方构成的诉讼结构并在其中充分发挥自己特定的诉讼职能。人民检察院派员出席法庭，包括出席第一审法庭、出席第二审法庭和出席再审法庭。在这里主要论及出席第一审法庭支持公诉。提起公诉的案件，除适用简易程序决定不派员出庭的以外，人民检察院应派员以国家公诉人的身份出席第一审法庭，支持公诉。公诉人应当由检察长、检察员或者经检察长批准代行检察员职务的助理检察员一人至数人担任。

（一）出庭前的准备

公诉人在人民法院决定开庭审判前应当做好以下准备工作：进一步熟悉案情，掌握证据情况。一般是根据阅卷笔录和起诉书，研究、熟悉案情，必要时查阅案卷，核实有关证据，深入研究与本案有关的法律政策问题。具体来讲，就是进一步分析研究与本案定罪量刑有关的法律，是否适用于本案，如何适用等问题，充实审判可能涉及的专业知识。这里的“专业知识”指与本案有关的非法律方面的专业知识，如科技、金融、保险、房地产等方面的知识。拟定讯问被告人，询问证人、鉴定人，宣读、出示、播放证据的计划并制定质证方案；拟定公诉意见，准备辩论提纲。公诉意见是指公诉人在法庭上对案件事实和证据集中发表的意见。辩论提纲是指公诉人在法庭上就案件事实和证据与被告人、辩护人互相辩论的提纲。该提纲应针对有可能提出的辩解意见，周密地进行反驳。具体来讲，可以从事实、情节、法律、诉讼程序诸方面进行准备。

（二）出庭支持公诉

公诉人在法庭上应当依法进行下列活动：（1）宣读起诉书，代表国家指控犯罪，提请人民法院对被告人依法审判；（2）讯问被告人；（3）询问证人、被害人、鉴定人；（4）出示物证，宣读书证、未到庭证人的证言笔录、鉴定人的鉴定结论与勘验、检查笔录和其他作为证据的文书，向法庭提供作为证据的视听资料；（5）对证据和案件情况发表意见，针对被告人、辩护人的辩护意见进行答辩，全面阐述公诉意见，反驳不正确的辩护意见；（6）维护诉讼参与人的合法权利；（7）对法庭审理案件有无违反法律规定的诉讼程序的情况记明笔录；（8）依法从事其他诉讼活动。

四、不起诉决定

（一）不起诉的概念和种类

所谓不起诉决定，是指人民检察院对于公安机关侦查终结移送起诉的案件以及检察院侦查部门自行侦查终结的案件，经审查认为犯罪嫌疑人不构成犯罪，或者具有《刑事诉讼法》第15条规定的不追究刑事责任的情形，或者犯罪嫌疑人犯罪情节轻微，依法不需要判处刑罚或者免除刑罚的，或者经两次补充侦查尚未达到起诉条件，从而作出的不将案件移送人民法院进行审判而终止诉讼的决定。不起诉的决定权属于人民检察院，其他任何机关均无权行使这项权力。

根据《刑事诉讼法》第140条第4款、第142条的规定，不起诉的决定因适用情况的不同分为法定不起诉和酌定不起诉两类：

1. 法定不起诉。即只要具备了法律规定不起诉的条件，就必须作出不起诉的决定。具体来讲是指被告人具有《刑事诉讼法》第15条规定的不追究刑事责任情形之一的，人民检察院就应当作出不起诉决定，而不存在其他选择，没有自由裁量的余地。法定不起诉的情形包括：(1) 犯罪嫌疑人的犯罪情节显著轻微、危害不大，不认为是犯罪的；(2) 犯罪已过追诉时效期限的；(3) 经特赦令免除刑罚的；(4) 依照刑法告诉才处理的犯罪，没有告诉或者撤回告诉的；(5) 犯罪嫌疑人、被告人死亡的；(6) 其他法律规定免予追究刑事责任的。以上六种情形，有的不认为是犯罪，有的是不应追究刑事责任或无法追究刑事责任，总之都不具备起诉的法定条件。因此，人民检察院在审查起诉中，对于具有上述六种情形之一的，都应当作出不起诉决定，而无须权衡作出这一决定是否适宜，这是法定不起诉不同于酌定不起诉的重要特征。

2. 酌定不起诉。即指人民检察院综合案件具体情况后进行权衡，认为犯罪嫌疑人的犯罪情节轻微，依照刑法规定不需要判处刑罚或者免除刑罚的案件，或者是对于经过补充侦查的案件，人民检察院仍然认为证据不足，不符合起诉条件而作出的不起诉决定。根据刑事诉讼法的规定，酌定不起诉主要有两种：

第一种是《刑事诉讼法》第142条第2款规定的："对于犯罪情节轻微，依照刑法规定不需要判处刑罚或者免除刑罚的，人民检察院可以作出不起诉决定。"根据这一规定，酌定不起诉必须同时具备两个条件：其一，犯罪嫌疑人实施的行为触犯了刑律，符合犯罪构成的要件，已经构成犯罪；其二，该犯罪行为情节轻微，依照刑法规定不需要判处刑罚或者免除刑罚。依照我国《刑法》第37条规定的内容，犯罪行为情节轻微，免除刑罚包括下列情形：(1) 犯罪嫌疑人在中华人民共和国领域外犯罪，依照中华人民共和国国刑法规定应当负有刑事责任，但在外国已经受过刑事处罚的；(2) 犯罪嫌疑人又聋又哑，或者盲人犯罪的；(3) 犯罪嫌疑人因防卫过当或者紧急避险超过必要限度，并造成不应有损害而犯罪的；(4) 为犯罪准备工具，制造条件的；(5) 犯罪过程中自动中止或自动有效地防止犯罪结果发生的；(6) 在共同犯罪中，起次要的或者辅助作用的人员；(7) 被胁迫、被诱骗参加犯罪的胁从人员；（8）犯罪嫌疑人自首或者在自首后有立功表现的。在司法实践中，具备上述情形之一时，人民检察院可以根据犯罪嫌疑人的自然情况、动机、目的、手段、过程、危害后果等情况综合分析，确认没有追诉必要的才可适用不起诉决定。不能任意扩大不起诉的范围，削弱对犯罪分子的打击力度。

第二种是《刑事诉讼法》第 140 条第 4 款规定的："对于补充侦查的案件，人民检察院仍然认为证据不足，不符合起诉条件的，可以作出不起诉的决定。"根据刑事诉讼法第 140 条规定，补充侦查的案件应在 1 个月内补充侦查完毕，补充侦查以两次为限。因此，经过两次补充侦查，对于事实仍未查清、证据不足的案件，人民检察院可以作出不起诉的决定。案件经过两次补充侦查，具有下列情形之一，不能确定犯罪嫌疑人构成犯罪和需要追究刑事责任的，属于证据不足，不符合起诉条件：（1）据以定案的证据存在疑问、无法查证属实的；（2）犯罪构成要件事实缺乏必要的证据予以证明的；（3）证据之间的矛盾不能合理排除的；（4）根据证据得出的结论具有其他可能性而无法排除的。人民检察院根据上述情形作出不起诉决定后，如果发现了新的证据，证明案件符合起诉条件时，可以撤销不起诉决定，提起公诉。对于这种酌定不起诉应当注意的是，只有案件经过两次补充侦查后，人民检察院仍然认为案件事实不清、证据不足时，才可以作出不起诉决定。因此，案件经过两次补充侦查和案件事实不清、证据不足，是刑事诉讼法规定的酌定不起诉的必要条件，人民检察院必须严格执行，只有这样，才能既防止放纵犯罪分子，又防止久侦不决、久押不放的现象，更好地保护公民的合法权益。

上述两种酌定不起诉是相对于法定不起诉而言的，酌定不起诉不同于法定不起诉，二者的主要区别在于：第一，硬性与弹性的不同。法定不起诉，要求人民检察院在犯罪嫌疑人具有法定不追究刑事责任的情形时，就必须作出不起诉决定，这是法律的硬性规定，不存在自由裁量和进行选择的余地。而酌定不起诉，是由人民检察院根据案件的具体情况，全面考虑，自由裁量，经过选择后作出的决定，这是法律的一种弹性规定，人民检察院可以不起诉，也可以起诉。因此，人民检察院有较大的自由裁量权。第二，条件不同。法定不起诉的条件是对犯罪嫌疑人不应当追究刑事责任，而酌定不起诉的条件是犯罪嫌疑人的犯罪情节轻微不需要判处刑罚或免除刑罚，或者案件经过两次补充侦查后，证据仍不足，不符合起诉条件。第三，决定程序不同。法定不起诉决定的作出必须经过检察长同意，由检察长决定作出；而酌定不起诉决定的作出，必须经过检察委员会讨论决定。总之，酌定不起诉体现了人民检察院拥有一定的起诉自由裁量权，符合刑事诉讼中便宜主义的发展趋势，标志着刑事诉讼中人权保障和民主的发展。

（二）不起诉的程序

同起诉决定一样，人民检察院对犯罪嫌疑人作出的不起诉决定，也是对案件处理的一种结果，因而是一项十分严肃的工作。不起诉决定一经作出，即具有法律效力。因此，为了保证人民检察院不起诉决定的质量，及时发现和纠正可能发生的差错，我国《刑事诉讼法》第 142 条至第 146 条规定了不起诉决定的具体程序：

1. 制作不起诉决定书。它是人民检察院代表国家决定不将犯罪嫌疑人移送人民法院审判的法律文书，具有终止诉讼的效力。

2. 公开宣布不起诉决定，并将不起诉决定书送达犯罪嫌疑人及其所在单位。对于公安机关移送起诉的案件，人民检察院决定不起诉的，应当将不起诉决定书送达公安机关。对于有被害人的案件，人民检察院应当将不起诉决定书送达被害人。不起诉决定书一经宣布或送达，即发生法律效力。如果犯罪嫌疑人在押，应当立即释放。

3. 对不起诉决定的复议、复核、申诉和复查。对于公安机关移送起诉的案件，人民检察院决定不起诉的，应将不起诉决定书送达公安机关。公安机关认为不起诉决定有错误的时候，可以要求人民检察院复议。如果意见不被接受，可以向上一级人民检察院提请复核。上一级人民检察院应当立即复核，并将复核结果，通知下级检察院和公安机关。对于有被害人的案件，人民检察院决定不起诉的，应当将不起诉决定书送达被害人。被害人如果不服，可以在收到不起诉决定书 7 日以内向上一级人民检察院申诉，人民检察院应当认真复查，并将复查结果通知被害人。此外，被不起诉的人如果对不起诉的决定不服，可以自收到决定书后 7 日以内向人民检察院申诉，人民检察院应当复查，并将复查决定通知被不起诉人，同时抄送公安机关。

4. 对不起诉决定的制约。为了充分体现对被害人的权益保障，刑事诉讼法赋予了被害人不服不起诉决定的起诉权。即被害人对不起诉决定不服，有权在法定期限内向上一级人民检察院提出申诉。人民检察院复查后维持不起诉决定的，被害人可以向人民法院起诉。被害人也可以不经申诉，直接向人民法院起诉。

5. 对扣押、冻结财物的处理。人民检察院决定不起诉的案件，应当同时对侦查中扣押、冻结的财物解除扣押、冻结。侦查中对犯罪嫌疑人的财物予以扣押、冻结，一方面在于获得证据材料；另一方面在于挽回给国家和人民利益造成的损失，也便于执行判决。人民检察院作出不起诉决定后，就意味着诉讼终止，嫌疑人不再被追诉，因而对财物的扣押、冻结已无必要，应及时解除扣押、冻结。

6. 移送主管机关处理。人民检察院作出不起诉决定后，对被不起诉的人如果需要给予行政处罚、行政处分或者需要没收其违法所得的，应当提出检察意见，移送有关主管机关处理。有关主管机关接到检察意见后，应当认真处理并将处理结果及时通知人民检察院。

第三节　提起自诉的程序

一、自诉案件的概念和范围

自诉案件，是指法律规定的由被害人或者他的法定代理人、近亲属为追究被告人的刑事责任，自行向人民法院提起诉讼，由人民法院直接受理并进行审判的刑事案件。自诉案件具有明确的原告和被告（即自诉人和被告人）；案件事实清楚，情节简单，无需进行侦查；犯罪后果较轻，社会危害性不大等特点。根据《刑事诉讼法》第170条的规定，自诉案件的范围包括：

1. 告诉才处理的案件。这是指我国刑法分则中明确规定为“自诉才处理”的刑事案件。这类案件包括：（1）侮辱、诽谤案；（2）暴力干涉婚姻自由案；（3）虐待案；（4）非法占有代为保管财物案和非法占有他人遗忘物、埋藏物案。

2. 被害人有证据证明的轻微刑事案件。这类案件在性质上必须属于轻微刑事案件，同时被害人还必须有证据能够证明被告人确实实施了被指控的犯罪行为。最高人民法院、高级人民检察院、公安部、国家安全部、司法部、全国人大常委会法制工作委员会于1998年1月19日公布施行的《关于刑事诉讼法实施中若干问题的决定》，被告人有证据证明的轻微刑事案件，具体是指下列案件：（1）故意伤害案；（2）重婚案；（3）遗弃案；（4）妨害通信自由案；（5）非法侵入他人住宅案；（6）生产、销售伪劣商品案（严重危害社会秩序和国家利益的除外）；（7）侵犯知识产权案（严重危害社会秩序和国家利益的除外）；（8）属于刑法分则第四、第五章规定的，对被告人可以判处3年有期徒刑以下刑罚的其他轻微刑事案件。

3. 被害人有证据对被告人侵犯自己人身、财产权利的行为应当依法追究刑事责任，而公安机关或者人民检察院不予追究刑事责任的案件。这类案件本来属于公诉案件的范围，但由于公安机关或人民检察院不予追究，被害人才有权直接向人民法院起诉。人民法院受理此类案件必须具备的条件：一是被害人有证据证明被告人实施了侵犯自己人身、财产权利的行为；二是依法应当追究刑事责任；三是公安机关或者人民检察院已经作出不予追究的书面决定。由此可见，这类案件的范围是很广泛的，既包括公安机关或人民检察院不立案侦查或撤销的案件，也包括人民检察院决定不起诉的案件。

二、自诉的重要意义

在现时历史条件下，保留自诉制度具有一定的必要性和合理性，亦即自诉自身具有其存在的价值和意义：

1. 出于维护被害人利益、保障被害人诉讼权利的需要。被害人是犯罪行为的直接受害者，因犯罪行为使自己在人身、健康、财产和民主方面的权益蒙受损害，当然有权要求对加害者进行惩罚。向国家审判机关控告犯罪，要求惩罚犯罪，是被害人固有的权利。实行公诉制度后，被害人追诉犯罪的权利在一般情况下已由国家代为行使。为了维护被害人的利益，一方面，国家在提起公诉时要充分考虑被害人的利益；另一方面，对于一定种类的刑事案件，可以将追诉犯罪的权利交给被害人行使。这样做不但不会危害国家、社会的利益，相反能节省大量司法投入，可以集中力量打击严重的刑事犯罪。

2. 有些案件涉及的主要是公民个人的利益，或者是发生在家庭成员之间的犯罪，在被害人与加害人之间“犹存隐忍之和”。如果国家不强加干预，将起诉权交由被害人行使，是否追究加害人刑事责任由被害人自己决定，或者允许被害人与加害人在诉讼过程中和解，反而有利于案件的解决，有利于对犯罪分子的教育、感化和挽救，从而消除犯罪原因，达到社会治安综合治理的目的。

3. 有些犯罪，如侮辱、诽谤方面的案件，或者性犯罪方面的案件，往往涉及到被害人的名誉、隐私，如果付诸诉讼，张扬开来，可能给被害人造成更大的损害。而且此类案件如果被害人不愿控告甚至加以否认，就难以查清案情。因此，法律将此类案件的起诉权交给被害人行使，诉与不诉取决于被害人的意志，这样更有利于保护被害人利益。

三、提起自诉的条件和程序

（一）提起自诉的主体

我国《刑事诉讼法》第88条规定：“对于自诉案件，被害人有权向人民法院直接起诉。被害人死亡或者丧失行为能力的，被害人的法定代理人、近亲属有权向人民法院起诉。人民法院应当依法受理。”据此可知，提起自诉的主体包括：被害人、被害人的法定代理人、被害人的近亲属。

1. 被害人。是指其合法权益遭受犯罪行为直接侵害的人。其内涵包括两点：（1）遭受犯罪行为直接侵害的是公民依法享有的受国家法律保护的权益；

(2) 被害人的合法权益遭受的是刑法所规定的犯罪行为直接而非间接的侵害。

2. 被害人的法定代理人。法定代理人包括被代理人的父母、养父母、监护人和负有保护责任的机关、团体的代表等对被代理人负有保护责任的人。

3. 被害人的近亲属。根据《刑事诉讼法》第 82 条第 6 款规定："'近亲属'是指夫、妻、父、母、子、女、同胞兄弟姊妹。"《刑事诉讼法》第 88 条还规定，对于自诉案件，被害人死亡或丧失行为能力的，被害人的近亲属有权提起自诉。

刑事诉讼法从保护被害人合法权益出发，规定被害人死亡或者丧失行为能力的，其法定代理人、近亲属有权提起自诉，扩大了自诉权人的范围。既能保证在被害人确实没有行为能力时，其合法权益能够得到保障，又能避免在被害人应当享有自诉权时，其合法权益被剥夺或侵犯。

(二) 提起自诉的条件

为维护刑事审判的严肃性和被告人的合法权益，法律要求提起自诉必须符合一定的条件，即：

1. 提起自诉的人一般是犯罪行为的被害人，被害人死亡或者丧失行为能力的，被害人的法定代理人、近亲属也有权向人民法院起诉；如果被害人因受强制、威吓无法告诉的，被害人的近亲属也可以自诉人的身份提起自诉；

2. 必须有明确的被告人，有具体的诉讼请求，并应提出足够证明被告人犯罪的证据。

3. 提起自诉的刑事案件应属于人民法院直接受理的案件范围；

4. 自诉的提起必须在我国刑法关于犯罪追诉时效期限内。

(三) 提起自诉的程序

1. 自诉案件的提起。自诉人通常是被害人或者被害人的法定代理人，但如果被害人因受强制、威吓无法起诉，或者是限制行为能力人以及由于年老、患病、盲、聋、哑等原因不能亲自起诉的，他的近亲属也可以代为起诉。在这种情况下，被害人仍是自诉人身份，"代为起诉"的近亲属是代理人。

提起自诉，自诉人应当向人民法院提交符合规范的刑事自诉状，并按被告人的人数提出副本。如自诉人书写自诉状确有困难的，也可以口头告诉，由人民法院工作人员制作告诉笔录，向自诉人宣读。自诉人确认无误后，应当签名或者盖章。自诉状或者告诉笔录应当包括以下内容：(1) 自诉人、被告人的姓名、性别、年龄、民族、籍贯、出生地、文化程度、职业、工作单位和住址；(2) 犯罪行为的时间、地点、手段、情节和危害后果等；(3) 具体的诉讼请求；(4) 呈送人民法院的名称及具体时间；(5) 证人的姓名、住址及其他证据的名称、件数、来源等。如果被告人是两人以上的，自诉人在告诉时需要按被告人的人数提供自诉副本。

2. 对自诉案件的审查和处理。人民法院收到自诉状或起诉书后，应当指定审判人员认真地进行审查。根据最高人民法院的司法解释，人民法院受理的自诉案件必须符合下列条件：属于《刑事诉讼法》第 170 条规定的自诉案件；属于本法院管辖的；刑事案件的被害人告诉的；有明确的被告人、具体的诉讼请求和能证明被告人犯罪事实的证据；受理公诉转自诉的自诉案件，还应当符合《刑事诉讼法》第 86 条、第 145 条的规定。

人民法院应根据上述立案条件，对自诉案件分别情况作出如下处理：(1) 对于自诉案件，经审查有下列情形之一的，应当说服自诉人撤回自诉，或者裁定驳回起诉：犯罪已超过追诉时效的；被告人已经死亡的；被告人下落不明的；不属于自诉案件范围的；缺乏罪证，自诉人提不出补充证据的；除因证据不足而撤诉的以外，自诉人撤诉后，就同一事实又告诉的；经法院调解结案后，自诉人反悔，就同一事实再行告诉的；民事案件结案后，自诉人就同一事实再提出刑事自诉的；(2) 对于事实清楚，有足够证据的自诉案件，应当开庭审判；(3) 必须由人民检察院提起公诉的案件，应当移送人民检察院；(4) 对于已经立案，由于缺乏罪证，自诉人撤回自诉或者驳回起诉后又提出了新的足以证明被告人有罪证据的，人民法院应当受理；(5) 自诉人明知有其他共同侵害人，但只对部分侵害人提出起诉的，人民法院应当受理，并视为自诉人对其他侵害人放弃起诉权利。判决宣告后自诉人又对其他共同侵害人就同一事实再提出起诉的，人民法院不再受理。共同被害人中只有部分人起诉的，人民法院应当通知其他被害人参加诉讼。被通知人就同一事实又提出起诉的，人民法院不予受理。但当事人另行提起民事诉讼的，不受限制；(6) 对于自诉人要求撤诉的，经审查后，认为自诉人系受强迫、威吓等原因而为，不是出于自愿的，人民法院应当不予准许；如果是确属自愿的，可以准许。

第十六章　第一审程序

第一节　刑事审判的一般理论

一、刑事审判的概念和特点

刑事审判是基于诉讼而发生的一种国家行为。

解决争端的最原始的手段，是武力。它的一个最基本的特征，就是在发生纠纷的当事人之间，没有一个有权威的第三者来就其纠纷进行仲裁，一切均有赖于个人力量的较量。随着人类理智的发达，人们在解决纠纷的方式上亦在逐渐进步。有了纠纷以后，就开始试图以一种比较平静的方式，比如，由一个在年龄上而且在道德上都比较能够让人接受的人凭着自己最原始的良心和理性，以及对正义或公平的原始观念对纠纷作出裁判。进入阶级社会以后，无论是裁决纠纷的程序还是解决纠纷所依据的有效的实体规则，都逐渐丰满起来，国家已经取代了个人而成为了纠纷的仲裁者。它最大的特征在于它的非暴力性。

必须指出的是，诉讼的早期乃至中期形态，都不是把刑事审判当做解决原告、被告之间纠纷的一种手段，而是把它视为国家对个人行使其惩罚性权力的一种体现。只有在人类进入近现代的时候，刑事审判才不再被视为一种单纯的治罪活动，而是被视为就政府或个人提起的以追究被告人刑事责任为目的的诉讼进行审理并作出裁决的活动。

在我国，刑事审判就是指人民法院为了解决被告人的刑事责任问题而对案件进行审理和裁决的活动。所谓“审理”，就是在公诉案件中的公诉人或自诉案件中的自诉人以及其他诉讼参与人的参加下，审查核实案内的各种证据，以确定被告人是否实施了所指控的犯罪行为；所谓“裁决”，则是指人民法院依据审理的结果和法律，就案件的程序问题和实体问题进行处理。审理和裁决是刑事审判的两个不同的方面，审理是裁决的基础与前提，裁决是审理后作出的逻辑结论。刑事审判具有如下三个特征：

1. 人民法院是惟一行使国家刑事审判权的机关。其他任何机关、团体和个人都无权进行刑事审判。

2. 刑事审判活动必须在既有控诉方又有辩护方的条件下才能进行。控诉与辩护是互相联系又互相对立的矛盾双方，没有控诉就没有辩护，辩护是针对控诉进行的。

3. 审判是刑事诉讼的中心环节和决定性阶段。控、辩双方只有在裁判方参加下才能判明是非，作出公正评判。审判是集控诉、辩护、审判于一体的诉讼方式，只有通过审判才能查明案件事实和充分体现各项诉讼原则，对被告人判以刑罚。

因此，刑事审判的任务实质，就是对提起公诉或自诉的案件全面查清案件事实，对被告人是否有罪，犯什么罪，应否处以刑罚和处什么刑罚作出正确的判决或裁定，从而使被告人受到应得的惩罚，使无罪的人得到无罪判决并恢复其合法权利。同时，利用刑事审判活动对公民进行法制宣传教育。

二、刑事审判模式

刑事审判模式，是指刑事审判中控、辩、审三方在审判程序中的诉讼地位和相互关系，以及与之相应的审判程序的组合方式。

历史上曾经存在过的审判模式有纠问式和弹劾式。纠问式诉讼通常表现为诉讼程序不经告发即可产生，法官依职权提起诉讼并收集证据、作出裁判。弹劾式通常表现为诉讼程序要由作为原告的被害人或其他控告人引起，没有原告就没有被告，也就没有法官。在审理时，法官居中消极裁判，不主动追究犯罪，一般也不主动收集证据，而是在当事人提供的证据的基础上对事实进行认定。当代各国的刑事审判模式则主要有以大陆法系为代表的职权主义模式和以英美法系为代表的当事人主义模式。

职权主义审判模式，是指以法官为中心，强调法官的主导地位而不提倡控、辩双方在审判中的积极性的一种审判模式。大陆法系国家多施行这一模式。在此种庭审模式之下：

1. 法官是庭审的核心人物，对诉讼进行起着主导作用。法官不仅依职权主持法庭，指挥诉讼，而且负有查明案件实质真相的责任。因而，法官的表现一般都比较积极、主动。

2. 控方的作用消极弱化。在法官承担主要调查职责的情况下，检察机关的控诉职能难以得到发挥。检察官只是在法官调查证据之后，必要时对证据进行补充性的调查，目的在于提醒法官注意为其所忽视、遗漏的证据或事实。

3. 被告方居于被处置的地位，辩护活动受到约束。辩护方提出证据、反驳控方证据都只能在法官调查完毕后才可能进行，事先还须经过法官许可。所以，如同控诉活动一样，辩护活动也仅仅是一种补充性活动。由此可见，职权主义模式的基本特点是以法官为中心，查明真相的责任归属于法庭，法官掌握诉讼的主动权，当事人处于受支配的地位。庭审活动是以法官对案情的调查为主线而展开的，法官依职权主动讯问被告人，询问证人，积极调查证据，控、辩双方的法庭活动受到限制，作用比较消极。因此，其特征经常被概括为“主动的法官，消极的当事人”。

与职权主义相对应的审判模式是当事人主义模式。当事人主义模式的主要特征在于：

1. 控诉方担负着举证责任并为此展开诉讼攻击活动，负有证明被告人有罪的一般举证责任和证明所控诉犯罪每一要件的特定责任，而且必须达到“排除合理怀疑”的程度。

2. 辩护方既可以积极活动，从根本上动摇乃至推翻控方主张，也可以消极对抗，始终保持沉默，以不合作的方式对自己进行保护。

3. 法官的作用在于居中消极公断，在整个诉讼过程中，法官并不积极主动地介入证据调查过程，不亲自调查取证，一般也不主动干预控、辩双方的活动。基于上述特征，这种刑事审判模式经常被描述为“沉默的法官，争斗的当事人”。

第二节　第一审程序的概念、任务和意义

一、第一审程序的概念

刑事诉讼第一审程序是最能反映一个国家刑事诉讼风格的程序。它直接（虽然不是最终）决定着被告人的命运，也直接决定着刑事诉讼法的任务能否得到实现及其实现的程度。同时，它的运作也在很大程度上决定了第二审程序的结果。因此，第一审程序在刑事诉讼程序中具有举足轻重的地位。

在我国，人民检察院决定提起公诉或自诉人向人民法院提起自诉后，其诉讼程序便进入第一审程序。第一审程序是指人民法院对人民检察院提起公诉或者自诉人提起自诉的案件进行初次审判时所适用的程序。

第一审刑事案件包括人民法院依照第一审程序审理的公诉案件和自诉案件。由于这两种案件的危害程度、控诉主体不同，刑事诉讼法对审判公诉案件和自诉案件的第一审程序分别作了规定。尤其是自诉案件本身所具有的特

点，决定其审判程序区别于公诉案件的审判程序，对此，我国刑事诉讼法作了明确规定。

根据我国刑事诉讼法关于审级制度的规定，地方各级人民法院均实行两审终审制。第一审人民法院就是审判第一审刑事案件的人民法院。地方各级法院有权审判的第一审刑事案件的范围，应当根据刑事诉讼法关于级别管辖的规定来确定。

第一审程序的内容包括：对公诉案件或者自诉案件的受理与审查，对决定开庭审判的案件的庭前准备工作，法庭审判，等等。

二、第一审程序的任务

第一审程序的任务或职能是，人民法院通过开庭，对人民检察院提起公诉、自诉人提起自诉的刑事案件进行审理，保障人民法院在公诉人、当事人和其他诉讼参与人的参加下，依照法定的程序，客观、全面地审查证据，查明案件事实，然后根据刑法就被告人是否有罪，应否处刑以及处以何种刑罚等作出正确的判决，从而使犯罪分子受到应得的、公正的法律制裁，无罪的人不受刑事惩罚，使到庭的旁听人员受到生动、具体的法制教育。实现第一审程序的任务，首要的是坚持按照刑事诉讼法所规定的诉讼原则和第一审程序的方式、方法、程序进行审判。严格执行法定的程序，是完成一审任务的先决条件。

三、第一审程序的意义

第一审程序在刑事诉讼的各阶段中具有极其重要的意义，它最集中全面地体现刑事诉讼法律关系的特点。因此，正确执行第一审审判程序对保证刑事诉讼法的全面贯彻实施，有很重要的意义。

1. 第一审程序是人民法院审判一切刑事案件必不可少的程序。案件起诉到人民法院以后，首先进行的是第一审程序。后面所述的第二审程序、审判监督程序、死刑复核程序、执行程序都必须先经过第一审程序之后才能进入。

2. 第一审程序是人民法院实现国家刑罚权的关键环节。人民法院按照第一审程序审判案件，主要解决案件的实体问题，即对被告人定罪、量刑及量刑轻重问题的确定。而第二审程序、审判监督程序、死刑复核程序则是对第一审程序的审查、复核及检验，主要解决诉讼程序的问题。

3. 正确、合法地进行第一审程序，可以减少上诉、抗诉或者申诉，减轻司法机关和当事人不必要的负担。

4. 第一审程序还可以通过直接、生动、具体的案例对公民进行法制教育，提高公民的法律意识，使之自觉遵守法律规定。

第三节 对公诉案件的审查

一、对公诉案件审查的概念与分类

对公诉案件的审查，即公诉审查，是指人民法院收到人民检察院提起公诉的案件后，对有关材料进行审查是否符合起诉的要求以及是否符合法定的形式，以决定是否将该案被告人交付法庭审判的诉讼活动。

对公诉案件的审查，有实体性审查和程序性审查两种。

1. 实体性审查是对案件实行全案移送，开庭前由法官对案件的事实、证据、法律的适用等进行全面审查，当然也包括案件的侦查、起诉、交付审判的程序是否合法。审查的范围与内容包括：（1）案件是否属本院管辖；（2）起诉书指控的犯罪事实是否清楚；（3）认定犯罪的事实；（4）情节是否有足够的证据予以证明；（5）被告人是否构成犯罪；（6）认定犯罪的性质和罪名是否符合刑法规定；（7）起诉书中有无遗漏被告人的罪行和应当追究刑事责任的同案人；（8）被告人有无责任能力；（9）有无法定不予追究刑事责任的情形；（10）有无附带民事诉讼；（11）有无法定从重、从轻、减轻或者应当免除刑事处罚的情节；（12）有无需要重新勘验、检查、搜查、扣押、查封和鉴定的情形；（13）侦查、起诉程序是否合法；（14）各种法律手续和诉讼文书是否完备、齐全等内容。我国1979年颁布的《刑事诉讼法》第108条的规定就属于实体审查。

2. 程序性审查是指起诉机关移送和法院审查的内容，紧紧围绕是否将被告人交付法庭审判，亦即是否符合开庭审判的条件，不从实体上解决案件的定性处理。程序性审查的具体内容应包括：（1）案件的管辖、侦查、起诉程序是否合法，各种诉讼文书是否完备齐全；（2）起诉书的指控是否有明确的犯罪事实，并附有相应的证据目录说明等。至于案件事实是否清楚，罪名是否成立，证据是否充分、确实，均由开庭审判加以解决。我国修正后的刑事诉讼法规定的庭前审查程序在本质上是一种程序性审查。其法律性质是对案件的接受、审查，而不是审判。其任务则是审查案件是否符合开庭审判的条件，从而决定是否将被告人交付法庭审判，而不是确定被告人是否有罪。

人民法院对提起公诉的刑事案件进行程序上的审查，可以促使检察机关及时纠正侦查、起诉中可能出现的明显失误，可以有效地防止一些基本条件不具备的案件交付法庭审判，防止人力、物力的浪费和增加审判机关的工作量。

二、对公诉案件进行审查的内容

《刑事诉讼法》第150条规定："人民法院对提起公诉的案件进行审查后，对于起诉书中有明确的指控犯罪事实并且附有证据目录、证人名单和主要证据复印件或者照片的，应当决定开庭审判。"

根据这一规定，对公诉案件的审查，主要围绕是否具备开庭条件进行的。根据司法实践，对公诉案件审查的具体内容包括：

1. 案件是否属于本院管辖；

2. 起诉书指控的被告人的身份、实施犯罪的时间、地点、手段、犯罪事实、危害后果和罪名以及其他可能影响定罪量刑的情节是否明确；

3. 起诉书中是否载明被告人被采取强制措施的种类、羁押地点，是否在案以及有无扣押、冻结在案的被告人的财物及存放地点；是否列明被害人的姓名、住址、通讯处；为保护被害人而不宜列明的，是否已经单独移送被害人名单；

4. 是否附有起诉前收集的证据的目录；

5. 是否附有能够证明指控犯罪行为性质、情节等内容的主要证据复印件或者照片；

6. 是否附有起诉前提供了证言的证人名单；证人名单是否分别列明了出庭作证和拟不出庭作证的证人的姓名、性别、年龄、职业、住址和通讯处；

7. 已委托辩护人、代理人的，是否附有辩护人、代理人的姓名、住址、通讯处明确的名单；

8. 提起附带民事诉讼的，是否附有相关的证据材料；

9. 侦查、起诉程序的各种法律手续和诉讼文书复印件是否完备；

10. 有无《刑事诉讼法》第115条第2项至第6项规定的不追究刑事责任的情形。

上述所说的主要证据包括：起诉书中涉及的《刑事诉讼法》第42条规定的证据种类中的主要证据；同种类多个证据中被确定为主要证据的；如果某一种类证据中只有一个证据，该证据即为主要证据；作为法定量刑情节的自首、立功、累犯、中止、未遂、防卫过当等证据。

审查的方法，以书面审查为主，即通过审阅移送的案卷材料，了解起诉书指控的案件事实和证据情况，尤其是起诉书指控的犯罪事实、情节是否有相应的证据加以证明，把移送的主要证据的复印件或照片同案件事实、情节加以对照。人民法院在庭前审查中不宜提审被告或询问有关证人、被害人。

三、审查后的处理

案件经审查后，应当根据不同情况分别处理：

1. 对于不属于本院管辖或者被告人不在案的，应当决定退回人民检察院。

2. 对于需要补送材料的，应当通知人民检察院在3日内补送。

3. 对于根据《刑事诉讼法》第162条第3项规定宣告被告人无罪，但检察院依据新的事实、证据材料重新起诉的，人民法院应当依法受理。

4. 人民法院裁定准许人民检察院撤诉的案件，没有新的事实、证据，人民检察院重新起诉的，人民法院不予受理。

5. 对于不符合《刑事诉讼法》第15条第2项至第6项规定的情形的，应当裁定终止审理或者决定不予受理。

6. 对于被告人真实身份不明，但符合《刑事诉讼法》第128条第2款规定的，人民法院应当依法受理。

对于决定开庭审判的案件，人民法院应当适用决定书。决定书一旦作出，案件即进入开庭前的准备阶段。

第四节　开庭审判前的准备

根据《刑事诉讼法》第151条的规定以及审判工作的实际需要，人民法院对于经审查决定开庭的案件，应当进行下列准备工作：

1. 确定合议庭的组成人员。合议庭是代表人民法院行使审判权的组织形式，是一种集体办案的审判组织，也是最为普遍和最为常用的审判组织。合议庭是由数名审判人员组成的法庭，它既可以由人民法院的专职审判员组成，也可以由专职审判员和人民陪审员组成。基层法院适用简易程序的案件可以由审判员一人独任审判以外，一律应当组成合议庭进行审判。根据《刑事诉讼法》第147条的规定，人民法院适用普通程序审判第一审案件，应当组成合议庭进行。因此，决定开庭审判后，应当首先确定合议庭的组成人员。

合议庭的组成人员应当是单数。合议庭设审判长1人。审判长是审判活动的具体组织者和指挥者，由院长或庭长指定审判员1人担任。人民陪审员一般未受过专业法律训练，而且也不具备法庭审判的经验，所以不能担任审判长。

在组成合议庭的同时，还应当确定法庭的书记员，负责审判的记录工作，并办理与审判有关的其他事项。

2. 送达起诉书副本。将人民检察院的起诉书副本至迟在开庭10日以前送达被告人；对于被告人未委托辩护人的，告知被告人可以委托辩护人，或者在必要的时候，指定承担法律援助义务的律师为其提供辩护。

这项工作的目的是为被告人实现辩护权提供保障。将起诉书副本在开庭10日以前送达被告人是使其知悉人民检察院对其提起的控诉的内容，了解自己被控的罪名以及其他有关情况，做好辩护的准备。告知被告人可以委托辩护人，既可以使那些不知道自己诉讼权利的被告人知悉自己的权利，也可以使那些知道自己享有辩护权的被告人在心理上确信人民法院不仅承认他享有这样的权利，而且准备尊重他行使这样的权利。在必要的时候指定承担法律援助义务的律师为其提供辩护，则是为某些特定被告人提供的进一步的辩护保障。

3. 将开庭的时间、地点通知人民检察院。根据《刑事诉讼法》规定，人民法院审判公诉案件，除适用简易程序外，人民检察院均应派员出席法庭支持公诉。将开庭的时间、地点在开庭3日以前通知人民检察院，有利于承办案件的检察员做好出庭支持公诉的准备。

4. 送达传票和通知。传唤当事人，通知辩护人、诉讼代理人、证人、鉴定人和翻译人员的传票和通知书至迟在开庭3日以前送达。

5. 确定开庭的形式。公开审判的案件，在开庭3日以前先期公布案由、被告人姓名、开庭时间和地点。依法不公开审判的案件，任何公民包括与审理该案无关的法院工作人员和被告人的近亲属都不得旁听。

上述活动情形应当写入笔录，由审判人员和书记员签名。

第五节 法庭审判

法庭审判是人民法院以开庭的方式查明案件事实，并在此基础上依法作出犯罪嫌疑人、被告人是否有罪，应否处以刑罚及处以什么刑罚的诉讼过程。根据刑事诉讼法的规定，法庭审判程序分为开庭、法庭调查、法庭辩论、被告人最后陈述、评议和宣判五个阶段。

一、开 庭

开庭是法庭审理的开始，其任务是为实体审理做好程序上的准备。根据《刑事诉讼法》第154条的有关规定，开庭阶段应当进行下列活动：

1. 开庭审理前，书记员应当依次进行下列工作：（1）查明公诉人、当事人、证人及其他诉讼参与人是否已经到庭；（2）宣读法庭规则；（3）请公诉人、辩护人入庭；（4）请审判长、审判员（人民陪审员）入庭；（5）审判人员就座后，当庭向审判长报告开庭前的准备工作已经就绪。

2. 审判长宣布开庭，传被告人到庭后，应当查明被告人的姓名、出生年月、民族、出生地、文化程度、职业、住址。还应查明被告人的下列情况：(1) 是否曾受到过法律处分及处分的种类、时间；(2) 是否被采取强制措施及强制措施的种类、时间；(3) 是否收到人民检察院起诉书副本及收到的日期；(4) 有附带民事诉讼的，附带民事诉讼被告人收到民事诉状的日期。

3. 审判长宣布案件的来源、起诉的案由。附带民事诉讼原告人和被告人的姓名（名称）及是否公开审理。对于不公开审理的案件，应当当庭宣布不公开审理的理由。

4. 审判长宣布合议庭组成人员、书记员、公诉人、辩护人、鉴定人和翻译人员的名单。

5. 审判长应当告知当事人、法定代理人在法庭审理过程中依法享有下列诉讼权利：(1) 可以申请合议庭组成人员、书记员、公诉人、鉴定人和翻译人员回避；(2) 可以提出证据，申请通知新的证人到庭、调取新的证据、重新鉴定或者勘验、检查；(3) 被告人可以自行辩护；(4) 被告人可以在法庭辩论终结后做最后的陈述。

6. 审判长分别询问当事人、法定代理人是否申请回避，申请何人回避和申请回避的理由。

7. 如果当事人、法定代理人申请审判人员、出庭支持公诉的检察人员回避，合议庭认为符合法定情形的，应当依照有关回避的规定处理；认为不符合法定情形的，应当当庭驳回，继续法庭审理。如果申请回避人当庭申请复议，合议庭应当宣布休庭，待作出复议决定后，再决定是否继续法庭审理。

8. 同意或者驳回回避申请的决定及复议决定，由审判长宣布并说明理由。必要时，也可以由院长到庭宣布。

二、法庭调查

法庭调查是法庭审判的中心环节。在这一阶段，合议庭要在公诉人、当事人、辩护人和其他诉讼参与人的参加下，通过提出证据和对证据进行质证，当庭调查证据，全面查明案件事实真相，为法庭作出正确的裁判提供事实根据。因此，法庭调查是法庭审判的核心阶段。

根据《刑事诉讼法》第155条的有关规定，法庭调查应按以下顺序依次进行：

1. 公诉人宣读起诉书。审判长宣布进行法庭调查后，首先由公诉人宣读起诉书。通过宣读起诉书，一方面向法庭阐明公诉犯罪事实，即法庭调查的范围和被告人应负刑事责任的事实根据和法律依据；另一方面，也可以使旁听群众了解案情，更深入地观察法庭审判的过程。如果一案有数名被告人，宣读起诉书时应同时在场。

2. 被告人、被害人就指控的犯罪事实发表意见。公诉人宣读起诉书后，审判长应分别就指控的犯罪听取被告人、被害人的陈述，目的在于使合议庭了解当事人对指控的基本意见，为下一步深入查明案件事实做必要的准备。

3. 讯问被告人。（1）公诉人讯问被告人。被告人、被害人就指控的犯罪事实发表意见后，由公诉人讯问被告人。公诉人通过讯问被告人，可以揭露和证实犯罪，反驳被告人的辩解。被告人犯数罪的，应当根据罪行轻重、作案时间先后逐个讯问。（2）其他诉讼参与人向被告人发问。公诉人讯问被告人后，被害人、附带民事诉讼的原告人和辩护人、诉讼代理人经审判长许可，可以向被告人发问。被害人和附带民事诉讼原告人及其诉讼代理人发问的目的，一方面是证实起诉书的指控；另一方面是对公诉人未能抓住的要害问题甚至遗漏的重要事实、情节进行补充，防止被告人逃脱罪责。辩护人的发问是为辩护做准备，重点在于问清能够证明被告人无罪、罪轻或者减轻、免除其刑事责任的事实、情节。对起诉书中指控不清的事实，辩护人也可以发问，以便让被告人澄清事实。（3）审判人员讯问被告人。在公诉人讯问被告人之后，或者其他诉讼参与人对被告人发问后，审判人员对案件事实有疑问的，也可以讯问被告人。

4. 法庭举证，即审查核实证据。在讯问和发问被告人完毕之后，无论被告人是否当庭承认犯有指控的罪行，合议庭都应当要求公诉人当庭提出证明被告人有罪的其他各种证据并对这些证据当庭予以审查核实。只有经过法庭调查核实的证据，才能作为合议庭认定事实的根据。法庭调查过程中审查核实证据，主要是通过询问证人和鉴定人、辨认物证、宣读有关书面证言等方法进行的。

在法庭调查过程中，合议庭对于证据有疑问的，可以宣布休庭，对该证据进行调查核实。人民法院调查核实证据时，可以进行勘验、检查、扣押、鉴定和查询、冻结。必要时，可以通知检察人员、辩护人到场。公诉人要求出示开庭前送交人民法院的证据目录以外的证据，辩护方提出异议的，审判长如认为该证据确有出示的必要，可以准许出示。如果辩护方需要对新的证据做必要准备时，可以宣布休庭，并根据具体情况确定辩护方做必要准备的时间。确定的时间期满后，应当继续开庭审理。（1）当庭出示的物证、书证、视听资料等证据，应当先由出示证据的一方就所出示的证据的来源、特征等作必要的说明，然后由另一方进行辨认并发表意见。控、辩双方可以互相质问、辩论。(2) 控、辩双方要求证人出庭作证，证人应当出庭作证。证人到庭后，审判人员应当先核实证人的身份、与当事人以及本案的关系，告知证人应当如实地提供证言和有意作伪证或者隐匿罪证要负的法律责任。证人作证前，应当在如实作证的保证书上签名。向证人发问，应当先由提请传唤的一方进行；发问完毕后，对方经审判长准许，也可以发问。(3) 鉴定人应当出庭宣读鉴定结论，但经人民法院准许不出庭的除外。鉴定人到庭后，审判人员应当先核实鉴定人的身份、与当事人及本案的关系，告知鉴定人应当如实地提供鉴定意见和有意作虚假鉴定要负的法律责任。鉴定人说明鉴定结论前，应当在如实说明鉴定结论的保证书上签名。向鉴定人发问，应当先由要求传唤的一方进行；发问完毕后，对方经审判长准许，也可以发问。(4) 审判人员认为有必要时，可以询问证人、鉴定人。向证人和鉴定人发问应当分别进行。证人、鉴定人经控、辩双方发问或者审判人员询问后，审判长应当让其退庭。证人、鉴定人不得旁听对本案的审理。(5) 当事人和辩护人申请通知新的证人到庭，调取新的证据，申请重新鉴定或者勘验的，应当提供证人的姓名及证据的存放地点，说明所要证明的案件事实和要求重新鉴定或者勘验的理由。审判人员根据具体情况，认为可能影响案件事实认定的，应当同意该申请，并宣布延期审理；不同意的，应当告知理由并继续审理。(6) 在庭审过程中，公诉人发现案件需要补充侦查，提出延期审理建议的，合议庭应当同意。但是建议延期审理的次数不得超过 2 次。法庭宣布延期审理后，人民检察院在补充侦查的期限内没有提请人民法院恢复法庭审理的，人民法院应当决定按人民检察院撤诉处理。(7) 人民法院向人民检察院调取需要调查核实的证据材料，或者根据辩护人、被告人的申请，向人民检察院调取侦查、审查起诉中收集的有关被告人无罪和罪轻的证据材料，应当通知人民检察院在收到调取证据材料决定书后 3 日内移交。

合议庭在案件审理过程中，发现被告人可能有自首、立功等法定量刑情节，而起诉和移送的证据材料中没有这方面的证据材料的，应当建议人民检察院补充侦查。

三、法庭辩论

法庭辩论是指控、辩双方在审判长的主持之下，依据法庭调查中已经调查的证据和有关法律规定，对证据的证明力和被告人是否有罪、所犯何罪、罪责轻重、应否处刑和如何处罚等问题，在法庭上当面进行论证和反驳的诉讼活动。法庭辩论是法庭审判的一个重要阶段，是法律赋予控辩双方的权利。法庭辩论活动，既是控方揭露犯罪、证实犯罪的活动，也是辩方据理反驳控诉、维护被告人合法权益的活动。

《刑事诉讼法》第 160 条中规定："经审判长许可，公诉人、当事人和辩护人、诉讼代理人可以对证据和案件情况发表意见并且可以互相辩论。"法庭辩论依法按下列顺序进行：

1. 公诉人发言。公诉人在法庭辩论中的首次发言，司法实践中称为公诉词。发表公诉词是公诉人支持公诉的主要形式之一，公诉词以起诉书为基础，是起诉书内容的进一步深化，公诉词通过对犯罪事实进行深入、精辟的分析，进一步起到公诉活动揭露犯罪、证实犯罪的作用。

2. 被害人及其诉讼代理人发言。被害人是犯罪活动的直接受害者，有权在法庭辩论中控诉和证实犯罪，请求法庭公正地对被告人加以处罚，被害人还可以成为附带民事诉讼的原告人，要求被告人赔偿损失。诉讼代理人是被害人的辅助人，被害人发言之后，可以继续为被害人发言。

3. 被告人自行辩护。被告人是公诉案件的主要当事人，被告人在辩论中的发言是被告人行使辩护权的基本形式。但是，被告人自行辩护仅仅是被告人的辩护手段之一，被告人也可以放弃辩论中的发言权，由辩护人代为辩护。

4. 辩护人辩护。辩护人在法庭辩论中的首轮发言，司法实践中称为辩护词。辩护人进行辩论应当结合法庭调查的情况，以事实为根据，以法律为准绳，实事求是地进行辩护，提出无罪、从轻、减轻或者免除刑罚的意见和理由。

5. 控、辩双方进行辩论。法庭辩论中，控、辩双方的发言以"轮"计。第一轮控、辩双方发言后，可以就存在分歧的地方互相辩论，进一步阐明各自的观点和理由。在辩论中双方发言机会均等，只要控诉方发言，就应当允许辩护方辩驳，每一轮发言都应当完整。

在法庭辩论中，审判长的作用是主持辩论。审判长要善于掌握辩论，使辩论始终集中在与定罪量刑有关的实质问题上。

辩论中，如果发现某些主要事实尚未查清或者提出了有关本案定罪量刑的新事实时，审判长应当宣布暂停法庭辩论，恢复法庭调查，待事实查清后再恢复法庭辩论。如果恢复调查仍未查清，需要补充侦查的，应当休庭延期审理。

四、被告人最后陈述

被告人最后陈述是法律赋予被告人的一项重要权利，从程序上讲它还是法庭审判的一个独立的诉讼阶段。《刑事诉讼法》第 160 条中规定，审判长在宣布辩论终结后，被告人有最后陈述的权利。

被告人是案件当事人，案件的判决关系到被告人的切身利益。在作出判决前，再给他一个陈述的机会，听取他对案件的意见，既可以让被告人独立完整地阐明自己的意见，强化合议庭对辩护的印象，也可以弥补在法庭调查和法庭辩论中辩护的不足之处，从而也就有利于保证法庭裁判的正确性。因此，审判人员应当切实保障被告人最后陈述的权利，只要被告人的陈述不超出本案范围，就要让其充分陈述。

如果被告人在最后陈述中，提出了新的事实或新的证据，合议庭认为可能影响正确裁判的，应当恢复法庭调查；如果被告人提出新的辩解理由，合议庭认为确有必要的，可以恢复法庭辩论。无论出现哪种情况，法庭审理都必须以被告人最后陈述告终。

五、评议和宣判

（一）被告人最后陈述后，审判长应当宣布休庭，由合议庭进行评议。

1. 合议庭评议。合议庭评议就是合议庭全体成员应当在充分考虑控辩双方意见的基础上，根据已经查明的事实、证据和有关的法律规定进行评议，以确定被告人是否有罪，何种罪名、有无从重、加重、从轻、减轻或免除刑罚的情节，应否处以刑罚，判处何种刑罚，附带民事诉讼如何解决，赃款、赃物进行处理等，作出判决。

评议活动应当秘密进行。评议的过程和评议笔录对外一律不公开，不允许当事人、其他诉讼参与人和其他人旁听、查阅。

评议由审判长主持，合议庭成员享有平等的权利。评议应先经过讨论，然后用投票表决的方式对认定事实和适用法律作出决定。表决以简单多数决定，但少数人的意见应记入评议笔录。

2. 评议后的处理。根据《刑事诉讼法》第 162 条的规定，人民法院应当根据案件的具体情况，分别作出以下裁判：（1）起诉指控的事实清楚，证据确实、充分，依据法律认定被告人的罪名成立的，应当作出有罪判决；（2）起诉指控的事实清楚，证据确实、充分，指控的罪名与人民法院审理认定的罪名不一致的，应当作出有罪判决；（3）案件事实清楚，证据确实、充分，依据法律认定被告人无罪的，应当判决宣告被告人无罪；（4）证据不足，不能认定被告人有罪的，应当以证据不足，指控的犯罪不能成立，判决宣告被告人无罪；（5）案件事实部分清楚，证据确实、充分的，应当依法作出有罪或者无罪的判决；事实不清，证据不足部分，依法不予认定；（6）被告人因不满 16 周岁，不予刑事处罚的，应当判决宣告被告人不负刑事责任；（7）被告人是精神病人，在不能辨认或者不能控制自己行为的时候造成危害结果，不予刑事处罚的，应当判决宣告被告人不负刑事责任；（8）犯罪已过追诉时效期限，并且不是必须追诉或者经特赦令免除刑罚的，应当裁定终止审理；（9）被告人死亡的，应当裁定终止审理；对于根据已查明的案件事实和认定的证据材料，能够确认被告人无罪的，应当判决宣告被告人无罪。

（二）宣判

评议结束后，进入法庭宣判阶段。在宣告判决前，人民检察院要求撤回起诉的，人民法院应当审查人民检察院撤回起诉的理由，并作出是否准许的裁定。人民法院在审理中发现新的事实，可能影响定罪的，应当建议人民检察院补充材料或者变更起诉；人民检察院不同意的，人民法院应当就起诉指控的犯罪事实，依法作出裁判。

根据《刑事诉讼法》第163条第1款的规定，公开审判和不公开审判的案件，宣告判决一律公开进行。

宣告判决有两种方式：当庭宣判和定期宣判。当庭宣判是指合议庭评议后在继续开庭时当即宣告判决的内容。定期宣判是指当庭宣判不了，另定日期宣告判决。根据《刑事诉讼法》第163条第2款的规定，当庭宣告判决的，应当在5日以内将判决书送达当事人和提起公诉的人民检察院；定期宣告判决的，应当在宣告后立即将判决书送达当事人和提起公诉的人民检察院。此外，定期宣判的案件，还应先期公布宣判的时间、地点、案由，以便关心本案处理的公民旁听。这是公开宣判的必要形式。

地方各级人民法院在宣告一审判决时，无论当庭宣判或者定期宣判，审判长均应告知当事人有上诉的权利，说明上诉的法定期限、方式、程序和法院。

六、法庭审判笔录

法庭审判笔录，是全面记载法庭审判活动、反映审判活动是否合法进行的诉讼文书，它不仅是审判委员会成员分析案情、审查和监督合议庭审判工作的重要依据，而且也是继续进行的其他审判程序，如二审程序、审判监督程序、死刑复核程序对案件进行审查的依据。

根据《刑事诉讼法》第167条的规定，法庭审判的全部活动应当由书记员写成笔录。因此，制作法庭审判笔录是书记员一项重要职责。法庭审判笔录必须准确、完备，字迹清楚，层次分明。书记员应按照法庭审判活动的顺序，如实地反映审判活动的全过程，对当事人、证人等的陈述，应原话记录，不失原意。

法庭审判笔录形成后，应交审判长审阅后，由审判长和书记员签名。法庭笔录中的证人证言部分，应当当庭宣读或者交给证人阅读。证人在承认没有错误后，应当签名或者盖章。同时，法庭审判笔录还应当交给当事人阅读或者向其宣读。当事人认为记载有遗漏或者有差错的，可以请求补充或者改正。当事人承认没有错误后，应当签名或者盖章。当事人请求补充或改正的内容，审判长、书记员认为有必要时，可以在笔录上注明意见。

七、法庭秩序

法庭秩序，是指人民法院开庭审判时诉讼参与人和旁听人员应当遵守的纪律和秩序。法庭是人民法院行使国家审判权的场所。法庭活动有秩序地进行，不但体现了国家审判活动的严肃性，而且对于保障审判活动中正确认定案件事实和适用法律也具有重要意义。因此，必须严肃审判活动，维护法庭秩序。

根据《刑事诉讼法》第161条的规定，在法庭审判过程中，如果诉讼参与人或者旁听人员违反法庭秩序，依法做如下处理：

1. 对于违反法庭秩序情节较轻的，审判长应当当庭警告制止并进行训诫。

2. 对于不听警告制止的，可以指令法警强行带出法庭。

3. 对于违反法庭秩序情节严重的，经报请院长批准后，对行为人处1 000元以下的罚款或者15日以下的拘留；被处罚人对罚款、拘留决定不服的，可以向上一级人民法院申请复议，复议期间不停止执行。

4. 对聚众哄闹、冲击法庭或者侮辱、诽谤、威胁、殴打司法工作人员或者诉讼参与人，严重扰乱法庭秩序，构成犯罪的，应当依法追究刑事责任。

八、法庭审判中的特殊情况的处理

1. 单位犯罪案件的审理程序应当遵守的特殊规定：(1) 在庭前审查活动中，除依照前述公诉案件审查的有关规定进行审查外，还应当审查起诉书中是否列明被告单位的名称、住所地，以及代表被告单位出庭的诉讼代表人的姓名、职务、通讯处。代表被告单位出庭的诉讼代表人，应当是单位的法定代表人或者主要负责人。法定代表人或者主要负责人被指控为单位犯罪直接负责的主管人员的，应当由单位的其他负责人作为被告单位的诉讼代表人出庭。被告单位的诉讼代表人与被指控为单位犯罪直接负责的主管是同一人的，人民法院应当要求人民检察院另行确定被告单位的诉讼代表人出庭。人民法院决定开庭审理单位犯罪案件，应当通知被告单位的诉讼代表人出庭。接到出庭通知的被告单位的诉讼代表人应当出庭，拒不出庭的，人民法院在必要的时候，可以拘传其到庭。(2) 被告单位的诉讼代表人在审判过程中享有刑事诉讼法规定的有关被告人的诉讼权利。开庭时，诉讼代表人席位置于审判台前左侧。(3) 被告单位的违法所得及其产生的收益尚未依法追缴或者扣押、冻结的，人民法院应当根据案件具体情况，决定追缴或者扣押、冻结。人民法院为了保证判决的执行，根据案件具体情况，可以先行扣押、冻结被告单位的财产或者由被告单位提出担保。(4) 人民法院审理单位犯罪案件，被告单位被注销或者宣告破产，但单位犯罪直接负责的主管人员和其他直接责任人员应当负刑事责任的，应当继续审理。

2. 延期审理，即推迟审理，是指人民法院在开庭审理过程中，由于遇到了某些特定不可抗拒的原因，或者由于公诉人、诉讼参与人提出其他正当理由，使审判不能进行，而决定把对案件的审理推迟，待影响审判进行的原因消失后，再继续审理该案的一种诉讼上的处理。

根据《刑事诉讼法》第 165 条的规定，发生下列情况时，可以延期审理：(1) 需要通知新的证人到庭，调取新的物证，重新鉴定或者勘验的；(2) 检察人员发现提起公诉的案件需要补充侦查，提出建议的；(3) 由于当事人申请回避而不能进行审判的。

另外，一般还认为，除上述法律规定的几种情形外，在审理过程中，下列情况也应当延期审理：(1) 被告人以正当理由提出更换辩护人的要求，法庭同意的；(2) 公诉人或自诉人变更指控范围，被告人及其辩护人要求重新进行辩护准备的。此外，《刑事诉讼法》第 158 条第 1 款规定："法庭审理过程中，合议庭对证据有疑问的，可以宣布休庭，对证据进行调查核实。"在法庭审理过程中，合议庭依职权主动进行证据调查，可以延期审理，也可以在审理期日内当即进行，调查完毕后继续进行开庭审理。

应当注意的是，上述情况是发生在"法庭审判过程中"，即人民法院按原定的审理日期，把被告人和其他诉讼参与人通知、传唤到庭正式开庭审理后到合议庭评议前这一阶段中。如果没有正式开庭以前出现了某些情况，即使是《刑事诉讼法》第 165 条所列情形之一，影响开庭审理的，则要推迟原定开庭日期，而不是延期审理。

延期审理是合议庭作出的程序性的决定，无须履行法律手续，审判实践中只是在合议庭的庭审记录中记载即可。是否进行延期审理，应当由合议庭审议后决定。如果法庭认为审理过程中所遇情形当庭能够解决，或者是不应当支持的诉讼请求，也可以不作出延期审理的决定。合议庭的决定，均不需要经院长或庭长审批。

3. 中止审理，即停止审理，指人民法院在审理刑事案件的过程中，由于出现了某些诉讼外的特定原因，使审判在一定时期内无法继续进行而暂停审判，待这些原因消失后，再恢复审理的一种诉讼上的处理。

我国刑事诉讼法对中止审理没有具体规定。按有关的司法解释，在审判过程中，自诉人或者被告人患精神病或者其他严重疾病，以及案件起诉到人民法院后被告人脱逃，致使案件在较长时间内无法继续审理的，人民法院应当裁定中止审理。中止审理的原因消失后，应当恢复审理。中止审理的期间不计入审理期限。

中止审理的结果虽然与延期审理一样都是对案件的延展审理，但还是有区别：(1) 产生的时间不同。延期审理产生在开庭之后合议庭评议之前；中止审理可以出现于法庭审理过程之中，也可以出现于法庭审理之前。(2) 二者形成的原因不同。延期审理构成的条件较宽，并且原因的消除可以通过诉讼上的努力而实现；而构成中止审理的条件较严，该条件的消除不能通过诉讼上的努力而实现。(3) 再行审判的可预测性不同。延期审理的案件，何日再开庭审理，可以预定，甚至当庭就可以决定；而中止审理的案件，再开庭的时间往往无法确定。(4) 履行的手续不同。延期审理一般无须履行法律手续，只要在合议庭的庭审记录中记载即可；而中止审理要使用裁定书，因此中止审理在庭审中掌握比较严。(5) 对办案期限的影响不同。延期审理一般时间较短，因此计入审限；而中止审理一般时间较长，不计入审限。

第六节 简易程序

一、简易程序的概念和适用范围

简易程序，是指人民法院审理第一审刑事案件所适用的比普通程序相对简化的审判程序。它只适用于基层人民法院，其他各级人民法院都不能采用简易程序。因此，简易程序所适用的案件，都是犯罪事实较轻并且案件事实清楚、证据充分的第一审刑事案件，第二审程序、死刑复核程序和审判监督程序所审判的案件以及各级人民法院审判的较为疑难、复杂的第一审案件，都不能采用简易程序。

根据《刑事诉讼法》第 174 条的规定，下列三种案件可以适用简易程序：

1. 简单轻微的公诉案件。这类案件必须同时具备三个条件：(1) 依法可能判处 3 年以下有期徒刑、拘役、管制、单处罚金的案件。这里所讲的“可能”，是指如果指控得到全部证实，指控的罪行依照刑法可以判处的刑罚。在收到起诉书后，作出这种判断是可能的，也是合理的。(2) 案件的事实清楚，证据充分。即起诉书指控的犯罪事实，不但起诉书记载的要件齐全，而且每个待证事实都有相应的证据。（3）人民检察院建议或者同意适用简易程序。人民检察院作为公诉方，不仅有权获得公正审判，而且对适用简易程序是否能够保证办案质量最有发言权。因此，人民法院在适用简易程序时，应当先有人民检察院的建议或征求其同意。但是，如果人民法院认为人民检察院适用简易程序的建议不符合法律要求或者不能保证审判质量的，也有权不接受其建议。

2. 告诉才处理的案件。这类案件在刑法中有明确规定，属自诉案件，当事人可以向人民法院建议适用简易程序，人民法院也可以直接决定适用简易程序。

3. 被害人起诉的有证据证明的轻微刑事案件。这类案件是指《刑事诉讼法》第 170 条第 2 项规定的案件。当事人可以向人民法院建议适用简易程序，人民法院也可以直接决定适用简易程序。其他案件，包括《刑事诉讼法》第 170 条第 3 项规定的案件，一律不得适用简易程序进行审判。

二、简易程序法庭审判的特点

根据简易程序的要求，刑事诉讼法作了一些不同于第一审普通程序的规定。人民法院适用简易程序时，不仅应当严格遵守这些规定，而且，在没有特殊规定时，仍应参照第一审程序进行。根据《刑事诉讼法》第 174 条至第 177 条的规定，简易程序的法庭审判具有以下特点：

1. 审理程序简便，即法庭调查、法庭辩论程序简化。《刑事诉讼法》第 177条规定："适用简易程序审理案件，不受本章第一节关于讯问被告人、询问证人、鉴定人、出示证据、法庭辩论程序规定的限制。"可见，在简易程序审判中，法律关于第一审普通程序的规定均可以从简、从略。根据案件的具体情况决定法庭调查和法庭辩论进行，其基本方针是尽可能简单、方便、高效。

2. 公诉案件检察人员可以不出庭支持公诉。适用简易程序审理的公诉案件，是由人民检察院建议或同意的，因此，公诉人不出席法庭，并不会影响公诉的效果。起诉书中对案情事实、证据已作了有力的说明，足以认定被告人有罪，不需要通过控、辩双方的质证和辩论来发现事实真相。因此，检察机关可以不派员出席法庭。

3. 独任庭审理，即审判员 1 人独任审判。由于适用简易程序审理的案件，一般都案情简单，事实清楚，情节轻微，不需要采用合议庭进行审判，因而由审判员 1 人独任审判。

4. 可以变更程序，即简易程序可以变更为一审普通程序。《刑事诉讼法》

第 179 条规定："人民法院在审理过程中，发现不宜适用简易程序的，应当按照本章第一节或者第二节的规定重新审理。"因此，人民法院在适用简易程序审理的过程中，发现不得或不宜以简易程序审判的情形，即应变更为第一审普通程序进行审判。根据有关的司法实践，简易程序应当重新改为普通程序审理的有下列几种情形：（1）公诉案件被告人的行为不构成犯罪的；（2）公诉案件被告人应当判处 3 年以上有期徒刑的；（3）公诉案件被告人当庭翻供，对于起诉指控的犯罪事实予以否认的；（4）事实不清或者证据不充分的；（5）对主要证据有疑问，因公诉人未出庭无法质证的；（6）其他依法不应当或者不宜适用简易程序的。转为普通程序审理的案件，审理期限应当从决定转为普通程序之日起计算。

5. 审理期限较短。《刑事诉讼法》第 178 条规定："适用简易程序审理案件，人民法院应当在受理后 20 日以内审结。"在适用简易程序审理案件时，必须严格执行刑事诉讼法关于审理期限的规定，否则，简易程序就失去了实际意义。

第七节　自诉案件的第一审程序

一、自诉案件的概念和范围

自诉案件是指被害人或者他的法定代理人有证据证明被告人犯有某种罪行，为追究被告人刑事责任向人民法院起诉，由人民法院直接受理和审判的刑事案件。

根据我国《刑事诉讼法》第 170 条的规定，自诉案件包括下列案件：

1. 告诉才处理的案件。即《刑法》第 246 条第 1 款规定的侮辱、诽谤案，第 257 条第 1 款规定的暴力干涉婚姻自由案，第 260 条第 1 款规定的虐待案，第 270 条规定的侵占案。

2. 被害人有证据证明的轻微刑事案件。

3. 被害人有证据证明对被告人侵犯自己人身、财产权利的行为应当依法追究刑事责任，而公安机关或者人民检察院不予追究被告人刑事责任的案件。

第三类案件是从公诉转化为自诉的案件，就立法本意而言，它是为了解决实践中被害人告状无门、权益受侵害的问题，以达到更好地保护被害人的利益之目的，同时，也是对侦查机关、公诉机关正确行使权力的一种制约和群众监督。但是，不能因此而导致诉讼管辖混乱，对公诉转化成自诉必须进行一定的限制。这些限制的条件在于：（1）起诉的主体只能是自然人，被害单位或法人受害的案件不在此列；（2）仅限于被害人的人身权利、财产权利遭受损害的案件；（3）公安机关或者人民检察院已经作出不予追究的书面决定。

二、自诉案件审判程序的特点

自诉案件的审判程序除了应当遵守公诉案件第一审程序外，还应根据自诉案件的本身特点和根据《刑事诉讼法》第172条、第173条、第174条和第176条的规定进行。

自诉案件的审判程序主要有以下特点：

1. 对告诉才处理的案件和被害人有证据证明的轻微刑事案件，在查明事实、分清是非的基础上，人民法院可以通过调解方式结案，调解应当在自愿、合法、不损害国家、集体以及公民利益的前提下进行。调解达成协议的，人民法院应当制作刑事调解书，由审判员和书记员署名，并加盖人民法院印章。调解书经双方当事人签收后发生法律效力。调解没有达成协议或者调解书签收前一方反悔的，人民法院应当进行判决。需要注意的是，《刑事诉讼法》第170条第3项规定的案件，法律明确规定不适用调解。

2. 自诉案件在审理过程中，宣告判决前，自诉人可以同被告人自行和解，或者撤回自诉。自行和解是刑事诉讼法赋予自诉案件当事人双方的一种诉讼权利，针对自诉案件的特点，法律允许他们自己协商达成谅解来解决争议。对于已经审理的自诉案件，当事人自行和解的应当记录在卷。对于自诉人申请撤诉的，人民法院经过审查，确属自愿的，应予准许，但要认真审查和解撤诉的原因，防止任何一方当事人或其他人可能采取威胁、引诱等非法方法促成和解撤诉。人民法院裁定准许自诉人撤诉或者当事人自行和解的案件，被告人被采取强制措施的，应当立即予以解除。凡自诉人自愿撤回的自诉案件，除有正当理由外，不得就同一案件再行起诉。此外，自诉人经两次合法传唤，无正当理由拒不到庭的，或者未经法庭许可中途退庭的，应当按撤诉处理。自诉人是两人以上的，其中部分人撤诉，不影响案件的继续审理。

3. 自诉案件的被告人在诉讼过程中可以对自诉人提起反诉。所谓反诉，就是自诉案件的被告人作为被害人控告自诉人犯有与本案有联系的犯罪行为，要求人民法院追究其刑事责任。反诉相对于自诉而言，以自诉的存在为前提，是一个独立的诉讼，而不是对自诉的答辩。反诉必须具备以下条件：（1）反诉的被告必须是本案自诉人；（2）反诉的案件必须是与本案有关的犯罪行为；（3）反诉的内容必须是属于人民法院直接受理的案件。

反诉适用自诉的规定。对于反诉的案件，原则上人民法院应当与自诉案件合并审理，各方当事人罪责自负，不能相互抵消刑罚。原自诉人撤诉的，不影响反诉案件继续审理。

4. 对告诉才处理的案件和被害人有证据证明的轻微刑事案件，可以适用简易程序，由审判员一人独任审判。不适用简易程序审理的自诉案件，审判程序可参照公诉案件第一审程序的规定进行。

三、自诉案件立案后的审查和处理

1. 审查。人民法院对自诉案件的审查主要从以下方面进行：（1）必须属于法律规定的自诉案件范围。对于《刑事诉讼法》第170条第3项规定的自诉案件，应当符合《刑事诉讼法》第145条的规定，并且应当出示公安机关或检察机关不予追究被告人刑事责任（如不立案、撤销案件、不起诉）的决定；(2) 属于本法院管辖；（3）由刑事案件的被害人告诉的，或者由其法定代理人或近亲属代为告诉的。代为告诉人应当提供与被害人关系的证明和被害人不能亲自告诉的原因证明；（4）有明确的被告人、具体的诉讼请求和能证明被告人犯罪事实的证据。

2. 处理。人民法院接到自诉人的刑事自诉状或者接受自诉人的口头控告后，应当认真审查，审查后分别不同情形处理：对符合立案条件的，应当在收到自诉状或口头控告后的法定期限内立案，并书面通知自诉人。

自诉案件经人民法院审查属于下列情形之一的，应当在法定期限内书面通知自诉人，并说明不予受理的理由，说服自诉人撤回自诉，自诉人坚持控告的，人民法院应当裁定驳回起诉，对于驳回起诉的裁定，自诉人可以上诉。(1) 不符合自诉案件起诉条件的；（2）证据不充分的；（3）犯罪已过追诉时效期限的；（4）被告人死亡的；（5）被告人下落不明的；（6）除因证据不足而撤诉外，自诉人撤诉后，就同一事实又告诉的；（7）经人民法院调解结案后，自诉人反悔，就同一事实再行告诉的。

第八节　判决、裁定和决定

刑事判决、裁定和决定，是人民法院在刑事诉讼中的审判阶段，根据事实和法律，就案件的实体和程序问题所作的具有法律约束力的裁判。

一、判　决

判决是人民法院对刑事案件经过法庭审理后，在诉讼终局时直接针对案件的实体问题所作的决定。刑事判决是人民法院对刑事案件行使国家审判权和执行国家法律的具体体现，是国家意志在具体案件中的体现，具有一定的强制性、稳定性、排他性，非依法定程序不能改变。

刑事判决根据其法律适用的结果可以分为有罪判决和无罪判决。

根据《刑事诉讼法》第162条的规定，有罪判决是人民法院通过对案件的审理，对案件事实清楚，证据确实、充分，依据法律认为被告人有罪时所作出的判决。有罪判决又可分为科刑判决和免刑判决。科刑判决是确认被告人有罪，决定给予适当刑事处罚的判决；免刑判决是认定被告人行为构成了犯罪，但因犯罪情节轻微不需要判处刑罚或者有其他法定免刑情节而免除对被告人刑事处罚的判决。

无罪判决有两种情况：(1) 依据法律认定被告人无罪的。包括查明被告人没有实施犯罪，被告人的行为在法律上不构成犯罪等。(2) 证据不足，不能认定被告人有罪的，应当作出证据不足，指控犯罪不能成立的无罪判决。

判决是国家法律的具体适用，是一件非常严肃的事，因此，无论是有罪判决还是无罪判决，都必须制作判决书。判决书是判决的法定表现形式，是刑事诉讼中最重要的法律文书。刑事判决书由以下几部分组成：

1. 首部。包括：(1) 人民法院名称、判决书类别、案号；(2) 公诉机关的名称、公诉人的姓名、职务，如果是自诉案件，则应写明自诉人的情况；(3) 被告人姓名、性别、年龄、籍贯、住址，是否在押；(4) 辩护人、代理人的姓名、职业；(5) 案件由来、开庭日期、审判形式，是否公开审理等。

2. 控辩双方的意见。写明控方指控的基本内容，被告人、辩护人对指控的看法、态度。

3. 人民法院认定的事实。作有罪判决的，人民法院认定的事实应当详细写明犯罪的时间、地点、动机、目的、手段、行为过程、结果等有关情况；被告人犯数罪的，要写清各罪的犯罪事实和情节；共同犯罪案件中，要写明各个被告人参与的犯罪事实和情节，明确主从关系。叙述事实应以法庭审理中查证属实的证据为根据，层次要清楚，主次要分明。如果事实内容涉及国家机密的，应当注意防止泄密；涉及当事人隐私的，不能叙述有关隐私的具体情况和被害人的姓名。无罪判决的事实部分，可以和理由部分合并起来写。

4. 裁判的理由。有罪判决应当写明认定被告人犯有指控罪行的证据，叙明具体运用证据的理由，确定犯罪性质和罪名的法律依据，判处刑罚或者免除刑罚以及从重、从轻、减轻处罚的理由和根据，这些理由和根据应当包括对辩护意见否定或者肯定的理由和根据。判决无罪的，应当写明判决无罪的具体理由或者有关的证据。

5. 判决的结果。即判决的主文，是判决书的实质内容，是人民法院对案件所作的结论。认定被告人有罪的，这一部分应当写明被告人犯了何罪，给予的刑事处罚及赃款、赃物的处理。数罪并罚的，应写明对各罪所判的刑罚和决定执行的刑罚，被告人被羁押的日期如何折抵刑期，刑期的起止日期。有附带民事诉讼的，还应写明附带民事部分的处理。无罪判决则应写明对被告人宣告无罪的决定。如果有被扣押、封存的物品、文件等，还应写明如何处理。

6. 尾部。应写明对本判决不服可以上诉及上诉的法院和上诉期限，合议庭或独任审判员、书记员署名，判决书制作日期，等等。

二、裁　定

刑事裁定，是指人民法院在案件审理或者判决执行过程中，就某些重大程序问题和部分实体问题所作出的一种决定。

刑事裁定按其性质可以分为程序性裁定和实体性裁定。对自诉案件驳回起诉的裁定，撤销原判决发回重审的裁定和有关是否恢复诉讼期限的裁定是程序性裁定；驳回上诉、抗诉和申诉的裁定，决定减刑、假释的裁定和核准死刑的裁定是实体性裁定。

刑事裁定按审判程序可以分为第一审裁定、第二审裁定、死刑复核裁定和再审裁定。第一审裁定即第一审人民法院作出的裁定，除最高人民法院作出的以外，都可以上诉或抗诉，第一审裁定都是程序性裁定。

刑事裁定按表现形式可以分为口头裁定和书面裁定。

刑事裁定与刑事判决虽然都是人民法院的裁判，具有相同的法律效力，但是它们之间存在有很大区别：

1. 适用的对象不同。判决直接针对起诉主张的内容而作，只解决案件的实体问题，而裁定则不直接针对起诉的内容本身，主要用于解决程序问题或直接针对诉讼行为，包括起诉、上诉、抗诉、申诉行为本身而作。

2. 适用的阶段不同。判决只能在案件审理终结时作出，裁定可以在诉讼的任何阶段作出。

3. 表现形式不同。判决必须以书面形式作出，裁定则既可以用书面形式，也可以用口头形式作出。

4. 使用的次数不同。一个案件中发生法律效力的判决只有一个，而一个案件中则可以形成多个生效裁定。

5. 判决和裁定的上诉和抗诉期限也不相同。

三、决　定

决定是人民法院在审判过程中为了解决诉讼程序中的某些问题进行处理的一种具有法律约束力的文书。人民法院处理程序问题，除了使用裁定，还可以用决定。

决定与裁定的区别在于：决定只解决程序中的问题，而裁定有时也处理实体中的问题。同时，决定作出后，除对驳回回避申请的决定，当事人及其法定代理人可以申请复议一次外，其余的决定均立即生效，不允许上诉或抗诉。

决定的形式既可以是口头的，也可以是书面的。口头决定应当记入审判笔录，口头决定与书面决定具有同等法律效力。

第十七章　第二审程序

第一节　第二审程序的概念、任务和意义

一、第二审程序的概念与我国的审级制度

第二审程序，又叫上诉审程序，是指第一审人民法院的上一级人民法院对不服一审未生效的判决或裁定而提起上诉或抗诉的案件，依法进行重新审判的诉讼程序。第二审程序的发生与审级制度的设计是密不可分的。

审级制度，是指法律所规定的审判机关分为多少级以及案件应经过几级法院审判才告终结的制度。现代世界各国的审级制度基本上有两种类型。一种是两审终审制，以上诉一次为限；一种是三审终审制，以上诉两次为限。

我国的人民法院分为四级，即：最高人民法院、高级人民法院、中级人民法院和基层人民法院。《刑事诉讼法》第10条规定："人民法院审判案件，实行两审终审制。"两审终审制，是指一个案件最多经过两级人民法院的审判即告终结的一种审级制度。具体说来，地方各级人民法院对第一审刑事案件作出判决或裁定后，依法享有上诉权的人如果不服，可以在法定期限内向上一级人民法院提出上诉；同级人民检察院认为判决、裁定确有错误时，也可以在法定期限内向上一级人民法院提出抗诉。上一级人民法院按照第二审程序对案件进行审理后所作的判决、裁定，是终审的判决、裁定，任何人都无权再提出上诉，同级人民检察院也无权再提出抗诉，人民法院对这一案件的正常审判程序就到此结束。

我国原则上实行两审终审制，但有两种情况值得注意。首先，最高人民法院是全国最高审判机关，由它审判的第一审刑事案件所作的裁判是终审裁判，即它的一审判决、裁定，同时也是终审判决、裁定，不存在对它的裁判提出上诉或抗诉而引起二审程序的问题，这是由最高人民法院的特殊地位决定的。其次，判处死刑的案件，即使经过了二审程序，其判决、裁定仍未发

生法律效力，必须经过死刑复核程序的审判，其判决、裁定才能交付执行。

二、第二审程序的任务和意义

第二审程序，是两审终审制度的重要组成部分。它既是当事人对一审的审判结果表示不服的途径，也是当事人运用司法程序获得救济的终结。正确理解与适用二审程序的功能，对于理解整个刑事司法制度是必不可少的。

（一）第二审程序的任务

第二审程序是对第一审程序有监督作用的程序，第二审程序是在第一审程序的基础上进行的。第二审程序的主要任务是：第二审法院对第一审法院所作的因当事人上诉或人民检察院抗诉而未生效的判决或裁定所认定的事实是否清楚，证据是否确凿，适用法律是否正确，诉讼程序是否合法，进行全面审查和审理并依法作出终审判决或裁定，以维持一审正确的判决或裁定，纠正错误的判决或裁定，确保正确、合法地惩治犯罪，保障无罪的人不受刑事追究，切实维护当事人的合法权益。

第二审程序是从审级制度上保证人民法院正确行使国家的审判权，从程序制度上保证案件的实事求是，有错必纠、不枉不纵的重要手段。

（二）第二审程序的意义

1. 通过第二审程序的审判，可以发现和纠正第一审程序的错误判决和裁定。由于刑事案件的复杂性和其他的主客观原因，一审的判决或裁定难免发生某些偏差。如出现重罪轻判、无罪判有罪等情况。无论出现何种错判的情形，都不利于打击犯罪，保护人民和国家的利益。通过当事人上诉或检察机关抗诉，第二审法院经过对案件的重新审判，就可以弥补一审出现的不足，及时纠正一审法院的错误，就能使有罪判成无罪的犯罪分子准确地得到惩罚，使无罪判有罪的无辜的人及时得到释放。

2. 通过第二审程序的审判，可以维持第一审程序的正确判决和裁定。我国刑诉法对当事人提起上诉未作任何理由上的限制，只要当事人在法定期间内对一审的判决不服就可以提起上诉，上诉一旦提起，不论其理由是否充分，就必然引起第二审程序。有些被告人正是利用第二审程序的特点，对一审的正确判决也提起上诉，企图通过上诉，进行狡辩逃避法律的裁判。第二审法院通过对上诉案件的重新审理，再度核实案件的事实、证据和适用法律等问题，依法维持一审法院的正确判决，驳回当事人的上诉，就可以进一步揭露和证实犯罪，有利于促进犯罪分子认罪伏法，接受改造。

3. 通过第二审程序的审判，可以监督和指导下级人民法院的审判工作。二审人民法院一般都是一审法院的上一级法院。依照法律规定，上级人民法院对下级人民法院的审判工作，负有监督的职责。第二审法院通过二审程序经常审理一审法院的案件，可以深入、细致地了解下级法院的审判工作和业务水平，便于发挥指导、监督作用，能及时帮助下级人民法院总结经验教训，改进审判工作，提高业务水平和办案质量。

第二节 提起上诉、抗诉的程序

一、第二审程序提起的主体

第二审程序，是由合法的上诉或抗诉而引起的，一个案件是否经过二审，取决于上诉人是否上诉或检察机关是否抗诉。如果依法享有上诉权的人没有在法定期限内提出上诉，一审法院的同级人民检察院也没有在法定期限内提出抗诉，就不会产生二审程序。

根据我国《刑事诉讼法》的规定，提起第二审程序的主体有：

（一）上诉人

上诉是产生第二审程序的重要途径。所谓上诉，是指自诉人、被告人及其法定代理人，以及经被告人同意的辩护人和近亲属，附带民事诉讼的当事人及其法定代理人不服第一审未生效的判决、裁定，依照法定程序和期限，要求上一级人民法院对案件进行重新审判的诉讼行为。根据我国《刑事诉讼法》第180条的规定，上诉人的范围包括：

1. 自诉人及其法定代理人。自诉人是刑事诉讼中的当事人，与案件处理结果有直接利害关系。如果不服一审法院的判决、裁定，自诉人及其法定代理人有权提出上诉。

2. 被告人及其法定代理人。被告人是被追究刑事责任的对象，是案件处理结果的承担者，因而对案件的处理结果十分关心。如果不服一审人民法院的判决、裁定，被告人及其法定代理人有权上诉。对被告人的上诉权，不得以任何借口加以剥夺。

3. 经被告人同意的辩护人和近亲属。他们没有独立的上诉权，必须事先征得被告人同意才能提起上诉。被告人的辩护人参加过一审诉讼活动，熟悉案情，与案件没有直接利害关系，能够对案件作出比较客观、全面的分析；被告人的近亲属对被告人各方面的情况比较了解，有的对案情都比较清楚，并且顾虑较少，因此，在被告人没有提起上诉的情况下，如果辩护人和近亲属认为应当提出上诉，可以在征得被告人同意后提出上诉。之所以要以征得被告人同意为条件，是因为判决、裁定所针对的对象是被告人，被告人对自己是否犯罪和案件具体情况最了解，案件处理结果与他有切身利害关系，是否上诉，应由他作出最后决定。辩护人和近亲属不是案件的当事人，他们提出上诉，归根到底是为了维护被告人的合法权益，所以必须得到被告人同意。这样既有利于被告人充分行使上诉权，又可以防止在被告人已经认罪服判的情况下辩护人或近亲属违背被告人的意愿而提起上诉，进行无理纠缠。

4. 附带民事诉讼的当事人和他们的法定代理人。根据刑事诉讼法的规定，附带民事诉讼的当事人和他们的法定代理人，只有权对一审判决、裁定中的附带民事诉讼部分提出上诉，因为只有这一部分与他们有直接利害关系，对判决、裁定的刑事部分，他们无权上诉。附带民事诉讼的当事人如果同时也是刑事诉讼当事人中的被告人、自诉人，则他们既可以对附带民事诉讼部分提起上诉，也可以对刑事诉讼部分提起上诉。如果对刑事部分没有人提出上诉，人民检察院也没有提出抗诉，附带民事诉讼当事人及其法定代理人的上诉，不影响判决、裁定中刑事部分的生效。

（二）抗诉机关

《刑事诉讼法》第 181 条规定："地方各级人民检察院认为本级人民法院第一审的判决、裁定确有错误的时候，应当向上一级人民法院提出抗诉。"因此，抗诉是人民检察院发现或者认为人民法院的判决、裁定确有错误时，提请审判机关依法重新审理并予以纠正的诉讼行为。抗诉通常分为对一审未生效裁判的抗诉和对生效裁判的抗诉两种，前者也叫上诉审程序的抗诉，后者也叫再审程序的抗诉。《刑事诉讼法》第 181 条所指的是对一审未生效判决、裁定的抗诉。

有权对一审未生效判决、裁定抗诉的机关，是一审人民法院的同级人民检察院。根据我国《宪法》的有关规定，人民检察院是国家的法律监督机关，在刑事诉讼中，人民检察院有权对刑事诉讼活动进行法律监督。抗诉权是人民检察院法律监督权的重要组成部分，依法对一审未生效的裁判提起抗诉，是地方各级人民检察院对同级人民法院的审判活动是否合法实行法律监督的重要表现形式。

与被告方的上诉不一样的是，抗诉必须是检察机关认为第一审的判决、裁定确有错误；而上诉只需要有上诉权的人不服第一审的判决、裁定即可提起。

另外，根据《刑事诉讼法》第 182 条之规定："被害人及其法定代理人不服地方各级人民法院第一审的判决的，自收到判决书后 5 日以内，有权请求人民检察院提出抗诉。人民检察院自收到被害人及其法定代理人的请求后 5 日以内，应当作出是否抗诉的决定并且答复请求人。"这是法律赋予被害人的诉讼权利。但是，被害人及其法定代理人的请求抗诉权，不等于上诉权，它不必然引起二审程序。

二、提出上诉、抗诉的理由

当事人提出上诉的理由，刑事诉讼法对此未做过任何限制。只要他们对地方各级人民法院的第一审判决或裁定不服，在法定期间提出上诉，人民法院就应当受理，并且在第二审人民法院审理案件的过程中，还有权对其上诉的理由进行补充。人民法院对当事人提出上诉的理由不能加以限制，更不能以上诉理由不正确为由不予受理，变相地剥夺当事人的上诉权利。法律之所以对上诉人上诉的理由放得如此之宽，主要是考虑到充分保护当事人的合法权益。

人民检察院是国家的法律监督机关，它提出的抗诉应当有相当的严肃性，因此，刑事诉讼法对抗诉的理由作了严格的规定。即只有人民检察院有充分的理由认为人民法院的第一审判决或裁定“确有错误”时，同级人民检察院才能提起抗诉，而且这种抗诉还必须经过上级人民检察院审查同意。

法律对当事人上诉、检察院抗诉的理由未作具体规定，但上诉人和抗诉机关提出上诉、抗诉时都应说明具体理由。根据司法实践，虽然提出上诉或抗诉的理由多种多样，但集中起来，一般主要有下面三种情况：

1. 认为认定事实不清，采纳证据有误。一般这些理由认为，原判认定的事实不清，证据不确实充分，法院认定了不该认定的事实，采用了不该采用的证据，其结论与证据不符，或认为漏判了罪行。有的还提出了新的事实和证据等。

2. 认为适用法律不当、定性不准、量刑不当。这些上诉人或抗诉机关认为原判定罪量刑有错误，或把依法无罪的人追究了刑事责任，或定性有误，混淆了此罪与彼罪的界限，或量刑、判刑时轻重不符合该罪法定刑的幅度等等。

3. 认为严重违反程序法，影响了案件的正确判决。如合议庭成员的身份、组成人数不合法，审判人员或其他诉讼参与人应当回避，非法剥夺被告人的某项诉讼权利等等。

三、第二审程序提起的期限与方式

（一）提起上诉、抗诉的期限

《刑事诉讼法》第 183 条规定：“不服判决的上诉和抗诉的期限为 10 日，不服裁定的上诉和抗诉的期限为 5 日，从接到判决书、裁定书的第 2 日起算。”该规定要求上诉人和检察机关在提起上诉、抗诉时，必须严格遵守上述时间限制；超出法定期限，如果没有耽误期限的法定理由，提出的上诉、抗诉便不具有法律效力，第一审判决、裁定即告生效。

我国法律所确定的上诉、抗诉的时间不长不短，它一方面能保证有权上诉、抗诉的人和机关有必要的考虑和准备时间；另一方面又有利于及时纠正错误的判决、裁定，迅速执行正确的判决、裁定，避免诉讼拖延。

(二) 提起上诉、抗诉的方式

根据《刑事诉讼法》第180条的规定。上诉可以用书状或者口头两种形式提出。无论以哪种形式提出，人民法院均应受理。口头上诉的，人民法院应当制作笔录。

根据《刑事诉讼法》第184条的规定，上诉可以通过原审人民法院提出，也可以直接向上一级人民法院提出。被告人、自诉人、附带民事诉讼的原告人和被告人通过原审人民法院提出上诉的，原审人民法院应当在3日以内将上诉状连同案卷、证据移送上一级人民法院，同时将上诉状副本送交同级人民检察院和对方当事人。被告人、自诉人、附带民事诉讼的原告人和被告人直接向第二审人民法院提出上诉的，第二审人民法院应当在3日以内将上诉状交原审人民法院送交同级人民检察院和对方当事人，原审人民法院应将原审全部案卷、证据材料移送第二审人民法院。

根据《刑事诉讼法》第185条的规定，地方各级人民检察院对同级人民法院第一审判决或裁定的抗诉，只能以抗诉书的形式提出，不能采用口头形式。同时，抗诉也只能向原审人民法院提出，不能直接向第二审人民法院抗诉。因此，地方各级人民检察院对同级人民法院第一审判决、裁定的抗诉，应当通过原审人民法院提出抗诉书，并且将抗诉书抄送上一级人民检察院。原审人民法院应当将抗诉书连同案卷、证据移送上一级人民法院，并且将抗诉书副本送交当事人。

上级人民检察院在接到下级人民检察院抄送的抗诉书后，应当在第二审人民法院审判以前对抗诉的案件进行认真审查。如果认为第一审的判决、裁定没有错误，或者下级人民检察院抗诉不当的，上级人民检察院应当向同级人民法院撤回抗诉，并且通知下级人民检察院。下级人民检察院对上级人民检察院撤回抗诉的决定必须执行。

第三节　第二审案件的审判

一、第二审程序的全面审查原则

《刑事诉讼法》第186条规定："第二审人民法院应当就第一审判决认定的事实和适用法律进行全面审查，不受上诉或者抗诉范围的限制。共同犯罪的案件只有部分被告人上诉的，应当对全案进行审查，一并处理。"这就是第二审程序的全面审查原则。

1. 全面审查原则的要求：(1) 既要审查一审判决认定的事实是否正确，证据是否确实、充分，又要审查一审判决适用法律是否有错误，而不能仅就某一方面进行审查；(2) 既要审查一审判决中已被提出上诉或者抗诉的部分，又要审查没有被提出上诉或者抗诉的部分，而不能只根据上诉或者抗诉的理由审查已被上诉、抗诉的部分。特别是对于共同犯罪案件，如果只有部分被告人上诉的，既要对已经提出上诉的那部分被告人的上诉理由进行审查，又要对没有提出上诉的那部分被告人的判决内容进行审查，一并处理；(3) 既要从实体上审查一审判决的正确性，又要从程序上审查一审法庭审判活动的合法性，不能只审查实体问题是否获得正确处理，而对审判程序是否合法不管不问。

2. 对于上诉、抗诉案件，应当主要审查的内容为：(1) 第一审判决认定的事实是否清楚，证据是否确实、充分，证据之间有无矛盾；(2) 第一审判决适用法律是否正确，量刑是否适当；(3) 在侦查、起诉、第一审程序中，有无违反法律规定的诉讼程序的情形；(4) 上诉、抗诉是否提出了新的事实和证据；(5) 被告人供述、辩解的情况；(6) 辩护人的辩护意见以及采纳的情况；(7) 附带民事部分的判决、裁定是否适当；(8) 第一审法庭合议庭、审判委员会讨论的意见。审查后应写出审查报告。

二、第二审案件的审判方式

《刑事诉讼法》第187条规定："第二审人民法院对上诉案件，应当组成合议庭，开庭审理。合议庭经过阅卷，讯问被告人、听取其他当事人、辩护人、诉讼代理人的意见，对事实清楚的，可以不开庭审理。对人民检察院抗诉的案件，第二审人民法院应当开庭审理。第二审人民法院开庭审理上诉、抗诉案件，可以到案件发生地或者原审人民法院所在地进行。"这就是说，第二审案件的审判方式，以开庭审理为原则，抗诉案件应当开庭审理。上诉案件一般也应当开庭审理，以不开庭审理的方式为例外。因此，第二审人民法院的审判方式可以分为开庭审理和不开庭审理两种。

（一）开庭审理

开庭审理，也叫直接审理。它要求第二审人民法院组成合议庭，参照第一审程序规定的开庭、法庭调查、法庭辩论、被告人最后陈述、评议和宣判的步骤对上诉或抗诉案件进行审理。开庭审理的地点，根据实际需要，可以在第二审人民法院所在地进行，也可以到案件发生地或者原审人民法院所在地进行。

《刑事诉讼法》第188条规定："人民检察院提出抗诉的案件或者第二审人民法院开庭审理的公诉案件，同级人民检察院都应当派员出庭。第二审人民法院必须在开庭十日以前通知同级人民检察院查阅案卷。"因此，除自诉案件以外，二审人民法院开庭审判前，都应通知同级人民检察院查阅案卷，了解案情，以便出席二审法庭，支持公诉，进行法律监督。因为公诉案件在二审中必然要涉及公诉的有关问题，需要检察人员在场，必要时还需进行辩论、质证。与此同时，二审人民法院决定开庭前，还应提审在押被告人，传唤其他当事人，通知当事人的法定代理人、证人、鉴定人等到庭；如果被告人委托了辩护人的，还应通知辩护人出庭辩护。被告人没有委托辩护人而又属于《刑事诉讼法》第34条规定情形的，依法为其指定辩护人。

第二审人民法院开庭审理上诉或者抗诉案件，除参照第一审程序的规定外，还应当依照下列规定进行：

1. 法庭调查阶段，审判长或者审判员宣读第一审判决书、裁定书后，由上诉人陈述上诉理由或者由检察人员宣读抗诉书；如果是既有上诉又有抗诉的案件，先由检察人员宣读抗诉书，再由上诉人陈述上诉理由；法庭调查的重点要针对上诉或者抗诉的理由，全面查清事实，核实证据。

2. 法庭调查阶段，如果检察人员或者辩护人申请出示、宣读、播放第一审审理期间已经移交给人民法院的证据的，法庭应当指令值庭法警出示、播放有关证据；需要宣读的证据，由法警交由申请人宣读。

3. 法庭辩论阶段，上诉案件，应当先由上诉人、辩护人发言，再由检察人员发言；抗诉案件，应当先由检察人员发言，再由被告人、辩护人发言；既有上诉又有抗诉的案件，应当先由检察人员发言，再由上诉人、辩护人发言，并进行辩论。

共同犯罪案件，没有提出上诉的和没有对其判决提出抗诉的第一审被告人，应当参加法庭调查，并可以参加法庭辩论。开庭审理的方式，由于有当事人和其他诉讼参与人参加，当庭调查事实，核实证据，进行辩论，有利于彻底查清案件的真实情况，切实纠正一审判决、裁定中的错误，保护当事人的合法权益。

（二）不开庭审理

根据《刑事诉讼法》第187条规定和有关司法实践，对上诉案件，组成合议庭后，经过阅卷，讯问被告人，听取其他当事人、辩护人、诉讼代理人的意见，合议庭认定的事实与第一审认定的事实没有变化，证据充分的，可以不开庭审理。另一种情况是，如果在庭前审查中发现案件确实存在《刑事诉讼法》第191条规定情形之一时，也可以不开庭而在调查询问的基础上作出裁定，发回重新审判。此外，对一审裁定的上诉和抗诉案件的审理方式，根据《刑事诉讼法》第193条的规定精神，应当可以采用不开庭审理的方式。不开庭审理，即以一审的全部案卷为基础，通过调查讯问方式进行的审理，是一种比较简便、节省时间的审判方式。对于符合条件的二审案件，人民法院可以采用这种方式，以简化诉讼，提高二审效率。但是，应当看到，这种方式毕竟不是开庭审理，对于保护诉讼参与人特别是被告人的诉讼权利和保证二审质量，仍具有一定的局限性。因此，二审法院不能只图简单、省事，用不开庭审理代替开庭审理。否则，将损害当事人的合法权益，使刑事案件难以得到公正处理。

不开庭审理的案件，也要依法组成合议庭，由审判长查阅案卷，必要时合议庭成员分别阅卷，然后进行评议和宣判。

三、第二审程序对案件的处理

根据《刑事诉讼法》的规定，第二审人民法院对不服一审判决、裁定的上诉、抗诉案件，进行审理后，应当分别情况作出如下处理。

（一）驳回上诉或者抗诉，维持原判

原判决认定事实和适用法律正确、量刑适当的，应当裁定驳回上诉或者抗诉，维持原判。这种处理方式，是通过二审，对一审正确判决的支持。二审法院经过审理后，确认一审判决认定事实清楚，证据确实、充分，援引法律条款定罪准确、量刑适当，审判程序合法时，应当对一审判决的正确性予以肯定。

（二）直接改判和做其他处理

根据《刑事诉讼法》第189条的规定，第二审人民法院可以直接改判的案件有两种：

1. 原判决认定事实没有错误，但适用法律有错误或者量刑不当的。对于这种案件，第二审人民法院应当在改判的判决中维持原判决对案件事实的正确认定，同时纠正原判决在引用法律条款定罪量刑方面的错误或失当之处。

2. 原判决事实不清或者证据不足，可以在查清事实后改判。这类案件，不是必须直接改判，可以在查清事实后改判，也可以裁定撤销原判，发回原审人民法院重新审判。

（三）撤销原判、发回重审

第二审人民法院裁定撤销原判、发回原审人民法院重审的案件，有两种情况：

1. 原判决事实不清或者证据不足的案件。

2. 第二审人民法院发现第一审人民法院的审理有下列违反法律规定的诉讼程序的情形之一的：（1）违反刑事诉讼法有关公开审判的规定的；（2）违反回避制度的；（3）剥夺或者限制了当事人的法定诉讼权利，可能影响公正审判的；（4）审判组织的组成不合法的；（5）其他违反法律规定的诉讼程序，可能影响公正审判的。

根据《刑事诉讼法》第 192 条的规定，原审人民法院对于发回重新审判的案件，应当另行组成合议庭，依照第一审程序进行审判。重新审判后所作的判决，仍属于一审判决，当事人可以上诉，同级人民检察院可以抗诉。

四、第二审程序对自诉刑事案件审理后的处理

新的刑事诉讼法与原刑事诉讼法只对自诉案件的第一审程序作了原则的规定，而对自诉案件第二审程序未作规定，因此，在司法实践中，对第二审程序中自诉案件的一些问题，如是否可以调解，是否可以反诉等问题争论颇多。依照最高人民法院有关司法解释和司法实践，我们认为，第二审程序中自诉案件中的一些问题应当按下列原则处理：

1. 审理刑事部分时，发现民事部分有错误的处理。第二审人民法院审理的刑事上诉、抗诉案件附带民事诉讼的，如果发现第一审判决、裁定中的民事部分确有错误，可以按照审判监督程序予以纠正。如果第二审人民法院认为原审被告人的行为不构成犯罪，而原判决又有附带民事部分且尚未发生法律效力的，应当在改判刑事部分的同时，对附带民事部分作出处理。

2. 关于调解问题的处理。对第二审程序的自诉案件，必要时可以进行调解，当事人也可以自行和解。调解结案的，应当制作调解书，原判决、裁定视为自动撤销；当事人自行和解的，由人民法院裁定准许撤回自诉，并撤销原判或裁定。

第二审人民法院对于调解结案或者当事人自行和解的自诉案件，被告人被采取强制措施的，应当立即予以解除。

3. 反诉问题的处理。在第二审程序中，当事人提出反诉的，应当分别情形予以处理。对于反诉无理的，裁定驳回；对于反诉有理的，先行调解，调解达不成协议的，撤销原判，发回第一审人民法院一并处理。在第二审附带民事诉讼程序中，原审民事原告人增加了独立的诉讼请求或者原审民事被告人提出反诉的，第二审人民法院可以根据当事人自愿的原则就新增加的诉讼请求或者反诉进行调解，调解不成的，告知当事人另行起诉。

第二审人民法院审理刑事附带民事上诉、抗诉案件，如果发现刑事和附带民事部分均有错误需依法改判的，应当一并改判。第二审人民法院审理对刑事部分提出上诉、抗诉，附带民事部分已经发生法律效力的案件，如果发现第一审判决或者裁定中的民事部分确有错误，应当对民事部分按照审判监督程序予以纠正。

五、第二审程序的办案期限

根据《刑事诉讼法》的规定，第二审人民法院受理上诉、抗诉案件，应当在一个月内审结，至迟不得超过一个半月。交通十分不便的边远地区的重大复杂案件，重大的犯罪集团案件，流窜作案的重大复杂案件，犯罪涉及面广、取证困难的重大复杂案件，经省、自治区、直辖市高级人民法院批准或者决定，可以再延长一个月。最高人民法院受理的上诉、抗诉案件，由最高人民法院决定。

第二审人民法院发回原审人民法院重新审判的案件，原审人民法院从收到发回的案件之日起，重新计算审理期限。

根据《刑事诉讼法》第 193 条的规定，第二审人民法院对不服第一审裁定的上诉或者抗诉案件，经过审查后，分别根据不同情形用裁定驳回上诉、抗诉，或者撤销、变更原裁定。

第二审的判决、裁定和最高人民法院的判决、裁定，都是终审的判决、裁定，一经宣布，立即发生法律效力。

六、扣押、冻结在案财物的处理

（一）扣押、冻结在案财物的概念

扣押的在案财物，是指公安机关、人民检察院在勘验、搜查过程中，人民法院在审查核实证据过程中所扣押的可以证明犯罪嫌疑人、被告人有罪或者无罪的各种财物。

冻结的在案财物，是指公安机关、人民检察院在侦查过程中，人民法院在调查核实证据过程中所冻结的与案件有关的犯罪嫌疑人、被告人的存款、汇款。

扣押、冻结的在案财物除被扣押、冻结的在案原物外，还包括原物所生孳息。

(二) 扣押、冻结在案财物的处理

公安机关、人民检察院、人民法院对扣押、冻结在案的财物，应根据不同情况，采取以下处理方式：

1. 保管。公安机关、人民检察院、人民法院对于扣押、冻结在案的犯罪嫌疑人、被告人的财物及其孳息，应当妥善保管，以供核查。任何单位和个人不得挪用或者自行处理。依法扣押的货币、有价证券，应当登记，写明货币或者有价证券的名称、数额，货币应当存入银行专户，并登记银行存款凭证的名称、内容，入卷备查。依法扣押的物品，应当登记，写明物品的名称、型号、规格、数量、重量、质量、成色、纯度、颜色、新旧程度、缺损特征和来源等，入卷备查。依法扣押的文物、金银、珠宝、名贵字画等以及违禁品，应当及时鉴定。对扣押的物品应当及时依照有关规定作价。

2. 返还。对于被害人的合法财产，被害人明确的，扣押、冻结机关应当及时返还，但须经拍照、鉴定、作价，并在案内注明返还的理由，将原物照片、清单和被害人的领取手续入卷备查。对于扣押、冻结的与本案无关的财物，应当返还所有人、持有人或者解冻，但法律另有规定的除外。

3. 移送。对作为证据使用的实物，包括作为物证的货币、有价证券等，应当随案移送。对于大宗的、不便搬运的物品，由扣押机关开列清单，并附原物照片和封存手续，注明存放地点，入卷随案移送。对于易腐烂、霉变和不易保管的物品，扣押机关变卖处理后，随卷移送原物照片、清单、变价处理的凭证（复印件）。对于违禁品、枪支弹药、易燃易爆物品、剧毒物品及其他危险品，扣押机关依照国家有关规定处理后，随案移送原物照片和清单。

4. 没收、上缴。对于公安机关、人民检察院、人民法院扣押、冻结的赃物、赃款及其孳息，由原审的人民法院依照生效的法律文书进行处理。除依法返还被害人的以外，应当一律没收，上缴国库。

(三) 违法处理扣押、冻结在案财物的责任

司法工作人员贪污、挪用或者私自处理被扣押、冻结的在案财物及其孳息的，依法追究刑事责任；不构成犯罪的，给予纪律处分。

刑事诉讼法的上述规定，理顺了在案件审理中公安、检察、法院三个部门处理赃款赃物的关系，加快了案卷移送的速度，有利于办案，同时规定了对私自处理赃款、赃物的人进行处罚，有利于保全证物，有利于案件调查，也有利于司法人员的廉政勤政。

第四节　上诉不加刑

一、上诉不加刑原则的概念和意义

《刑事诉讼法》第190条规定，第二审人民法院审理被告人或者其法定代理人、辩护人、近亲属提出上诉的案件，不得加重被告人的刑罚。这是我国法律对上诉不加刑的具体规定。因此，上诉不加刑，是指第二审人民法院审判仅有被告人一方提出上诉的案件时，不得以任何理由改判重于原判决所判刑罚的审判原则。

上诉不加刑原则是在总结我国上诉制度正反两方面经验和教训，并借鉴外国立法经验的基础上确定的一项审判原则。实现上诉不加刑，对于保障被告人的上诉权，保障两审终审制的贯彻实施等，具有重要的意义。

1. 上诉不加刑原则有利于保障被告人的上诉权，保证两审终审制的贯彻执行。在刑事诉讼中，要正确地贯彻上诉制度和两审终审制，必须保障被告人充分行使上诉权。被告人或者他的法定代理人、辩护人、近亲属提出上诉的目的，是为了诉请上一级人民法院改变原判决、减轻、从轻或者免除对被告人的刑罚，改善被告人原来的不利处境。如果上诉后反而加重了被告人的刑罚，恶化其处境，就可能使被告人及其法定代理人、辩护人、近亲属对上诉产生顾虑，即使认为第一审判决不正确，也不敢上诉，客观上导致限制被告人行使上诉权的结果，使上诉制度流于形式。因此，必须用上诉不加刑的原则排除被告人一方上诉的这种顾虑．才能保证上诉制度的实行和两审终审制的贯彻。

2. 上诉不加刑原则有利于促使第一审人民法院加强责任心，不断提高办案质量。根据上诉不加刑原则，一审法院量刑偏轻的案件，即使到了二审，也不能任意改判加刑。因此，向第一审人民法院提出更严格的要求，促使一审审判人员充分认识到自己肩负的重任，使自己在审判一审案件时更加认真、负责，正确运用法律武器，准确定罪量刑，做到不枉不纵，以期经得起实践的检验和上级人民法院的监督检查。

3. 上诉不加刑原则有利于促使检察机关履行法律监督职能。人民检察院提出抗诉的案件，不受上诉不加刑的限制，二审法院审理抗诉案件时，如果原判量刑过轻，可以改判加重被告人的刑罚。这就促使第一审人民法院的同级人民检察院及时审查一审判决，发现确有错误时，依法提起抗诉，督促人民法院改正错误判决，作出正确判决。因此，上诉不加刑可以加强检察机关的责任感，促使其发挥监督功能，及时做好有关量刑过轻案件的抗诉工作。

二、上诉不加刑的具体应用

上诉不加刑是第二审程序重要原则。但是，根据《刑事诉讼法》第 190 条的规定，它只适用于只有被告人或者他的法定代理人、辩护人、近亲属提出上诉的案件。如果是人民检察院提出抗诉或者自诉人提出上诉的案件，或者在被告人一方提出上诉的同时，人民检察院或者自诉人也提出抗诉、上诉的，则不受上诉不加刑原则的限制。

根据有关法律规定及司法实践，第二审人民法院审理被告人或者其法定代理人、辩护人、近亲属提出上诉的案件，不得加重被告人的刑罚，并应当遵守下列具体规定：

1. 共同犯罪案件，只有部分被告人提出上诉的，既不能加重提出上诉的被告人的刑罚，也不能加重其他同案被告人的刑罚。

2. 对原判认定事实清楚、证据充分，只是认定的罪名不当的，在不加重原判刑罚的情况下，可以改变罪名。

3. 对被告人实行数罪并罚的，不得加重决定执行的刑罚，也不能在维持原判决决定执行的刑罚不变的情况下，加重数罪中某罪的刑罚。

4. 对被告人判处拘役或者有期徒刑宣告缓刑的，不得撤销原判决宣告的缓刑或者延长缓刑考验期。

5. 对事实清楚、证据充分，但判处的刑罚畸轻，或者应当适用附加刑而没有适用的案件，不得撤销第一审判决，直接加重被告人的刑罚或者适用附加刑，也不得以事实不清或者证据不足发回第一审人民法院重新审理。必须依法改判的，应当在第二审判决、裁定生效后，按照审判监督程序重新审判。

人民检察院提出抗诉或者自诉人提出上诉的案件，不受上诉不加刑原则的限制。但是人民检察院抗诉的案件，经第二审人民法院审理后，改判被告人死刑立即执行的，应当报请最高人民法院核准。共同犯罪案件中，人民检察院只对部分被告人的判决提出抗诉的，第二审人民法院对其他第一审被告人不得加重刑罚。

上诉不加刑是指第二审人民法院直接改判时不得加重原判刑罚，不适用于发回重审的案件。对于第二审人民法院以事实不清或证据不足或者违反诉讼程序为由发回重审的案件，原审人民法院应严格按照第一审程序进行重新审理，查清事实，补充证据后，以事实为根据，以法律为准绳，该加刑的，可以判处比原判更重的刑罚；该减刑的，也可以判处比原判较轻的刑罚，甚至可以免予刑事处罚或宣告无罪。但是，二审法院必须严格遵守发回重审的理由。对于原判事实清楚，证据确实、充分，只是量刑偏轻的案件，二审法院不能发回重审。司法实践中，有些二审法院为了加刑而将不符合条件的案件发回重审，这是对上诉不加刑原则的明显违背。

第十八章　死刑复核程序

死刑复核程序是刑事诉讼中的一项特殊程序，是死刑判决或裁定发生法律效力，能够执行的必经程序、也是人民法院根据享有的死刑复核权，对判处被告人死刑的案件，进行审查、核准时采用的特别审判程序。它可以有效地保证死刑判决的正确性，防止错杀，有利于对死刑的限制适用。

第一节　死刑复核程序的概念和意义

一、死刑复核程序的概念

死刑复核程序，是指法律规定的最高人民法院或者高级人民法院对判处被告人死刑的案件，进行复审核准应当遵循的一项特别审判程序。既包括对判处死刑立即执行案件的复核程序，也包括对判处死刑宣告缓期二年执行案件的复核程序。

死刑是剥夺犯罪分子生命的刑罚方法，是我国刑法所规定的刑种中最严厉的一种。我国法律一方面把死刑作为打击犯罪，保护人民的有力武器；另一方面又对死刑采取了慎重、限制适用的方针。因此，我国除了在实体法中规定了不适用死刑的一些情况以外，在程序法中对判处死刑的案件规定了特别的审查核准程序，即死刑复核程序。死刑复核程序与其他审判程序相比，有其特殊的特点，表现如下：

1. 死刑复核程序适用的对象具有单一性和特定性。只适用于判处死刑立即执行和判处死刑宣告缓期二年执行的案件，并且是判决尚未发生法律效力的案件，而不适用于其他刑事案件。

2. 死刑复核程序有特定的任务。它的任务是在认定事实和适用法律上对死刑进行全面审查，依法作出是否核准死刑的决定。死刑复核必须完成两项基本任务，一是全面审查死刑判决或裁定认定的事实是否清楚，证据是否确实充分，罪名认定是否正确，适用死刑是否恰当；二是对案件作出是否死刑的决定，并制作相应的法律文书。

3. 死刑复核程序适用的法院具有特殊性。死刑案件只能由最高人民法院或者最高人民法院授权的高级人民法院核准，判处死刑宣告缓期二年执行的案件则应当由高级人民法院核准。不是所有的人民法院都有死刑核准权。

4. 死刑复核程序启动有特殊性。第一审程序、第二审程序的提起，必须有合法的起诉、上诉、抗诉等具体的诉讼行为进行启动。而死刑复核程序的启动则无需特定的诉讼行为，只要是依法属于复核范围的死刑案件，不论其判决、裁定是否正确都必须依法上报有核准权的法院进行复核，而有核准权的法院必须依法复核。

5. 死刑复核程序审理方式具有特殊性。死刑案件进行复核，审理时没有公诉人、辩护人的参与，审理过程也不公开，其复核程序基本上是一种书面审理和间接审理程序，是死刑案件的必经程序和终审程序。

二、死刑复核程序的意义

死刑复核程序，作为一项刑事诉讼中的特别审判程序，是使死刑判决能够生效和交付执行的关键程序，又是保证办案质量，坚持少杀，防止错杀，切实保障公民人身权利及合法权益的一项程序措施。它对于实现刑事诉讼法的任务具有重要的意义。

1. 死刑复核程序有利于保证死刑判决的正确性，防止错杀。死刑是同严重犯罪行为作斗争的有利的法律武器，运用得当，可以使极少数罪行极其严重的犯罪分子得到严惩；而如果适用不当就有可能将不该适用死刑的犯罪分子判处死刑，甚至伤害无辜。规定死刑复核程序对死刑案件进行全面的审查复核，能及时发现和纠正死刑判决和裁定的错误，保证死刑裁判的正确性。

2. 死刑复核程序有利于正确贯彻少杀方针，控制死刑的适用。坚持少杀，可杀可不杀的不杀，历来是我国的刑事政策。通过死刑复核程序，可以查明哪些犯罪分子真正罪该处死，哪些犯罪分子还不是非杀不可的罪犯，从而在诉讼制度和程序上保证少杀政策的贯彻适用，限制了死刑的适用范围。

3. 有利于统一理解和正确适用死刑。死刑复核程序不仅是对死刑案件多一项程序，多一道关口，而且由最高人民法院和高级人民法院行使核准权能够统一理解法律和执行法律，保证适用死刑统一的执法尺度，体现程序的公正、公平。

（二）高级人民法院依授权核准的判处死刑立即执行案件的报请复核

1. 依授权可以由高级人民法院核准的死刑案件，中级人民法院判处死刑后，被告人不上诉、人民检察院不抗诉的，在上诉、抗诉期满后 3 日内报请高级人民法院核准。

高级人民法院同意判处死刑的，应当裁定核准死刑；不同意判处死刑的，应当依法改判，改判后的判决是终审判决；认为原判事实不清、证据不足的，应当发回重新审判，中级人民法院重新审判后所作的判决是一审判决，可以上诉、抗诉。

2. 中级人民法院判处死刑的第一审案件，被告人上诉或者人民检察院抗诉的，高级人民法院第二审以后同意判处死刑的，应当作出维持死刑判决的裁定。同时另行组成合议庭进行复核，经过复核以后，可以分别情形核准死刑、依法改判或者发回重审。

在司法实践中，高级人民法院对于经过最高人民法院授权核准的死刑案件，往往将二审与死刑复核审“合二为一”，二审维持原死刑判决的裁定同时就是核准死刑的裁定，这是不符合法定的死刑复核程序精神的，应予纠正。

3. 依授权可以由高级人民法院核准的死刑案件，判处死刑缓期二年执行的罪犯，在死刑缓期执行期间，如果故意犯罪，查证属实，应当执行死刑的，报请高级人民法院核准。

在报请复核过程中还应当特别注意以下两点：一是被告人被判死刑的数罪中，如果有应当由最高人民法院核准的，或者共同犯罪案件部分被告人被判处死刑的罪中有应当由最高人民法院核准的，必须将全案报请最高人民法院核准。二是中级人民法院一审判处死缓以下刑罚的案件，一审判决之后，由于人民检察院提出抗诉引起第二审程序的，高级人民法院二审之后如果直接改判死刑的，无论该案件的死刑核准权是否下放，都应当报请最高人民法院核准。

三、报请复核的基本要求

根据我国刑事诉讼法的规定及最高人民法院相关的司法解释，报请复核死刑案件的前提是：死刑案件犯罪事实清楚，证据确实、充分，适用法律正确，诉讼文书齐备。如果不具备上述条件，人民法院就不能对被告人判处死刑。报请复核死刑案件，应当一案一报，报送的材料应当包括报请复核的报告、死刑案件综合报告和判决书各 15 份以及全部诉讼案卷和证据；共同犯罪的案件，应当报送全案的诉讼案卷和证据。具体要求是：

1. 报请复核的报告，应当载明案由、简要案情和审理过程及判决结果。

2. 死刑案件综合报告应当包括以下主要内容：(1) 被告人的姓名、性别、出生年月日、民族、文化程度、职业、住址、简历以及拘留、逮捕、起诉的时间和现在被羁押的处所；(2) 被告人的犯罪事实，包括犯罪时间、地点、动机、目的、手段、危害后果以及从轻、从重处罚等情节，认定犯罪的证据，定罪量刑的法律依据；(3) 需要说明的其他问题。

3. 报送死刑复核案件的诉讼案卷和证据，根据案件具体情况应当包括以下内容：(1) 拘留证、逮捕证、搜查证的复印件；(2) 扣押赃款、赃物和其他在案物证的清单；(3) 公安机关、国家安全机关的起诉意见书，或者人民检察院的侦查终结报告；(4) 人民检察院的起诉书；(5) 案件的审查报告、法庭审理笔录、合议庭评议笔录和审判委员会讨论决定笔录；(6) 被告人上诉状、人民检察院抗诉书；(7) 人民法院的判决、裁定书和审判笔录、送达回证；(8) 能够证明案件具体情况并经过查证属实的各种肯定的和否定的证据，包括物证或者物证照片、书证、证人证言、被害人陈述、被告人供述和辩解。

四、审查核准程序和结果

(一) 审查核准的组织和方式

根据我国刑事诉讼法第 202 条的规定，人民法院复核死刑案件的组织由审判员 3 人组成的合议庭进行。我国法律并未对复核死刑案件的方式作出规定。根据司法实践经验，复核的方式是坚持阅卷与讯问被告人相结合。根据最高人民法院的司法解释，各高级人民法院复核死刑案件，必须提审被告人。这对于查明案件真实情况，发现死刑判决、裁定的错误，是很有帮助的。

(二) 审查的重点

人民法院复核死刑案件，应在坚持全面审查原则的前提下，着重抓住以下几个问题：

1. 认真核实犯罪的事实和证据，查明死刑判决、裁定认定的事实是否清楚，证据是否确实、充分。

2. 审查犯罪情节、后果和危害程度，衡量该犯罪是否达到了罪行极其严重的程度。

3. 审查死刑判决、裁定适用的法律是否正确，定性是否准确，罪名的认定是否与案件事实、证据及有关法律规定相吻合，是否必须判处死刑，是否必须立即执行。

4. 必须查明被告人犯罪时的年龄和其他个人情况。如犯罪的时候不满 18 周岁的人，不适用死刑。审判的时候怀孕的妇女，不适用死刑，也不能判处死刑缓期二年执行。

5. 审查有无法定、酌定从轻或者减轻处罚的情节，以及其他应当审查的情况。

（三）死刑案件复核后的处理

人民法院在对上述问题进行全面审查以后，合议庭应当进行评议并写出复核审理报告。并且根据案件情形分别作出以下处理裁决。

1. 原判认定事实和适用法律正确，量刑适当的，用裁定核准死刑判决，并由院长签发执行死刑的命令。

2. 原判认定的事实不清，或者证据不足的，用裁定撤销原判，发回原审人民法院重新审判。

3. 原判认定的事实不清，但适用法律有错误或者量刑不当的用裁定撤销原判，发回原审人民法院重新审判，或者提审后用判决直接改判。发回原审人民法院重新审判，是指发回原来进行一审或二审的人民法院。案件经过重新审判后，如果仍然判处死刑的，还应按死刑复核程序报请复核。

4. 发现第一审人民法院或者第二审人民法院违反法律规定的诉讼程序，可能影响正确判决的，应当裁定撤销原判，发回第一审人民法院或者第二审人民法院重新审判。

高级人民法院复核后发回原审人民法院重新审判的案件，重新审判所作的判决、裁定，被告人可以上诉，人民检察院可以抗诉。高级人民法院改判的判决，是终审判决。

共同犯罪案件中，部分被告人被判处死刑的，最高人民法院或者高级人民法院复核时，应当对全案进行审查，但不影响对其他被告人已经发生法律效力的判决、裁定的执行；发现对其他被告人已经发生法律效力的判决、裁定确有错误时，可以指令原审人民法院再审。

第三节　判处死刑缓期二年执行案件的复核程序

一、判处死刑缓期二年执行案件的复核权

判处死刑缓期二年执行，并不是一个独立的刑种，而只是死刑的特殊执行方法，因此，为了慎重起见，对死刑缓期二年执行的判决也必须经过死刑复核程序核准之后才能发生法律效力，交付执行。死缓这一刑罚制度为我国所独创，其目的在于贯彻惩办与宽大相结合，坚持少杀、慎杀，给不属非杀不可的犯罪分子一个悔过自新的机会，以体现人道主义。这些人大多在二年

的缓刑期内因未故意犯罪而被减刑，不再执行死刑。但是，如果在缓刑期内故意犯罪的，仍可以执行死刑。因此，死缓仍是一种很严厉的刑罚制度，《刑事诉讼法》也规定了死刑复核程序，必须认真报请核准。

《刑事诉讼法》第201条规定："中级人民法院判处死刑缓期二年执行的案件，由高级人民法院核准。"这一规定表明，判处死刑缓期二年执行案件的核准权在高级人民法院，对于这类案件应当报请高级人民法院复核、核准，并应当按照下列情形分别办理：

1. 中级人民法院判处死刑缓期二年执行的案件，被告人不上诉，人民检察院不抗诉的，应当报请高级人民法院核准。高级人民法院同意判处死刑缓期二年执行的，应当裁定予以核准；如果认为事实不清、证据不足的，应当裁定发回原审法院重新审判；重新审判所作的判决、裁定，被告人可以提出上诉，人民检察院可以提出抗诉；如果认为原判量刑过重的，高级人民法院应当依法改判。

2. 中级人民法院判处死刑缓期二年执行的案件，被告人提出上诉或者人民检察院提出抗诉的，高级人民法院经过第二审程序，同意判处死刑缓期二年执行的，作出维持原判并核准死刑缓期二年执行的裁定；不同意判处死刑缓期二年执行的，应当作出不核准的裁定。如果认为原判量刑过重，应当依法改判；如果认为事实不清、证据不足的，应当裁定发回重新审判。

3. 高级人民法院核准死刑缓期二年执行的案件，应当作出核准或者不核准的裁定，不得加重被告人的刑罚，也不得以提高审级等方式加重被告人的刑罚。

4. 高级人民法院判处死刑缓期二年执行的一审案件，被告人不上诉、人民检察院不抗诉的，即可作出核准死刑缓期二年执行的裁定。

无论是中级人民法院报请核准还是高级人民法院判决并核准的死刑缓期二年执行的案件，还是直接改判的案件，均是发生法律效力的案件，这些裁判一经宣告，立即交付执行。

二、报请复核、复核内容和复核后的处理

根据刑事诉讼法和最高人民法院解释的规定，中级人民法院、高级人民法院和最高人民法院在对死刑案件的报请复核、复核和对案件复核后的处理上，应当依照下列程序进行：

（一）报送诉讼案卷材料和各种法律文书

中级人民法院或高级人民法院报请复核死刑缓期二年执行的案件，应当一案一报，报送的材料应当包括报请复核的报告、死刑缓期二年执行案件综

合报告和判决书各15份以及全部诉讼案卷和证据；共同犯罪的案件，应当报送全案的诉讼案卷和证据。

此外，根据刑事诉讼法第202条的规定，最高人民法院复核死刑案件，高级人民法院复核死刑缓期二年执行的案件，应当由审判员3人组成合议庭进行。

（二）复核的内容和方式

最高人民法院和高级人民法院复核或者核准死刑缓期二年执行案件，一般要进行提审被告人、审查核实案卷材料、制作审查报告和对案件作出处理决定等活动。

1. 提审被告人。提审被告人是死刑复核程序中的重要环节。由于被告人经过一审人民法院、二审人民法院的开庭审理，对原判认定的犯罪事实、适用法律以及判处的刑罚——死刑缓期二年执行是否正确，有了清楚的了解，在此基础上提审被告人，使其得到最后辩解的机会，这对于查明案件的真实情况，发现和纠正错判，切实保障被告人的辩解权利，均有极其重要的作用。因此，提审被告人是死刑缓期二年执行复核程序中的必经方式和重要环节。

2. 审查核实案卷材料，简称为“阅卷”。阅卷是重要的复核方式，通过全面审查案卷，可以发现原判认定犯罪事实是否清楚，证据是否确实、充分，定性是否准确，法律手续是否完备，对被告人判处死刑缓期二年执行是否正确，以便结合提审被告人对案件作出正确的处理。

3. 制作复核审理报告。最高人民法院、高级人民法院对报请复核的死刑缓期二年执行案件进行全面审查后，合议庭应当进行评议并写出复核审理报告。

（三）复核后的处理

最高人民法院和高级人民法院对判处死刑缓期二年执行的案件，进行复核以后，根据案件情形分别作出裁判：

1. 原审判决认定事实和适用法律正确、量刑适当的，裁定予以核准。

2. 原审判决认定事实错误或者证据不足的，裁定撤销原判，发回重新审判。

3. 原审判决认定事实正确，但适用法律有错误，或者量刑不当，不同意判处死刑缓期二年执行的，应当改判。

4. 发现第一审人民法院或者第二审人民法院违反法律规定的诉讼程序，可能影响正确判决的，应当裁定撤销原判，发回第一审或者第二审人民法院重新审判。

以上核准判处死刑缓期二年执行的裁定和改判的判决均为终审裁判，立即生效。而发回重新审判的案件，重新审判后所作的判决、裁定，被告人可以提出上诉，人民检察院可以提出抗诉。

共同犯罪案件中，部分被告人被判处死刑缓期二年执行的，高级人民法院或最高人民法院复核、核准时，应当对全案进行审查，但不影响对其他被告人已经发生法律效力的判决、裁定的执行；发现对其他被告人已生效的裁判确有错误时，可以指令原审人民法院再审。

第十九章　审判监督程序

审判监督程序，又称再审程序，是我国刑事审判程序的重要组成部分。但是它不是每一案件都必须经过的诉讼程序，而是只有当发现已生效裁决确有错误时才适用的一项审判程序，因此，它又是一项特殊程序。规定审判监督程序，目的在于纠正已经发生法律效力的错误的判决、裁定，也是纠正错误判决、裁定的最终法律途径。

第一节　审判监督程序的概念、意义和特点

一、审判监督程序的概念

审判监督程序，是指人民法院、人民检察院对已经发生法律效力的判决和裁定，发现在认定事实或适用法律上确有错误，依法提起并对案件进行重新审判的一项特别审判程序。

二、审判监督程序的意义

我国审判监督程序的设立，对于我国实现刑事诉讼法的任务具有重要意义，是贯彻实事求是、有错必纠的刑事政策的法律体现。其意义表现在以下几个方面：

1. 审判监督程序是贯彻实事求是、有错必纠方针，准确适用刑罚的法律保障。人民法院作出的判决、裁定一经生效就具有强制执行性，一般不能轻易改变。但是，刑事案件情况的错综复杂，使司法审判难以做到每个案件在认定事实或适用法律上不发生错误，在发生法律效力的案件中，可能有极少数判决、裁定确有错误，对这些错误的判决、裁定必须予以纠正，不能知错不改，审判监督程序的确立就是对这些错误的判决、裁定进行纠正的一种法律制度及程序保障。

2. 审判监督程序是上级人民法院对下级人民法院和人民检察院对人民法

院审判工作依法实行监督的重要方式和有效措施。我国人民法院上下级关系不是领导关系，而是监督关系，人民法院依法独立审判，上级人民法院对下级人民法院的审判工作不能直接下命令，指示下级人民法院就某一案件应如何处理。法律规定审判监督程序，使最高人民法院和其他上级人民法院有权按照审判监督程序提审或者指令下级人民法院再审，纠正错误判决、裁定，这样有利于原审人民法院或重新审理的其他人民法院从中总结经验教训，改进审判作风和方法，提高办案质量。最高人民检察院和其他上级人民检察院发现人民法院已生效判决、裁定确有错误，按照审判监督程序提出抗诉，行使审判监督权，可保证法律的统一正确实施。

3. 审判监督程序有利于消除群众对审判机关的不良看法，维护审判机关的威严，有利于消除社会不安定因素，有利于加强社会治安的综合治理，最终有利于维护法制的尊严和人民的利益。

三、审判监督程序的特点

审判监督程序与审判监督虽然都是对审判工作的监督，但是，两者的含义、内容及适用范围等各不相同。审判监督程序与第二审程序、死刑复核程序这两种程序比较，审判监督程序有自己的特点和不同之处。

1. 审理的对象不同。按照审判监督程序审理的是已经发生法律效力的判决、裁定，包括正在执行和已经执行完毕的判决和裁定；按照第二审程序审理的只限于尚未生效的判决和裁定。

2. 提起的主体不同。法律规定有权提起审判监督程序的只能是最高人民法院、上级人民法院及本院审判委员会，或者是最高人民检察院、上级人民检察院；而有权提起第二审程序的，是当事人（被害人除外）及其法定代理人或经被告人同意的辩护人、近亲属，或者是人民检察院。

3. 提起的条件不同。审判监督程序的提起，法律规定有极严格的条件限制，即必须是经过法定主体认真审查，有充分的根据和理由认为原生效裁判确有错误，才能依法提起审判监督程序；而第二审程序则不同，只要有合法的上诉或者抗诉就能引起，不论其上诉有无理由或抗诉理由是否充分，原审法院的上一级法院必须对案件进行审理。

4. 有无提起的期限要求不同。提起审判监督程序法律没有规定期限，只有在发现新罪或者需要将无罪改为有罪时，才受追诉时效期限的限制；对有罪改为无罪的，法律未规定任何期限限制，旨在贯彻实事求是、有错必纠的方针，发现错误，及时纠正，切实保护公民的合法权益；而引起第二审程序的上诉、抗诉，必须在法定的期限内提出，逾期而又无正当理由上诉、抗诉的，第二审人民法院不予受理。

5. 审理案件的法院不同。按照审判监督程序审判的法院，既可以是原来的一审法院或二审法院，也可以是提审的任何上级法院，还可以是由上级法院依法指令再审的任何法院；而按照第二审程序审理案件的法院，则只能是原审法院的上一级人民法院。

6. 适用刑罚有无加刑限制不同。依照审判监督程序重新审理的案件，无论是由什么机关、人员或组织提起的，在定罪量刑时，既可以减轻被告人刑罚，也可以加重被告人刑罚，不受上诉不加刑原则的限制；而按照第二审程序审理案件，则必须严格遵守上诉不加刑原则，在只有被告人一方提出上诉的情况下，第二审人民法院不得加重被告人的刑罚。

审判监督程序与死刑复核程序相比，尽管两者均属特殊审判程序，但是，二者在适用案件范围、有权审理的法院、有权提起的主体等方面均有区别。

第二节　审判监督程序的材料来源与审查处理

一、提起审判监督程序的材料来源

我国刑事诉讼法第 203 条规定，当事人及其法定代理人、近亲属，对已经发生法律效力的判决、裁定，可以向人民法院或人民检察院提出申诉。根据这一法律规定，可以说刑事申诉是法律赋予当事人及其法定代理人、近亲属的一项重要诉讼权利，也是提起审判监督程序的一个重要材料来源。

1. 申诉是指当事人及其法定代理人、近亲属认为已经发生法律效力的判决、裁定有错误，而向人民法院或者人民检察院提出的要求重新审查、处理案件的诉讼行为。当事人与案件结局有直接的利害关系，他们以及他们的法定代理人和近亲属不服生效裁定所提出的申诉，是提起审判监督程序的最重要的材料来源，是司法机关发现错误裁判的重要途径。

2. 提起申诉必须符合法定的条件

申诉只是引起审判监督程序的一种材料来源，能否引起审判监督程序，取决于申诉是否符合法定的条件。刑事诉讼法第 204 条规定："当事人及其法定代理人、近亲属的申诉符合下列情况之一的，人民法院应当重新审判：(1) 有新的证据证明原判决、裁定认定的事实确有错误的；(2) 据以定罪量刑的证据不确实、不充分或者证明案件事实的主要证据之间存在矛盾的；(3) 原判决、裁定适用法律确有错误的；(4) 审判人员在审理该案的时候，有贪污、受贿，徇私舞弊，枉法裁判行为的。"这一规定明确了申诉引起审判监督程序的条件，它既为申诉人正当行使申诉权、要求再审提供了统一的标准，又可以防止当事人无理缠讼，避免和减少不必要的申诉，为司法机关及时审查申诉、作出正确的再审决定提供了法律依据。

除了申诉材料以外，能够引起审判监督程序提起的材料来源还包括有关单位和公民个人对生效判决、裁定提出的意见和反映；包括各级人大代表提出的纠正错案的议案；包括人民法院、人民检察院自己发现的错案。

二、材料的审查处理

处理刑事申诉，首先要解决申诉管辖问题，即人民法院和人民检察院受理刑事申诉的分工；上下级人民法院、人民检察院受理刑事申诉的分工。为了使申诉人真正行使申诉权利，既避免出现申诉人向人民法院和人民检察院重复申诉现象，又避免两院互相推诿的现象，最高人民法院、最高人民检察院各自对受理申诉作了明确规定。根据《最高人民法院关于各级人民法院处理刑事案件申诉的暂行规定》的有关规定，对不服人民法院已经发生法律效力的判决、裁定，申诉人可向人民法院提出申诉。《最高人民检察院关于人民检察院控告申诉检察工作细则（试行)》规定，人民检察院只受理刑满释放人员不服人民法院已发生法律效力的判决、裁定，虽经法院复查，仍有错误可能的申诉案件。因此，在一般情况下申诉人应向人民法院提出申诉。刑满释放人员认为人民法院的复查没有纠正其错案的，可再向人民检察院提出申诉，由人民检察院处理。

最高人民法院、最高人民检察院对各自受理申诉的管辖问题，一般采取分级负责，就地解决原则，由原审人民法院负责处理，对于重大、复杂或者多次申诉而未得到正确处理的，必要时可由上一级人民法院审查处理，下级法院也可请求移送上一级人民法院审查处理。各级人民检察院对于不服同级人民法院对申诉审查处理结果而向检察院提出的申诉，应当进行审查，需按审判监督程序提出抗诉的，应由上级人民检察院进行。

人民检察院对当事人等向本院提出申诉的，首先由控告申诉部门、监所检察院部门分别受理和依法进行审查，并将审查结果告知申诉人。

人民法院对申诉案件的审查处理，无论是由原审人民法院进行，还是由上级人民法院直接处理，或转交下级人民法院处理，都应当建立申诉卷。第二审人民法院对不服本院维持一审裁判的申诉，可以交由第一审人民法院审查。第一审人民法院审查后，应当写出审查报告，提出处理意见，报第二审人民法院审定；对最高人民法院核准死刑案件或者授权高级人民法院核准死刑案件的申诉可以由原核准的人民法院直接处理，也可以交由原审人民法院审查。原审人民法院应当写出审查报告，提出处理意见，逐级上报原核准的人民法院审定。

人民法院受理申诉后，经审查认为具有刑事诉讼法第204条规定的情形之一的，由院长提请审判委员会讨论决定是否重新审判；对不符合上述法律规定的，应当说服申诉人撤回申请；对仍然坚持申诉的，应当书面通知驳回。申诉人对驳回仍不服申诉的，经上一级人民法院审查认为不符合上述法律规定的，应当予以驳回。经两级人民法院处理后又提出申诉的，如果没有新的充分理由的，人民法院可以不予受理。

人民检察院对受理的申诉审查后，认为人民法院已生效的判决、裁定确有错误，需要提出抗诉的，由控告申诉部门报请检察院提交检察委员会讨论决定。如果决定提出抗诉的，由审查起诉部门出庭支持抗诉。

关于审查处理申诉的期限，根据有关规定，人民法院受理申诉后，应当在3个月内作出决定，最迟不得超过6个月。

需要指出，当事人及其法定代理人、近亲属，对已经发生法律效力的判决、裁定提出申诉时，不停止判决、裁定的执行。

第三节　审判监督程序的提起

一、提起审判监督程序的主体

审判监督程序不可能自动产生，必须依靠一定的主体行为。各国对有权提出再审的主体的规定各有特色，大体主要有两种情况：一种是提出再审请求人和提起再审人合二为一，如法国、日本等；另一种是提出再审请求人和有权正式提起再审人分开，如前苏联、罗马尼亚等国。

我国采取第二种模式，根据刑事诉讼法第203条和第205条规定，有权申请审判监督程序的主体是当事人及其法定代理人、近亲属；而有权提起审判监督程序的主体则是各级人民法院院长及其审判委员会、最高人民法院和上级人民法院、最高人民检察院和上级人民检察院。

（一）各级人民法院院长及审判委员会

根据刑事诉讼法第205条第1款规定，各级人民法院院长对本院已经发生法律效力的判决、裁定，如果发现在认定事实或适用法律上确有错误，必须提交审判委员会处理。对此必须明确以下几点：

1. 对本院已经发生法律效力的判决、裁定提起审判监督程序的权力，应由院长和审判委员会共同行使，即院长负责提交审判委员会处理，由审判委员会讨论决定是否对案件进行重新审理。院长本人不能自行决定对案件的处理。

2. 审判委员会对院长提交讨论的本院生效判决、裁定，讨论后决定再审的案件，应当另行组成合议庭。对于发现新的犯罪事实需要补充调查的，可以自行调查。对于原属本院第二审的案件，亦应另行组成合议庭再审；如果认为原判决、裁定在认定事实方面有错误，如主要事实不清，证据不足或有新的犯罪事实需要重新调查的，应发回原审法院进行再审。

3. 各级人民法院院长及其审判委员会提起审判监督程序的对象只能是本院生效的判决、裁定，不能是上级或其他人民法院生效的判决、裁定。如果院长发现原属本院第一审，但后来又经过上一级法院第二审的判决、裁定确有错误，则第一审法院院长只能向第二审法院提出意见，由第二审法院决定是否提起再审。

4. 各级人民法院院长，对依照审判监督程序重新审结的案件，如果发现仍确有错误，可以提交审判委员会处理，也可以送请上一级人民法院依照审判监督程序处理。

（二）最高人民法院和上级人民法院

刑事诉讼法第 205 条第 2 款规定："最高人民法院对各级人民法院已发生法律效力的判决、裁定，上级人民法院对下级人民法院已发生法律效力的判决、裁定，如果发现确有错误，有权提审或者指令下级人民法院再审。"这一规定表明：

1. 最高人民法院和上级人民法院是全国最高审判机关和上级审判机关，有权监督和指导地方各级及本级以下的人民法院和专门法院的审判工作，发现它们的生效判决、裁定确有错误，有权依照审判监督程序提审或者指令下级人民法院再审。

2. 提审或者指令下级人民法院再审，既是最高人民法院和上级人民法院对下级人民法院生效裁判行使审判监督权，也是提起审判监督程序的两种方式。提审是指最高人民法院或上级人民法院认为确有错误的案件不需要或不宜由原审人民法院重新审判而归自己进行审判的方式；指令再审是指依法指令原审人民法院或者本级人民法院的其他下级人民法院重新审判的方式。

（三）最高人民检察院和上级人民检察院

刑事诉讼法第 205 条第 3 款规定："最高人民检察院对各级人民法院已经发生法律效力的判决、裁定，上级人民检察院对下级人民法院已经发生法律效力的判决、裁定，如果发现确有错误，有权按照审判监督程序向同级人民法院提出抗诉。"这一规定表明：

1. 有权通过审判监督程序提出抗诉的检察机关只能是最高人民检察院或者其他原审人民法院的上级人民检察院。地方各级人民检察院和下级人民检察院发现同级人民法院或上级人民法院确有错误的判决、裁定，无权向这些法院提出抗诉，只能向其上级人民检察院制作提请抗诉报告书，请求上级人民检察院向同级人民法院提出抗诉。是否提出抗诉，由接到请求的人民检察院决定。

2. 最高人民检察院有权对各级人民法院的生效错判案件依照审判监督程序提出抗诉。最高人民法院的判决、裁定，一经宣布即发生法律效力，但是，最高人民检察院按照审判监督程序可以向最高人民法院提出抗诉。

3. 人民检察院对于按照审判监督程序提出抗诉的案件，认为人民法院作出的判决、裁定仍然确有错误的，如果案件是依照第一审程序审判的，同级人民检察院应当通过一审法院向上级人民法院提出抗诉；如果案件是依照第二审程序审判的，上级人民检察院应当按照审判监督程序向同级人民法院提出抗诉。

审判监督程序的抗诉和第二审程序的抗诉虽然都是人民检察院对审判实行监督，但是，两者在抗诉的对象、有权抗诉的机关、抗诉的期限、接受抗诉的人民法院和抗诉的作用及法律后果等方面均有区别。

二、提起审判监督程序的理由

提起审判监督程序的理由，是指在什么情况下和对什么样的生效裁判才能作出启动决定并进行重新审判。对此，我国刑事诉讼法对提起审判监督程序作了原则性规定，即“以在认定事实或适用法律上确有错误”为理由，至于如何确定“确有错误”，法律未作具体规定。从诉讼理论、原则分析，结合司法实践的实际，“确有错误”主要表现为如下几方面：

1. 认定事实确有错误。在认定事实上确有错误主要是指原判决、裁定认定的主要事实或重大情节不清楚或失实。主要有以下几种情况：（1）原判决、裁定认定的主要事实有明显错误，与实际情况不符；（2）原判决、裁定认定的主要事实或重大情节不清，案内主证据不确实、不充分，主要证据之间存在矛盾，不足以证明主要犯罪事实或重大情节；（3）在证据不确实、不充分的情况下，据以认定的事实明显错误；（4）发现了足以证明原判决、裁定的事实是错误的新证据、新事实。如发现原判决、裁定依据的证据是伪造的；发现了被告人还有新的犯罪事实，等等。

2. 适用法律有错误。原判决、裁定适用法律确有错误，主要表现为适用法律不当、定性定罪错误和量刑畸轻畸重。适用法律不当是指错用了法律、法规，错引用了法律条款，或者定罪量刑违反了政策原则。定性定罪错误是指混淆了罪与非罪、此罪与彼罪以及一罪与数罪的界限。量刑畸轻畸重是指原判决刑罚超出了法定的量刑幅度。有两种情况，一是高于法定的量刑幅度；二是低于法定的量刑幅度。理解量刑畸轻畸重要注意以下几个方面：（1）量刑畸轻畸重不是一般的量刑失当。前者超出了法定的量刑幅度，后者则没有超出法定的量刑幅度，只是在量刑幅度以内偏轻偏重，不应作为提起审判监督程序的理由；（2）量刑畸轻畸重不能单独作为提起审判监督程序的理由。正确适用法律包括正确选择法律条款和量刑。适用法律错误，对案件来说，量刑肯定错误；量刑错误也说明没有准确适用法律，量刑是适用法律的一个方面；（3）一审法院量刑过轻，二审法院鉴于只有被告人上诉，依据上诉不加刑原则作出维持一审判决的裁定，对此不能通过提起审判监督程序加重对被告人的刑罚。因为，审判监督程序的对象应当是确有错误的已经发生法律效力的判决、裁定。二审人民法院根据上诉不加刑原则所作的维持原判决的裁定，在法律上应该认为是正确的。

3. 严重违反法律规定的刑事诉讼程序，影响判决、裁定的正确性。适用法律错误，不仅指适用实体法上的错误，也包括适用程序法上的错误。然而关于严重违反刑事诉讼程序即刑事诉讼法第 191 条规定的情形，法律没有明确规定当事人可据此申请再审或司法机关提起再审。根据刑事诉讼法第 191 条规定的违反法律规定的诉讼程序之一的“应当撤销原判，发回原审人民法院重新审判”的精神，二审发现严重违反刑事诉讼程序时，应发回原审人民法院重新审判，那么，在裁判生效后发现违反法定程序的情况，理所当然应按照审判监督程序重新审判。如没有依法组成合议庭或合议庭成员不符合法定条件，非法剥夺了被告人的辩护权，依法应当回避的审判人员参加了审判，申诉人有证据证明审判人员在审理该案件的时候有贪污受贿、徇私舞弊、枉法裁判行为等。原审严重违反诉讼程序也可作为提起审判监督程序的理由，不仅为了纠正错误的判决、裁定，同时也是严肃执法、加强法制的需要。

三、提起审判监督程序的方式

依照刑事诉讼法第 205 条的规定，提起审判监督程序的方式是再审、提审或抗诉。

1. 再审是指原审人民法院根据本院审判委员会作出的对原审判决、裁定提起审判监督程序的决定，或上级人民法院要求本院对案件进行再审的指令，另行组成合议庭，对案件进行重新审理。

2. 提审是指原审人民法院的上级人民法院经过审查，发现原审人民法院已经发生法律效力的判决、裁定确有错误，需要提起审判监督程序的，直接组成合议庭，调取原审案卷和材料，对案件进行审理。

提审和再审都是人民法院对生效的案件进行重新审理的活动，但二者之间有区别。前者是由原审人民法院的上级法院进行的，后者是由原审法院进行的。

3. 抗诉是指最高人民检察院对各级人民法院，上级人民检察院对下级人民法院的已生效判决、裁定，发现确有错误，提请人民法院重新审理予以纠正的一种审判监督行为。对于人民检察院抗诉的案件，接受抗诉的人民法院应当组成合议庭重新审理，对于原判决事实不清或证据不足的，亦可以指令下级人民法院再审。

上级人民法院对需要提起审判监督程序的案件，在决定是由本院提审还是指令原审法院再审时，应考虑以下几个方面的因素：

1. 再审案件一般以原审结法院重新审理为宜。原属第一审人民法院审结的案子由第一审法院重新审理；原属第二审人民法院审结的案子由第二审法院审理。

2. 重大、疑难、复杂案件可由上级人民法院提审。重大、疑难、复杂案件，有的案情复杂、涉及面广，原审法院重审难以解决问题，有的影响重大，影响范围大大超过原审法院管辖，上级人民法院提审较为适宜。

3. 适用法律错误或严重违反诉讼程序的案件以上级法院提审为宜。原审裁判在适用法律上确有错误，往往是由于对法律的错误理解或原审法官之间的认识不统一造成。相对而言，上级法院的业务水平高一些，由上级人民法院提审案件，有利于纠正错案。至于原审严重违反诉讼程序，导致判决、裁定错误的，由上级法院提审可以防止走过场的现象发生，有利于对案件进行切实全面审查。特别是原审审判人员有贪污受贿、徇私舞弊、枉法裁判行为的，更应提审为宜。

第四节　依照审判监督程序对案件的重新审判

一、重新审判的程序

刑事诉讼法第 206 条规定：“人民法院按照审判监督程序重新审判的案件，应当另行组成合议庭进行。如果原来是第一审案件，应当依照第一审程序进行审判，所作的判决、裁定可以上诉、抗诉；如果原来是第二审案件，或者是上级人民法院提审的案件，应当依照第二审程序进行审判，所作的判决、裁定，是终审的判决、裁定。”可见，我国再审程序原则上是按照第一审或二审的程序进行。但特别要求再审时，必须另行组成合议庭，不得由原合议庭的审判人员审理，这是因为原审判人员对案件可能有先入为主的固定看法或其他个人的顾虑，以致影响案件的公正处理。

二、重新审判的方式和期限

根据司法实践经验，我国法院依照审判监督程序审理案件的方式主要有以下几种：

1. 直接审理方式。直接审理方式是指采用开庭审理的方法，由审判人员直接调查核实案件和证据，传唤当事人，通知证人、鉴定人、辩护人、公诉人到庭，法庭调查和辩论后进行评议和审判。与一审程序的审理方式基本相同。从目前情况看，它适用于以下几种再审案件：（1）原判决、裁定的错误是由于原审法院严重违反诉讼程序造成的，诉讼当事人再审时仍健在；（2）原判决、裁定的错误是事实不清、证据不足，再审需要重新询问有关诉讼参与人，或需要控诉方与辩护方进行辩论的。但检察院认为被裁判人无罪的案件不在此限。与书面审理方式相比较，直接审理方式较好。

2. 书面审理方式。书面审理是指再审法院不传唤原案当事人，不通知原案证人等诉讼参与人到庭，不进行法庭调查和辩论，只根据原案卷材料及申诉材料和意见，由合议庭直接评议后作出裁判的审理方式。这种方式简便易行，能迅速及时地纠正原判决、裁定的错误。但不能向有关人员调查了解案情，因而对案件的认定具有一定的局限性。

书面审理方式一般适用于：（1）原判决、裁定适用法律不当的案件；（2）被裁判人已经死亡，案件事实清楚，应当改判为无罪的案件。

3. 书面审理和调查讯问相结合的方式。采用这种方式审理案件，首先，应当讯问被裁判人，听取他们提出的申辩意见，同时将讯问被裁判人与调查新事实，收集新证据，审查原判决、裁定，询问有关诉讼参与人等方式有机结合起来。其次，应听取人民检察院对原判决、裁定的看法以及如何纠正错误裁判的意见，必要时，应当通知检察院派员旁听合议庭对案件的评议。再次，在审理过程中，应认真听取辩护人的意见。

三、重新审判的结果及处理

重新审判的结果根据案件的不同情况，一般分为三种：维持原判、变更原判或撤销原判。

人民法院依据审判监督程序审理案件，应根据案件的不同情况，分别处理：

1. 原判决、裁定认定事实和适用法律正确，量刑适当的，应当裁定驳回申诉或抗诉，维持原判。

2. 原判决、裁定认定事实没有错误，但适用法律有误，或量刑不当，应当改判；如果是按照第二审程序审理的案件，认为必须判处被告人死刑的，应发回第一审人民法院重新审判或指定有管辖权的人民法院依照第一审程序重新审判，以避免剥夺被告人的上诉权。

3. 应当对被告人实行数罪并罚的案件，原判决、裁定没有分别定罪量刑的，应当撤销原判决、裁定，重新审判或指定有管辖权的人民法院依照第一审程序重新审判。

4. 原判决、裁定事实不清，证据不足的，经过再审查清事实的，应依法作出判决；

5. 原判决、裁定事实不清，证据不足的，应作出证据不足、指控犯罪不成立的无罪判决。

对于依照审判监督程序重新审判案件后，能否加重被告人的刑罚问题，理论界争论较大，立法上目前尚无定论。我们认为应根据案件的具体情况决定，既可减轻，亦可加重对被告人的刑罚。值得注意的是：(1) 原审裁判是在刑法和刑事诉讼法颁布以前，依照当时的政策和法律作出的，符合当时政策和法律的规定的量刑标准、根据刑法溯及力从旧兼从轻原则，不应在再审判决中加重被告人的刑罚；(2) 案件的提审或再审是由审查被告人的申诉而引起，不宜加重被告人的刑罚，以防止被告人担心加重刑罚不敢申诉，确保被告人的申诉权。

为了提高审判监督程序的工作效率，保障有关当事人的合法权益，防止案件久拖不决，人民法院按照审判监督程序重新审判的案件，应当在作出提审、再审决定之日起 3 个月内审结；需要延长期限的，不得超过 6 个月。接受抗诉的人民法院按照审判监督程序审判抗诉的案件，审理期限适用上述审理期限；对需要指令下级人民法院再审的，应自接受抗诉之日起 1 个月内作出决定。

四、重新审判案件的审查

1. 审查的内容。人民法院对重新审判案件进行审查与对公诉案件进行审查侧重点不一样。对公诉案件进行审查，只就案件是否具备法定的开庭条件进行审查，其性质属于对起诉进行审查，任务在于查明起诉书是否有明确的指控犯罪事实并且附有相关材料。审查内容有两方面：(1) 起诉书中是否有明确的指控犯罪事实；（2）是否附有证据目录、证人名单和主要证据复印件或照片。人民法院对重新审判的案件进行审查主要是就原判决、裁定决定的事实、适用法律、诉讼程序三方面问题进行审查。

2. 审查中应注意的问题。在审查案件事实时，要注意审查案件事实是否清楚，案内证据是否经查证属实，证据是否确实、充分，足以证明案件事实，证据之间是否有矛盾，是否有新的证据足以证明原判决、裁定认定事实错误等。在审查适用法律时注意审查案件定性是否准确，援引法律条文是否正确，量刑是否适当，数罪并罚是否正确等。在审查诉讼程序时要注意审查合议庭组成是否合法，是否非法剥夺被告人的辩护权，是否刑讯逼供，是否符合回避要求，审判人员在审理案件时是否有贪污受贿、徇私舞弊、枉法裁判等。审查的目的是确认原判决、裁定是否有错误，并依法作出相应处理。

第二十章 执 行

第一节 执行程序概述

一、执行程序的概念

刑事诉讼中的执行，是指人民法院、人民检察院、公安机关及刑罚执行机关等将已经发生法律效力的判决、裁定所确定的内容依法付诸实施及解决实施中出现的变更执行等问题而进行的活动。执行是刑事诉讼的最后一个程序，是使发生法律效力的裁判付诸实施的重要活动，也是使刑罚权得以实现的关键程序。但是，并非对判决、裁定执行的整个过程和全部活动都属于刑事诉讼的范围。属于刑事诉讼活动的，仅指人民法院的交付执行、监狱及其他执行机关对刑罚的执行和刑罚变更等活动。而执行机关等对罪犯进行的监管、教育、组织劳动生产等活动，则属于司法行政活动，不具有诉讼活动的性质。

刑事执行的客体应当是发生法律效力的判决和裁定。根据《刑事诉讼法》第 208 条和《刑法》第 63 条第 2 款的规定，发生法律效力的判决和裁定包括下列各种：（1）已过法定期限没有上诉、抗诉的一审判决和裁定；（2）终审的判决和裁定；（3）高级人民法院核准的死刑缓期二年执行的判决、裁定和依据最高人民法院的授权核准死刑的判决和裁定。（4）最高人民法院的判决、裁定以及核准死刑的判决、裁定和核准在法定刑以下判处刑罚的判决和裁定。

二、执行的机关

按照各种刑罚的不同特点和各执行主体的不同职能，可以把执行的机关分为三种不同的类别，即：交付执行机关、执行机关和执行的监督机关。

1. 交付执行的机关。交付执行机关是将生效裁判及罪犯依照法定程序交给有关执行刑罚的机关。人民法院是国家审判机关，亦是将生效裁判交付执行的机关。人民法院根据已生效裁判所确定的内容及其刑罚执行方式不同，交由不同的执行机关执行。

2. 执行机关。执行机关是指将生效裁判所确定的刑罚付诸实施的机关。法律规定，执行机关包括人民法院、监狱、公安机关及其转交的其他有关单位和组织等。根据刑罚的不同方式和执行机关的不同职权，这些执行机关所执行的刑罚种类分别是：人民法院负责对无罪、免予刑事处罚、罚金、没收财产和死刑立即执行判决的执行；监狱和未成年犯管教所负责对无期徒刑和有期徒刑判决的执行，除此之外监狱还负责对死缓判决的执行；看守所虽然不是刑罚执行机关，但是为了减少押解负担、节省资源，对于判处 1 年以下和余刑在 1 年以下的罪犯可由看守所代为执行；拘役所负责对被判处拘役罪犯的执行；公安机关负责对被判处有期徒刑缓刑、拘役缓刑、管制、剥夺政治权利、假释和暂予监外执行等罪犯的执行。

3. 执行的监督机关。人民检察院是国家法律监督机关，依法对刑事诉讼实行法律监督。人民检察院对执行机关执行刑罚的活动是否合法实行监督，如果发现有违法的情况，应当通知执行机关纠正。人民检察院是刑事执行的监督机关。

交付执行机关、执行机关和执行的监督机关都应依法行使职权，严格贯彻分工负责、互相配合、互相制约的法定诉讼原则。

1. 交付执行机关必须按照法律规定的程序将判决书副本、执行通知书等完备的诉讼文书移送执行机关。

2. 执行机关对判决书副本和执行通知书存疑时，应通知作出判决的人民法院作出解释。对不符合收押条件的犯人，有权拒绝收押。这是执行机关对交付执行机关的制约。

3. 执行机关应按照判决书所确定的内容执行。如果需要对罪犯加刑、减刑、假释时，应写出明确的书面报告，附上有关证据，报请所在地的高级人民法院、中级人民法院或基层人民法院裁定。这是人民法院对执行机关的制约。

4. 执行的监督机关应依照法律，对交付执行机关和执行机关的执行是否合法实行监督，如果发现有违法行为应及时纠正，如果需要追究刑事责任时，应依照法定程序追究。这是执行的监督机关对交付执行机关和执行机关的制约。

三、执行的意义

刑事诉讼由立案、侦查、起诉、审判和执行组成，执行是刑事诉讼的最后一个程序，与侦查、起诉、审判等程序是互相联系、不可分割的整体。前者是后者的前提和基础，后者是前者的结果和实际体现，只有前者而无后者，生效裁判将成为一纸空文，国家刑罚权则难以实现。因此，执行在整个刑事诉讼中占有举足轻重的地位，正确执行刑罚对实现诉讼目的和完成刑事诉讼任务具有重要意义。

1. 正确执行生效判决和裁定，使犯罪分子受到应有的惩罚和教育，在执行中被改造成为弃恶从善、自食其力、不再危害社会并可以重返社会的新人，以体现惩罚与改造相结合、教育与劳动相结合的原则，起到预防犯罪的特殊预防作用。

2. 正确执行生效裁判，能够有效地保护公民的合法权益。一方面将罪犯交付执行刑罚，使被害人的人身等权利得到保护；另一方面通过对财产刑及附带民事诉讼中民事赔偿裁判的执行，使被害人财产权益得到补偿。

3. 正确执行无罪、免除刑事处罚的裁判，使在押被告人及时获得释放，恢复人身自由，以维护社会主义法制，保障公民的人身权利和其他合法权益。

4. 正确执行生效裁判，有利于加强社会主义法制，以实际案例教育公民自觉遵守法律，积极同犯罪作斗争，同时震慑和警告那些正在犯罪、预备犯罪及社会不稳定分子，使之不敢以身试法，起到减少犯罪、预防犯罪的一般预防作用。

第二节 各类判决、裁定的执行程序

一、死刑立即执行判决的执行

死刑是剥夺罪犯生命的刑罚，无论是作出判决或者执行死刑，都应当十分慎重。《刑事诉讼法》对死刑立即执行判决的执行程序，作了极其严格、周密的规定。

1. 执行死刑命令的签发、执行死刑的机关及期限。根据《刑事诉讼法》第 210 条和其他有关法律规定，最高人民法院判处和核准的死刑立即执行的判决、裁定，应当由最高人民法院院长签发执行死刑命令；最高人民法院授权高级人民法院核准的死刑立即执行的判决、裁定，应当由高级人民法院院长签发执行死刑命令。原审人民法院接到执行死刑命令后，应当在 7 日以内交付执行。人民检察院收到同级人民法院执行死刑临场监督通知后，应当做好各种监督工作。

2. 执行死刑的指挥人员及其工作。根据《刑事诉讼法》第 212 条第 4 款的规定，执行死刑由人民法院的审判人员负责指挥。首先，执行前对罪犯验明正身，核实罪犯姓名、别名、性别、年龄、职业、拘留、逮捕时间等，旨在进一步核实是否确系应当执行的罪犯，防止错杀；其次，讯问罪犯有无遗言、信札，并制作笔录，然后交付执行人员执行死刑。

3. 死刑罪犯同近亲属会见。在执行死刑前，罪犯能否同近亲属会见，《刑事诉讼法》没有规定。但是，最高人民法院曾作出规定："执行死刑前，罪犯提出会见其近亲属或者其近亲属提出会见罪犯申请的，人民法院可以准许。"这一规定既体现了人道精神，又为罪犯向其家属交代后事提供了方便条件，同时，也符合对所有罪犯在交付执行前允许会见家属的法律规定。当然，在会见时，应当作好警戒等事宜，以防发生意外。

4. 执行死刑的方法和场所。法律规定，死刑采用枪决或者注射等方法执行。采用枪决、注射以外的其他方法执行死刑的，应当事先报请最高人民法院批准。死刑可以在刑场或者指定的羁押场所内执行。

死刑采用枪决方法执行，人民法院有条件执行的，交由司法警察执行；没有条件执行的，交由武装警察执行。采用注射方法执行死刑由谁执行，法律未予规定，但应由法医或医师进行。

公布执行死刑，可以震慑罪犯，鼓舞人民群众同犯罪作斗争，但是，张贴布告应当选择适当的场所，防止发生负面效应和不良影响。

对于在刑场执行死刑的罪犯，禁止游街示众以及一切侮辱其人格、有伤风化的行为发生。

执行死刑完毕，由法医验明罪犯确实死亡后，在场书记员制作笔录。交付执行的人民法院应当将执行死刑情况（包括执行死刑前后照片）及时逐级上报最高人民法院。

执行死刑后，通知罪犯家属，对罪犯生前遗物、遗款等应当查点清楚，并列出清单，交其家属领取，并将收条交存执行的人民法院附卷。

二、死刑缓期二年执行、无期徒刑、有期徒刑和拘役判决的执行

根据《刑事诉讼法》第213条第1款规定，罪犯被交付执行刑罚的时候，应当由交付执行的人民法院将有关的法律文书送达监狱或者其他执行机关。对于一案有几名罪犯的，交付执行的人民法院应当按照他们的人数送达上述法律文书。交付执行的期限，《刑事诉讼法》未明确规定。根据《监狱法》第15条的规定，人民法院对被判处死刑缓期二年执行、无期徒刑、有期徒刑的罪犯，应当将执行通知书、判决书送达羁押该罪犯的公安机关，公安机关应当自收到执行通知书、判决书之日起1个月内将该罪犯送交监狱执行刑罚。

对于被判处拘役的罪犯，公安机关在收到上述文书后，应当立即送交执行，并将执行通知书的回执，经看守所盖章后附入审判卷内。

交付执行的场所，根据《刑事诉讼法》第213条第2款、第3款规定：对于被判处死刑缓期二年执行、无期徒刑、有期徒刑的罪犯，由公安机关依法将该罪犯送交监狱执行刑罚；对于被判处有期徒刑的罪犯，在被交付执行刑罚前，剩余刑期在1年以下的，由看守所代为执行；对于被判处拘役的罪犯，由公安机关执行；对未成年犯应当在未成年犯管教所执行刑罚。这些不同的执行场所和方式，是根据刑罚的不同种类、刑期长短不同以及罪犯的不同情况而定的。实践证明，这些规定是科学的、正确的。

三、有期徒刑缓刑、拘役缓刑的执行

根据《刑法》第72条的规定，缓刑包括拘役缓刑和有期徒刑缓刑。而《刑事诉讼法》第217条规定："对于被判处徒刑缓刑的罪犯，由公安机关交所在单位或者基层组织予以考察。"刑事诉讼法未规定对被判处拘役缓刑的罪犯的考察问题，这显然是一个疏忽。

一审法院判处拘役或者有期徒刑宣告缓刑的，判决尚未生效不能将被告人交付执行，但是，如果被宣告缓刑人在押，一审法院应当先行变更强制措施为取保候审或监视居住，并通知公安机关。对于被判处有期徒刑、拘役宣告缓刑的罪犯，在宣告缓刑时，应当同时宣告缓刑考验期。

四、管制、剥夺政治权利判决的执行

管制由公安机关执行。第一审人民法院判决被告人管制，宣判时如果被告人在押的，应当通知公安机关变更强制措施，待判决生效后，将有关的法律文书送达公安机关执行。司法实践中，管制一般由公安机关将罪犯交由其居住地的公安派出所或者其所在单位的保卫组织、治安保卫委员会等执行。

执行和解除管制，应当向公众宣布。管制期满，执行机关应当及时解除，附加剥夺政治权利的，应同时宣布恢复其政治权利。管制的刑期，从判决执行之日起计算；判决执行以前先行羁押的，羁押一日折抵刑期二日。

剥夺政治权利是我国刑法规定的一种附加刑，可以单独适用。根据《刑法》第54条的规定，对罪犯剥夺政治权利，主要是指剥夺其选举权、被选举权，言论、出版、集会、结社、游行、示威自由权，担任国家机关职务权，担任国有公司、企事业单位和人民团体领导职务等权利。在执行期间，罪犯应当遵守法律、行政法规和国务院公安部门有关监督管理的规定，服从监督。

剥夺政治权利的刑期，从徒刑、拘役执行完毕之日或者从假释之日起计

算，其效力当然施用于主刑执行期间。剥夺政治权利由公安机关执行，执行期满，应当由执行机关通知本人，并向有关群众公开宣布恢复罪犯的政治权利。

五、罚金、没收财产判决的执行

根据法律规定，罚金判决由人民法院执行。被判处罚金的罪犯或犯罪单位，在判决确定的期限内一次或者分期缴纳。期满无故不缴纳的，人民法院应当强制缴纳。经强制缴纳仍不能全部缴纳的，人民法院在任何时候，包括在判处的主刑执行完毕后，发现被执行人有可以执行的财产的，应当随时追缴。如果由于遭遇不能抗拒的灾祸缴纳罚金确有困难的，罪犯可以向人民法院申请减少或者免除，人民法院经查证属实后，可以酌情裁定对原判决确定的罚金数额予以减少或者免除。

对于罪犯缴纳的罚金，应当按照规定及时上缴国库，任何机关、单位和个人都不得挪用或者私分。

根据《刑事诉讼法》第220条的规定，对于没收财产的判决，无论附加适用还是独立适用，都由第一审人民法院执行，必要的时候，可以会同公安机关执行，以防止和排除各种干扰。为了防止没收财产判决在执行前罪犯或其他人转移财产影响执行，第一审人民法院可以先行查封、扣押和冻结被告人财产。没收财产的范围，只限于犯罪分子个人所有财产的一部分或全部。没收全部财产的，应对罪犯个人及其抚养的家属保留必要的费用，不得没收属于罪犯家属所有或者应有的财产。对于没收财产以前犯罪分子所负的正当债务，需要以没收的财产偿还的，经债权人请求，应当偿还。对于没收的财产，人民法院应当按照有关规定及时上缴国库或财政部门，任何机关、单位和个人都不得私用、调换及压价拍卖或变相私分。

六、无罪判决和免除刑罚判决的执行

《刑事诉讼法》第209条规定：“第一审人民法院判决被告人无罪、免除刑事处罚的，如果被告人在押，在宣判后应当立即释放。”该规定表明，如果人民法院作出无罪和免除刑罚判决，在其未发生法律效力以前，就应当立即释放已被羁押的被告人，即使在判决宣告后当事人提出上诉或者人民检察院提出抗诉，人民法院也应当将判决书立即送达公安机关，由公安机关通知看守所填写释放证明并立即发给被告人，决不能对其继续关押。法律这样规定，是对无罪和免除刑事处罚判决的特殊处理方法，其目的在于使无罪公民及时恢复人身自由，恢复公民名誉和人格尊严，确实保障无罪公民的人权，使虽

然有罪但应当免除刑事处罚的人避免继续遭受被剥夺人身自由之苦，及时得到法律保护。

第三节　变更执行程序

变更执行程序，是指人民法院、监狱及其他执行机关对生效裁判在交付执行或执行过程中出现法定需要改变刑罚种类或执行方法的情形后，依照法定程序予以改变的活动。

刑事执行的变更，与按照审判监督程序对案件进行改判虽有相似之处，但是，二者在性质上截然不同。执行的变更，是根据罪犯在服刑中出现了新的法定情形所进行的减刑、假释等，与原判是否正确无关；而依照审判监督程序对案件进行改判的前提，是原裁判确有错误，所以二者的法律性质不同。

一、死刑立即执行的变更

为了防止错杀，《刑事诉讼法》对已经发生法律效力的死刑判决在执行程序中规定了“停止执行”和“暂停执行”的内容，即具有法定情形之一的，应当变更执行。对于“停止执行”，《刑事诉讼法》第211条规定：“下级人民法院接到最高人民法院执行死刑命令后，应当在7日以内交付执行。但是发现有下列情形之一的，应当停止执行，并且立即报告最高人民法院，由最高人民法院作出裁定：（1）在执行前发现判决可能有错误的；（2）在执行前罪犯揭发重大犯罪事实或者有其他重大立功表现，可能需要改判的；（3）罪犯正在怀孕的。”对于“暂停执行”，《刑事诉讼法》第212条第4款规定：“指挥执行的审判人员，对罪犯应当验明正身，询问有无遗言、信札，然后交付执行人员执行死刑。在执行前，如果发现可能有错误，应当暂停执行，报请最高人民法院裁定。”

无论是停止执行还是暂停执行，一经作出决定，就应当立即报告核准死刑的人民法院，并由该院院长签发停止执行死刑命令，待原审或被指定的人民法院查证核实后，逐级上报。经核实如果认为原判正确，而且不具有《刑事诉讼法》第211条第2、3项规定的情形，应当报请原核准死刑的人民法院院长再次签发执行死刑命令，并注明撤销停止执行死刑的命令后，才能执行死刑。如果经过查证，发现有下列情形之一的，应当变更执行：

1. 原判确有错误。不论是在认定事实上或者是在适用法律上有错误，都应当依照法定程序，指令原审人民法院再审或者由上级人民法院提审，依据事实和法律作出正确裁判；

2. 罪犯检举、揭发重大犯罪事实或者有重大立功表现，已被查证属实，需要对罪犯减轻处罚并作出改判的，依照审判监督程序撤销原判，发回一审人民法院或者由二审人民法院进行改判；

3. 如果罪犯正在怀孕或被视为怀孕（已经人工流产），应当报请核准死刑的人民法院撤销原判，依照审判监督程序发回原审或者由第二审人民法院重新审判，改判死刑（死缓）以外的其他刑罚。

二、死刑缓期二年执行的变更

根据《刑事诉讼法》第210条第2款的规定："被判处死刑缓期二年执行的罪犯，在死刑缓期执行期间，如果没有故意犯罪，死刑缓期执行期满，应当予以减刑，由执行机关提出书面意见，报请高级人民法院裁定；如果故意犯罪，查证属实，应当立即执行。"

司法实践中，对判处死刑缓期二年执行的罪犯，只要在二年内未故意犯罪的，减为无期徒刑；对既无故意犯罪又有悔改和立功表现的，如检举、揭发监内犯罪的，制止罪犯逃跑自杀的，有重大发明或技术革新以及生活中舍己救人等表现的，可以减为15年以上20年以下有期徒刑，附加剥夺政治权利也可以减为3年以上10年以下。

对死缓罪犯报请减刑的程序，法律规定，罪犯在死刑缓期执行期间没有故意犯罪，二年期满，由执行机关提出减刑书面建议，报经省、自治区、直辖市司法厅（局）监狱管理部门审核后，提交当地高级人民法院依法裁定。减刑裁定书应当发给罪犯及交付执行机关，并将副本送达原审人民法院和对执行机关实行监督的人民检察院。

对死缓罪犯需要执行死刑的程序，法律规定，罪犯在死刑缓期执行期间故意犯罪的，由罪犯服刑的监狱进行侦查，侦查终结后移送人民检察院审查起诉，并向服刑地的中级人民法院提起公诉，人民法院经审理所作的判决，可以上诉、抗诉；待裁判生效后，应当执行死刑的，由高级人民法院报请最高人民法院核准，如果该死刑案件属于最高人民法院授权高级人民法院核准的，可以由罪犯服刑地的高级人民法院核准。最高人民法院或者高级人民法院核准死刑后，应当由该院院长签发执行死刑命令，交给罪犯服刑地的中级人民法院依照法定程序和方式执行死刑。

三、暂予监外执行

暂予监外执行，是指对被判处有期徒刑、拘役的罪犯因出现某种法定特殊情形不宜在监内执行时，暂时将其放在监外交由公安机关执行的一种变通方法。它不仅变更了执行场所，而且变更了执行方式。

（一）暂予监外执行的适用对象

根据《刑事诉讼法》第 214 条规定，对于被判处有期徒刑或者拘役的罪犯，具备法定情形的，可以暂予监外执行。对于被判处死缓和无期徒刑的罪犯，不能适用监外执行。因为这些人罪行深重，社会危险性大，在监外执行难以达到改造目的。但是，当他们因在狱内改造有突出事实被减刑裁判为有期徒刑后，就有了依法被适用监外执行的机会。

（二）适用暂予监外执行的条件

根据《刑事诉讼法》第 214 条规定，可以适用暂予监外执行的有如下三种情形：

1. 有严重疾病需要保外就医。它是指罪犯病危或者患有恶性传染病、不治之症等，不宜在监狱或其他执行机关的医院治疗而由罪犯提出保证人担保其在监外执行兼治病期间不违反有关规定的制度。但是，为了防止罪犯在监外危害社会和保外就医被滥用，《刑事诉讼法》第 214 条第 2 款还作了限制性规定，即对于适用保外就医可能有社会危险性的罪犯或者自伤自残的罪犯，不得保外就医；并规定，对于罪犯确有严重疾病，必须保外就医的，由省级人民政府指定的医院开具证明文件，依照法律规定的程序审批。

2. 怀孕或者正在哺乳自己婴儿的妇女。哺乳婴儿一般自分娩之日起，到婴儿 1 周岁以前。只要该罪犯不致危害社会，原则上都可以对其决定暂予监外执行。

3. 生活不能自理的。它是指罪犯由于老、弱、病、残等原因需要他人照顾才能生活的。对这些罪决定暂予监外执行，充分体现了社会主义的人道主义精神，既有利于罪犯改造，也不至于给执行机关带来麻烦。

只要具备以上三种情形之一者，对罪犯就可以决定暂予监外执行。

（三）作出暂予监外执行决定和执行的机关及其程序

暂予监外执行决定的作出有两种情况：一种是在交付执行前，罪犯具有上述法定情形的，由人民法院在宣告判决的同时，作出暂予监外执行决定；另一种是在交付执行后，监狱或其他执行机关对服刑罪犯出现上述情况的，依照法定程序决定对其暂予监外执行。因此，有权作出暂予监外执行决定的是人民法院和执行刑罚的机关。

对暂予监外执行罪犯的执行机关，《刑事诉讼法》第 214 条第 5 款规定："对于暂予监外执行的罪犯，由居住地公安机关执行，执行机关应当对其严格管理监督，基层组织或者罪犯的原所在单位协助进行监督。"

执行的程序一般是：交付执行时，决定对罪犯暂予监外执行的，由人民法院制作暂予监外执行决定书，载明罪犯基本情况、所判刑罚、决定暂予监外执行的原因（法定情形）等，并抄送人民检察院和通知公安机关；对于人民法院交付执行的罪犯，执行机关不予收监的，应当说明理由，由公安机关将执行通知书返还人民法院。人民法院经审查，认为符合《刑事诉讼法》第214条规定的，应当决定暂予监外执行；认为不符合的，决定将罪犯收监执行，对此执行机关应当接收；对于罪犯在服刑过程中发现需要暂予监外执行的，执行机关应当提出书面意见，报省、自治区、直辖市的监狱管理机关审批，批准的，由批准机关将批准的决定通知公安机关、原审人民法院，并抄送人民检察院。在看守所、拘役所服刑的罪犯，出现暂予监外执行情形的，依上述规定办理。

根据《刑事诉讼法》第215条规定，批准暂予监外执行的机关应当将批准的决定抄送人民检察院。人民检察院认为对罪犯暂予监外执行不当的，应当自接到通知之日起1个月内将书面意见送交批准暂予监外执行的机关，批准暂予监外执行的机关接到人民检察院书面意见后，应当立即对该决定进行重新核查。负责执行的公安机关及协助执行的基层组织或单位，对暂予监外执行的罪犯，应当严格管理，认真监督，必要时可以指派专人进行监督。同时，向罪犯宣布必须遵守国家法律、法规和公安机关的监督管理办法；在指定的医院接受治疗；不准外出住宿，确因治疗需要离开居住区域的，必须经公安机关批准，经批准外出的，外出时间计入执行期，对于擅自离开、情形严重的，严肃处理。暂予监外执行的情形消失，即发现不符合保外就医条件，或严重违反保外就医规定，或罪犯已病愈、怀孕已中止、哺乳期已满、生活已能够自理等，如果刑期未满，由公安机关通知执行机关将罪犯收监执行余刑；如果刑期已满，不再收监，由原执行机关办理释放手续。罪犯在暂予监外执行期间死亡的，公安机关应当及时通知监狱或其他执行机关。

四、减　刑

减刑是指被判处管制、拘役、有期徒刑和无期徒刑的罪犯在执行期内确有悔改或立功表现的，可以依法减轻其刑罚的一种制度。减刑既可以减少原判刑期，也可以将原判较重的刑种改为较轻的刑种。但是，减刑以后实际执行的刑期对判处管制、拘役及有期徒刑的，不得少于原判刑期的1/2，判处无期徒刑的，不能少于10年。无期徒刑减为有期徒刑后的刑期，从裁定减刑之日起计算，已执行的刑期，不计入减刑后的刑期之内，而其他刑罚的刑期，原判刑期已执行部分，则应计入减刑后的刑期。

《刑事诉讼法》第221条第2款规定：“被判处管制、拘役、有期徒刑或者无期徒刑的罪犯，在执行期间有悔改或者立功表现，应当依法予以减刑、假释的时候，由执行机关提出建议书，报请人民法院审核裁定。”这一规定，不仅明确了适用减刑的条件，也明确了提出建议和审判的机关，即案件的管辖等。

1. 减刑的条件。减刑的条件有二，即罪犯在服刑期间有悔改表现或者立功表现，只要具备其中之一者，即具备了减刑条件。

所谓悔改表现，司法实践中一般是指：(1) 一贯遵守改造行为规定；(2) 积极参加政治、文化、技术学习；(3) 积极参加劳动，完成劳动任务；(4) 爱护公共财物。以上四个方面同时具备，即被认为有悔改表现。

所谓立功表现，是指罪犯在服刑期间确实具有《监狱法》第29条规定的六种情形之一的，即认为确有立功表现。这些情形是：(1) 阻止他人重大犯罪活动的；(2) 检举监狱内外重大犯罪活动，经查证属实的；(3) 有发明创造或者重大技术革新的；(4) 在日常生产、生活中舍己救人的；(5) 抗御自然灾害或者排除重大事故中，有突出表现的；(6) 对国家和社会有其他重大贡献的。

2. 对减刑案件的管辖。针对原判刑罚的不同，确定不同的提出减刑建议及对案件进行审判的机关，它们是：(1) 对被判处无期徒刑罪犯的减刑，由监狱或未成年犯管教所提出书面意见，经省、自治区、直辖市司法厅（局）监狱管理部门审核同意后，报当地高级人民法院审核裁定；(2) 对原判为有期徒刑罪犯的减刑，由监狱或未成年犯管教所提出书面意见，报请当地中级人民法院审核裁定；(3) 对原判1年以下有期徒刑或者余刑在1年以下交付看守所代为执行罪犯的减刑，由看守所提出书面意见，经公安机关审核同意后，报请中级人民法院审核裁定；(4) 对原判拘役、管制罪犯的减刑，分别由拘役所和执行监督的派出所提出书面意见，经公安机关审查同意后，报请当地中级人民法院进行裁定；(5) 对原判宣告缓刑罪犯的减刑，由公安派出所会同协助考察的单位或组织认为确有立功表现需要在减轻刑罚基础上相应缩短缓刑考验期的，应提出意见，经公安机关同意后，报请当地中级人民法院审核裁定。

五、假　释

假释是指对被判处有期和无期徒刑的罪犯在执行一定刑罚以后，确有悔改表现且不致再危害社会的，将其附条件地予以提前释放的制度。

1. 假释的对象。根据《刑法》第81条的规定，假释的对象只能是被判处有期徒刑和无期徒刑的罪犯，不包括被判处拘役的罪犯。因为拘役的期限较短，不需要适用假释。“但是，对累犯以及因杀人、爆炸、抢劫、强奸、绑架等暴力性犯罪被判处10年以上有期徒刑、无期徒刑的犯罪分子，不得假释。”因为这些案件犯罪性质严重，其人身危险性大，放在社会上不易防止他们再危害社会，所以对他们不能假释。

2. 假释的条件。根据《刑法》第81条的规定，其条件是：

(1) 执行期限的要求：被判处有期徒刑的罪犯，应当执行原判刑期1/2以上，被判处无期徒刑的罪犯应当已执行十年以上。

(2) 主观上改造的要求，必须是在服刑中确有悔改表现，假释后不致再危害社会的。

关于确有悔改表现，其具体内容见前述减刑中的四方面的内容；对于罪犯假释后是否不再危害社会，可根据罪犯在犯罪前的表现、有无前科及犯罪后的认罪态度，以及在服刑中的表现等，进行具体分析，确定其人身危险性的有无，以便作出是否予以假释的判断。

以上两个条件同时具备，即可对其提出假释建议，报请人民法院裁定。

3. 假释案件的管辖。根据《刑法》第82条的规定，对假释案件的管辖与减刑案件基本相同，即对被判处无期徒刑罪犯的假释，由罪犯服刑地的高级人民法院根据省、自治区、直辖市监狱管理机关审核同意的监狱假释建议书裁定；对于被判处有期徒刑（包括死缓、无期徒刑减为有期徒刑）的罪犯的假释，由罪犯服刑地的中级人民法院根据当地执行机关提出的假释建议书裁定。

人民法院审理减刑、假释案件，应当依法组成合议庭进行。经法庭审理，具备减刑、假释条件的，依法作出裁定，制作裁定书。裁定书应当及时送达执行机关、同级人民检察院和负责监督的公安机关及罪犯本人。当事人对减刑、假释不准上诉，一经宣告，立即生效。对于被假释的罪犯，执行机关应当立即释放，并发给释放证明。

对被假释的罪犯，在假释考验期内，由公安机关予以监督。

对于被宣告假释的犯罪分子，在考验期内，依照刑法规定，没有犯新罪和发现有遗漏罪行的，考验期满，则认为原判刑罚执行完毕，并公开宣布，无需办理释放手续。如果罪犯在假释考验期内犯新罪的，应当撤销假释，实行数罪并罚，对决定执行的刑罚，收监执行；如果在考验期内，发现被假释的犯罪分子在判决宣告以前还有其他罪行没有判决的，应当撤销假释，实行数罪并罚，对决定执行的刑罚，收监执行。罪犯在假释考验期内，有违反法律、行政法规或者国务院公安部门有关假释的监督管理规定的行为，尚未构成犯罪的，应当依法定程序撤销假释，收监执行未执行完毕的刑罚。

六、对新罪、漏罪的追究程序

新罪是指罪犯在服刑期间实施了触犯刑律并应当追究刑事责任的行为。漏罪是指罪犯在服刑过程中发现其在判决宣告以前实施的尚未被判决的罪行。对于罪犯在服刑过程中，无论是又犯新罪还是发现有漏罪，都应当依法予以追究。

根据《刑事诉讼法》第 221 条、第 225 条和《监狱法》第 60 条的规定，对服刑罪犯犯新罪或者发现漏罪的，应当分别不同的情况，予以追究。

1. 对于在监狱、未成年犯管教所服刑的罪犯，发现犯新罪或漏罪的，由执行机关进行侦查，侦查终结后，移送人民检察院审查决定，向有管辖权的人民法院提起公诉。

2. 对在看守所、拘役所服刑的罪犯和被宣告缓刑、假释、暂予监外执行的罪犯，以及被判处管制的罪犯，发现有漏罪或又犯新罪的，由负责执行的公安机关立案侦查，侦查终结后移送当地人民检察院，根据管辖的规定，向人民法院提起公诉。

3. 对服刑罪犯脱逃后又犯罪的，如果其新罪是监狱捕获罪犯后发现的，由监狱侦查终结后移送起诉；如果其新罪是公安机关捕获罪犯后发现的，由公安机关侦查终结后移送起诉。

人民法院对人民检察院提起公诉的新罪、漏罪审理后，作出的生效判决，判决书除送达罪犯外，还应将副本送达原审人民法院、人民检察院和执行机关。

七、对错判和申诉的处理

《刑事诉讼法》第 223 条规定："监狱和其他执行机关在刑罚执行中，如果认为判决有错误或者罪犯提出申诉，应当转请人民检察院或者原判人民法院处理。"根据这一规定，监狱和其他执行机关，如果发现原判有错误的，应当本着实事求是、有错必纠的原则，全面收集证据，整理好材料，提出意见，报请主管机关审查，或者直接转送原办理的人民检察院、人民法院审查处理。如果认为案情重大，需要由上级司法机关处理，也可经主管机关审查同意后，转送相应的上级人民检察院或人民法院处理。

根据《监狱法》第 21 条、第 23 条和第 24 条的规定，罪犯对生效的判决和裁定不服，有权提出申诉。对于罪犯的申诉及其撤销、变更刑罚的请求，监狱和其他执行机关应当及时转递，不得扣押。但是，在罪犯申诉期间，只要人民法院尚未作出撤销原判和改判之前，不能停止对原生效裁判的执行。

人民检察院、人民法院接到执行机关转送认为有错误的材料和意见，或者罪犯的申诉后，应当及时进行审查，对属于原判在认定事实或适用法律上确有错误，即符合提起审判监督程序条件的，应当提出抗诉或者提审、指令下级人民法院再审；如果经审查不符合重新审判条件的，可以不予受理。

第二十一章 未成年人案件诉讼程序

第一节 未成年人案件诉讼程序概述

一、未成年人案件诉讼程序的特点

在我国，刑事法律意义上的未成年人是指已满 14 周岁、不满 18 周岁的人。未成年人案件是指已满 14 周岁、不满 18 周岁的人实施了危害社会、触犯刑事法律而受刑事追究的案件。

虽然未成年人犯罪同成年人犯罪都是危害社会、应受刑罚处罚的行为，但是由于犯罪人尚未成年，具有不同于成年人的心理、生理特点：一是未成年人正值青春发育期，生理变化显著；二是心理上进入了由幼稚转向成熟的过渡时期，表现为较强的模仿欲和好奇心，对外界反应敏感，独立意识使他们不再事事依赖别人，自尊心较强。三是身体和智力还处在发展的过程中，思想比较幼稚，辨别是非的能力较弱，情绪不稳定，缺乏自控能力，易受外界环境的不良影响，行为带有很大的盲动性和突发性。

未成年人生理、心理上的这些特点，决定了他们的行为很难遵守社会规范，甚至蔑视法律，易感情冲动，缺乏自控能力，因而容易走向犯罪道路。虽然未成年人犯罪同样危害社会，但对其进行教育和挽救非常重要。因为未成年人的犯罪行为往往带有很大的盲目性，犯罪的个性心理尚未定型，教育改造的有利因素比成年人多。未成年人即将走向社会，人生的道路还很长，对其改过自新无疑对社会和个人都具有积极意义。随着我国未成年人犯罪率的上升，教育保护未成年人已经成为突出的社会问题，处理未成年人犯罪案件，不但要在定罪量刑上与成年人犯罪案件有所不同，更重要的是应当适应未成年人的特点，适用不同于普通刑事诉讼程序的特殊程序。

世界上绝大多数国家都对未成年人犯罪现象进行了系统深入的研究。1899 年，美国伊利诺斯州制定了世界上第一部《少年法庭法》，同时在芝加哥市建立了世界上第一个少年法庭，开创了人类法制史上的新篇章。嗣后的百年间，各国竞相效仿设立少年法庭，颁布少年法律、法规，形成了从立法思想、组织结构、司法制度到表现形式都与其他法律不同的少年司法体系。对未成年人案件适用特别程序，已受到有关国际组织和立法的高度重视。《联合国少年司法最低限度标准的规则》（《北京规则》）规定："少年司法制度应强调少年的幸福，并应确保对少年犯作出的任何反应与罪犯和违法情况相称。"

二、未成年人案件诉讼程序设立的必要性及法律依据

对走上犯罪道路的未成年人，处罚只是手段，教育保护才是目的，而对不同性质的案件适用专门的诉讼程序，则是教育保护未成年人的有效方法。为此，有必要建立、健全一整套不同于成年人刑事案件的立案、侦查、起诉、审判和执行的未成年人案件的诉讼程序。

我国刑事诉讼法虽然没有专章规定未成年人案件的诉讼程序，但在一些章节中有这一方面的规定，如：未成年人案件依法不公开审理；设立未成年人的法定代理人制度；规定对未满18岁的未成年人犯罪的案件，在讯问和审判时，可以通知犯罪嫌疑人、被告人的法定代理人到场；被告人是未成年人的，其法定代理人对人民法院一审判决或裁定不服时，有独立的上诉权，有申请回避的权利；规定了对未成年人的指定辩护制度。

我国于1991年9月4日通过，1992年1月1日起施行的《中华人民共和国未成年人保护法》，其中第五章"司法保护"中对未成年人刑事案件的处理也作了专门规定。最高人民法院还于1991年1月26日通过了《最高人民法院关于办理少年刑事案件的若干规定》，其中对审理少年刑事案件的审判组织、开庭前的准备工作、法庭审判、执行等问题都作了比较详尽的规定，公安部在1995年10月23日通过了《公安机关办理未成年人违法犯罪案件的规定》，该规定对办理未成年人犯罪案件的立案调查、强制措施、处理等问题都作了较为详尽的规定，并成为公安机关办理未成年人犯罪案件的主要依据。1995年5月，最高人民法院发布了《关于办理未成年人刑事案件适用法律若干问题的解释》，对未成年人案件诉讼程序的具体应用作了进一步的规定。1999年6月28日通过，同年11月1日实施的《中华人民共和国预防未成年人犯罪法》，其中的一些规定，特别是第六章《对未成年人重新犯罪的预防》，涉及对犯罪的未成年人追究刑事责任的方针、原则和具体制度等。该法的颁布和施行，必将使我国的保护未成年人的合法权益，预防未成年人犯罪的工作步入法制化的轨道。

为贯彻上述法律规定，全国司法机关还开展了未成年人案件诉讼程序的广泛实践。1984 年底，在我国上海市长宁区人民法院出现了第一个专门审理未成年人刑事案件的少年法庭，在探索教育、改造、挽救未成年犯罪人方面取得了显著的成绩，之后经过各地试点。1988 年，最高人民法院在上海召开了审理未成年人刑事案件经验交流会，向全国推广少年法庭工作经验，设立少年法庭的工作随之在全国展开。此后的十余年间，少年法庭在我国各省市花开遍地，并在法律法规的建立、机构人员的建设、诉讼程序的设置等多方面日趋丰富和完善。这些都标志着我国的未成年人刑事诉讼程序已初具规模，中国的少年司法制度已经确立。

在建立和完善我国保护未成年人权益的法律制度、司法体系的同时，我们也努力把我国的法律、政策与贯彻保护未成年人的国际公约结合统一起来。《联合国少年司法最低限度标准规则》(即《北京规则》)、《联合国预防少年犯罪准则》(即《利雅得准则》)、《儿童权利公约》《联合国保护被剥夺自由少年规则》等国际公约所确立的基本原则、标准和规范，在我国法律中都通过相应的条款予以充分体现和切实贯彻，成为我们设置未成年人刑事诉讼程序的法律依据。

第二节　未成年人案件的诉讼原则

在我国刑事诉讼中，未成年人案件刑事诉讼程序除应遵循刑事诉讼法所规定的基本原则外，由未成年人自身的特点和未成年人案件的特点决定，还应遵循以下原则：

一、教育、感化、挽救的原则

教育、感化、挽救的原则，是指公安司法机关在办理未成年人犯罪的刑事案件时，要坚持以教育为主、惩罚为辅的方针，要像父母对待子女、教师对待学生一样，晓之以理，动之以情，使他们能够清楚地认识其犯罪的社会危害性，促其悔罪认罪，改过自新，重新做人。

我国未成年人保护法第 38 条规定："对违法犯罪的未成年人，实行教育、感化、挽救的方针。"这是以法律形式规定我国司法机关办理未成年人案件的诉讼原则。

对于犯罪的未成年人进行教育、感化和挽救，既是诉讼的主要目的，也是全社会的共同职责。在当前未成年人犯罪率日趋上升的形势下，对其进行教育、感化和挽救，是十分必要的。另外，由于未成年人正处于生理和心理的成长期，智力、身心发育尚未成熟，具有非常强的可塑性，因而对其教育、感化和挽救也是可能的。

贯彻这一原则，要求公安司法机关的办案人员在刑事诉讼的各个阶段，既要坚持查明案件事实，又要不失时机地对未成年人进行具体的教育、感化、挽救，帮助未成年人分清是非，促使其同犯罪行为划清界限，并在诉讼中依法保障其享有的诉讼权利。

贯彻这一原则，还要正确处理好打击、惩罚犯罪与教育、感化、挽救的关系。感化、挽救并不意味着对应当追究刑事责任的可以不追究或无原则地不予处罚；相反，为保护公共利益，维护社会法制，对未成年人犯罪行为要依法处罚。惩罚和教育并不是矛盾的，惩罚的目的之一，是为了教育和改造犯罪人。当然，处罚必须适度，应考虑实际的社会效果及对受处罚者本身的影响，着眼于未成年人今后的改过自新，将教育、感化、挽救的方针贯穿于诉讼的全过程。

二、分案处理原则

分案处理原则，是指公安司法机关在刑事诉讼过程中将未成年人案件与成年人案件实行程序分离，分案审理，对未成年人与成年人分别关押，分别执行。我国《预防未成年人犯罪法》第 46 条规定：“对被拘留、逮捕和执行刑罚的未成年人与成年人应当分别关押、分别管理、分别教育。”

诉讼程序分离，是指未成年人和成年人共同犯罪或者犯罪有牵连时，只要不妨碍审理，就应分案审理。

分别关押，是指实施刑事诉讼中的拘留、逮捕等强制措施时应将未成年人和成年人分别关押看管。

分别执行，是指对未成年人案件的生效判决、裁定的执行，应当将未成年罪犯和成年罪犯分开，不能放在同一场所，以防止成年罪犯对未成年罪犯产生不良影响。

未成年人由于身心发育尚不成熟健全，思想意识还没有定型，易受外界环境和他人的影响，如果与成年人案件并案处理，同监执行，容易受到不良影响，不利于对其教育改造。确立分案处理原则的目的，正是为了充分保护进入诉讼阶段的未成年人，使其免受来自成年犯罪人的不良影响。

分案处理原则为当今世界许多国家所采用。如日本法律规定，应当把未成年犯和成年犯加以隔离，尽量避免相互接触。即使在案件互有牵连的情况下，只要不妨碍审理，就应当在诉讼程序上分开进行。俄罗斯刑事诉讼法典规定，如果未成年人曾与成年人共同参与犯罪，对未成年人的案件应当在侦查阶段尽可能分案处理。

三、充分保障未成年人依法享有的诉讼权利原则

充分保障未成年依法享有诉讼权利的原则，是指公安司法机关在处理未成年人刑事案件的过程中，应当充分保障未成年犯罪嫌疑人、被告人依法享有的各项诉讼权利。确立该项原则的目的，是督促司法机关履行保护未成年犯罪嫌疑人、被告人诉讼权利的义务，尽职尽责地排除诉讼过程中阻碍未成年人行使诉讼权利的各种障碍，确保未成年人刑事案件的公正审理。

依照刑事诉讼法的规定，未成年犯罪嫌疑人、被告人除享有成年被告人的一切诉讼权利外，还享有下列特殊的诉讼权利：

1. 法定的辩护权利。《刑事诉讼法》第34条规定，被告人是未成年人而没有委托辩护人的，人民法院应当指定承担法律援助义务的律师为其提供辩护。这是对未成年被告人辩护权的特别保障。

2. 法定代理人参加诉讼的权利。《刑事诉讼法》第14条第2款规定，对于不满18岁的未成年人犯罪的案件，在讯问和审判时可以通知其法定代理人到场。这一规定，既是赋予未成年犯罪嫌疑人、被告人的一项诉讼权利，也是对其诉讼权利的一种特殊保障。因为未成年人的法定代理人在讯问和审判时在场，可以稳定未成年人的情绪，有利于对其诉讼权利的保障，保证对案件的顺利调查审理；也有利于法定代理人对被代理人合法权益的保护。同时，督促司法机关加强对未成年人诉讼权利的特别保护及自身工作的不断完善。

《预防未成年人犯罪法》第44条第3款规定，对于被采取刑事强制措施的未成年学生，在人民法院的判决生效以前，不得取消其学籍。

四、审理不公开原则

审理不公开原则，是指人民法院在开庭审理未成年人刑事案件时，不允许公民旁听，不允许记者采访，报纸等印刷品不得刊登未成年被告人的姓名、年龄及职业、住址及照片等。

《刑事诉讼法》第152条第2款规定，14岁以上不满16岁的未成年人犯罪的案件，一律不公开审理；16岁以上不满18岁的未成年人犯罪的案件，一般也不公开审理。如果有必要公开审理的，应当经过人民法院院长批准，并限制旁听人数和范围。未成年被告人的成年近亲属和教师等人到庭有利于审判工作和教育、感化未成年被告人的，经审判庭庭长批准，可允许或邀请到庭，但必须加强保密工作，不得向外界传播或者提供案件审理情况。按照刑事诉讼法的规定，对于不公开审理的案件，宣告判决仍将公开进行。

对未成年人案件实行不公开审理，主要是考虑保护未成年人的名誉，防

止公开审理对其造成精神创伤而导致不利于教育改造的不良后果。

五、全面调查原则

全面调查原则，是指公安司法机关在办理未成年人案件时，不仅要对案件事实和证据进行调查，还应对未成年人犯罪之主客观因素及其形成、发展、演变过程，以及对未成年人特殊性格的形成产生过重要影响的人和事件的详细情况进行全面、彻底的调查，必要时还可以进行医学、心理学及精神病学等方面的鉴定。确立该原则之目的，是为了找出诱发未成年人犯罪的主客观根源，为教育改造选择最佳方案和确定有针对性的教育改造方式方法，确保未成年人得到彻底的矫治，不再犯罪。

全面调查的内容包括以下几个方面：

1. 能够证明未成年被告人是否有罪及犯罪轻重的一切事实情况，如犯罪构成要件、犯罪情节、犯罪未成年人个人情况及犯罪后的表现等证据，其中查清未成年人的犯罪动机、目的至为重要。

2. 对未成年人的生活环境及与之相联系的各种社会关系予以调查，如家庭情况、生活经历和所处环境、父母管教方式、在校学习情况、社交往来等。

3. 第三，着重查清未成年人的兴趣爱好、智力能力、身心发育成熟程度、情感类型等个性特征。

4. 注意未成年人生理心理上有无畸形变态等情况，并注意区别是属于医学上的病态还是思想认识上的偏激、反常。当然，全面调查的范围可因案而异，不宜太宽，以免延误诉讼，不利于对未成年人的教育和改造。

贯彻全面调查原则，有利于因人施教，特别是对那种犯罪结果相同、犯罪缘由相异的案件，在处理过程中选择不同的感化点和突破口，并在具体适用刑罚上体现出区别对待的原则，以达到彻底矫治未成年犯罪人的目的。

全面调查原则在许多国家的少年司法制度中都有所体现。如日本法律规定：“特别要有效地应用少年鉴别所提供的关于医学、心理学、教育学、社会学以及其他专门知识鉴定的结果。”美国青少年教养法的补充规定：要查明少年的年龄和社会背景；被控罪行的性质；少年过去的违法经历的程度和性质；少年现在的智力发展和思想成熟状况；为治理少年品行问题而制定的工作方案的有效性等等。

六、迅速、简约原则

所谓迅速，是指在诉讼进行的每一阶段，都应当尽可能地争取时间，迅速侦查、起诉和审判。所谓简约，是指整个诉讼程序尽可能从简进行。迅速和简约是互相联系的，简约是迅速的前提，迅速是简约所要达到的目的和效果。

实行迅速、简约原则，是为了从速结案，尽力缩短未成年人在诉讼中所停留的时间，以解除未成年人进入诉讼后所产生的紧张、抵触等思想障碍。如果诉讼进行的时间长，会给未成年人造成不必要的精神压力，甚至产生抵触情绪，给诉讼的顺利进行带来困难，对以后的教育改造不利。当然，这里的迅速与简约，只是相对于成年人而言，绝非超越法定的诉讼程序而另搞一套，必须严格执行刑事诉讼法所规定的期限，确保未成年人案件在法定期限内办结，切实维护未成年被告人的合法权益。

第三节　未成年人案件的诉讼程序

一、未成年人案件诉讼程序的特点

未成年人案件诉讼程序的特点，是由未成年人心理和生理特点决定的。因此，办理未成年人犯罪案件的诉讼程序应同成年人的有所区别。现行未成年人案件诉讼程序的特点主要有：

1. 在刑事诉讼过程中要更加突出教育、改造、挽救的方针，寓教育、感化、挽救于各个诉讼阶段之中。

2. 国家立法及相关司法解释不仅赋予未成年被告人更多的诉讼权利，而且还有更多的保障实施的措施。

3. 对证据的运用，有较高的证明要求，不仅要求案件事实清楚，证据确实、充分，而且还要证明未成年人走上犯罪道路的家庭、社会、教育等方面的原因。

4. 从侦查、起诉、审判到执行，均采取适合未成年人特点的诉讼制度和程序，诉讼程序的设计表现得更为灵活多样和缓和宽松。

二、未成年人案件的诉讼程序

（一）立案程序

未成年人刑事案件的立案在立案材料来源、立案条件和立案程序等方面除与成年人刑事案件的立案相同外，还有自身的特点：

1. 立案的对象不同。未成年人案件是指已满 14 岁不满 18 岁的未成年人的刑事案件。成年人案件是指 18 岁以上的人的刑事案件。

2. 审查范围和重点不同。对于未成年人案件，在进行立案审查时，除需要查明是否具备立案的事实要件和法律要件外，还应当查明有无教唆犯罪的人，犯罪前的生活居住环境以及犯罪嫌疑人的心理、性格特征，进一步调查其走上犯罪道路的原因。特别要注意审查犯罪嫌疑人确切的出生时间。经过审查，对不符合立案条件的，如属于情节轻微，危害不大不认为是犯罪的，可以将案件材料转交有关部门，作出适当处理，或通知其监护人严加监护教育。有条件的，还应协调有关方面，落实帮教措施。

3. 对于未成年人案件，制作立案报告时，除写明立案材料的来源、发案的时间、地点、犯罪事实、现有的证据材料、立案的法律依据和初步的意见外，还应当着重写明犯罪嫌疑人、被告人的确切出生时间、生活环境、心理性格特征、走上犯罪道路的原因等有关情况。

（二）侦查程序

与成年人诉讼相比，未成年人案件的侦查有如下特点：

1. 贯彻全面审查原则，扩大侦查范围。未成年人刑事案件的侦查除与成年人刑事案件一样要查明案情、收集证据和查获犯罪人外，还应当坚持全面调查的原则，查明未成年人的准确年龄、成长经历、生活教育条件、家庭环境、社会交往、作案动机、走上犯罪道路的原因、生理心理素质等，特别应注意查明那些能全面地说明未成年人违法者个性的材料。使诉讼活动为教育、挽救、改造服务。

2. 慎重适用强制措施。对未成年人采取强制措施时，要慎重对待，尽量不采用或少采用强制措施，针对未成年人的特点可以采用交由父母、老师或监护人看管、社会组织担保等形式。对于必须逮捕的未成年犯罪嫌疑人，应采取严格的限制条件，并与成年人案犯分押看管，防止交叉感染。

3. 较为灵活、缓和的传唤和讯问方式。传唤未成年犯罪嫌疑人，除了遵守法律规定的一般传唤规则外，可以采用缓和的方式如不直接传唤，而是通过其父母、监护人或托管人进行。讯问时，可以选择其较为熟悉的场所，通知其法定代理人到场，并可以邀请其教师、亲友参加，还应注重教育式、启发式，进行耐心细致的教育、疏导工作，语气上尽量温和，切忌训斥讥讽，以使未成年犯罪嫌疑人在一个较为宽松、缓和的讯问环境中，如实陈述案情。

（三）起诉程序

我国未成年人案件的起诉程序除按刑事诉讼法所规定的普通刑事案件的起诉程序进行以外，还应注意贯彻以下几方面内容：

1. 贯彻全面调查原则，审查起诉除查明《刑事诉讼法》第 137 条规定的情况外，还要对侦查时确定犯罪嫌疑人出生时间、成长经历、家庭环境、犯罪原因等一一审查核实。

2. 凡是决定不起诉的未成年人案件，一律应坚持公开宣布的原则，宣告以后，要落实帮教措施，继续做好善后工作，对不起诉的未成年人定期考察。

3. 指定专人或专门的起诉科（组），负责未成年人案件的起诉工作。负责未成年人案件起诉工作的检察人员应当具有比较全面的心理学、生理学、社会学等方面的知识。

4. 起诉书中关于犯罪嫌疑人的个人情况应更加详细，应当增加犯罪嫌疑人的心理、生理及性格特征、所处的家庭和社会环境等内容。

（四）审判程序

1. 审判组织专门化。未成年人刑事案件由法院内设的少年法庭进行审理。根据最高人民法院的司法解释，人民法院应当在刑事审判庭内设立少年法庭，（即少年刑事案件合议庭），有条件的也可以建立与其他审判庭同等建制的少年刑事审判庭。

最高人民法院和高级人民法院设立少年法庭指导小组，指导少年法庭的工作，总结和推广未成年人刑事审判工作的经验。少年法庭指导小组应当有专人或者设立办公室负责具体指导工作。

审判第一审未成年人刑事案件的合议庭，可以由审判员或者审判员与人民陪审员组成。该合议庭的审判长应当由知识面广、政治和业务素质好、熟悉未成年人特点、善于做失足未成年人思想教育工作的审判员担任。少年法庭可以邀请熟悉未成年人生活、学习、心理特征，热心于教育、挽救失足青少年工作的人员担任少年法庭的人民陪审员；也可以特别邀请经过必要培训的共青团、妇联、工会、学校的干部、教师或者离退休人员、未成年人保护组织的工作人员等担任少年法庭的人民陪审员，审判人员中应当有女审判员或者女人民陪审员。

2. 审判程序上的特点。我国未成年人案件的法庭审理程序与成年人案件一样，也分为开庭、法庭调查、法庭辩论、被告人最后陈述、评议和宣判五个步骤。但由于是未成年人刑事案件，其审判程序又有自己的特点。

（1）开庭前准备工作的特点：①少年法庭对于人民检察院提起公诉的未成年人刑事案件，应当查明是否附有被告人年龄的有效证明材料。对于没有附送被告人年龄的有效证明材料的，应当通知人民检察院在3日内补送。对于符合开庭条件的，应当决定开庭。在向被告人送达起诉书副本时，应当向被告人讲明被指控的罪行和有关法律条款，讲解有关政策；并告知诉讼的程序及有关的诉讼权利、义务，少年法庭应当针对被告人的思想顾虑、畏惧心理、抵触情绪进行疏导和教育。②少年法庭在向被告人的法定代理人送达起诉书副本时，应当告知其在开庭审判中的权利、义务和注意事项。在开庭审判前，少年法庭认为必要时，可以安排被告人的法定代理人或者其他监护人与被告人见面。③少年法庭应当为辩护律师提供阅卷的便利和会见少年被告人的时间。审判人员还可以向辩护人介绍审判未成年人刑事案件的有关规定。人民法院应当依法保证未成年被告人获得辩护。

(2) 开庭审理的特点：①少年法庭应当在辩护台靠近旁听区一侧为被告人的法定代理人设置席位。开庭前，少年法庭应当通知被告人的法定代理人到庭。法定代理人在法庭上享有申请回避、发问、辩护等诉讼权利。②未成年被告人在法庭上可以坐着回答问题。在法庭上不得对未成年被告人使用械具，司法警察可以不站庭，但应当入庭维持秩序。③少年法庭应当详细告知未成年被告人依法享有的申请回避、辩护、发问、提出新的证据、要求重新鉴定或者勘验、最后陈述等诉讼权利。在法庭审理过程中，审判人员应当根据未成年被告人的智力发育程度和心理状态，注意掌握庭审节奏和气氛；审判人员要注意不失严肃，用语准确且通俗易懂；注意防止对未成年被告人的诱供行为。在庭审过程中，审判人员应当立即制止对未成年被告人进行训斥、讽刺和威胁的行为。④法庭调查时，审判人员要准确核实未成年被告人在案件发生时的年龄。在查明案件事实核实证据的同时，还应当注意查明未成年被告人实施被指控行为的主观和客观原因。法庭审理中，如果控辩双方向法庭提出判处被告人有期徒刑或拘役、宣告缓刑、管制、免予刑事处罚的建议的，审判人员应当要求建议方向法庭提供未成年被告人家庭监护条件或者其所在社区帮教措施的书面材料。⑤未成年人刑事案件的证人是未成年人的，经人民法院准许，可以不出庭。⑥被告人最后陈述后，审判长应当宣布休庭，合议庭进行评议。对于可以当庭宣告判决的案件，合议庭应当在宣布有罪判决结果后，当庭对未成年被告人进行法庭教育。合议庭在宣判后应当组织公诉人、辩护人及未成年被告人的法定代理人对未成年被告人进行法庭教育。法庭教育可以围绕下列内容进行：第一，犯罪行为对社会的危害和应受刑罚处罚的必要性；第二，导致犯罪行为发生的主客观原因及应当吸取的教训；第三，教育未成年被告人正确对待审判，争取早日改过自新，重新做人。⑦未成年人刑事案件宣告判决，应当公开进行，但不得召开群众大会。宣告判决时，应当向被告人说明判决认定的犯罪事实、判处的刑罚，从重、加重、从轻、减轻或者免除刑事处罚，以及宣告无罪的法律依据和理由。对于被判处管制或者拘役和有期徒刑宣告缓刑、免除刑事处罚或者判决宣告无罪的被告人，应当立即释放。宣告判决时，应当通知被告人的法定代理人到庭，并向法定代理人送达判决书副本。对于刑事附带民事诉讼的案件，少年法庭应当讲明未成年被告人的法定代理人所应承担的民事赔偿责任。⑧宣告判决时，应当明确告知被告人的上诉权利，并且讲明上诉不加刑的法律规定。不满18岁的被告人及其法定代理人依法均享有上诉权；被告人已满18岁的，其法定代理人、辩护人或者其他近亲属要求上诉的，必须征得被告人的同意。⑨第二审程序应一律采用直接审理的方式，严格禁止书面审理。对维持或改变原判决、裁定的，二审法院应当向上诉人讲明维持或改判的理由和根据。对经二审判决、裁定确定有罪的，可以在宣判后组织法庭教育，继续做好未成年罪犯的教育工作。

（五）执行程序

人民法院审结少年刑事案件后，应认真详细地填写结案登记表，并附送有关未成年罪犯的社会调查报告及其在案件审理中的表现等方面的材料，连同生效的判决书副本、执行通知书一并送达执行机关。在执行时应注意：

1. 对于判处管制、拘役宣告缓刑、有期徒刑宣告缓刑的少年罪犯，人民法院可以协助公安机关同其原所在学校、单位、社区、监护人等共同制定帮教措施，并进行必要的回访考察。具备就学或者就业条件的，人民法院应当就安置问题向有关部门提出司法建议并且附送必要的材料。

2. 对未成年罪犯的改造，要本着“以教育改造为主，轻微劳动为辅”的方针，坚持半天学习、半天劳动制度，要设专职人员对未成年罪犯进行文化、法制、劳动技能教育，为他们回归社会就业创造条件。根据我国《预防未成年人犯罪法》第46条规定，未成年犯在被执行刑罚期间，执行机关应当加强对未成年犯的法制教育，对未成年犯进行职业技术教育，对没有完成义务教育的未成年犯，执行机关应当保证其继续接受义务教育。

3. 要尽可能地做到对不同类型的未成年罪犯实行分押分管，防止交叉感染。

4. 对于执行机关依法提出给少年罪犯减刑或者假释的书面意见，人民法院应当及时予以审核、裁定。人民法院对于少年罪犯的减刑、假释，在掌握标准上可以比照成年罪犯依法适度放宽。

5. 公安机关依照法律规定，对被判处管制和被判处拘役宣告缓刑，有期徒刑缓刑的未成年罪犯，应当加强考察的组织和实施工作。

6. 人民检察院要加强对未成年犯监所的监督工作，如发现问题，应及时依法提出纠正意见。

7. 少年法庭应当敦促服刑的少年罪犯的父母或监护人及时探视，使少年罪犯重新获得家庭和社会的关爱，增强改造信心。

第二十二章　涉外刑事诉讼程序与司法协助制度

第一节　涉外刑事诉讼程序概述

一、涉外刑事诉讼程序的概念

涉外刑事诉讼程序，是指公安司法机关办理具有涉外因素的刑事案件时所适用的诉讼程序。所谓“涉外因素”主要是指诉讼当事人全部或部分为外国人（包括无国籍人、外国法人或组织，下同），或者刑事案件发生在国外。根据刑法、刑事诉讼法以及最高人民法院《解释》第313条的规定，具有涉外因素的刑事案件有以下三类：第一，在中华人民共和国领域内，外国人犯罪或者我国公民侵犯外国人合法权益的刑事案件；第二，在中华人民共和国领域外，符合《刑法》第8条、第10条规定情形的外国人对中华人民共和国国家和公民犯罪和中国公民犯罪的案件；第三，符合《刑法》第9条规定的情形，中华人民共和国在所承担国际条约义务范围内行使管辖权的案件。由于涉外刑事案件既涉及到国家主权，又涉及到国家的对外关系；既要以我国国内立法为依据，又要承担我国缔结或者参加的国际条约所规定的义务，具有特殊性，处理起来必须慎重稳妥，因此，法律对如何办理涉外刑事案件作了一些特别的规定，由此便构成了我国的涉外刑事诉讼程序。涉外刑事诉讼中法律没有特别规定的，适用普通诉讼程序。

二、涉外刑事诉讼程序的法律依据

由于涉外刑事诉讼的特殊性，因此各国对涉外刑事诉讼程序都有专门或特别的规定。概括起来，各国的立法有以下三种体例：第一，制定单行的涉外刑事诉讼程序法。早期的涉外刑事诉讼立法多采用这种体例，所制定的单行法与国内的刑事诉讼法典相并列。但由于两个程序法在内容上大体相同，因此制定单行的涉外刑事诉讼程序法既显得多余，也不利于司法机关掌握和适用。目前各国立法多不采用这种体例。第二，在刑事诉讼法典中设专门的篇章规定涉外刑事诉讼程序。这种体例既把涉外刑事诉讼纳入统一的刑事诉讼法典，又把涉外刑事诉讼的一些特殊问题加以集中规定，便于司法机关适用和诉讼参与人理解。目前多数国家的刑事诉讼立法采用这种体例。第三，在刑事诉讼法典及有关的专门法规中均有涉外刑事诉讼程序的规定。

在我国，不存在单独的调整涉外刑事诉讼程序的立法，有关处理涉外刑事案件的特别规定，散见于刑法、刑事诉讼法以及有关的法律、法规中。我国刑事诉讼法中包含了关于涉外刑事诉讼的原则性规定。同时，为了适应司法实践中办理涉外刑事案件的需要，公安司法机关在应用法律、法规中作了一系列解释和规定，使办理涉外刑事诉讼案件有法可依。涉外刑事诉讼程序逐步规范化、制度化。归纳起来，这些规定包括：

1.1979 年 7 月 6 日颁布、1997 年 3 月 14 日修订的《刑法》第 6 条至第 11 条和 1979 年 7 月 7 日颁布、1996 年 3 月 17 日修正的《刑事诉讼法》第 16 条、第 17 条和第 20 条对涉外刑事案件的管辖以及法律适用原则等作了规定。

2.1981 年 6 月 19 日，公安部、外交部、最高人民法院、最高人民检察院联合发布《关于处理会见在押外国籍案犯以及外国籍案犯与外界通讯问题的通知》，对会见的原则、会见的范围、会见的规则以及通讯的规则等问题作了具体规定。

3.1986 年 9 月 5 日，第六届全国人民代表大会常务委员会第十七次会议通过《中华人民共和国外交特权与豁免条例》明确规定外交代表和使馆其他人员享有刑事管辖的豁免权。

4.1987 年 6 月 23 日，第六届全国人民代表大会常务委员会第二十一次会议通过《关于对中华人民共和国缔结或者参加的国际条约所规定的罪行行使刑事管辖权的决定》，决定对于中华人民共和国缔结或者参加的国际条约所规定的罪行，中华人民共和国在所承担条约义务的范围内，行使刑事管辖权。这些国际条约主要有：《关于防止和惩处侵害应受国际保护人员包括外交代表的罪行的公约》《关于在航空器内的犯罪和其他某些行为的公约》《关于制止非法劫持航空器的公约》《关于制止危害民用航空安全的非法行为的公约》、《核材料实体保护公约》《反对劫持人质国际公约》、联合国《禁止非法贩运麻醉药品和精神药物公约》等。

5.1987 年 8 月 27 日，外交部、最高人民法院、最高人民检察院、公安部、国家安全部、司法部联合发布《关于处理涉外案件若干问题的规定》，对办理涉外案件的原则，涉外案件通知外国驻华使、领馆以及通知的时限，驻华使、领馆要求探视被拘留、逮捕的本国公民等问题作了具体规定。

6. 最高人民法院《关于执行〈中华人民共和国刑事诉讼法〉若干问题的解释》中的有关规定。

最高人民检察院《人民检察院刑事诉讼规则》中的有关规定。

公安部《公安机关办理刑事案件程序规定》中的有关规定。

第二节　涉外刑事诉讼程序的特有原则

涉外刑事诉讼的特有原则，是公安司法机关及其诉讼参与人进行涉外刑事诉讼时应遵守的基本准则。涉外刑事诉讼的特殊性，决定了公安司法机关和诉讼参与人在涉外刑事诉讼中除了必须遵循我国刑事诉讼法规定的基本原则外，还必须遵循以下几项特有的原则。

一、国家主权原则

刑事诉讼中的国家主权原则，是指公安司法机关办理涉外刑事案件适用中国法律的原则。我国《刑法》第6条至第10条规定，凡在中华人民共和国领域内犯罪和在中华人民共和国领域外犯罪，需要依照中国刑法追究刑事责任的，都适用中国刑法定罪量刑。我国《刑事诉讼法》第16条规定："对于外国人犯罪应当追究刑事责任的，适用本法的规定。对于享有外交特权和豁免权的外国人犯罪应当追究刑事责任的，通过外交途径解决。"

国家主权是一个国家处理对内对外事务的最高权力，司法权是国家主权的重要组成部分。国家主权的独立和完整，当然包括司法权的独立。我国是一个主权独立的国家，我国公安司法机关办理涉外刑事案件时，除法律有特别规定的以外，一律适用我国法律，独立行使司法权。不受任何外国势力的干涉和影响，不接受任何不平等的歧视或限制，更不允许在我国境内存在治外法权或领事裁判权。

涉外刑事诉讼中的国家主权原则，主要表现在以下几个方面：

1. 外国人、无国籍人在我国领域内进行刑事诉讼，一律适用我国法律，依照我国法律规定的诉讼程序进行。但享有外交特权和豁免权的外国人的刑事责任问题，通过外交途径解决。

2. 依法应由我国公安司法机关管辖的涉外刑事案件，一律由我国公安司法机关受理，外国司法机关无管辖权。

3. 外国法院的刑事裁判，只有按照我国法律、我国缔结或者参加的有关国际条约或双边协定予以承认的，才能在我国境内发生法律效力。

二、诉讼权利平等原则

诉讼权利平等原则，是指外国人在我国参加刑事诉讼，与我国公民一样，享有我国法律规定的诉讼权利并承担诉讼义务。这在国际法和国际惯例中称作“国民待遇”。我国是社会主义国家，在国际交往中一贯坚持独立自主的外交方针，坚持在“和平共处”五项基本原则基础上发展与其他国家的友好关系，体现在涉外刑事诉讼中，就是外国籍当事人和其他诉讼参与人依照我国法律享有与我国公民平等的诉讼权利，承担和我国公民同样的诉讼义务，既不享有任何特权，也不存在任何歧视或不平等待遇；在具体办理涉外刑事案件时，既要反对卑躬屈膝，崇洋媚外，给予外国人特权或特殊待遇，也要反对民族沙文主义，反对盲目排外，不能任意侵犯或限制外国籍当事人和其他诉讼参与人依法享有的诉讼权利，或使其承担额外的义务。我国刑事诉讼法规定的司法机关应依法保障诉讼参与人享有的诉讼权利的原则同样适用于涉外刑事诉讼。

三、恪守国际条约原则

恪守国际条约原则，是指公安司法机关办理涉外刑事案件，凡是我国缔结或者参加的国际条约有规定的，除声明保留的条款外，都必须严格遵守。恪守国际条约，这是我国在涉外刑事诉讼中所应承担的国际义务。

国际条约是主权国家之间依据国际法缔结或签订的调整某一方面事务、据以确定相互权利义务关系的多边或双边协议。按照订立的方式，有缔结和参加两种。按照条约的名称或形式，一般包括条约、公约、专约、宪章、盟约、协定、宣言等。在国际法上，有所谓“条约必须遵守”的原则，它是指条约生效以后，各方必须按照条约规定的条款，履行自己的义务，不得违反。中国对于自己缔结或者参加的国际条约，历来是认真信守的。我国刑事诉讼法虽然没有明确规定司法机关及诉讼参与人在涉外刑事诉讼中，在遵守中国刑事法律的同时遵守中国参加或缔结的国际条约，但是，公安司法机关在涉外刑事诉讼实践中一贯坚持这一原则。外交部、最高人民法院、最高人民检察院、公安部、国家安全部、司法部在 1987 年 8 月 27 日联合发布的《关于处理涉外案件若干问题的规定》中指出：“涉外案件应依照我国法律规定办理，以维护我国主权。同时亦应恪守我国参加和签订的多边或双边条约的有关规定。当国内法及其某些内部规定同我国所承担的条约义务发生冲突时，应适用国际条约的有关规定。”最高人民法院在 1998 年 9 月 2 日发布的《关于执行

〈中华人民共和国刑事诉讼法〉若干问题的解释》第317条亦明确规定："中华人民共和国缔结或者参加的国际条约中有关于刑事诉讼程序具体规定的，适用该国际条约的规定。但是，我国声明保留的条款除外。"

在涉外刑事诉讼立法中，世界各国对于贯彻恪守国际条约原则，一般采用两种方式：一是承认有关国际条约，即在国内立法中制定专门法律来实施国际条约的内容；二是在国内法中，规定承认国际条约的原则，将该国际条约的内容变通为国内法，在本国领域内实施。我国《民事诉讼法》第238条规定："中华人民共和国缔结或者参加的国际条约同本法有不同规定的，适用该国际条约的规定，但中华人民共和国声明保留的条款除外。"《最高人民法院关于适用〈中华人民共和国民事诉讼法〉若干问题的意见》第317条也作了与上述规定相似的规定。为了同涉外民事诉讼保持一致，我国的涉外刑事诉讼立法也应当采用这种方式，恪守和执行有关国际条约。

在涉外刑事诉讼的实践中，公安司法机关和诉讼参与人在遵守这一原则时，应注意以下两个问题：第一，中国刑事法律条文和中国缔结或者参加的国际条约中有关刑事诉讼的条款，都是中国的法律规定，都必须严格遵守，不能以国内法规定为由拒绝执行有关国际条约中的刑事诉讼条款。第二，中国声明保留的国际条约中的条款，不能适用于涉外刑事诉讼，公安司法机关和诉讼参与人均无遵守的义务。

四、使用中国通用的语言文字进行诉讼原则

使用中国通用的语言文字进行诉讼原则，是指公安司法机关在办理涉外刑事案件过程中，应当使用中国通用的语言、文字进行诉讼活动，为了保障外国籍诉讼参与人的合法权益，体现程序合法和审判公正，应当为外国籍诉讼参与人提供翻译。使用本国通用的语言文字进行涉外刑事诉讼，这是国家司法主权独立和尊严的象征，是各国涉外刑事诉讼立法普遍采用的一项原则。

最高人民法院《解释》第319条规定："人民法院审判涉外刑事案件，使用中华人民共和国通用的语言、文字，应当为外国籍被告人提供翻译。如果外国籍被告人通晓中国语言、文字，拒绝他人翻译的，应当由本人出具书面声明，或者将他的口头声明记录在卷。诉讼文书为中文本，应当附有被告人通晓的外文译本，译本不加盖人民法院印章，以中文本为准。翻译费用由被告人承担。"根据这一规定和涉外刑事诉讼实践，使用中国通用的语言文字进行诉讼原则具体包括以下内容：

1. 公安司法机关在涉外刑事诉讼中应当使用中国通用的语言进行讯问、询问等调查工作和法庭审判活动。

2. 公安司法机关在涉外刑事诉讼中应当用中文制作有关诉讼文书。

3. 公安司法机关在涉外刑事诉讼中应当为外国籍诉讼参与人提供翻译。如果外国籍诉讼参与人通晓中国语言文字，拒绝他人翻译的，应当由本人出具书面声明，或者将他的口头声明记录在卷。

4. 公安司法机关在向外国籍当事人和其他诉讼参与人送达诉讼文书时，应当附有受送达人通晓的外文译本，但译本不加盖公安司法机关印章，送达的文书内容以中文文本为准。之所以这样做，是因为根据司法实践经验，由于语言文字的翻译和理解障碍等因素，会影响诉讼活动的统一进行。

公安司法机关在贯彻执行使用中国通用的语言文字进行诉讼原则时，应当注意以下问题：

1. 不能以使用中国通用的语言文字进行诉讼为理由，强迫外国籍诉讼参与人尤其是通晓中国通用的语言文字的外国籍当事人使用中国通用的语言文字来回答公安司法人员的讯问、询问、书写诉讼文书和发表辩护意见等，而应当允许他们使用其所在国通用的或者他们通晓的语言文字。

2. 翻译费用由外国籍当事人承担。如果外国籍当事人无力承担翻译费用，不能因此而拒绝其要求提供翻译的请求。联合国《公民权利和政治权利国际公约》第 14 条第 3 款第 6 项规定："如他不懂或不会说法庭上所用的语言，能免费获得译员的帮助。"这样做，既有利于查明案件真实情况，保护外国籍当事人的合法权益，保障诉讼的顺利进行，也有利于在国际上维护我国司法公正的形象。

五、指定或委托中国律师参加诉讼原则

指定或委托中国律师参加诉讼原则，是指人民法院依法为没有委托辩护人的外国籍被告人指定辩护人或者外国籍当事人委托辩护人或代理人，只能指定或委托中国律师，外国律师不得在中国参加刑事诉讼活动。

律师制度是国家司法制度的重要组成部分，通常一国的司法制度只能在其主权范围内适用。因此，各国一般都不允许外国律师在本国执行律师职务和出庭参加诉讼活动，但限制程度和具体做法不一。如英国允许外国律师就其本国的有关法律知识、欧共体及国际法知识在英国提供咨询；意大利则允许具有 8 年以上执业经历且在本国获准在最高法院或高等法院出庭的外国律师在意大利的最高法院或高等法院参加诉讼活动。

自我国恢复律师制度以来，一直不允许外国律师在我国从事律师业务。1981 年 10 月 20 日，司法部、外交部、外国专家局共同签发的《关于外国律师不得在我国开业的联合通知》明确规定，外国律师不得在我国开业，不得

以律师名义在我国代理诉讼和出庭。1992年5月26日，司法部、国家工商行政管理局发布的《关于外国律师事务所在中国境内设立办事处的暂行规定》对外国律师事务所在华办事处的业务范围作了明确界定，再次强调外国律师事务所办事处及其成员不得代理中国法律事务，但可以代理外国当事人，委托中国律师办理在中国境内的法律事务。1989年4月4日，第七届全国人民代表大会第二次会议通过的《行政诉讼法》第73条规定："外国人、无国籍人、外国组织在中华人民共和国进行行政诉讼，委托律师代理诉讼的，应当委托中华人民共和国律师机构的律师。"1991年4月9日，第七届全国人民代表大会第四次会议通过的《民事诉讼法》第241条规定："外国人、无国籍人、外国企业和组织在人民法院起诉、应诉，需要委托律师代理诉讼的，必须委托中华人民共和国的律师。"最高人民法院《解释》第320条亦明确规定："外国籍被告人委托律师辩护的，以及附带民事诉讼的原告人、自诉人委托律师代理诉讼的，应当委托具有中华人民共和国律师资格并依法取得执业证书的律师。"

从上述规定可以看出，指定或委托中国律师参加诉讼原则的主要内容是：

1. 外国籍当事人委托律师辩护或代理诉讼的，必须委托中国律师，而不允许委托外国律师。

2. 外国律师不得在我国以律师身份接受委托参加诉讼。

3. 外国籍被告人没有委托辩护人的，人民法院可以为其指定辩护人，但应当指定中国律师。外国籍被告人拒绝指定的辩护人为其辩护的，应当由其提出书面声明，或者将其口头声明记录在卷后，人民法院予以准许。

为了保证外国籍当事人委托中国律师辩护或代理诉讼的合法性和有效性，最高人民法院《解释》第320条第3款规定，在中华人民共和国领域外居住的外国人寄给中国律师的授权委托书，必须经所在国公证机关证明、所在国外交部或其授权机关认证，并经中国驻该国使、领馆认证，才具有法律效力，但中国与该国之间有互免认证协定的除外。

第三节　涉外刑事诉讼程序

一、被告人、被害人外国国籍的确认

在犯罪嫌疑人、被告人或者被害人是外国人的涉外刑事案件中，公安司法机关首先必须确认其国籍，以确定诉讼程序的采用和法律的适用。

根据最高人民法院《解释》第314条的规定，外国人的国籍以其入境时

的有效证件予以确认；国籍不明的，以公安机关会同外事部门查明的为准；国籍确实无法查明的，以无国籍人对待，亦适用涉外刑事诉讼程序。

二、涉外刑事诉讼管辖

（一）立案管辖

《刑法》第 6 条至第 11 条、《刑事诉讼法》第 16 条原则确定了涉外刑事案件的范围。公安部《规定》对涉外刑事案件的立案管辖作了具体规定：

1. 外国人犯罪的案件，由犯罪地的地（市）级以上公安机关立案侦查。

2. 外国人犯中华人民共和国缔结或者参加的国际条约规定的罪行后进入我国领域内的，由该外国人被抓获地的地（市）级以上公安机关立案侦查。

3. 外国人在中华人民共和国领域外的中国船舶或者航空器内犯罪的，由犯罪发生后该船舶或者航空器最初停泊或者降落的中国港口的地（市）级以上交通或者民航公安机关立案侦查。

4. 外国人在国际列车上犯罪的，由犯罪发生后列车最初停靠的中国车站所在地或者目的地的地（市）级以上铁路公安机关立案侦查。

5. 外国人在中华人民共和国领域外对中华人民共和国国家或者公民犯罪，依照中国刑法应当受处罚的，由该外国人入境地的地（市）级以上公安机关立案侦查。

6. 犯罪嫌疑人系享有外交特权和豁免权的外国人的，有管辖权的公安机关应当层报公安部，由公安部移交外交部通过外交途径解决其刑事责任问题。

（二）审判管辖

《刑事诉讼法》第 20 条对涉外刑事审判管辖作了明确规定，即外国人犯罪的第一审刑事案件由中级人民法院管辖。根据最高人民法院《解释》的规定，具体由下列中级人民法院管辖即进行第一审审判：

1. 对于中华人民共和国缔结或者参加的国际条约所规定的罪行，中华人民共和国在所承担条约义务的范围内行使刑事管辖权的案件，由外国籍被告人被抓获地的中级人民法院管辖。

2. 外国人在中华人民共和国领域外的中国船舶内的犯罪，由犯罪发生后该船舶最初停泊的中国口岸所在地的中级人民法院管辖。

3. 外国人在中华人民共和国领域外的中国航空器内的犯罪，由犯罪发生后该航空器在中国最初降落地的中级人民法院管辖。

4. 外国人在国际列车上的犯罪，按照我国与相关国家签订的有关管辖协定确定管辖。没有协定的，由犯罪发生后该列车最初停靠的中国车站所在地或者目的地的铁路运输法院（中级）管辖。

5. 外国人在中华人民共和国领域外对中华人民共和国国家或者公民犯罪，依照中国刑法应受处罚的，由该外国人入境地的中级人民法院管辖。

《刑事诉讼法》第 21 条规定，高级人民法院管辖的第一审刑事案件，是全省（自治区、直辖市）性的重大刑事案件；第 22 条规定，最高人民法院管辖的第一审刑事案件，是全国性的重大刑事案件。据此，对于重大或特别重大的涉外刑事案件，如情节特别严重、案情疑难复杂、在全省或全国范围内有重大影响的、或者可能引起外交交涉的案件，也可以由高级人民法院或者最高人民法院进行第一审审判。由负责侦破的公安机关向同级人民检察院移送审查起诉，接受移送的检察机关经审查认为犯罪嫌疑人的犯罪事实已经查清，证据确实、充分，应当追究刑事责任的，呈报省级人民检察院或者最高人民检察院提起公诉并支持公诉。

三、涉外刑事诉讼强制措施的适用

公安司法机关在办理涉外刑事案件过程中，为保障诉讼活动的顺利进行，可以依法对外国籍犯罪嫌疑人、被告人采取强制措施，根据我国刑事诉讼法的规定和有关的司法解释，对外国籍犯罪嫌疑人、被告人采取强制措施时，应遵守以下特别规定：

1. 对外国人采取拘留、监视居住、取保候审的，应当由省级公安机关负责人批准，并将有关案情、处理情况等在采取强制措施的 48 小时以内报告公安部，同时通报同级人民政府外事办公室。

2. 对外国人依法作出取保候审、监视居住决定或者执行拘留、逮捕后，省级公安机关应在规定的期限内，将外国人的姓名、性别、入境时间、护照或者证件号码、案件发生的时间、地点及有关情况，涉嫌犯罪的主要事实，已采取的强制措施及其法律依据，通知该外国人所属国家的驻华使馆、领事馆，同时报告公安部。

3. 公安机关侦查终结前，外国驻华外交、领事官员要求探视被监视居住、拘留、逮捕的本国公民的，立案侦查的公安机关应当及时安排有关的探视事宜。犯罪嫌疑人拒绝其所属国家驻华外交、领事官员探视的，公安机关可以不予安排，但应当由其本人提出书面声明。同时，在侦查羁押期间，经立案侦查的公安机关批准，外国籍犯罪嫌疑人可以与其近亲属、监护人会见和与外界通讯。

4. 对外国籍犯罪嫌疑人采取强制措施的同时，经省级公安机关批准，可以依法扣留其护照，发给本人扣留护照的证明，并将有关情况及时报告公安部，同时通报同级人民政府外事办公室。

5. 人民法院在审判期间，对涉外刑事案件的被告人及人民法院认定的其他相关犯罪嫌疑人，可以决定限制出境；对开庭审理案件时必须到庭的证人，可以要求暂缓出境。其中，限制出境的决定应当通报同级公安机关或者国家安全机关。

6. 人民法院决定限制外国人和中国公民出境的，应当口头或者书面通知被限制出境的人，也可以采取扣留其护照或者其他有效出入境证件的办法，在案件审理终结前不得离境。对需要在边防检查站阻止外国人和中国公民出境的，人民法院应当填写口岸阻止人员出境通知书。控制口岸在本省、自治区、直辖市的，应当向本省、自治区、直辖市公安厅（局）办理交控手续；控制口岸不在本省、自治区、直辖市的，应当通过有关省、自治区、直辖市公安厅（局）办理交控手续。在紧急情况下，如确有必要，也可以先向边防检查站交控，然后补办交控手续。

四、律师参加涉外刑事诉讼

我国刑事诉讼法规定，公诉案件自案件审查移送起诉之日起，犯罪嫌疑人有权委托辩护人。此外，在侦查期间，犯罪嫌疑人在被侦查机关第一次讯问后或者采取强制措施之日起，可以聘请律师为其提供法律咨询、代理申诉、控告。在涉外刑事诉讼中，既要按照我国刑事诉讼法的有关规定，也要恪守我国缔结或参加的有关国际条约，考虑联合国有关刑事司法方面的准则和国际惯例，注意保障外国籍犯罪嫌疑人、被告人的合法权益，保证外国籍犯罪嫌疑人在侦查期间能够获得律师的有效帮助。

在涉外刑事诉讼中，外国籍犯罪嫌疑人享受我国法律规定的诉讼权利并承担相应的义务。据此，外国籍犯罪嫌疑人在被侦查机关第一次讯问后或者采取强制措施之日起，可以聘请具有中华人民共和国国籍的律师为其提供法律咨询、代理申诉、控告。犯罪嫌疑人被逮捕的，律师可以为其申请取保候审。受委托的律师有权向侦查机关了解犯罪嫌疑人涉嫌的罪名，可以会见在押的犯罪嫌疑人，向犯罪嫌疑人了解有关案件情况。但是，涉及国家秘密的案件，犯罪嫌疑人聘请律师应当经侦查机关批准。律师会见在押的外国籍犯罪嫌疑人，应当按照侦查机关的有关规定，服从看守部门的有关安排。

在审判阶段，外国籍被告人可以委托中国律师担任辩护人，附带民事诉讼的原告人、自诉人也可以委托中国律师担任代理人。被告人没有委托辩护人的，人民法院应当为他指定辩护人。被告人拒绝辩护人为他辩护的，由他提出书面申明，或者将他的口头申明记录在卷，人民法院予以准许。

在中华人民共和国领域外居住的外国人寄给中国律师或者中国公民的授

权委托书，必须经所在公证机关证明、所在国外交部或者其授权机关认证，并经中国驻该国使、领馆认证，才具有法律效力，但中国与有关国家具有互免认证协定的除外。

五、涉外刑事诉讼文书的送达

根据最高人民法院《解释》的规定，向在中华人民共和国领域外居住的当事人送达诉讼文书，采用下列方式：

1. 通过外交途径送达。

2. 对中国籍当事人，可以委托我国使、领馆代为送达。

3. 当事人所在国的法律允许邮寄送达的，可以邮寄送达。

4. 当事人所在国与我国有刑事司法协助协定的，按照协定规定的方式送达。

5. 当事人是自诉案件的自诉人或者是附带民事诉讼的原告人，有诉讼代理人的，可以由诉讼代理人送达。

人民法院与同我国建交国家的法院通过外交途径相互请求送达法律文书的，除该国同我国已有司法协助协定的依协定外，依据互惠原则办理。

五、涉外刑事案件的侦查、起诉、审判和执行

公安部、最高人民检察院和最高人民法院对涉外刑事案件的侦查、起诉、审判和执行作了以下一些特殊的规定，公、检、法三机关在办理涉外刑事案件时必须严格遵守以下规定：

1. 外国人在公安机关侦查期间死亡的，有关省、自治区、直辖市公安机关应当通知该外国人所属国家的驻华使馆、领事馆，同时报告公安部。

2. 人民法院审判涉外刑事案件，应当公开进行。但是涉及国家秘密或者个人隐私的案件，不公开审理。人民法院审理涉外刑事案件及处理结果，应当及时通报当地外事部门。外国籍被告人被审判或者在案件审理中死亡的，应当通知其所属国家的驻华使、领馆，并按照有关规定处理。

3. 对判处独立适用驱逐出境刑罚的外国人，省级公安机关在收到人民法院的刑事判决书、执行通知书的副本后，应当指定罪犯所在地的地、市公安机关执行。被判处徒刑的外国人，其主刑执行期满后应执行驱逐出境附加刑的，省级公安机关在收到原执行监狱的上级主管部门转交的原刑事判决书、执行通知书的副本或者复印本后，应当指定罪犯所在地的地、市公安机关执行。外国人在刑罚执行期间死亡的，有关省级公安机关或司法行政机关应当通知其所属国家的驻华使、领馆，同时报告公安部或司法部。

第四节　刑事司法协助制度

一、刑事司法协助的概念和意义

我国《刑事诉讼法》第 17 条规定："根据中华人民共和国缔结或者参加的国际条约，或者按照互惠原则，我国司法机关和外国司法机关可以相互请求刑事司法协助。"根据这一规定，所谓刑事司法协助，是指我国司法机关和外国司法机关之间，根据本国缔结或者参加的国际条约，或者按照互惠原则，相互请求，代为进行某些刑事诉讼行为的活动。

建立和实行刑事司法协助制度，具有十分重要的意义：

1. 有利于维护国家主权和利益。司法协助是不同国家的司法机关之间的一种互助性行为，对一国司法机关来说，它意味着既有对外国司法机关的请求进行协助的义务，也有请求外国司法机关予以协助的权利。因此，在我国刑事诉讼中实行这项制度，如果发生对我们国家和人民的犯罪而又需要外国司法机关予以协助时，就有可能通过这一途径打击和惩罚犯罪，有效地维护国家主权，保护国家和人民的利益。

2. 有利于加强我国与外国的刑事司法合作，惩治国际性犯罪。劫机、海盗、贩毒等国际性犯罪的存在是国际刑事司法协助产生和发展的一个重要的客观前提；惩罚国际性犯罪是国际刑事司法协助的一项重要任务。由于国际性犯罪往往是跨国作案，同时危害数国乃至众多国家的利益，这必然使得任何一个国家仅靠自身的司法力量都不足以进行有效的打击。实行刑事司法协助制度，我国司法机关就可以和其他国家的司法机关进行合作，共同采取有力措施预防和惩治这类犯罪，从而保护人类的共同利益，为世界的和平和发展作出应有的贡献。

二、刑事司法协助的主体

根据《刑事诉讼法》第 17 条的规定，刑事司法协助的主体是我国司法机关与外国司法机关。在我国，司法机关通常是指人民法院和人民检察院，而外国的司法机关仅指法院。对作为刑事司法协助主体的司法机关可作广义的理解，即指我国法院、检察院和公安机关与外国各相应机关之间的司法协助。

为保证刑事司法协助的统一性和严肃性，维护国家司法主权，我国司法机关和外国司法机关相互请求司法协助应由两国的最高司法机关相互联系。地方各级司法机关需要司法协助的，一律通过其最高主管机关办理，或者由本系统最高主管机关转其他中央机关办理。例如，《中华人民共和国和乌克兰关于民事和刑事司法协助的条约》对等地指定各自的司法部、最高审判机关、最高检察机关进行相互联系。应当明确，司法行政机关不具有刑事诉讼职能，从而也不能具体执行刑事司法协助事宜，但由于政府机关对外联系的便利性，因而许多国家将其司法部作为司法协助的联系机构，规定由它负责统一转递国内外的司法协助请求和执行结果。

三、刑事司法协助的法律依据

我国司法机关和外国司法机关相互请求刑事司法协助，必须有明确的依据，否则不得进行。根据《刑事诉讼法》第 17 条的规定，其依据有以下两类：

1. 我国缔结或者参加的国际条约。自 1987 年以来，我国先后与波兰、蒙古、罗马尼亚、保加利亚、俄罗斯、希腊、加拿大、土耳其、越南、韩国等二十多个国家签订了含有刑事司法协助内容的双边条约或协定，同泰国、俄罗斯、白俄罗斯、罗马尼亚、保加利亚、哈萨克斯坦、蒙古、乌克兰等多个国家签订了引渡条约。同时，我国还先后参加了载有司法协助条款的《1961 年麻醉品单一公约》《1970 年海牙公约》《1971 年蒙特利尔公约》《1971 年精神药物公约》《1988 年联合国禁止非法贩运麻醉药品和精神药物公约》。这些公约均规定，对于国际犯罪，缔约国对罪犯提起刑事诉讼时，应相互给予最大限度的司法协助，包括提供证据等。

2. 互惠原则。平等互利是现代国际法的一项基本原则，同样适用于司法活动领域。因此，在我国与某一国家没有缔结司法协助条约，两国也没有共同参加载有司法协助条款的国际公约的情况下，如果该国司法机关根据我国司法机关的请求提供司法协助，则我国司法机关也应当根据该国司法机关的请求提供司法协助。这样做，有利于在平等的基础上发展我国和外国的友好合作关系，也有利于我国涉外刑事诉讼活动的顺利进行和涉外刑事案件的正确处理。因此，互惠原则也是我国司法机关进行刑事司法协助的重要依据。

四、刑事司法协助的范围

根据我国缔结或者参加的国际条约的规定，司法协助主要有以下内容：

1. 调查取证。包括代为听取诉讼当事人的陈述，询问证人、被害人和鉴定人，进行鉴定、勘验、检查、搜查、扣押物证、书证、辨认等。

2. 送达诉讼文书。包括与刑事诉讼有关的司法文书、诉讼文件和其他文字材料。司法文书是司法机关在刑事诉讼过程中制作的各种法律文件和文书，如判决书、裁定书、决定书、传票、出庭通知等。与刑事诉讼程序相关的文书或者文字材料，如身份证、来往信函等。

3. 移交证据。包括移交物证、书证、视听资料和赃款、赃物等。

4. 通报诉讼结果。包括通报立案、侦查、采取强制措施、起诉或不起诉、判决或裁定的内容等。

5. 引渡。即一国把当时在其境内而被他国指控犯有罪行或判处刑罚的人，根据该国的请求，移交给该国进行审判或处罚的一项制度。考虑到引渡具有不同于其他司法协助形式的特殊性，所以很多国家都专门立法规定引渡问题，并且通过签订引渡条约来解决这一问题。

6. 承认和执行对方的生效判决和裁定。

7. 其他诉讼行为。

五、刑事司法协助的程序

（一）我国司法机关请求外国司法机关提供司法协助的程序

我国司法机关需要向外国司法机关请求司法协助的，应当按照有关国际条约的规定提出请求书及所附文件和相应的译文，经省级司法机关审查同意后，报送最高司法机关。参照联合国大会1990年通过的《刑事案件互助示范条约》第5条的规定，要求提供司法协助的请求书应当包含下列内容：

1. 请求机构的名称和进行该请求所涉侦查或诉讼的主管当局的名称；

2. 该项请求的目的和所需协助的简要说明；

3. 请求所涉及的犯罪事实及相关法律的规定或文本；

4. 必要的收件人的姓名和地址；

5. 请求国希望遵守的任何特定程序或要求的理由和细节，如说明是否要求得到宣誓的或经查实的证据或证词；

6. 对希望在某一期限内执行有关请求的说明；

7. 请求执行请求所必须的其他材料。

最高司法机关收到地方各级司法机关请求外国司法机关提供司法协助的请求书及材料后，应当依照有关条约进行审查。对符合条约有关规定、所附材料齐全的，应当连同上述材料一并转递缔约的外国的中央机关，或者交由我国其他中央机关（如司法部、外交部）办理。对不符合条约规定或者材料不齐全的，应当退回提出请求的司法机关补充或者修正。外国司法机关执行协助并将执行结果转递我国最高司法机关后，最高司法机关应当立即转递提出协助请求的司法机关。

我国司法机关请求外国司法机关提供司法协助，根据条约规定应当支付费用的，最高司法机关收到被请求方开具的收费账单后，应当立即转交提出请求的司法机关支付。

（二）外国司法机关请求我国司法机关提供司法协助的程序

我国最高司法机关应通过有关国际条约规定的联系途径或外交途径，接受外国司法机关或外交机关提出的司法协助请求。该请求书（内容同上）及所附文件应当附有中文译本或者有关国际条约规定的文字文本。

最高司法机关收到外国一方提出的司法协助请求后，应当依据我国法律和有关司法协助条约进行审查。为了维护国家主权，国与国之间签订的刑事司法协助条约都对提供协助的条件或拒绝提供协助的情形作了规定，我国也不例外。例如，我国与波兰签订的《中波关于民事和刑事司法协助的协定》规定，有下列情形之一的，任何一方均可拒绝提供刑事司法协助：

1. 如果被请求的缔约一方认为该项请求涉及的犯罪具有政治性质和军事性质；

2. 按照被请求的缔约一方的法律，该项请求涉及的行为并不构成犯罪；

3. 该项请求涉及的犯罪嫌疑人或罪犯是被请求的缔约一方国民，且不在提出请求的缔约一方境内。

4. 按照有关国际条约，如果被请求一方认为执行协助可能损害其主权、安全或公共秩序的，也可以拒绝提供司法协助。经过审查，对于外国司法机关的请求不具有条约规定的拒绝提供司法协助的情形并且所附材料齐全的，最高司法机关应交有关省级司法机关办理或者指定有关司法机关办理，或者移交其他有关最高主管机关指定有关机关办理。对于不符合条约规定或者不属于其职权范围的，应当不予执行，通过接收请求的途径退回请求方并说明理由；对所附材料不齐全的，应当要求请求方予以补充。

有关省级司法机关收到最高司法机关转交的司法协助请求书及所附材料后，可以直接办理，也可以指定有关的司法机关办理。负责执行的司法机关收到司法协助请求书及所附材料后，应当及时执行，并按条约规定的格式和语言文字将执行结果及有关材料通过省级司法机关报送最高司法机关；对于不能执行的（如犯罪嫌疑人死亡等），应当将司法协助请求书及所附材料，连同不能执行的理由通过省级司法机关报送最高司法机关。负责执行的司法机关因请求书提供的地址不详或材料不齐全而难以执行该项请求的，应当立即通过省级司法机关报送最高司法机关要求请求方补充材料。

最高司法机关应当对执行结果进行审查。凡符合请求方要求的，由最高司法机关转递请求方。我国司法机关提供司法协助，请求书中附有办理期限的，应当按期完成；未附办理期限的，调查取证应在 3 个月内完成。送达刑事诉讼文书，公安部规定应在10日内完成，最高人民检察院规定应在15日内完成。不能按期完成的，应当说明情况和理由，层报最高司法机关，以便转告请求方。

我国司法机关提供刑事司法协助，根据有关国际条约规定需要向请求方收取费用的，应当将费用账单连同执行司法协助的结果一并报送最高司法机关转递请求方。最高司法机关收到上述费用后应当告知立法机关。

主要参考文献

龙宗智：《相对合理主义》，中国政法大学出版社，1999 年版。

汪建成：《刑事证据学》，群众出版社，2000 年版。

张卫平等：《司法改革：分析与展望》，法律出版社，2003 年版。

何家弘主编：《证据学论坛》，中国检察出版社，2000 年版。

程荣斌主编：《刑事诉讼法》，中国人民大学出版社，1999 年版。

陈光中主编：《刑事诉讼法教程》，中国城市出版社，2001 年版。

徐静村主编：《刑事诉讼法学》（修订本）（“九五”规划高等学校法学教材），法律出版社，1999 年版。

宋英辉：《刑事诉讼目的论》，中国人民公安大学出版社，1995 年版。

李心鉴：《刑事诉讼构造论》，中国政法大学出版社，1992 年版。

陈光中主编：《刑事诉讼法实施问题研究》，中国法制出版社，2000 年版。

谢佑平、万毅：《刑事诉讼原则：程序正义的基石》，法律出版社，2002 年版。

程味秋主编：《外国刑事诉讼法概论》，中国政法大学出版社，1994 年版。

宋英辉主编：《刑事诉讼原理》，法律出版社，2003 年版。

刘小丹主编：《美国证据规则》，中国检察出版社，2003 年版。

樊崇义主编：《刑事诉讼法学》，中国政法大学出版社，1999 年版。

卞建林译：《美国联邦刑事诉讼规则和证据规则》中国政法大学出版社，1996 年版。

谢佑平主编：《刑事诉讼国际准则研究》，法律出版社，2002 年版。

李昌珂译：《德国刑事诉讼法典》，中国政法大学出版社，1995 年版。

汪礼华〔加拿大〕、杨诚主编：《外国刑事诉讼制度探微》法律出版社，2000 年版。

〔日〕谷口平安：《程序的正义与诉讼》，王亚新、刘荣军译，中国政法大学出版社，1996 年版。

〔美〕约翰·罗尔斯《正义论》，何怀宏等译，中国社会科学出版社，1988

年版。

〔意〕贝卡里亚：《论犯罪与刑罚》，黄风译，中国大百科全书出版社，1993年版。

〔法〕孟德斯鸠：《论法的精神》，张雁深译，商务印书馆，1982年版。

甄贞主编：《刑事诉讼法学研究综述》，法律出版社，2002年版。

赵秉志主编：《香港刑事诉讼程序法》，北京大学出版社，1996年版。

周士敏：《澳门刑事诉讼制度论》，国家行政学院出版社，2001年版。

齐树洁主编：《英国证据法》，厦门大学出版社，2002年版。

左卫民、周长军：《变迁与改革——法院制度现代化研究》，法律出版社，2000年版。

后　　记

《刑事诉讼法学》是法学主干课程教材之一。我们在编写过程中，以我国现行刑事诉讼法为依据，紧密联系我国司法实际，注重吸收国内外本学科的最新成果，正确阐述本学科的基本理论、基本概念和基本知识。力求做到思想性、科学性和系统性的有机统一。

《刑事诉讼法学》由孙仲玲、李云昭任主编，负责全书的统稿、定稿工作。罗双材任副主编，李红武、徐梅参与本书的统稿、校对。对书中的不足和疏漏，尚祈读者批评指正。

各章撰写分工如下：

李红武　第一章　第二章　第七章　第八章

李云昭　第三章　第十五章

姜黎皓　第四章　第五章　第六章

徐　梅　第九章　第十章　第十一章　第十二章　第十三章　第十四章

陈　伟　第十六章　第十七章　第二十章

刘艺乒　第十八章　第十九章

孙仲玲　第二十一章　第二十二章

2004 年 8 月

图书在版编目（CIP）数据

刑事诉讼法学/孙仲玲、李云昭主编．
—昆明：云南大学出版社，2004
ISBN 7-81068-838-3

Ⅰ．刑…　Ⅱ．孙…　Ⅲ．刑事诉讼法—中国
Ⅳ．D925.2

中国版本图书馆 CIP 数据核字（2004）第 076838 号

书　　名：刑事诉讼法学
主　　编：孙仲玲　李云昭
策　　划：蔡红华　邓立木　徐　曼
责任编辑：冯　峨
整体设计：丁群亚
出版发行：云南大学出版社
社　　址：云南省昆明市翠湖北路 2 号云南大学英华园内（650091）
发行电话：0871-5033244
网　　址：http：//www. ynup. com
E-mail：market@ynup.com
印　　装：云南福保东陆印刷股份有限公司印装
开　　本：787×1092　（1/16）
印　　张：21.5
字　　数：386 千
版 印 次：2004 年 8 月第 1 版第 1 次印刷
书　　号：ISBN 7-81068-838-3/D·240
定　　价：30.00 元